KB119954

마음 감옥에서 탈출했습니다

**일러두기**

• 본문과 글씨 크기가 같은 괄호 설명은 저자 주, 작은 괄호 설명은 옮긴이 주입니다.
• 이탤릭 표시는 원서에서 저자가 이탤릭으로 강조한 부분을 그대로 따랐습니다.

# 마음 감옥에서 탈출했습니다

죽음의 수용소에서도
내면의 빛을 보는 법에 대하여

에디트 에바 에거 지음 — 안진희 옮김

위즈덤하우스

# 오늘 세상은 당신에게 친절한가?

큼지막한 손수건을 준비하자. 나치의 유대인 대학살 홀로코스트에서 기적처럼 살아남은 소녀의 일대기, 고통과 슬픔, 자기부정과 극복의 여정으로 낱낱이 채워진 한 인간의 뜨거운 내면 관찰기록을 읽으며 눈물을 참기란 어려울 테니. 방금 지나친 문장조차 차마 믿을 수 없어서 다시 되돌아 읽으며 연민은 어느새 슬픔이 되어 눈시울을 적신다. 그날 그곳에 일어난 일이 지금 여기에서 안락한 내 마음을 상상의 검은 피로 물들이고, 절망의 화염으로 불붙이고, 죽음의 벼랑 끝까지 위태롭게 몰아세운다. 하지만 기나긴 고백을 읽으며 시나브로 깨닫게 될지도 모른다. 역사 속에 박제된 채 점점 빛을 잃어가는 그 시절, 나와는 관계없을지 모를 먼 나라의 불운한 이들의 이야기가 지금 내 마음에 쉼 없이 흐르는 고통과 상실에 관한 증언과 다르지 않다고.

지옥 같은 대학살을 겪고도 인간은 살아남고 또 살아갈 수 있다. 이 책은 그 사실을 담은 기록이다. "만약 오늘 살아남는다면 내일은 자유로워질 수 있을 거야." 소녀는 죽음을 눈앞에 두고도 희망을 거두지 않았고 마침내 그 믿음대로 해방되었다. 그러나 거의 죽음에 다다른 몸을 정상으로 회복하고, 원만한 가정과 건실하고 성공적인 삶의 외양을 유지하면서, 동시에 마음은 죽어간다. 마음은 과거의 지옥에서 한 걸음도 벗어나지 못하고 영원히 속박된다. 이 책은 인간의 상처와 트라우마가 얼마나 견고한 내면의 감옥을 만들 수 있는지, 그 진실을 담은 기록이기도 하다.

인간은 공감하는 존재. 같은 일을 겪고도 별개의 고통을 느끼지만 서로 다른 삶을 영위하면서 같은 결의 고통을 느낄 수 있다. 고통은 빼닮게 마련이고 모든 존재에게 필연적이고 보편적이다. 저자는 마음이 삶을 괴롭힌다면 차라리 함께 그 고통을 바라보자고 제안한다. 심연 속에서 고통이 말하는 진실에 눈을 떠보라고 말한다. 나를 희생자로 만드는 것은 그 사건보다, 내가 지지해온 희생자라는 믿음이다. 가치 없는 존재라고 누군가 나에게 내린 평가가 아니라 내가 그 평가를 온전히 믿고 있기에 상처를 받는다. 더 위대한 진실은 우리에게 선택권이 있고, 이미 잃은 것에 관심을 기울일지, 아니면 지금 지닌 사랑에 힘을 보탤지 당장 결정할 수 있다는 것이다.

오늘 세상은 당신에게 친절한가? 세상의 태도는 나에 관한 내 믿음에 달렸다. 정작 답해야 할 질문은 이것이다. 나는 자신에게 친절한가? 우리는 매일 마음의 화분을 돌아보며 물을 주고 온정을 쏟아붓고 있는가? 우리는 증오할 능력과 사랑할 능력 모두를 가지고 있다. 마음에 사랑을 쏟아놓을지 분노와 냉소를 쏟아놓을지 오늘 당장 내가 선택할 수 있다. 그 선택으로 세상의 태도는 힘을 잃고 마음은 자유를 찾는다.

살아가며 가장 큰 절망과 마주하는 날, 나는 망설임 없이 이 책을 펼칠 것이다. 희망은 썩은 관 뚜껑을 뚫고 피어오르는 제비꽃과 같다. 작고 여리지만 가장 고귀한 것. 두려움을 이길 수 있는 유일한 희망은 사랑이다. 이 책은 그 정직한 증언이다.

　　　　　　　　　　　　　　　　　– 김완(죽음현장 특수청소부, 《죽은 자의 집 청소》 저자)

# 우리는 자신의 해방자가 될 수 있다

어느 봄날, 미 해군의 정신의학 최고 책임자의 초대를 받아 에디트 에바 에거 박사는 창문이 없는 전투기에 탔다. 캘리포니아 앞바다에 배치되어 있는, 세계에서 가장 큰 군함 중 하나인 미국 니미츠급 항공모함으로 향하는 전투기였다. 그 전투기는 500피트(약 152미터) 길이의 좁은 활주로를 향해 급강하한 후, 활주로에 있는 고정 전선에 꼬리 후크가 걸린 채 급정거했다. 그 항공모함에 타고 있는 유일한 여성인 에거 박사는 항모 함장의 선실 안에 있는 자신의 방으로 안내되었다. 그녀의 임무는 무엇이었을까? 그녀는 5,000명의 젊은 해군 군인들에게 역경, 트라우마, 전쟁의 혼돈에 대처하는 법을 가르치기 위해 거기에 갔다.

에거 박사는 외상 후 스트레스 장애와 외상성 뇌손상에 시달리는, 특수작전부대를 비롯한 수많은 군인을 치료하기 위해 임상 치료전문가로 셀 수 없이 자주 초빙되었다. 어떻게 이 온화한 할머니가 그렇게 많은 군인을 전쟁의 야만성으로부터 치유하도록 도울 수 있었을까?

에거 박사를 개인적으로 만나기 전에, 나는 스탠퍼드대학교의 '마인드 컨트롤 심리학Psychology of Mind Control' 수업에 초청 강연을 해달라고 부탁하기 위해 그녀에게 전화를 걸었다. 그녀의 나이와 억양은 내게 스카프를 머리에 두르고 턱 아래에서 묶은, 유럽의 할머니를 떠올리게 했다. 하지만 에거 박사가 학생들 앞에서 강연할 때 나는 그녀가 가진 치유의 힘을 직접 목격할 수 있었다. 환한 미소, 반짝이는 귀걸이, 눈부신 금발에 머리에서 발끝까지 샤넬 옷을 입은 채로(나중에 내 아내가 말해주었다), 그녀는 나치의 죽음의 수용소에서 살아남은, 무시무시하고도 충격적인 이야기를 유머를 담아 낙관적이고 거침없는 태도로 들려주었다. 그녀의 존재감과 따뜻함은 마치 순수한 빛 같았다.

에거 박사의 삶은 어둠으로 가득 차 있었다. 그녀는 십 대 때 아우슈비츠에 수감되었다. 고문, 굶주림, 지속적인 죽음의 위협에도 불구하고, 그녀는 자신의 정신적 자유와 영적 자유를 지켰다. 그녀는 자신이 경험한 참상들에 의해 망가지지 않았다. 오히려 그 참상들에 의해 대담해지고 더 강해졌다. 실제로, 그녀의 지혜는 그녀 삶의 가장 파괴적인 에피소드들 속 깊은 곳으로부터 나온 것이다.

그녀가 다른 사람들을 도울 수 있는 이유는 스스로 트라우마를 승리로 전환했기 때문이다. 그녀는 인간의 잔인함에 대한 자신의 경험을 이용하여 매우 많은 사람에게 힘을 주는 방법을 발견했다. 미국 니미츠급 항공모함에 타고 있는 군인들부터 친밀함을 되살리기 위해 애쓰고 있는 커플들에 이르기까지, 방치되거나 학대당하고 있는 이들부터 중독이나 질병에 시달리고 있는 이들에 이르기까지, 사랑하는 사람을 잃은 사람들부터 희망을 잃은 사람들에 이르기까지 말이다. 인생의 좌절과 고난에 매일 고통받고 있는 모든 사람에게, 그녀는 우리모두 자신만의 선택을 내려 고통으로부터 자유를 발견할 수 있다고, 자기 내면의 빛을 발견할 수 있다고 격려한다.

그녀의 강연이 끝나자 학생 300명 모두가 자발적으로 벌떡 일어서서 기립박수를 보냈다. 그런 다음, 최소한 100명 정도의 남학생들과여학생들이 작은 무대로 몰려가 자기 차례를 기다렸다가 이 놀라운여성에게 감사를 표하고 포옹했다. 교직에 있던 수십 년 동안, 나는 학생들이 이렇게 고무된 모습을 한 번도 보지 못했다.

에거 박사와 내가 함께 일하고 여행한 지난 20년 동안, 그녀의 강연을 들은 전 세계의 모든 청중은 이와 똑같은 반응을 보였다. 우리는높은 빈곤율, 50퍼센트의 실업률, 인종 갈등의 심화에 시달리고 있는도시, 미시간주의 플린트에서 열린 '히어로 라운드 테이블Hero Round Table'에 함께 참석했다. 또한 에거 박사의 많은 친척이 사망한 도시인, 헝가리의 부다페스트에서 그녀는 고통스러운 과거로부터 삶을 재건하려 애쓰고 있는 수백 명의 사람을 대상으로 강연했다. 이때마다 나는 청중들에게서 이와 똑같은 반응을 반복해서 목격했다. 사람들은에거 박사의 존재로 인해 완전히 바뀌었다.

이 책에서, 에거 박사는 아우슈비츠에서 살아남은 자신의 잊지 못할 이야기와 그녀의 내담자들이 변화된 이야기들을 섞어서 들려준다. 그녀의 생존 이야기가 지금껏 나온 그 어떤 이야기보다 더 극적이고 눈을 떼지 못하게 하는 것은 사실이다. 하지만 단지 그녀의 이야기 때문에 내가 세상에 열렬히 이 책을 소개하고 싶은 것은 아니다. 에거 박사는 자신의 경험을 이용해 매우 많은 사람이 진정한 자유를 찾을 수 있도록 도왔다. 그러므로 그녀의 책은 과거를 기억하는 일에 있어서 다른 홀로코스트 회고록만큼 중요하면서도, 한편 그 이상의 의미를 지닌다. 그녀의 목표는 바로 우리 각자가 자기의 마음 감옥에서 탈출하도록 돕는 것이다. 우리는 모두 어떤 식으로든 마음 감옥에 갇혀 있다. 그리고 에거 박사의 임무는 우리가 자기 마음 감옥의 간수가 될 수 있는 것처럼 우리가 자신의 해방자가 될 수도 있다는 사실을 깨닫도록 돕는 것이다.

젊은 청중에게 소개될 때 에거 박사는 '죽지 않은 안네 프랑크'라고 불릴 때가 많다. 에거 박사와 안네는 강제수용소로 끌려갔을 때 비슷한 나이에 비슷한 환경에서 자랐기 때문이다. 이 두 소녀는 자신들이 경험한 잔학행위와 박해에도 불구하고 우리로 하여금 인간 존재의 기본적 선량함에 대해 믿게 만드는 천진함과 연민을 잃지 않는다. 물론, 안네 프랑크가 일기를 쓸 때 그녀는 아직 강제수용소의 극한상황을 경험하기 전이었다. 이 사실은 생존자이자 심리치료사로서(또한 증조모로서!) 에거 박사가 가진 통찰력을 특히 감동적이고 설득력 있게 만든다.

홀로코스트에 관한 대부분의 중요한 책들이 그러하듯이, 에거 박사는 악의 가장 어두운 면과 악에 맞서는 인간 정신의 불굴의 힘을 모두 이야기한다. 하지만 동시에 다른 어떤 것 또한 이야기한다. 아마 에거 박사의 책에 가장 비견될 만한 책은 또 다른 홀로코스트 회고록인 빅터 프랭클의 훌륭한 고전 《죽음의 수용소에서Man's Search for Meaning》일 것이다. 에거 박사는 프랭클이 보여준 심오함과 인간성에 대한 깊은 지식을 보여주면서도 동시에 심리치료사의 따뜻함과 친밀함 또한 보여준다. 빅터 프랭클이 아우슈비츠에서 자신과 함께 있었던 수감자들에 대한 심리학을 제시한다면, 에거 박사는 우리에게 자유의 심리학을 제시한다.

나는 오랫동안 부정적인 형태의 사회적 영향력이 어떠한 심리적 기반을 가졌는지를 연구해왔다. 나는 우리가 다른 방법(영웅적으로 행동하기)을 선택하기만 한다면 평화와 정의가 구현될 수 있는 상황 속에서, 어떤 메커니즘에 의해 우리가 순응하고 복종하고 가만히 있는지를 알아내기 위해 노력했다. 에거 박사는 내게 영웅주의가 대단한 일을 하는 사람들이나 자신과 다른 사람을 보호하기 위해 충동적으로 위험을 감수하는 사람들만의 영역이 아니라는 사실을 발견하도록 도와주었다. 물론 에거 박사는 이 두 가지를 모두 했지만 말이다. 영웅주의는 일종의 사고방식 혹은 개인적이고 사회적인 습관의 축적에 더 가깝다. 영웅주의는 존재 방식이다. 그리고 자기 자신을 바라보는 특별한 방식이다. 영웅이 되기 위해서는 삶의 중대한 시점에서 실질적인 행동을 해야 한다. 적극적인 시도를 해서 세상에서 부당함을 척결하거나 긍정적인 변화를 만들어야 한다. 영웅이 되기 위해서는 엄청난 도덕적 용기가 필요하다. 우리 모두에게는 밖으로 표출되기를 기다리고 있는 내면의 영웅이 있다. 우리 모두는 '훈련 중인 영웅들'이다. 영웅이 되기 위한 우리의 훈련은 삶 자체이며 일상적인 상황들이다. 이 안에서 우리는 영웅적인 행위의 습관을 연습하라고, 매일 친절한 행위를 하라고, 자기연민으로부터 시작해 세상에 연민을 발휘하라고, 자신과 다른 사람들에게서 최고의 것을 끌어내라고, 가장 힘든 관계에서도 사랑을 유지하라고, 정신적 자유의 힘을 축하하고 행사하라고 권유받는다. 에거 박사는 영웅이다. 대단한 영웅이다. 왜냐하면 우리에게 우리 자신의 내면에, 우리의 관계에, 우리의 세상에 의미 있는 지속적인 변화를 일으키라고 가르치기 때문이다.

2년 전 에거 박사와 나는 함께 부다페스트로 여행을 떠났다. 나치가 헝가리 유대인들을 잡아들일 때 그녀의 언니가 살았던 곳이다. 우리는 유대교 회당을 방문했다. 그곳의 뜰에는 홀로코스트 기념비가 있었고, 그곳의 벽에는 전쟁 이전, 전쟁 중, 전쟁 이후의 사진들이 전시되어 있었다. 우리는 '다뉴브강 강가의 신발들Shoes on the Danube Bank' 기념관 또한 방문했다. 이곳은 제2차 세계대전 동안 화살십자당 민병대원들에 의해 살해당한 사람들(그들 중에는 에거 박사의 친척들도 포함돼 있다)을 추모하기 위해 만들어진 곳이다. 이들은 강가를 따라서 신발을 벗으라고 명령을 받은 다음 총살을 당했다. 그들의 시체는 강으로 떨어졌고 물살에 떠내려갔다. 과거가 손에 닿을 듯 생생하게 느껴졌다.

그날 하루 에거 박사는 점점 더 조용해졌다. 나는 고통스러운 기억을 불러일으켰을 정서적 여행을 한 후 그날 밤 그녀가 600명의 청중 앞에서 강연하기 힘들어하지 않을까 걱정했다. 하지만 무대에 서고 나서 그녀는 생생하게 떠올랐을 두려움이나 트라우마나 공포에 관한 이야기로 강연을 시작하지 않았다. 친절함에 관한 이야기로 강연을 시작했다. 그녀는 우리에게 매일의 영웅적인 행위는 지옥에서조차 존재했다고 상기시켰다. "놀랍지 않나요?" 그녀가 말했다. "최악의 상황이 우리 내면의 최고의 것을 끌어낸다는 사실이요."

강연을 마치며 에거 박사는 자신의 상징인 발레 하이킥으로 마무리를 지었다. 그녀가 소리쳤다. "좋아요, 이제 모두 춤을 춥시다!" 그곳에는 음악이 없었다. 하지만 우리는 춤을 췄다. 우리는 춤을 췄고 노래를 불렀고 크게 웃었고 삶을 축복하며 서로 꺼안았다.

에거 박사는 강제수용소의 참상에 대해 직접 증언할 수 있는, 점점 줄어들고 있는 생존자 중 한 명이다. 그녀의 책은 전쟁 도중과 전쟁 이후에 그녀와 다른 생존자들이 견뎌냈던 지옥과 트라우마에 관해 이야기한다. 또한 그녀의 책은 고통과 고난으로부터 자기 자신을 해방하려 애쓰고 있는 모든 사람에게 들려주는 희망과 가능성의 보편적 메시지이기도 하다. 나쁜 결혼생활, 파괴적 가족, 증오하는 직장에 갇혀 있든, 자신을 마음속에 가두는 자기 제한적 신념의 철조망 안에 갇혀 있든, 독자들은 이 책으로부터 어떠한 상황에서도 자신이 기쁨과 자유를 받아들이도록 선택할 수 있다는 사실을 배울 수 있을 것이다.

《마음 감옥에서 탈출했습니다》는 영웅주의와 치유, 회복탄력성, 연민, 존엄하게 생존하기, 정신적 단단함, 도덕적 용기에 관한 놀라운 연대기이다. 우리 모두는 에거 박사의 영감을 주는 사례들과 눈을 떼지 못하게 하는 개인사로부터 우리 자신의 삶을 치유하는 법을 배울 수 있을 것이다.

– 필립 짐바르도˙ 박사

˙심리학자이자 스탠퍼드대학교 명예교수인 필립 짐바르도는 유명한 '스탠퍼드 감옥 실험'(1971)의 창안자이며 수많은 책을 저술한 저자이다. 저서 중에는 〈뉴욕 타임스〉 베스트셀러이자 '윌리엄 제임스 북어워드'에서 심리학 분야 최고의 책으로 선정된 《루시퍼 이펙트》(2007)가 있다. 그는 일상생활에서 영웅주의를 증진하는 데 전념하는 비영리 연구 및 교육기관 '영웅적 상상력 프로젝트Heroic Imagination Project'의 창립자이자 회장이다.

# 차례

## 1부
## 수용소

## 2부
## 탈출

# 나는 비밀을 가졌고, 비밀은 나를 가졌다

나는 장전된 권총이 그의 셔츠 아래 숨겨져 있다는 사실을 알지 못
했다. 하지만 1980년 여름, 육군 대위 제이슨 풀러가 나의 엘파소 상
담실에 걸어 들어오는 순간, 나는 갑자기 내장이 조여들고 목 뒤가 따
끔거리는 느낌을 받았다. 전쟁은 내게 위험을 감지하는 법을 가르쳐
줬다. 심지어 왜 내가 두려워하는지 합리적으로 설명할 수 있기 전에
도 말이다.

제이슨은 키가 컸고 운동선수처럼 날렵한 체격이었다. 하지만 그
의 몸은 너무 뻣뻣하게 경직되어 있어서 사람이라기보다는 나무에 더
가까워 보였다. 그의 푸른 눈은 생각이 딴 데 가 있는 것처럼 보였고
그의 턱은 단단히 얼어붙어 있었다. 그리고 그는 말을 하지 않으려 했
다. 아니 말을 하지 못했다. 나는 그를 상담실 안에 있는 흰색 소파로
안내했다. 그는 꽉 쥔 두 주먹으로 무릎을 누르며 차렷 자세를 한 채
온몸에 긴장을 풀지 않고 뻣뻣하게 앉아 있었다. 나는 제이슨을 처음

만나는 참이었고 무엇이 그의 긴장증 상태를 촉발했는지 전혀 알 수 없었다. 그의 몸은 손을 뻗으면 닿을 만큼 내게 가까이 있었다. 그의 분노 또한 사실상 손에 만져질 듯 뚜렷했다. 하지만 그는 길을 잃은 채 멀리 떨어져 있었다. 심지어 그는 은색 스탠다드 푸들인 내 반려견 테스가 내 책상 근처에 마치 이 방의 두 번째 살아 있는 조각상처럼 부동자세로 서 있는 것조차 알아차리지 못했다.

나는 심호흡을 한 다음 어떻게 시작해야 할지 모색했다. 때때로 나를 소개하고 나의 역사와 심리치료 접근방식을 조금 공유하면서 첫 번째 상담 시간을 시작한다. 때때로는 내담자를 상담실에 오게 한 감정들을 식별하고 조사하는 일에 바로 뛰어든다. 제이슨에게는 너무 많은 정보로 그를 압도하거나 그를 너무 빨리 지나치게 취약해지도록 하지 않는 것이 중요하다고 느껴졌다. 그는 완전히 바깥과 차단되어 있었다. 나는 그가 내면에 그렇게 단단하게 보호하고 있는 것을 내게 보여줄 수 있도록 그에게 안전감과 허용감을 제공할 방법을 찾아야 했다. 또한 나는 내 몸의 경고 시스템에 주의를 기울여야만 했다. 위험에 대한 직감이 그 사람을 도울 수 있는 내 능력을 압도하지 않게 하면서 말이다.

"어떻게 하면 제가 당신에게 도움이 될 수 있을까요?" 내가 물었다.

그는 대답하지 않았다. 그는 눈을 깜박이지조차 않았다. 그를 보니 전설이나 설화에 나오는, 돌로 변한 인물이 떠올랐다. 어떠한 마법의 주문이 그를 자유롭게 할 수 있을까?

"왜 지금인가요?" 내가 물었다. 이것은 나의 비밀 무기였다. 처음 상담실을 방문한 내담자들에게 항상 던지는 질문이다. 나는 왜 그들이 변화하고 싶다는 동기를 가졌는지 알아야 한다. 하고많은 날 중 왜 오늘 그들은 나와 상담을 시작하고 싶은 것일까? 왜 오늘은 어제, 혹은 지난주, 혹은 작년과 다른가? 왜 오늘은 내일과 다른가? 때때로 우리의 고통이 뒤에서 우리를 밀어붙이기도 하고 때때로 우리의 희망이 앞에서 우리를 끌어당기기도 한다. "왜 지금인가요?"라고 묻는 것은 단순히 질문을 던지는 것이 아니다. 이는 모든 것을 묻는 것이다.

그의 한쪽 눈이 잠시 씰룩거리다 감겼다. 하지만 그는 아무 말도 하지 않았다.

"왜 여기에 오셨는지 말씀해주세요." 내가 다시 요청했다.

나의 몸은 불확실성의 파도와 우리가 결정적인 교차로에 서 있다는 의식 때문에 긴장에 휩싸였다. 두 사람이 얼굴을 마주 보고 앉아 있다. 우리 두 사람 모두 취약하다. 우리 두 사람 모두 분노에 이름을 붙이고 그것의 치유법을 찾기 위해 분투하며 위험을 감수하고 있다. 제이슨은 공식 소견서를 가지고 오지 않았다. 제이슨은 자신의 선택으로 내 상담실에 스스로 온 것처럼 보였다. 하지만 나는 임상 경험과 나 자신의 개인적 경험으로 잘 알고 있었다. 누군가가 치유하겠다고 스스로 선택했다고 해도 그 사람이 수년 동안 얼어붙은 채 있을 수 있다는 사실을 말이다.

그가 보이는 증상들의 심각성을 봤을 때, 만약 내가 그에게 닿는 일에 성공하지 못한다면, 나의 유일한 대안은 그를 윌리엄 버몬트 육군 의료 센터William Beaumont Army Medical Center의 정신의학과 과장인 내 동료에게 추천하는 것일 터이다. 내가 박사과정을 밟았던 바로 그곳이다. 해럴드 콜머 박사는 제이슨의 긴장증을 진단하고, 그를 입원시키고, 아마 할돌Haldol 같은 항정신병 약물을 처방할 것이다. 나는 제이슨이 환자복을 입고 멍한 눈으로, 몸은 여전히 경직된 채 정신병을 조절하기 위해 처방된 약물의 부작용일 때가 많은, 근육경련에 시달리는 모습을 떠올렸다. 나는 정신과 의사인 동료들의 전문성에 절대적으로 의존하고, 생명을 구하는 약물치료를 고맙게 여긴다. 하지만 나는 심리치료상의 개입으로 성공할 여지가 조금이라도 있는데 입원 치료로 곧바로 뛰어드는 것을 좋아하지 않는다. 만약 내가 다른 선택지들을 먼저 탐색해보지 않은 채 제이슨에게 입원 치료와 약물 치료를 권고하면, 그가 한 종류의 무감각을 또 다른 종류의 무감각으로 치환할까 두려웠다. 가령 그는 얼어붙은 팔다리를 운동장애의 반사적 동작(이는 틱 증상과 움직임을 반복하는, 통제되지 못하는 춤이다. 신경 체계가 정신의 허락 없이 신체에 움직이라고 신호를 보낼 때 발생한다)과 바꾸어놓을 수도 있다. 그의 고통은 그것의 원인이 무엇이든 간에 약물에 의해 잠잠해질 수는 있을 것이다. 하지만 고통이 해결되지는 않을 것이다. 그는 기분이 더 나아지거나 혹은 기분이 더 나빠질(우리는 이 상태를 기분이 좋아지는 것이라고 오해할 때가 많다) 수 있지만, 치유되지는 않을 것이다.

'왜 지금일까?' 나는 납같이 무거운 시간이 몸을 질질 끌며 힘겹게 지나가는 동안 궁금해했다. 제이슨은 상담실 소파에 얼어붙은 채 앉아 있었다. 그는 자신의 선택에 따라, 하지만 여전히 감옥에 갇힌 채로 거기에 있었다. 내게는 한 시간밖에 없었다. 단 한 번의 기회밖에 없었다. 내가 그에게 닿을 수 있을까? 내가 그가 폭력의 잠재력을 해소하도록 도울 수 있을까? 나는 어떤 것을 선명하고 뚜렷하게 감지할 수 있을까? 내가 그에게 그의 문제가 무엇이든 그의 고통이 무엇이든 간에 자신이 이미 자유를 위한 열쇠를 쥐고 있다는 사실을 알도록 도울 수 있을까? 나는 바로 그날 제이슨에게 닿는 일에 실패했다면 병원 치료보다 훨씬 더 나쁜 운명-실제로 감옥에 갇히는 삶, 아마 사형선고를 받고-이 그를 기다리고 있었으리라는 사실을 그 당시에는 알지 못했다. 그저 내가 노력해야 한다는 사실만 알고 있었다.

제이슨을 살펴보면서, 그에게 닿기 위해서는 감정 어휘를 사용하지 않아야겠다는 생각이 들었다. 나는 군대에 있는 사람에게 더 편안하고 더 친숙한 언어를 사용할 것이다. 나는 명령을 내릴 것이다. 나는 그의 자물쇠를 열 수 있는 유일한 희망은 그의 몸에 피가 순환하게 하는 것이라고 느꼈다.

"우리는 산책하러 갈 겁니다." 내가 말했다. 나는 요청하지 않았다. 나는 명령을 내렸다. "대위, 우리는 테스를 공원에 산책시키러 갈 겁니다. 지금 당장."

제이슨은 잠시 충격을 받은 것처럼 보였다. 여기 있는 어떤 낯선 여자가 강한 헝가리식 억양으로 그에게 무엇을 해야 할지 명령했다. 그는 두리번거리며 궁금해하는 듯 보였다. '어떻게 여기에서 나갈 수 있지?' 하지만 그는 좋은 군인이었다. 그는 벌떡 일어섰다.

"네, 선생님." 그가 말했다. "네, 선생님."

나는 오래지 않아 제이슨이 가진 트라우마의 근원을 간파할 것이다. 그리고 제이슨은 우리의 명백한 차이점들에도 불구하고 우리가 공유하는 것들이 많다는 사실을 발견할 것이다. 우리는 둘 다 폭력에 대해 알았다. 그리고 우리는 둘 다 얼어붙게 되는 것이 어떤 느낌인지 알았다. 나 또한 내면에 상처가 있었다. 슬픔이 너무 깊어서 매우 오랜 시간 동안 그 누구에게도 전혀 말할 수 없었다.

나의 과거는 여전히 나를 사로잡고 있었다. 사이렌 소리나, 육중한 발걸음 소리나, 소리 지르는 남자들의 목소리를 들을 때마다 불안하고 어지러웠다. 나는 이것이 '트라우마Trauma'라는 사실을 알게 됐다. 트라우마는 어떤 일이 잘못됐다거나 어떤 끔찍한 일이 곧 발생할 것이라고 직감으로 거의 항상 느끼는 것이다. 또한 신체의 자동적 공포 반응이 내게 도망치고 피하고 모든 곳에 존재하는 위험으로부터 자신을 숨기라고 말하는 것이다. 내 트라우마는 여전히 일상적인 만남으로 인해 촉발될 수 있다. 갑작스러운 풍경, 특정한 냄새는 나를 과거로 송환시킬 수 있다. 제이슨 풀러 대위를 만났을 때는 내가 홀로코스트의 강제수용소에서 해방된 지 30년 이상 흐른 뒤였다. 현재는 70년 이상의 시간이 흘렀다. 과거에 일어난 일은 절대로 잊히거나 바뀔 수 없다. 하지만 시간이 흐르면서 나는 내가 과거에 어떻게 대응할지 선택할 수 있다는 사실을 알게 됐다. 나는 비참할 수도, 희망찰 수도 있다. 나는 우울할 수도, 행복할 수도 있다. 우리는 항상 이 선택권을 가지고 있다. 통제를 위한 기회 말이다. '나는 여기에 있어. 바로 지금.' 나는 공황 상태에 빠진 감정이 가라앉기 시작할 때까지 나 자신에게 반복해서 이렇게 말하는 법을 배웠다.

통설에서는 뭔가가 당신을 괴롭히거나 당신에게 불안을 일으키면, 그냥 그것을 쳐다보지 말라고 한다. 그것에 대해 깊이 생각하지 말라고 그곳에 가지 말라고 한다. 그래서 우리는 과거의 트라우마와 고난이나 현재의 불편이나 갈등으로부터 도망친다. 성인기의 오랜 시간 동안, 나는 현재의 생존을 위해 과거와 그것의 어둠을 안전한 곳에 숨겨놓아야 한다고 생각했다. 1950년대에 볼티모어에서 보낸 이민 초기 시절에, 나는 '아우슈비츠Auschwitz'를 영어로 어떻게 발음하는지조차 몰랐다. 어떻게 발음하는지 알았다 하더라도 내가 거기에 있었다고 말하고 싶지 않았을 것이다. 나는 누구의 동정도 바라지 않았다. 누구도 알게 하고 싶지 않았다.

나는 그저 완전히 미국적인 멋쟁이가 되고 싶었다. 강한 헝가리 억양을 사용하지 않고 영어를 구사하고 싶었다. 과거로부터 숨고 싶었다. 어딘가에 소속되고 싶다는 열망 속에서, 과거에 잡아먹힐지 모른다는 두려움 속에서, 나는 내 고통을 계속 감추기 위해 매우 열심히 노력했다. 나는 나의 침묵과 나의 인정욕구(둘 다 두려움에 기반하고 있다)가 나 자신으로부터 도망치는 수단이라는 사실을 알지 못했다. 과거 그리고 나 자신과 똑바로 대면하지 않기로 선택함으로써, 실제 감옥생활이 끝난 지 수십 년이 지난 후에도 여전히 감옥에 갇혀 있기로 선택하고 있다는 사실을 알지 못했다. 나는 비밀을 가졌고 비밀은 나를 가졌다.

상담실 소파에 꿈쩍도 하지 않은 채 앉아 있던 미 육군 대위는 내가 마침내 알게 된 사실을 상기시켜 주었다. 우리가 우리의 진실과 이야기를 억지로 숨길 때, 비밀들은 그것 자체로 트라우마가 되고 그것 자체로 감옥이 될 수 있다. 우리가 수용하기 거부하는 것들은 고통을 줄여주기는커녕 감옥의 벽돌 담장과 쇠창살처럼 우리를 감옥에 가두고 절대 탈출할 수 없게 만든다. 우리가 자신에게 자신의 상실, 상처,

실망을 애도하도록 허용하지 않을 때, 우리는 이것들을 계속 다시 체험해야 하는 운명에 처하고 만다.

자유는 이미 벌어진 일을 받아들이는 법을 배우는 것에 놓여 있다. 자유는 우리가 용기를 모아 감옥을 해체하는 것을 의미한다. 벽돌 하나씩 하나씩 말이다.

* * *

유감이지만 나쁜 일은 모든 사람에게 일어난다. 이 사실을 우리는 바꿀 수 없다. 당신의 출생증명서를 살펴보라. 삶이 쉬울 것이라고 나와 있는가? 그렇지 않다. 하지만 매우 많은 사람은 트라우마나 슬픔에 계속 간힌 채로 삶을 완전히 경험하지 못한다. 이것은 우리가 바꿀 수 있다.

최근 케네디 국제공항에서 샌디에이고로 돌아가는 비행기를 기다리면서 나는 의자에 앉아 지나가는 낯선 이들의 얼굴을 살펴봤다. 내가 본 것은 내 마음 깊은 곳을 휘저었다. 나는 지루함, 분노, 긴장, 걱정, 혼란, 낙담, 실망, 슬픔, 그리고 무엇보다 가장 걱정스러운 공허함을 보았다. 기쁨과 웃음이 거의 없다는 사실이 매우 슬펐다. 우리 삶의 가장 따분한 순간들조차도 희망, 쾌활함, 행복을 경험할 수 있는 기회들이다. 일상적인 삶 역시 삶이다. 고통스러운 삶과 스트레스 많은 삶도 마찬가지다. 왜 우리는 살아 있음을 느끼기 힘들 때가 많을까? 왜 삶을 온전히 느끼는 것으로부터 자신을 멀리 떨어뜨리는 것일까? 왜 삶을 소생시키기가 이렇게 힘들까?

만약 내가 치료하는 내담자들 중에 가장 흔한 진단명이 무엇이냐고 누가 내게 묻는다면, 나는 우울증이나 외상 후 스트레스 장애라고 답하지 않을 것이다. 물론 이러한 상태들이 내가 알고, 사랑하고, 자유로 인도하는 내담자들 사이에 매우 흔하긴 하지만 말이다. 나는 '굶주림Hunger'이라고 답하겠다. 우리는 인정, 관심, 애정에 굶주려 있다. 우리는 삶을 있는 그대로 수용하고 자신이 어떠한 사람인지 알고 진정한 자기 자신이 될 수 있는 자유에 굶주려 있다.

스스로 자유를 향한 탐색을 하고 오랜 기간 전문 임상심리학자로 경험을 쌓은 결과 나는 고통이 보편적이라는 사실을 알게 됐다. 하지만 희생자 의식은 선택적이다. 희생되는 것Victimization과 희생자 의식 Victimhood 사이에는 차이점이 있다. 우리는 모두 삶의 과정에서 어떤 식으로든 희생될 수 있다. 어떤 시점에 우리는 어떤 종류의 고통이나 재앙, 학대를 겪을 것이다. 우리가 통제권을 거의 혹은 전혀 가지지 못하는 상황이나 사람이나 제도에 의해 말이다. 이것이 인생이다. 그리고 이것은 '희생되는 것'의 예다. 이것은 외부로부터 발생한다. 이웃의 괴롭힘, 분노하는 상사, 폭력을 행사하는 배우자, 바람을 피우는 연인, 차별적인 법률, 뜻밖의 사고 등이 이런 경우이다.

이에 반해, 희생자 의식은 내면으로부터 발생한다. 자기 자신을 제외한 그 누구도 우리를 희생자로 만들 수 없다. 우리는 우리에게 벌어진 일 때문이 아니라, 자신이 희생된 사실에 집착하기로 선택할 때 희생자가 된다. 우리는 희생자의 사고방식을 키운다. 완고하고, 남을 탓하고, 비관적이고, 과거에 갇혀 있고, 용서하지 않으려 하고, 가혹하고, 건강한 한계나 경계가 없는 사고방식과 존재 방식이다. 우리는 희생자의 사고방식에 갇히기로 선택할 때 자기 자신을 감옥에 가두고 스스로 간수가 된다.

나는 한 가지를 명확하게 밝히고 싶다. 내가 희생자와 생존자에 관해 이야기할 때, 나는 희생자들을 탓하는 것이 아니다. 그들 중 너무 많은 사람은 선택할 기회조차 얻지 못했다. 가스실에 보내졌던 사람들이나 침대에서 죽은 채 발견됐던 사람들, 전기가 흐르는 철조망으로 스스로 뛰어들었던 사람들을 절대 탓하는 것이 아니다. 나는 폭력과 파괴에 강제로 내몰린 모든 곳의 모든 사람에 대해 깊은 슬픔을 느낀다. 내 삶의 목적은 인생의 온갖 고난에 맞닥뜨린 사람들이 힘을 되찾을 수 있도록 안내하는 것이다.

나는 고통에는 높낮이가 없다는 사실 또한 짚고 넘어가고 싶다. 어떠한 것도 내 고통을 상대의 고통보다 더 나쁘거나 더 좋게 만들지 않는다. 한 사람의 슬픔을 다른 사람의 슬픔과 비교하여 상대적 중요도를 표시할 수 있는 그래프 또한 존재하지 않는다. 사람들은 내게 말한다. "제 삶의 여러 가지 일들이 지금 매우 힘들어요. 하지만 제겐 불평할 권리가 없어요. '아우슈비츠'가 아니니까요." 이러한 종류의 비교는 자기 자신의 고통을 축소하거나 깎아내리게 만들 수 있다. 생존자가 되는 것, '번성하는 사람Thriver'이 되는 것은 과거와 현재에 대한 절대적인 수용을 요구한다. 만약 우리가 자신의 고통을 무시하거나, 삶의 역경들에 대한 혼란이나 고립감이나 두려움을 느끼는 자신을 꾸짖는다면, 우리는 여전히 희생자가 되기로 선택하고 있는 것이다. 이 역경들이 다른 사람들에게는 얼마나 사소해 보일지 모르더라도 말이다. 자신의 선택권을 인정하지 않고 자기 자신을 심판하고 있는 것이다.

나는 당신이 내 이야기를 읽고서 "내 고통은 덜 중요해요"라고 말하기를 바라지 않는다. 나는 당신이 내 이야기를 읽고 "그녀가 할 수 있다면 나도 할 수 있어!"라고 말하기를 바란다.

어느 날 아침 나는 두 명의 내담자를 연이어서 상담했다. 두 사람 모두 40대의 엄마였다. 첫 번째 여성은 혈우병으로 죽어가는 딸을 두었다. 그녀는 상담 시간 내내 울면서 어떻게 신이 자기 아이의 생명을 앗아갈 수 있느냐고 물었다. 나는 이 여성의 이야기에 매우 가슴이 아팠다. 그녀는 딸의 간호에 절대적으로 헌신하고 있었고 임박한 상실 때문에 황폐해져 있었다. 그녀는 화를 내고, 슬퍼했다. 그리고 자신이 그 상처를 견뎌낼 수 있을지 모르겠다고 했다.

그다음 내담자는 병원이 아니라 컨트리클럽에서 막 도착한 참이었다. 그녀 역시 상담 시간 내내 울었다. 그녀는 자신의 새 캐딜락이 조금 전에 배달되었는데 자신이 원한 색이 아니어서 화가 나 있었다. 밖에서 보면 그녀의 문제는 사소해 보였다. 특히 죽어가는 아이에 대해 비통함을 토로한 이전 내담자와 비교하면 더욱 그랬다. 하지만 나는 그녀에 관해 충분히 많이 알고 있었다. 그래서 차 색깔에 대한 실망의 눈물이 사실은 그녀 삶의 더 커다란 문제들이 그녀가 바라는 대로 풀리지 않은 것에 대한 실망 때문이라는 사실을 이해했다. 외로운 결혼 생활, 또다시 학교에서 쫓겨난 아들, 남편과 아이에게 더 도움이 되기 위해 포기했던 커리어에 대한 열망 등의 문제들이었다. 우리 삶의 작은 속상함은 더 커다란 상실의 상징일 경우가 많다. 겉보기에 사소해 보이는 걱정거리들이 더 커다란 고통을 대신하고 있는 것이다.

나는 이날, 매우 달라 보이는 두 내담자가 공통점이 얼마나 많은지 깨달았다. 서로와도 그렇고, 여느 곳의 여느 사람들과도 그랬다. 두 여성은 자신의 기대가 무너진 상황, 하지만 자신이 통제할 수 없는 상황에 대응하고 있었다. 두 여성 모두 어떤 것이 자신이 원했던 대로 혹은 기대했던 대로 되지 않았기 때문에 괴로워하고 고통스러워하고 있었다. 이들은 기대했던 것과 실제로 일어난 것을 화해시키려 애쓰고 있었다. 이 두 여성 각자의 고통은 모두 진짜였다. 이 두 여성은 휴먼드라마에 휩쓸렸다. 휴먼드라마를 겪을 때 우리는 예상하지 못한 상황에서 자신을 발견하게 되고, 그 상황에 대처할 준비가 되어 있지 않다고 느낀다. 두 여성 모두 내게 공감을 받을 자격이 있었다. 두 여성 모두 치유의 잠재력이 있었다. 두 여성 모두, 우리가 모두 그러하듯이, 자신을 희생자에서 생존자로 바꿔줄 태도와 행동을 선택할 수 있었다. 비록 그들이 대처하고 있는 상황 자체는 바뀌지 않는다고 하더라도 말이다. 생존자들은 "왜 나야?"라고 물을 시간이 없다. 생존자들에게 유일하게 적절한 질문은 "왜 지금이야?"이다.

당신이 인생의 새벽 무렵에 있든 정오 무렵에 있든 석양이 지는 무렵에 있든 간에, 당신이 깊은 고통을 겪었든 아니면 난관에 부딪히기 시작하고 있든 간에, 당신이 사랑에 빠졌든 혹은 노년에 인생 파트너를 잃었든지 간에, 당신이 삶을 뒤바꾼 사건에서 치유하고 있든 혹은 삶에 더 기쁨을 들여오기 위해 작은 조정을 하고 있든 간에, 나는 당신이 자신의 마음 감옥으로부터 탈출하여 자신이 되어야 하는 사람이 될 수 있는 방법을 찾도록 기꺼이 도울 것이다. 또한 나는 당신이 과거로부터의 자유, 실패와 두려움으로부터의 자유, 분노와 실수로부터의 자유, 후회와 해소되지 못한 슬픔으로부터의 자유, 그리고 인생의 완전하고 풍요로운 축제를 즐길 수 있는 자유를 경험하도록 기꺼이 도울 것이다. 우리는 상처에서 자유로운 삶을 선택할 수는 없다. 하지만 우리는 자유롭기로 선택할 수 있다. 무슨 일이 우리에게 닥치든, 과거에서 탈출하여 가능성을 수용하기로 선택할 수 있다. 나는 당신이 자유로워지기로 선택하기를 바란다.

내 어머니가 금요일 밤마다 만들어주던 찰라(안식일 같은 축일에 먹는 영양가 높은 흰 빵)와 비슷하게, 이 책은 세 개의 가닥으로 구성되어 있다. 이 세 개의 가닥은 나의 생존 이야기, 내가 나를 치유한 이야기, 내가 자유로 안내한 소중한 사람들의 이야기이다. 나는 최대한 기억하는 대로 내 경험을 옮겼다. 내담자들에 관한 이야기들은 그들 경험의 핵심을 정확하게 반영하고 있지만 나는 모든 이름과 신원이 드러날 수 있는 세부 사항들을 바꿨고, 일부 사례들에서는 비슷한 문제를 겪은 내담자들의 이야기를 합성했다. 앞으로 나올 이야기는 크고 작은 선택들에 관한 이야기이다. 이 선택들은 우리를 트라우마에서 승리로, 어둠에서 빛으로, 감옥에서 자유로 이끌어줄 것이다.

1부

—

수용소

# 네 개의 질문

만약 나의 일생을 단 하나의 순간으로, 단 하나의 정지화면으로 압축할 수 있다면 그것은 이것이 될 것이다. 검은색 모직 코트를 입은 세 명의 여자가 서로 팔짱을 낀 채 황량한 운동장에 서서 뭔가를 기다리고 있다. 세 사람 모두 기진맥진한 상태다. 신발 위에는 먼지가 잔뜩 쌓여 있다. 이들은 길고 긴 줄 속에 서 있다.

이 세 명의 여자는 엄마, 마그다 언니 그리고 나다. 이 순간은 우리가 함께한 마지막 순간이다. 우리는 그 사실을 아직 알지 못한다. 우리는 이에 대해 생각하기를 거부한다. 혹은 우리는 너무 지친 나머지 앞으로 어떤 일이 벌어질지 추측해볼 힘이 없다. 이 순간은 끊어내는 순간이다. 딸들로부터 엄마를, 앞으로 펼쳐질 삶으로부터 지금까지 살아왔던 삶을. 오직 나중에서야 이 순간이 이러한 의미가 있다는 사실을 알 수 있다.

나는 우리 세 사람을 뒤에서 쳐다본다. 마치 이들의 뒤쪽에 서 있다는 듯이. 왜 기억은 엄마의 뒤통수를 보여주면서도 엄마의 얼굴은 보여주지 않을까? 엄마의 머리카락은 정교하게 땋아 머리 위로 틀어 올려 고정돼 있다. 마그다 언니의 연한 갈색 곱슬머리는 언니의 어깨를 살짝살짝 스친다. 내 검은 머리는 스카프 안에 밀어 넣어져 있다. 엄마가 가운데에 서고 마그다 언니와 나는 엄마 쪽으로 몸을 기대고 서 있다. 우리가 엄마를 똑바로 서 있도록 지탱하고 있는 것인지 아니면 그와 반대로 엄마의 힘이 기둥처럼 마그다 언니와 나를 지지해주고 있는 것인지 구별할 수 없다.

이 순간은 내 인생의 커다란 상실들이 시작되는 문턱이다. 지난 70년 동안 나는 우리 세 사람이 서 있는 이 장면으로 돌아오고 또 돌아왔다. 이 장면을 철저하게 살피면 소중한 무언가를 회복할 수 있다는 듯이 살피고 또 살폈다. 마치 그렇게 하면 이 순간이 있기 전의 삶을 되찾을 수 있다는 듯이, 상실이 있기 전의 삶을 되찾을 수 있다는 듯이. 그러한 일이 가능하기라도 하다는 듯이 말이다.

나는 우리가 서로 팔짱을 끼며 서로에게 소속되어 있는 시간에 조금 더 머무르기 위해 이 장면으로 돌아오고 또 돌아온다. 우리의 축 처진 어깨가 보인다. 코트 맨 아래에 먼지가 묻어 있다. 엄마, 마그다 언니 그리고 나.

\* \* \*

어린 시절의 기억은 짧은 순간이나 만남처럼 파편적일 때가 많다. 이러한 파편들이 모여 인생의 스크랩북을 형성한다. 이 파편들은 자신이 어떠한 사람인지에 대해 말하려면 마주칠 수밖에 없는 이야기를 이해하기 위해 스스로 남겨둔 파편들이다.

헤어지기 이전에도 엄마에 관한 나의 가장 내밀한 기억은 슬픔과 상실로 가득 차 있다. 이 기억 또한 내게 매우 소중하지만 말이다. 우리 둘은 주방에 있다. 엄마는 직접 밀가루 반죽으로 만든 슈트루델(얇게 늘여 편 반죽에 과일을 얹어 말아 구운 오스트리아 전통 과자) 중 남은 것을 싸는 중이다. 나는 엄마가 손으로 밀가루 반죽을 떼어내 식탁 위에 두툼한 리넨 천처럼 쫙 펴는 과정을 지켜봤다. "책을 읽어주렴"이라고 엄마가 말하자 나는 엄마의 침대 옆 탁자에서 《바람과 함께 사라지다》라는 낡은 책을 가지고 온다. 우리는 이미 책 전체를 한 번 다 읽었지만 책을 다시 읽기 시작한다. 나는 번역서의 속표지에 영어로 적힌 신비로운 느낌의 글자에 시선이 꽂힌다. 남성 필체이지만 아빠의 필체는 아니다. 엄마는 아빠를 만나기 전에 자신이 근무했던 외교부에서 만난 어떤 남자에게서 받은 선물이라고만 말한다.

우리는 장작 난로 근처에 있는 등받이가 곧은 의자에 앉는다. 나는 아홉 살밖에 되지 않았지만, 이 성인소설을 유창하게 읽는다. "얼굴이 안 예쁜데 머리라도 좋아서 다행이야." 엄마는 내게 여러 번 말했다. 칭찬과 비판이 얽혀 있는 말이다. 엄마는 내게 엄격하다. 하지만 나는 이 시간을 음미한다. 함께 책을 읽을 때는 다른 누구와 엄마를 공유하지 않아도 된다. 나는 문장들과 이야기, 엄마와 세상에 단둘이 있다는 느낌에 흠뻑 빠진다. 소설 속 스칼렛은 전쟁이 끝나고 타라로 돌아오지만, 비통하게도 어머니는 돌아가셨고 아버지는 실성했다. 스칼렛은 말한다. "신 앞에 맹세하건대, 앞으로 다시는 배를 곯지 않을 거야."

엄마는 두 눈을 감고 의자 등받이에 머리를 기댄다. 나는 엄마의 무릎 위로 기어 올라가고 싶다. 그러고선 엄마의 가슴에 머리를 기대고 싶다. 엄마가 내 머리에 입을 맞춰주면 좋겠다.

"타라…." 엄마가 말한다. "미국, 이제 그곳을 보게 되겠구나." 나는 엄마가 한 번도 가보지 못한 나라에 대해 말할 때와 똑같은 부드러운 목소리로 내 이름을 불러주면 좋겠다. 엄마의 주방에서 나는 온갖 냄새는 배고픔과 축제의 드라마와 뒤섞여 있다. 항상 그렇다. 심지어 축제의 순간에도 갈망이 떠나지 않는다. 나는 그 갈망이 엄마의 것인지 아니면 나의 것인지 아니면 우리가 공유하는 어떤 것인지 모르겠다.

우리는 난로를 가운데에 두고 앉아 있다.

"내가 네 나이였을 때에…." 엄마가 말을 시작한다.

엄마가 말하고 있으므로 나는 감히 꼼짝도 하지 못한다. 조금이라도 움직이면 엄마가 말을 계속하지 않을까 두렵다.

"내가 네 나이였을 때에, 아기들은 한 침대에서 함께 자고 어머니와 나는 침대를 같이 썼단다. 어느 날 아침, 아버지가 나를 부르는 소리에 잠에서 깼어. '일론커, 엄마를 깨워. 아침 식사도 만들지 않고 내 옷도 꺼내놓지 않았구나.' 나는 이불을 덮고 내 옆에 누워 있는 어머니를 향해 돌아누웠어. 하지만 어머니는 미동도 하지 않았지. 어머니는 죽어 있었어."

엄마는 내게 이 이야기를 해준 적이 없다. 나는 이 순간에 대해 매우 상세히 알고 싶다. 이미 세상을 떠난 엄마의 옆에서 깨어난 딸의 심정이 어땠을까. 너무 무서워서 생각조차 할 수 없다.

"그날 오후에 사람들이 어머니를 묻을 때, 나는 그들이 어머니를 산 채로 땅에 묻는다고 생각했어. 그날 밤, 아버지가 내게 가족의 저녁 식사를 만들라고 말했지. 그래서 그렇게 했어."

나는 이야기의 나머지를 듣기 위해 기다린다. 나는 엄마가 이야기의 끝에 교훈을 들려주거나 안심시켜주기를 기다린다.

하지만 "잠자리에 들 시간이구나"가 엄마가 말한 전부다. 엄마는 몸을 숙여 난로 밑에 있는 재를 비질로 쓸어낸다.

이때 현관문 밖의 복도에서 쿵쿵거리는 발걸음 소리가 난다. 아빠의 열쇠가 쩽그랑거리는 소리를 듣기도 전에 이미 아빠의 담배 냄새를 맡을 수 있다.

아빠가 소리친다. "숙녀분들, 여태 깨어 있나요?" 아빠가 말쑥한 정장에 반짝거리는 구두를 신고 손에 작은 봉지를 든 채 함박웃음을 지으며 주방으로 걸어 들어온다. 아빠가 내 이마에 쪽 소리를 내며 입을 맞춘다. "또 이겼단다." 아빠가 자랑한다. 아빠는 친구들과 카드놀이를 하거나 당구를 칠 때 이기면 전리품을 나에게 나눠준다. 오늘 아빠는 분홍색 아이싱으로 장식된 프티 푸르(커피, 차와 함께 내는 아주 작은 케이크 또는 쿠키)를 가져왔다. 만약 내가 마그다 언니였다면 엄마는 그 간식을 빼앗았을 것이다. 엄마는 항상 마그다 언니의 몸무게를 염려하니까. 하지만 엄마는 내게 고개를 끄덕이며 먹어도 좋다고 허락한다.

엄마가 일어서서 난로에서 싱크대로 걸음을 떼려 한다. 그때 아빠가 엄마를 가로막으면서 엄마의 손을 잡고 위로 올리며 엄마가 주방 안을 빙글빙글 돌게 에스코트한다. 하지만 엄마는 뻣뻣하고 웃음기가 하나도 없다. 아빠가 엄마를 끌어당겨 포옹하며 한 손으로는 엄마의 등을 받치고 한 손으로는 엄마의 가슴을 간지럽힌다. 엄마가 아빠를 뿌리친다.

"나는 네 엄마에게 실망의 대상이란다." 함께 주방에서 나오면서 아빠가 내게 별로 작지 않은 소리로 속삭인다. 아빠는 엄마가 우연히 듣기를 바라는 걸까 아니면 내게만 들으라고 비밀 이야기를 하는 걸까? 어느 쪽이든, 나는 이 말을 머릿속에 담아두고 나중에 곰곰이 생각해본다. 아빠의 목소리에 괴로움이 담겨 있어서 갑자기 겁이 난다.

"엄마는 매일 밤 오페라극장에 가는 화려하고 국제적인 삶을 살고 싶어 하지. 나는 그저 한낱 재단사에 불과해. 재단사이자 당구 치는 사람."

나는 아빠의 낙담한 듯한 말투가 혼란스럽게 느껴진다. 아빠는 우리 마을에서 매우 유명하고 인기가 많다. 장난기 많고 항상 웃음을 잃지 않는 아빠는 언제나 편안하고 활기차 보인다. 아빠 옆에 있으면 무척 재미있다. 아빠는 많은 친구와 함께 어울린다. 아빠는 음식을 사랑한다(특히 햄을. 때때로 아빠는 유대교 율법을 따르는 우리 집에 햄을 몰래 밀반입해와 햄을 싸고 있던 신문지 위에 놓고 먹으며 유대교에서 금지하는 돼지고기 조각을 내 입속에 넣어준다. 딸에게 모범이 되지 못한다는 엄마의 비난을 참아가면서). 아빠의 양복점은 금메달을 두 개나 받았다. 아빠는 단순히 가지런한 솔기와 반듯한 단만을 만드는 재단사가 아니다. 아빠는 고급 여성복을 만드는 명인이다. 이것은 아빠가 엄마를 만나게 된 계기이기도 하다. 엄마에게 드레스가 필요했는데 엄마 주위 사람들이 아빠가 실력이 좋다고 추천을 많이 해서 엄마가 아빠의 양복점에 들른 것이다. 하지만 아빠는 원래 의사가 되고 싶었다고 한다. 할아버지가 이 꿈을 좌절시켰지만, 아빠는 이따금 한 번씩 자신에 대한 실망감을 드러내곤 한다.

"아빠는 그냥 재단사가 아니에요. 아빠는 최고의 재단사예요!" 내가 아빠를 위로한다.

"그리고 너는 코시체에서 가장 옷을 잘 입는 아가씨가 될 거고." 아빠가 내 머리를 쓰다듬으며 말한다. "너는 고급 여성복에 잘 어울리는 완벽한 몸매를 가지고 있어."

아빠가 자신을 다시 찾은 것처럼 보인다. 아빠는 실망감을 어둠 속으로 밀어 넣는다. 우리는 침실 입구에 다다른다. 나는 첫째 언니인 마그다 언니, 둘째 언니인 클라라 언니와 침실을 함께 쓰고 있다. 마그다 언니가 숙제하는 시늉을 하는 모습과 클라라 언니가 자신의 바이올린에서 송진 먼지를 닦아내고 있는 모습이 머릿속에 저절로 그려진다. 아빠와 나는 입구 앞에서 조금 더 서 있다. 둘 중 누구도 아직 헤어질 준비가 안 됐다.

"너도 알겠지만 나는 네가 아들이기를 바랐단다." 아빠가 말한다. "네가 태어났을 때 문을 쾅 닫고 나가버렸지. 딸이 또 태어난 게 정말 화가 났어. 하지만 지금은 네가 내 말을 들어주는 유일한 사람이구나." 아빠가 내 이마에 입을 맞춘다.

나는 아빠의 관심을 받는 게 좋다. 엄마의 관심처럼 소중하고 불안정하다. 마치 부모님의 사랑을 받을 만한 가치가 있는지가 별로 나와는 관계없고 부모님의 외로움과 더 관계있는 것만 같다. 나의 정체성이 내가 누군지나 내가 무엇을 가졌는지와 관련돼 있지 않고, 부모님들 각자가 무엇을 잃어버렸는지 측정하는 수단인 것만 같다.

"잘 자, 디추커." 마침내 아빠가 말한다. 아빠는 엄마가 나를 위해 만든 애칭을 사용한다. 디추-커. 이 우스꽝스러운 음절이 내게는 따뜻하게 느껴진다. "언니들한테 불을 꺼야 할 시간이라고 말하렴."

침실 안으로 들어가자 마그다 언니와 클라라 언니가 나를 위해 직접 만든 노래로 환영 인사를 한다. 언니들은 내가 세 살 때 의학 시술을 받다 잘못돼서 한쪽 눈이 사시가 됐을 때 이 노래를 만들었다. "넌 너무 못생겼어, 넌 너무 못생겼어. 절대 남편을 못 만날 거야." 언니들이 이 노래를 부른다. 그 사고 이후로 나는 걸어 다닐 때면 누군가가 한쪽으로 치우친 내 얼굴을 쳐다보지 못하도록 땅을 향해 고개를 숙이고 다녔다. 나는 언니들이 못된 노래로 나를 놀리는 것이 문제라고 생각하지 않았다. 문제는 내가 언니들의 말을 믿었다는 것이다. 나는 내 열등함을 너무 확신한 나머지 한 번도 내 이름으로 나를 소개한 적이 없었다. 나는 사람들에게 "저는 에디입니다"라고 말하지 않는다. 클라라 언니는 바이올린 영재다. 클라라 언니는 다섯 살 때 멘델스존 〈바이올린 협주곡〉에 숙달했다. "저는 클라라 언니의 여동생입니다"라고 나는 말한다.

하지만 오늘 내게는 특별한 뉴스가 있다. "엄마의 엄마는 엄마가 정확히 내 나이였을 때 죽었대." 나는 이 정보의 비밀성을 매우 확신하고 있어서 언니들에게 이 뉴스가 오래된 뉴스이고 내가 이 뉴스를 마지막으로 아는 사람이라고는 꿈에도 생각하지 못한다.

"농담하지 마." 마그다 언니가 말한다. 언니의 목소리는 빈정댐이 가득 차 있어서 심지어 나도 알아차릴 수 있을 정도다. 마그다 언니는 열다섯 살이고 가슴이 크고 관능적인 입술과 구불구불한 머리카락을 가지고 있다. 마그다 언니는 우리 가족 안에서 익살꾼이다. 우리가 더 어렸을 때, 마그다 언니는 우리 침실에서 포도알을 떨어뜨려 아래 테라스에 앉아 있는 손님들의 커피 잔에 쏙 들어가게 하는 묘기를 보여주곤 했다. 언니에게 받은 영감을 이용해 나는 곧 나만의 게임을 만들 것이다. 하지만 언니의 게임보다 더 거창할 것이다. 친구와 나는 학교나 거리에서 남자아이들을 향해 뽐내며 걸어갈 것이다. "광장에 있는 시계탑에서 4시에 만나." 우리는 눈을 깜박이며 떨리는 목소리로 말할 것이다. 그들은 올 것이다. 그들은 항상 올 것이다. 때로는 들떠서, 때로는 수줍어하면서, 때로는 기대감에 차 으스대며 걸으면서. 안전한 내 침실의 창문가에 서서 친구와 나는 남자아이들이 도착하는 모습을 지켜볼 것이다.

"그렇게 심하게 놀리지 마." 클라라 언니가 마그다 언니에게 딱딱댄다. 클라라 언니는 마그다 언니보다 어리지만 나를 보호하기 위해 끼어든다. "피아노 위에 있는 그림 알고 있지? 엄마가 항상 말을 거는 그림 말이야. 그분이 외할머니셔." 클라라 언니가 내게 말한다. 나는 클라라 언니가 말하는 그림을 알고 있다. 나는 평생 매일 그 그림을 봐왔다. "도와주세요, 도와주세요." 엄마는 피아노의 먼지를 닦고 바닥을 쓸면서 그 초상화에 대고 신음하곤 했다. 나는 엄마에게—혹은 누구에게라도— 그 그림 안에 있는 사람이 누구냐고 물어보지 않았다는 사실이 부끄러워진다. 또한 내가 가진 정보가 내게 어떠한 특별한 지위도 주지 않았다는 사실에 실망한다.

나는 조용한 여동생, 눈에 띄지 않는 아이로 지내는 일에 익숙해져 있다. 마그다 언니가 어릿광대 역할을 하는 것에 질렸을지도 모른다는 생각이나 클라라 언니가 영재 역할을 하는 것에 분개하고 있을지 모른다는 생각은 내게 들지 않는다. 클라라 언니는 비범한 존재로 사는 일을 멈출 수 없다. 그렇지 않으면 단 한순간에 모든 것이 언니로 부터 몰수될 것이다. 언니가 익숙해져 있는 사람들의 흠모도, 언니의 자아 정체감 그 자체도. 마그다 언니와 나는 어떤 것을 얻기 위해서 열심히 노력해야 한다. 하지만 우리는 그 어떤 것이 언제나 결코 충분히 있지 않다는 사실을 잘 안다. 클라라 언니는 어느 때라도 자신이 치명적인 실수를 저지를 수 있고 모든 것을 잃을 수 있다는 사실을 걱정해야 한다. 내가 태어났을 때 클라라 언니는 이미 바이올린을 연주하고 있었다. 언니는 세 살 때부터 바이올린을 연주했다. 훨씬 나중이되어서야 나는 언니가 자신의 비범한 재능을 위해 무엇을 희생해야 했는지 알게 된다. 클라라 언니는 아이로 사는 것을 포기했다. 나는 언니가 인형을 가지고 노는 것을 한 번도 보지 못했다. 그 대신 클라라 언니는 열린 창문 앞에 서서 바이올린 연주 연습을 했다. 언니는 지나가는 사람을 선율로 불러들여 넋을 잃고 자신의 연주를 보게 해야만 직성이 풀렸다.

"엄마는 아빠를 사랑할까?" 내가 언니들에게 묻는다. 부모님 사이의 거리감, 부모님이 각자 내게 고백한 슬픈 사연들을 생각하니 부모님이 멋지게 차려입고 함께 외출한 모습을 한 번도 본 적이 없다는 사실이 떠오른다.

"무슨 뚱딴지같은 소리야." 클라라 언니가 말한다. 언니는 내 염려를 대놓고 부인하지는 않지만, 언니의 눈에서 수긍의 눈빛이 읽히는 것 같다. 내가 나중에 또 시도할 테지만 우리는 결코 이 문제에 대해 다시 이야기하지 않는다. 오랜 시간이 흐른 후에야 나는 언니들이 이미 다음과 같은 사실을 알고 있었다고 알게 된다. 우리가 사랑이라고 부르는 것은 더 조건적인 어떤 것-능력에 대한 보상, 자신이 만족하는 무엇-일 때가 많다는 사실을 말이다.

우리는 나이트가운을 입고 침대로 들어간다. 나는 부모님에 관한 걱정을 지우고 그 대신 발레 선생님과 그의 부인에 대해 생각한다. 그리고 내가 한 번에 두세 계단씩 발레 교습실로 뛰어올라가서 교복을 벗어 던진 다음 레오타드와 타이츠를 잡아당기면서 입을 때 받는 느낌에 대해 생각한다. 나는 다섯 살 때부터 발레를 배워왔다. 엄마는 내게 음악적 재능이 없고 그 외의 다른 재능들도 없다는 사실을 일찌감치 간파했다. 바로 오늘 우리는 다리 찢고 앉기 동작을 연습했다. 발레 선생님은 우리에게 힘과 유연성은 서로 뗄 수 없다고 말했다. 한 근육을 구부리려면 다른 근육을 열어야 한다. 몸을 길게 뻗고 유연성을 발휘하기 위해서는 코어 근육에 힘을 줘야 한다.

나는 선생님의 가르침을 머릿속에 기도문처럼 간직하고 있다. 아래로 내려간다. 척추가 꼿꼿해지고 복부 근육이 꽉 조인다. 다리를 양옆으로 쭉 뻗는다. 나는 심호흡을 한다. 특히 더는 할 수 있는 게 없다고 느껴질 때 심호흡을 한다. 나는 내 몸이 클라라 언니의 바이올린에 있는 현처럼 팽창한다고 상상한다. 팽팽함의 가장 정확한 위치를 발견하면 악기 전체가 소리를 낸다. 나는 아래로 내려간다. 나는 여기에 있다. 다리 찢고 앉기 동작을 완벽하게 한 채로. "브라보!" 발레 선생님이 손뼉을 친다. "지금 그대로 똑바로 있어." 발레 선생님이 바닥에서 나를 들어 올린 후 자신의 머리 위로 올린다. 바닥에 다리를 맞대고 힘을 주던 것에 비해 공중에서 다리를 완전히 일자로 벌린 채로 유지하기가 쉽지 않다. 잠깐 내가 공물이 된 것 같은 느낌이 든다. 내가 순수한 빛인 것 같은 느낌도 든다. 발레 선생님이 말한다. "에디트케, 삶의 모든 환희는 내면에서 나오는 거란다." 내가 이 말의 의미를 진정으로 이해하기까지 오랜 시간이 걸린다. 지금 내가 아는 전부는 내가 호흡하고 회전하고 킥을 하고 몸을 구부릴 수 있다는 사실이다. 나의 근육들이 유연해지고 강해질 때 모든 동작, 모든 자세가 크게 외치는 것만 같다. '나는, 나는, 나는. 나는 나야. 나는 중요한 사람이야.'

\* \* \*

기억은 신성한 토양이다. 하지만 동시에 걱정이 가득한 곳이기도 하다. 기억 속에서 나의 분노와 죄책감, 슬픔은 오래된 뼈 더미를 탐색하는 굶주린 새들처럼 계속 제자리에서 빙글빙글 돈다. 기억 속에서 나는 답이 없는 질문에 대한 답을 계속 찾는다. 왜 나는 살아남았을까?

나는 일곱 살이고 부모님은 만찬을 열고 있다. 부모님이 물 주전자를 다시 채워오라며 나를 밖으로 보낸다. 주방에 있는 내게 부모님이 농담하는 소리가 들린다. "저 애를 안 낳을 수도 있었지요." 나는 내가 태어나기 전에 우리 가족이 이미 완벽한 가족이었다는 뜻에서 하는 말이라고 생각한다. 부모님에게는 피아노를 연주하는 딸과 바이올린을 연주하는 딸이 있었다. 나는 불필요하고, 잘나지 않고, 나를 위한 자리는 없다. 이렇게 나는 생각한다. 이런 식으로 우리는 인생의 사실들을 잘못 해석한다. 이런 식으로 우리는 마음대로 추정하고 다시 확인해보지 않는다. 이런 식으로 우리는 스스로 되뇌는 이야기를 만들어내고 이미 믿고 있는 내면의 특정한 신념을 강화한다.

여덟 살이 된 후 어느 날, 나는 가출하기로 한다. 나는 내가 불필요하고 눈에 띄지 않는 존재라는 이론을 시험할 것이다. 내가 사라졌다는 사실을 부모님이 알아차리기라도 할지 두고 볼 것이다. 나는 학교에 가는 대신 전차를 타고 외조부모님 집으로 간다. 외조부모님(엄마의 아버지와 양어머니)이 나를 보호해주리라 믿는다. 그분들은 마그다 언니를 위해서 엄마와 끊임없이 전투를 벌이고 있다. 가령 쿠키를 마그다 언니의 서랍장에 숨겨둔다던지 하는 식으로 말이다. 그분들은 내게 안전망인 동시에 금지된 것들을 허용해준다. 그분들은 서로 손을 잡는다. 우리 부모님은 절대 하지 않는 행동이다. 그분들의 사랑에는 가식이 없고 그분들의 인정에는 거짓이 없다. 그분들을 떠올리면 편안함이 느껴진다. 소 가슴살과 구운 콩의 냄새, 달콤한 빵의 냄새, '숄른트'의 냄새. 숄른트는 안식일에 외할머니가 제과점에 재료를 가져가서 요리해오는 진한 스튜다. 유대교의 전통 관례 때문에 집에 있는 오븐을 사용해서는 안 된다.

외조부모님은 나를 보고 행복해한다. 아주 멋진 아침이다. 나는 주방에 앉아서 너트 롤을 먹는다. 바로 그때 초인종이 울린다. 외할아버지가 대답하러 간다. 잠시 후 외할아버지가 주방 안으로 헐레벌떡 들어온다. 외할아버지는 귀가 어두워서 지나치게 큰 목소리로 내게 경고한다. "얼른 숨어, 디추커." 외할아버지가 소리친다. "네 엄마가 여기 왔어!" 외할아버지는 나를 보호하려 애쓰다 오히려 내 정체를 누설한다.

가장 괴로운 부분은 엄마가 외조부모님의 주방에 있는 나를 봤을 때 얼굴에 지은 표정이다. 내가 여기에 있는 걸 봐서 깜짝 놀란 것이 전부가 아니다. 내가 존재한다는 사실 그 자체가 엄마를 놀라게 한 것처럼 보인다. 나는 엄마가 원하는 존재가 아니거나 엄마가 기대하는 존재가 아닌 것만 같다.

나는 절대 아름답지 않을 것이다. 엄마는 이 점을 명확히 밝혔다. 하지만 내가 열 살이 되던 해에 엄마는 내게 앞으로 얼굴을 숨기고 다니지 않아도 된다고 확신시켜준다. 부다페스트에 있는 클레인 박사가 사시인 내 한쪽 눈을 고쳐줄 것이다. 부다페스트로 향하는 기차 속에서 나는 초콜릿을 먹으며 엄마의 관심을 독점하는 것을 즐긴다. 엄마가 말하기를 클레인 박사는 유명 인사이고 최초로 마취제를 사용하지 않고 눈 수술을 하는 데 성공했다고 한다. 나는 여행의 낭만과 엄마를 혼자 독차지하는 특권에 정신이 팔린 나머지 엄마가 경고하고 있다는 사실을 알아차리지 못한다. 나는 수술이 아플 것이라는 생각은 한 번도 해보지 않았다. 고통이 나를 잡아먹을 때까지는 말이다. 우리를 저명한 클레인 박사에게 연결해준 엄마의 친척들 그리고 엄마가 온 힘을 다해 몸부림치는 내 몸을 수술대에 붙잡고 있다. 거대하고 끝없어 보이는 고통보다 더 끔찍한 것은 나를 사랑하는 사람들이 내가 움직일 수 없도록 나를 억누르고 있다는 느낌이다. 오직 나중에서야, 수술이 성공적이었음이 판명되고 난 오랜 후에야, 나는 엄마의 관점에서 그 장면을 복기해볼 수 있다. 엄마는 내가 고통스러워하는 모습을 보면서 얼마나 고통스러웠을까.

나는 혼자 있을 때, 나의 내면세계 속으로 후퇴할 수 있을 때 가장 행복하다. 열세 살이 된 후 어느 날 아침, 나는 학교에 가던 도중 사설 체육관에 들러 〈아름답고 푸른 도나우 강〉 루틴의 스텝을 연습한다. 우리 발레반은 강가에서 열리는 축제 때 이 노래에 맞춰 공연할 것이다. 바로 그때, 갑자기 창작열이 뜨거워지면서 나는 나만의 새로운 춤을 추기 시작한다. 그 춤 속에서 나는 부모님이 처음 만나는 장면을 상상한다. 나는 두 분의 파트를 모두 춘다. 아빠는 엄마가 공간 안으로 걸어 들어오는 모습을 보고서 익살스럽게 깜짝 놀라는 시늉을 한다. 엄마는 더 빨리 회전하고 더 높이 뛰어오른다. 나는 내 몸 전체를 활 모양으로 구부리며 즐거운 웃음을 표현한다. 나는 엄마가 크게 기뻐하는 모습을 한 번도 보지 못했고 엄마가 소리 내 웃는 모습도 한 번도 보지 못했다. 하지만 춤을 추면서 엄마 내면에 있는 순수한 행복의 원천을 내 몸속에서 느낀다.

학교에 도착했을 때, 아빠가 학교의 일 년 수업비라며 내게 준 돈이 사라지고 없다. 갑작스럽게 춤을 추느라 잃어버린 것 같다. 나는 모든 주머니와 옷의 주름 하나하나까지 빠짐없이 살피지만, 수업비는 사라지고 없다. 아빠에게 사실을 말해야 한다는 두려움 때문에 온종일 뱃속에 얼음이 든 것처럼 배가 몹시 아프다. 집에 가자 아빠는 나를 똑바로 보지 못한 채 주먹을 든다. 아빠가 나나 우리 중 누구를 때린 건 처음이다. 아빠는 그렇게 하고 나서 내게 한마디도 하지 않는다. 그날 밤 침대에 누워서 나는 내가 죽어버려서 아빠가 내게 한 일로 인해 고통받기를 기원한다. 차라리 아빠가 죽기를 기원한다.

이러한 기억들이 내 자신에게 내가 강하다는 이미지를 줄까? 아니면 내가 피해를 보았다는 이미지를 줄까? 아마도 모든 어린 시절은 우리가 자신이 얼마나 중요하고 중요하지 않은지 정확히 집어내려 애쓰는 공간일 것이다. 또한 우리가 자기 가치의 크기와 경계를 살펴보는 지도일 것이다.

아마도 모든 삶은 우리가 가지지 않았지만 가졌으면 하는 것들 그리고 우리가 가졌지만 가지지 않았으면 하는 것들을 연구하는 과정일 것이다.

내가 나의 삶에 다른 질문을 던질 수 있다는 사실을 발견하기까지 수십 년의 시간이 걸렸다. 이제 나는 '왜 내가 살았을까?'라고 질문하지 않는다. '내게 주어진 삶을 가지고 나는 무엇을 할 수 있을까?'라고 질문한다.


우리 가족의 평범한 휴먼드라마는 국경에 의해, 전쟁에 의해 복잡해진다. 제1차 세계대전 이전에 내가 태어나고 자란 슬로바키아 지역은 오스트리아-헝가리 제국에 속해 있었다. 하지만 내가 태어나기 십 년 전인 1918년에, 베르사유조약은 유럽의 지도를 다시 그렸고 새로운 국가를 탄생시켰다. 우리 가족이 살던 지역인 슬로바키아의 농업지대는 헝가리 사람과 슬로바키아 사람으로 구성되어 있었다. 산업지대인 모라비아와 보헤미아는 체코 사람으로 이루어져 있었다. 그리고 현재는 우크라이나에 속해 있는 자카르파탸까지 이곳들이 합쳐져 체코슬로바키아가 탄생했다. 체코슬로바키아의 탄생으로, 나의 고향인 헝가리의 커셔는 체코슬로바키아의 코시체가 되었다. 그리고 우리 가족은 이중 소수집단이 되었다. 우리는 체코가 우위를 차지하는 국가에 사는 헝가리 민족이자 유대인이었다.

유대인들은 11세기 이래로 슬로바키아에 살아왔지만 1840년이 돼서야 비로소 커셔에 정착하도록 허용되었다. 심지어 그때에도 기독교 무역 길드의 후원을 받는 도시 공무원들은 유대인 가족들이 그곳에 사는 걸 어렵게 했다. 그렇지만 세기가 바뀌면서, 커셔는 유럽에 있는 매우 커다란 유대인 공동체 중 하나가 되었다. 폴란드 같은 다른 동유럽 국가들과는 다르게, 헝가리 유대인들은 유대인 거주지역에 따로 모여 살지 않았다(그래서 우리 가족은 헝가리어만 사용하고 이디시어는 사용하지 않았다). 우리는 분리주의 정책의 대상이 아니었고 따라서 교육적, 직업적, 문화적 기회를 풍부하게 누렸다. 하지만 우리는 여전히 미묘하면서도 명백한 편견과 맞닥뜨렸다. 반유대주의는 나치가 새로이 만들어낸 어떤 것이 아니다. 나는 자라면서 열등의식 그리고 내가 유대인이라는 사실을 인정하지 않는 편이 더 안전하다는 믿음을 내면화했다. 동화되고, 섞여 들어가고, 절대 두드러지지 않는 편이 더 안전했다. 그런 다음, 1938년 11월에 헝가리는 코시체를 다시 병합했다. 그러자 고향이 마침내 진짜 고향이 된 듯한 느낌이 들었다.

엄마는 단독가구들이 사는 아파트로 건설된 오래된 건물인 '안다라시 팰리스'에 있는 우리 집 발코니에 서 있다. 엄마는 발코니의 난간에 오리엔탈풍 카펫을 늘어뜨린다. 청소하는 것이 아니다. 축하하는 것이다. 우리 도시가 다시 헝가리로 병합된 것을 공식적으로 환영하기 위해 호르티 미클로시 장군이 헝가리 왕국의 섭정으로 오늘 도착할 예정이다. 나는 부모님의 흥분과 자부심을 이해한다. 우리는 어딘가에 소속되어 있다! 나 또한 호르티 장군을 환영한다. 나는 춤 공연을 한다. 커다란 꽃 자수가 놓인 밝은 모직 조끼와 치마, 흰 소매가 부풀어 올라 있는 블라우스, 리본, 레이스, 빨간색 부츠로 화려하게 치장한다. 내가 강가에서 하이킥을 할 때 호르티 장군이 갈채를 보낸다. 호르티 장군이 댄서들을 한 명씩 안아준다. 나도 안아준다.

"디추커, 우리가 클라라처럼 금발 머리면 좋겠어." 잠자리에서 마그다 언니가 내게 속삭인다.

통행금지령과 차별적인 법률들이 발효되기까지는 아직 수년이 남았지만, 호르티 장군의 퍼레이드는 앞으로 벌어질 모든 일의 서막이다. 헝가리 시민권은 어떤 면에서는 소속감을 안겨주었지만 어떤 면에서는 소외감을 안겨주었다. 우리는 모국어를 말하고 헝가리인으로 받아들여져서 너무 행복하다. 하지만 그 받아들임은 우리가 얼마나 동화되었느냐에 달려 있다. 이웃들은 '유대인이 아닌' 헝가리 민족 사람들만 전통의상을 입을 수 있게 해야 한다고 주장한다.

"네가 유대인이라는 사실을 발설하지 않는 게 최고야." 마그다 언니가 내게 경고한다. "그걸 말하면 다른 사람들이 너에게서 아름다운 것들을 뺏어가려 할 테니까."

마그다 언니는 첫째다. 마그다 언니는 세상에서 일어나는 일들을 내게 알려준다. 언니는 걱정스러운 일들을 세부적으로 알려줄 때가 많고 나는 언니가 알려준 일들을 공부하고 곰곰이 생각해본다. 나치 독일이 폴란드를 침범한 1939년에, 헝가리 나치인 '닐러시Nyilas(헝가리 나치당)'는 우리가 사는 '안다라시 팰리스'에 와서 우리 집이 있는 층의 아래층 아파트를 점유한다. 그들이 마그다 언니에게 침을 뱉는다. 그들이 우리를 쫓아낸다. 그래서 우리는 큰길 대신 골목에 있는 '코슈트 러요시 우트처 6번지'의 새 아파트로 이사한다. 아빠가 사업하기에 덜 편리한 장소다. 이 아파트가 비어 있는 이유는 이전에 살던 유대인 가족이 남아메리카로 이민을 떠났기 때문이다. 우리는 헝가리를 떠난 다른 유대인 가족들에 대해서도 알고 있다. 아빠의 누나인 마틸다 고모는 이미 수년 전에 헝가리를 떠났다. 마틸다 고모는 뉴욕 브롱크스에 있는 유대인 이민자 지역에 살고 있다. 마틸다 고모가 미국에서 사는 삶은 여기에서 우리가 사는 삶보다 더 제한되어 보인다. 그래서 우리는 이민에 대해 이야기하지 않는다.

1940년에 나는 열세 살이 되고 '닐러시'는 커셔의 유대인 남자들을 모아 강제노동수용소에 보내기 시작한다. 하지만 이때까지도 우리 가족에게 전쟁은 멀게만 느껴진다. 아빠는 수용소로 보내지지 않는다. 처음에 우리는 현실 부정을 방어수단으로 사용한다. 우리는 현재 상황에 주의를 기울이지 않는다. 그렇게 하면 눈에 띄지 않은 채로 우리의 삶을 이제까지와 똑같이 지속할 수 있다. 우리는 마음속에서 세상을 안전하게 만들 수 있다. 우리는 피해를 보지 않도록 우리를 바깥 세상에 보이지 않게 만들 수 있다.

하지만 1941년 6월 어느 날, 마그다 언니가 자전거를 타고 밖에 나간 사이 갑자기 공습경보가 울려 퍼진다. 마그다 언니는 안전을 위해 세 블록을 질주해 외조부모님의 집으로 대피하지만, 이미 집의 절반이 날아간 상태다. 다행히 외조부모님은 살아남았다. 하지만 그분들의 집주인은 살아남지 못했다. 단 한 번의 공격이었고 한 번의 폭격에 한 동네가 쑥대밭이 되었다. 우리는 러시아 군인들이 폭격에 책임이 있다고 듣는다. 아무도 이 말을 믿지 않지만 아무도 반박하지 못한다. 우리는 운이 좋으면서 동시에 취약하다. 유일하게 확실한 진실은 집이 있었던 곳에 쌓여 있는 박살난 벽돌 더미뿐이다. 파괴와 사라짐, 곧 이것들은 현실이 된다. 헝가리는 바르바로사 작전(1941년 독일의 소련 침공 작전의 암호명)에서 독일의 편에 선다. 우리는 러시아를 침공한다.

이때 즈음, 우리는 강제로 옷에 노란색 별 표식을 달아야만 한다. 우리는 코트를 그 위에 입는다든지 하여 별 표식을 요령껏 숨긴다. 하지만 별이 눈에 보이지 않는다고 해도, 나는 내가 뭔가 나쁘고 처벌받아야 할 짓을 저질렀다는 느낌을 떨쳐버릴 수가 없다. 나의 용서받지 못할 죄는 무엇일까? 엄마는 한시도 라디오 옆을 떠나지 않는다. 강가에 소풍을 갔을 때 아빠가 제1차 세계대전 동안 러시아의 전쟁포로로 붙잡혀 있던 이야기를 들려준다. 나는 아빠의 전쟁포로 경험(아빠의 트라우마, 그때는 이 용어를 몰랐지만)이 아빠가 돼지고기를 먹고 종교로부터 거리를 두는 것과 어떤 관계가 있다고 깨닫는다. 나는 전쟁이 아빠가 느끼는 괴로움의 뿌리에 있다고 깨닫는다. 하지만 이 전쟁은 여전히 우리로부터 멀리 떨어진 어딘가에 있다. 나는 전쟁을 무시할 수 있고 그렇게 한다.

방과 후에 나는 하루에 다섯 시간씩 발레 교습실에서 시간을 보내고 체조 역시 배우기 시작한다. 발레를 보완하는 훈련으로 체조를 배우기 시작했지만, 금세 체조에 발레와 동등한 열정을 지니게 되고 체조를 발레와 동등한 예술로 여기게 된다. 나는 독서모임에 가입한다. 내가 다니는 사설 체육관의 여자아이들과 근처 사립 남학교에 다니는 남자아이들로 구성된 독서모임이다. 우리는 슈테판 츠바이크의 《마리 앙투아네트: 한 평범한 여자의 초상Marie Antoinette: The Portrait of an Average Woman》을 읽는다. 우리는 츠바이크의 글쓰기 방식에 대해 토론한다. 츠바이크는 내면에서 느끼는 역사, 한 사람의 마음에서 느끼는 역사를 글로 썼다. 독서모임에는 에릭이라는 이름의 남자아이가 있는데 그 아이가 어느 날 내게 주목한다. 내가 말할 때마다 그 남자아이가 나를 주의 깊게 쳐다보는 걸 눈치챘다. 그 아이는 키가 크고 빨간 머리에 얼굴에 주근깨가 있다. 나는 베르사유를 상상한다. 마리 앙투아네트의 침실을 상상한다. 거기에서 에릭을 만나는 상상을 한다. 나는 섹스에 대해서는 아무것도 모르지만, 낭만을 꿈꾸는 여자아이다. 나는 그 아이가 나를 주목하는 것을 보면서 궁금해한다. 우리 아이들은 어떻게 생겼을까? 그 아이들에게도 주근깨가 있을까? 토론이 끝난 후 에릭이 내게 다가온다. 에릭에게서 좋은 냄새가 난다. 마치 신선한 공기 같은, 우리가 곧 함께 산책하게 될 호르나드 강둑 풀밭에서 나는 것 같은 싱그러운 냄새가.

우리의 관계는 처음부터 무게와 실체를 지닌다. 우리는 문학에 관해 대화한다. 우리는 팔레스타인에 대해 대화한다[에릭은 헌신적인 시온주의자(유대인들의 국가 건설을 위해 민족주의 운동을 지지하는 사람)다]. 지금은 근심 걱정 없이 속 편하게 데이트할 수 있는 시대가 아니다. 그리고 우리의 사랑은 가벼운 열병, 풋사랑이 아니다. 유대인들에게 통행금지령이 내려져 있지만, 어느 날 밤 우리는 노란색 별 표식을 부착하지 않은 채 집에서 몰래 빠져나온다. 우리는 극장 앞에 줄을 선다. 그런 다음 어둠 속에서 좌석을 찾는다. 미국 영화이고 베티 데이비스가 주연을 맡았다. 나중에 알게 된 미국 제목은 〈나우 보이저Now, Voyager〉이지만, 헝가리어 제목은 '과거로의 여행'이라는 뜻의 〈우터자시 어 물트볼Utazas a multbol〉이다. 베티 데이비스는 지나치게 통제적인 엄마에게 억압받는 미혼의 딸 역할을 연기한다. 그녀는 자기 자신과 자신의 자유를 찾으려고 애쓰지만, 항상 엄마의 비난에 지쳐 무너지고 만다. 에릭은 이 영화가 민족자결과 자부심에 관한 정치적 상징을 담고 있다고 해석한다. 나는 엄마와 마그다 언니의 갈등을 떠올린다. 엄마는 에릭을 매우 흡족해하지만, 마그다 언니가 가벼운 데이트를 하는 것은 엄하게 꾸짖는다. 엄마는 내게 음식을 조금 더 먹으라고 애원하면서도 마그다 언니에게는 음식을 조금만 준다. 엄마는 말수가 적고 내성적이지만 마그다 언니에게는 불같이 화를 낸다. 엄마의 분노가 나를 향한 적은 한 번도 없었지만 나는 엄마가 화를 내면 항상 겁에 질린다.

우리 가족 안에 불화가 이어지는 가운데 러시아와의 전선이 점점 가까워진다. 하지만 우리는 다음에 무슨 일이 일어날지 절대 알지 못한다. 불확실성이 주는 어둠과 혼란 속에서 에릭과 나는 우리만의 불을 밝힌다. 매일매일 자유와 선택권이 점점 더 제한될수록 에릭과 나는 미래를 계획한다. 우리의 관계는 우리가 현재의 걱정으로부터 미래의 기쁨으로 건너갈 수 있는 다리 역할을 한다. 계획, 열정, 약속. 아마도 우리를 둘러싼 혼란이 우리에게 서로 더 헌신하고 상대를 의심하지 않게 하는 기회를 주는 것 같다. 앞으로 무슨 일이 발생할지 다른 사람은 아무도 알지 못한다. 하지만 우리는 알고 있다. 우리에게는 서로가 있고 미래가 있다. 우리가 함께할 삶은 우리가 맞잡은 손처럼 뚜렷해 보인다. 우리는 1943년 8월의 어느 날 강변으로 산책하러 간다. 에릭이 카메라를 가져와 수영복을 입고 풀밭에서 다리 찢고 앉기 동작을 하는 내 모습을 사진으로 찍어준다. 나는 미래에 이 사진을 우리의 아이들에게 보여주는 모습을 상상한다. 우리가 얼마나 우리의 사랑과 헌신을 밝게 지켰는지 말해주면서 말이다.

그날 집에 돌아오자 아빠가 사라지고 없다. 아빠는 강제노동수용소에 끌려갔다. 아빠는 재단사이고 정치에 아무 관심이 없다. 어떻게 아빠가 누구에게 위협이 된단 말인가? 왜 아빠가 표적이 되었을까? 아빠에게 적이 있나? 엄마가 내게 말해주지 않는 것들이 많이 있다. 단순히 엄마도 모르기 때문일까? 아니면 나를 보호하고 있는 걸까? 아니면 엄마 자신을 보호하고 있는 걸까? 엄마는 자신의 근심에 관해 터놓고 이야기하지 않지만, 아빠가 집에 없는 수개월 동안 나는 엄마가 얼마나 슬프고 겁에 질려 있는지 느낄 수 있다. 엄마는 닭 한 마리로 서너 끼를 때우려 애쓴다. 엄마에게 편두통이 생긴다. 우리는 줄어든 수입을 벌충하기 위해 집에 하숙생을 받는다. 아빠는 우리 아파트의 길 건너편에 양복점을 운영하고 있다. 나는 아빠의 양복점에 가서 오랜 시간 앉아 있다. 아빠의 존재감을 느끼며 위안을 받기 위해서다.

이제 성인이고 더는 학교에 다니지 않는 마그다 언니가 아빠가 어디에 있는지 알아내서 아빠를 찾아간다. 마그다 언니는 아빠가 한곳에서 다른 곳으로 테이블을 들어 옮기다가 무게를 이기지 못하고 비틀거리는 모습을 본다. 나는 이 장면이 무엇을 의미하는지 모르겠다. 아빠가 수용소에서 강제로 해야 하는 것이 도대체 무슨 일인지 모르겠다. 얼마나 오래 아빠가 갇혀 있을지 모르겠다. 아빠를 생각하면 두 장면이 떠오른다. 한 장면은 내가 태어난 이후로 죽 봐온 모습이다. 입에 담배를 물고 목에 줄자를 건 채 분필로 값비싼 천 위에 패턴을 그리는 모습이다. 두 눈을 반짝거리며 아빠는 갑자기 노래를 부를 준비가 되어 있고 언제라도 농담을 던질 태세다. 그리고 다른 하나는 새로운 이 장면이다. 주인 없는 땅의 이름 없는 곳에서 무겁디무거운 테이블을 들어 올리는 모습.

열여섯 번째 생일에 나는 감기에 걸려 학교를 결석하고 집에서 쉬고 있다. 그리고 에릭이 열여섯 송이의 장미꽃을 들고 우리 아파트에 찾아와 나와 달콤한 첫 키스를 나눈다. 나는 행복하다. 하지만 동시에 슬프다. 나는 무엇에 의지해야 할까? 무엇이 영원히 지속될까? 나는 에릭이 강둑에서 찍어준 사진을 한 친구에게 맡긴다. 이유는 기억나지 않는다. 안전하게 보관하기 위해서? 나는 다음 생일을 집에서 맞이하지 못하고 곧 잡혀가리라고 전혀 예감하지 못한다. 하지만 왠지 몰라도 누군가에게 내 삶의 증거를 보관하도록 해야 한다고 생각했던 게 틀림없다. 마치 씨앗을 심듯 나 자신의 증거를 내 주변에 심어야 한다고 생각했음이 틀림없다.

초봄의 어느 때쯤 강제노동수용소에서 7~8개월을 보낸 후 아빠가 집으로 돌아온다. 신의 은총이다. 아빠는 1~2주밖에 남지 않은 유월절(이스라엘 민족이 이집트에서 탈출한 일을 기념하는 유대교의 축제일)을 함께 보낼 수 있게 딱 맞춰서 풀려났다. 우리는 그렇게 생각한다. 아빠는 다시 자신의 줄자와 분필을 든다. 하지만 어디에 있었는지는 한마디도 하지 않는다.

아빠가 돌아온 후 몇 주가 지난 어느 날, 나는 발레 교습실에 있는 파란색 매트 위에 앉아서 플로어 루틴을 하고, 발끝을 세우고, 발을 움직이고, 다리와 팔과 목과 등을 죽 뻗으며 몸을 풀고 있다. 나 자신을 되찾은 듯한 느낌이다. 나는 자신의 이름을 말하기 겁내는 사시 눈을 한 왜소한 겁쟁이가 아니다. 나는 자신의 가족을 두려워하는 딸이 아니다. 나는 예술가이자 운동선수이고 나의 신체는 강하고 유연하다. 마그다 언니의 외모나 클라라 언니의 명성을 가지진 못했지만 내게는 유연하고 표현력 있는 신체가 있고, 이제 막 싹트는 파릇파릇한 신체는 내게 필요한 단 하나의 진실한 존재다. 나의 훈련, 나의 기술. 나의 인생은 가능성으로 가득 차 있다. 우리 체조반에서 제일 기량이 뛰어난 선수들은 올림픽 훈련팀을 꾸렸다. 1944년 올림픽은 전쟁 때문에 취소되었지만, 실력을 발휘하기 위해 준비할 시간이 더 주어졌기 때문에 괜찮다.

나는 앉아서 두 눈을 감고 다리를 양쪽으로 찢은 채 두 팔과 몸통을 앞으로 죽 뻗어 스트레칭을 한다. 친구가 발끝으로 나를 쿡 찌르길래 고개를 들어서 보니 코치 선생님이 나를 향해 똑바로 걸어오고 있다. 우리는 그녀와 반쯤 사랑에 빠져 있다. 성적인 열망이 아니다. 영웅에 대한 숭배다. 때로 우리는 일부러 선생님의 집 앞을 지나가려고 먼 길을 돌아서 집으로 간다. 창문을 통해 선생님을 잠깐이라도 얼핏 볼 수 있기를 고대하면서 말이다. 우리는 선생님의 삶에 관해 우리가 모르는 사실들에 대해 질투를 느낀다. 전쟁이 끝나면 올림픽이 열릴 예정이기 때문에, 내 목적의식의 태반은 나에게 코치 선생님이 보여주는 지지와 신뢰에 기반을 두고 있다. 만약 내가 선생님이 가르쳐주는 전부를 흡수할 수 있다면, 그리고 선생님이 내게 가진 신뢰를 충족시킬 수 있다면, 그렇다면 대단한 일들이 일어날 것이다.

"에디트케." 선생님이 내가 있는 매트로 다가오면서 말한다. 내 정식 이름인 '에디트'를 사용하면서도 지소사(작은 것을 나타내는 단어나 어미) '-케'를 붙였다. "이야기 좀 할까?" 선생님의 손가락들이 내 등을 미끄러지듯 스친 다음 선생님이 나를 복도로 데리고 나간다.

나는 기대에 찬 눈빛으로 선생님을 쳐다본다. 아마 뜀틀 뛰어넘기에서 내 실력이 향상된 걸 눈치채셨을 거야. 오늘 연습이 끝나고서 스트레칭 운동을 할 때 내가 팀을 지도하기를 바라시는 걸 거야. 아니면 저녁 식사에 초대하시려는 걸지도 몰라. 나는 선생님이 물어보기도 전에 그렇게 하겠다고 말할 준비가 되어 있다.

"이걸 너에게 어떻게 말해야 할지 모르겠구나." 선생님이 말을 꺼낸다. 선생님이 내 얼굴을 살핀 다음 시선을 돌려 석양이 이글이글 불타는 창문을 쳐다본다.

"제 언니 일인가요?" 내가 묻는다. 미처 깨닫기도 전에 끔찍한 광경이 머릿속에 펼쳐진다. 클라라 언니는 지금 부다페스트에 있는 예술학교에서 공부하고 있다. 엄마는 클라라 언니의 연주회에 참석하고 유월절에 언니를 집에 데려오기 위해 부다페스트로 가 있는 상태다. 코치 선생님이 나와 눈을 마주치지 못한 채 복도에서 내 옆에 어색하게 서 있을 때 나는 엄마와 언니가 탄 기차가 선로에서 탈선한 것은 아닌지 걱정한다. 집으로 돌아오기에는 며칠 이른 감이 없지 않아 있지만, 이것만이 내가 떠올릴 수 있는 유일한 비극이다. 전쟁이 일어나고 있음에도 불구하고 내 머리에 떠오르는 첫 번째 참사는 기계와 관련된 참사다. 인간의 설계가 아닌 인간의 실수로 인한 비극. 비유대인들을 일부 포함해 클라라 언니의 선생님들이 앞으로 벌어질 일을 두려워하며 이미 유럽을 떠났다는 사실을 알고 있지만 말이다.

"너희 가족은 모두 괜찮아." 선생님의 어조에 안심이 되지 않는다. "에디트, 이 일은 내가 선택한 게 아니야. 하지만 나는 네게 이 말을 전해야만 하는 사람이란다. 올림픽 훈련팀의 네 자리는 다른 사람에게 갈 거야."

나는 토할 것 같다고 생각한다. 갑자기 모든 게 낯설게 느껴진다. "제가 뭘 잘못했나요?" 나는 내가 잘못한 일을 찾으려고 수개월 동안의 엄격한 훈련 생활을 샅샅이 되짚어본다. "이해가 되지 않아요."

"얘야." 선생님이 말한다. 이제 선생님은 내 얼굴을 뚫어지게 쳐다보고 있다. 이건 더 끔찍하다. 선생님이 울고 있기 때문이다. 정육점에 있는 신문지처럼 내 꿈이 아무렇게나 찢어지고 있는 이 순간, 선생님에게 연민을 느끼고 싶지 않다. "너의 배경 때문이야. 더는 팀에 있을 수가 없단다."

나는 내게 침을 뱉고 나를 더러운 유대인이라고 불렀던 어린아이들을 떠올린다. 그리고 괴롭힘을 피하고자 학교를 그만두고 라디오로 통신교육과정을 이수하고 있는 유대인 친구들을 떠올린다. "만약 누군가가 네게 침을 뱉는다면, 너도 그 사람에게 침을 뱉어라. 그게 네가 해야 할 일이다"라고 아빠는 내게 가르쳤다. 나는 코치 선생님에게 침을 뱉을지 고민한다. 하지만 반격하는 것은 선생님이 전한 충격적인 소식을 받아들이는 꼴이 될 터다. 나는 받아들이지 않을 것이다.

"저는 유대인이 아니에요." 내가 말한다.

"미안해, 에디트케." 선생님이 말한다. "정말 미안해. 네가 교습실에 계속 나오면 좋겠어. 팀에서 너를 대신할 여학생을 훈련하는 일을 네게 부탁하고 싶어." 다시 한 번 선생님의 손가락들이 내 등을 만진다. 다음 해에 내 등은 선생님이 지금 어루만지고 있는 그 부분이 정확히 골절된다. 이로부터 몇 주 후에, 내 삶은 위태로워진다. 하지만 지금 여기 내 소중한 발레 교습실의 복도에서 나의 삶은 이미 끝장난 것처럼 느껴진다.

올림픽 훈련팀에서 쫓겨난 후 며칠 동안 나는 복수할 계획을 세운다. 나의 복수는 증오의 복수가 아닐 것이다. 완벽함의 복수일 것이다. 나는 코치 선생님에게 내가 최고라는 사실을 보여줄 것이다. 가장 실력이 뛰어난 선수. 최고의 트레이너. 나는 내 대체 선수를 매우 꼼꼼하게 훈련해서, 나를 팀에서 뺀 것이 얼마나 커다란 실수인지 증명할 것이다. 엄마와 클라라 언니가 부다페스트에서 돌아오기로 예정된 날에 나는 레드카펫이 깔린 우리 아파트 복도에서 옆으로 재주넘기를 한다. 나의 대체 선수는 대역이고 나는 주연 스타라고 상상하면서.

엄마와 마그다 언니는 주방에 있다. 마그다 언니는 '하로셋(유월절에 먹는 음식으로 사과, 계피, 꿀, 와인 등을 배합하여 만든 반죽)'을 만들기 위해 사과를 썰고 있다. 엄마는 '무교병(유대인들이 전통적으로 유월절에 먹는 비스킷 비슷한 빵. 누룩을 넣지 않는다)'을 만들기 위해 으깬 곡물을 섞고 있다. 엄마와 마그다 언니는 일에 열중하고 있느라 내가 도착했다는 사실을 거의 알아채지 못한다. 이것이 요즘 엄마와 언니의 관계다. 둘은 늘 싸우고, 싸우지 않을 때는 마치 대결을 하는 듯이 서로를 대한다. 예전에 이들은 주로 음식을 두고 말다툼을 벌이곤 했다. 엄마는 항상 마그다 언니의 몸무게를 염려했다. 하지만 이제 갈등은 일상적이고 만성적인 적대감으로 진화했다. "클라라 언니는 어디 있어?" 내가 잘게 썬 호두를 그릇에서 슬쩍하며 묻는다.

"부다페스트." 마그다 언니가 말한다. 엄마가 반죽 통을 조리대 위에 쾅 하고 내려놓는다. 나는 왜 클라라 언니가 우리와 함께 유월절을 보내지 못하는지 묻고 싶다. 언니는 정말 우리 대신 음악을 선택한 걸까? 아니면 동료 학생들 아무도 기념하지 않는 명절을 위해 수업에 빠지도록 학교에서 허락을 못 받은 걸까? 하지만 나는 묻지 않는다. 나는 이미 부글부글 끓고 있는 엄마의 화가 내 질문으로 인해 폭발할까 두렵다. 나는 부모님과 마그다 언니와 내가 함께 쓰는 침실로 후퇴한다.

뭔가 특별한 저녁, 특히 명절 저녁이면 우리 가족은 피아노 주위에 모이곤 했다. 피아노는 마그다 언니가 어릴 때부터 연주하고 공부해온 악기다. 거기에서 마그다 언니와 아빠가 서로 번갈아가며 선창을 하고 다 같이 노래를 불렀다. 마그다 언니와 나는 클라라 언니처럼 음악 영재는 아니었지만, 창의적 열정만은 클라라 언니에 뒤지지 않았고 부모님은 이를 일찌감치 간파하고 육성해주었다. 마그다 언니의 연주가 끝나고 나면 내가 공연을 할 차례다. "춤을 춰, 디추커!"라고 엄마가 말하곤 했다. 그것은 요청이라기보다는 요구에 가까웠지만 나는 부모님의 관심과 칭찬을 기분 좋게 즐겼다. 그런 다음 인기 스타인 클라라 언니가 바이올린을 연주하면 엄마는 완전히 다른 사람이 된 듯한 표정을 지었다. 하지만 오늘 밤 우리 집에는 음악이 없다. 저녁을 먹기 전에 마그다 언니는 내가 기분이 나아지도록 예전에 유월절에 있었던 일화를 들려준다. 그때 나는 클라라 언니가 떠나 있는 동안 내가 여자가 됐다는 사실을 보여주고 싶어서 양말을 말아 브래지어 속에 넣었다. "이제 진짜로 여성미가 물씬 풍기는구나." 마그다 언니가 말한다. 유월절 만찬 식탁에서 마그다 언니는 우리가 전통에 따라 예언자 엘리야를 위해 준비해놓은 와인 잔 안에 손가락을 첨벙거리며 익살스러운 행동을 계속한다. 예언자 엘리야는 유대인을 위험에서 구하는 인물이다. 다른 날 밤 같았으면 아빠는 자기도 모르게 웃음을 터뜨렸을 것이다. 다른 날 밤 같았으면 엄마는 엄하게 꾸짖으며 언니의 장난을 끝냈을 것이다. 하지만 오늘 밤, 아빠는 딴 데에 정신이 팔려 언니의 장난을 눈치채지 못하고, 엄마 역시 클라라 언니의 부재 때문에 심란해서인지 마그다 언니를 꾸짖지 않는다. 예언자가 들어올 수 있도록 우리가 아파트 현관문을 열 때, 나는 갑자기 한기를 느낀다. 저녁의 쌀쌀함과는 아무 관계가 없는 한기다. 마음속 깊은 어딘가에서 나는 지금 우리에게 얼마나 절실히 보호가 필요한지 알고 있다.

"영사관에 연락해봤다고?" 아빠가 묻는다. 아빠는 심지어 유월절 의식을 더 이끄는 시늉조차 하지 않는다. 마그다 언니를 제외한 아무도 음식을 입에 대지 않는다. "일로너?"

"영사관에 연락해봤어요." 엄마가 말한다. 마치 다른 방에서 대화의 자기 파트를 말하는 것처럼 보인다.

"클라라가 뭐라고 말했는지 다시 말해줘."

"다시 말이에요?" 엄마가 항의한다.

"다시."

엄마가 손가락으로 냅킨을 만지작거리며 멍하니 이야기한다. 클라라 언니는 엄마가 묵고 있는 호텔에 그날 새벽 네 시에 전화를 걸었다. 클라라 언니의 교수님이 언니에게 말하기를 예술학교의 예전 교수이자 현재는 유명한 작곡가인 벨러 버르토크가 미국으로부터 경고 전화를 받았다고 했다. 체코슬로바키아와 헝가리에 있는 독일 군인들이 최후의 조처를 할 예정이고 유대인들은 다음 날 새벽부터 제거될 것이라고 말이다. 클라라 언니의 교수님은 클라라 언니에게 고향인 커셔로 돌아가지 말라고 했다. 그는 클라라 언니에게 어머니에게도 부다페스트에 머무르라고 강력히 권고하고 남은 가족들도 부다페스트로 부르라고 했다.

"일로너, 왜 집에 온 거야?" 아빠가 신음한다.

엄마가 아빠를 잡아먹을 듯 노려본다. "우리가 여기서 일군 모든 건 어떻게 하고요? 우리가 그냥 떠나야 한다고요? 만약 남은 세 사람이 부다페스트까지 오는 데 실패한다면요? 당신은 내가 그렇게 살기를 바라는 거예요?"

나는 부모님이 겁에 질려 있다는 사실을 깨닫지 못한다. 마치 베틀이 무심히 좌우로 움직이는 것처럼, 부모님이 일상적으로 하듯 책망과 실망만을 주고받는 것 같다. '당신이 이렇게 했잖아. 당신이 이렇게 하지 않았잖아. 당신이 이렇게 했잖아. 당신이 이렇게 하지 않았잖아.' 나중에야 나는 이 대화가 단지 부모님의 일상적인 말다툼이 아니라는 사실을 알게 된다. 부모님이 지금 벌이고 있는 논쟁에는 사연과 무게가 있다는 사실을 말이다. 미국으로 갈 수 있는 티켓이 있었는데 아빠가 거절했다. 엄마에게는 헝가리 공무원이 접근해서 전체 가족을 위해 위조문서를 준비할 테니 도망치라고 강력히 권했었다. 나중에 우리는 부모님 두 분 모두에게 다르게 선택할 기회가 있었다는 사실을 알게 된다. 지금 부모님은 후회 때문에 괴로워하고 있고 서로를 탓함으로써 자신의 후회를 뒤덮으려 하고 있다.

"네 개의 질문을 할까요?" 나는 부모님의 침울함을 깨뜨리기 위해 묻는다. 이것은 우리 가족 안에서 내가 맡은 역할이다. 부모님 사이에서, 마그다 언니와 엄마 사이에서 중재자 역할을 하는 것. 집의 문밖에서 무슨 계획들이 만들어지고 있든, 나는 그것을 통제할 수 없다. 하지만 우리 집에서는 내가 해야 할 역할이 있다. 막내로서 네 개의 질문을 던지는 것이 지금 내가 해야 할 일이다. 나는 내 '하가다(유월절 축하연에 사용되는 전례서)'를 펼칠 필요조차 없다. 글을 외우고 있기 때문이다. "왜 오늘 밤은 다른 모든 밤과 다른가요?" 내가 운을 떼운다.

식사를 마치고 나서 아빠는 식탁을 돌며 우리 각자의 머리에 입을 맞춘다. 아빠는 울고 있다. '왜 오늘 밤은 다른 모든 밤과 다른가?' 동이 트기도 전에, 우리는 이 질문에 대한 답을 알게 된다.

# 당신이 마음에 새긴 것

그들이 한밤중에 들이닥친다. 현관문을 쾅쾅 두드리며 고함을 지른다. 아빠가 그들을 들여보낼까, 아니면 그들이 허락 없이 우리 아파트 안으로 밀고 들어올까? 그들은 독일 군인들일까 아니면 '닐러시'일까? 나는 깜짝 놀라 잠에서 깨고 이 소음들이 도무지 뭔지 이해할 수가 없다. 입에서는 아직 유월절 포도주 맛이 난다. 군인들이 침실로 뛰어들어와 우리가 집에서 옮겨져 다른 어떤 곳에 재정착할 것이라고 선언한다. 우리 넷을 다 합쳐 단 한 개의 여행 가방만 허용된다. 나는 부모님의 침대 발치에 있는 간이침대에서 선뜻 내려오지 못하고 있는데, 엄마는 즉시 몸을 움직인다. 어느새 엄마는 옷을 다 챙겨 입고 옷장 위의 수납장으로 손을 뻗어 작은 상자를 내린다. 거기에는 클라라 언니의 그물막이 들어 있다. 클라라 언니가 태어날 때 헬멧처럼 언니의 머리와 얼굴을 뒤덮고 있던 양막 주머니다. 산파들은 아기를 받을 때 그물막을 챙겼다가 익사를 방지하는 보호물로서 뱃사람들에게 팔곤 했다. 엄마는 그 상자를 여행 가방 안에 넣지 않는다. 엄마는 그것을 자신의 코트 주머니 깊숙이 찔러 넣는다. 행운을 기원하는 상징물이다. 나는 엄마가 클라라 언니를 보호하기 위해 그것을 꾸리는지 아니면 우리 모두를 위해서 그러는지 잘 모르겠다.

"서둘러, 디추. 얼른 일어나. 옷 입어." 엄마가 나를 재촉한다.

"옷을 차려입는다고 뭐 하나 예뻐지진 않지만 말이야." 마그다 언니가 속삭인다. 마그다 언니는 짓궂은 장난을 한시도 멈추지 않는다. 언제가 정말 두려워해야 할 때인지 내가 어떻게 알 수 있을까?

엄마는 이제 주방에서 남은 음식과 냄비와 프라이팬들을 싸고 있다. 실제로 엄마는 자신이 지금 가지고 가야 한다고 생각하는 보급품-약간의 밀가루, 약간의 닭고기 지방-으로 우리를 2주 동안 먹여 살린다. 아빠는 침실과 거실을 초조히 왔다 갔다 하면서 책, 촛대, 옷 등을 챙겨서 가방 속에 넣는다. "담요를 챙겨요." 엄마가 아빠에게 소리친다. 만약 프티 푸르가 있었다면 아빠는 그것을 반드시 챙겼을 것이다. 나중에 그것을 내게 건네면서 내 얼굴에 스치는 찰나의 기쁨을 보고 즐거워하기 위해서 말이다. 다행히 엄마는 아빠보다 더 현실적인 사람이다. 엄마는 아직 아이였을 때 어린 동생들을 위해 엄마 노릇을 해야 했고 비통한 오랜 세월 동안 그들이 굶주림을 면할 수 있도록 애써야 했다. '신에게 맹세코, 절대로 다시는 굶주리지 않을 거야.' 나는 엄마가 짐을 싸면서 이렇게 생각하고 있으리라 상상한다. 하지만 나는 엄마가 접시와 생존 도구들은 내려놓고 침실로 돌아와서 내가 옷 입는 것을 도와줬으면 좋겠다. 아니면 최소한 엄마가 내게 큰 소리로 말해주면 좋겠다. 어느 옷을 입어야 한다고. 그리고 걱정할 필요 없다고. 모든 일이 잘 풀릴 것이라고.

군인들이 쿵쿵거리고 다니면서 총으로 의자들을 넘어뜨린다. 빨리 빨리. 나는 갑자기 엄마에게 화가 난다. 엄마는 나를 구하기 전에 클라라 언니를 먼저 구할 것이다. 엄마는 어둠 속에서 내 손을 잡아주는 대신 식료품 찬장을 뒤질 것이다. 나는 나만의 다정함, 행운을 스스로 찾아야만 할 것이다. 4월의 컴컴한 새벽이 주는 한기에도 불구하고, 나는 얇은 푸른색 실크드레스를 입는다. 에릭이 내게 입 맞췄을 때 입었던 옷이다. 나는 손가락으로 드레스의 주름을 매만진다. 그러고선 가느다란 푸른색 스웨이드 벨트를 묶는다. 나는 에릭의 팔이 다시 한 번 더 나를 감아 안을 수 있도록 이 드레스를 입는다. 이 드레스는 나를 호감으로 보이게 할 것이고 보호해줄 것이고 사랑을 되찾을 준비가 되어 있게 해줄 것이다. 만약 내가 몸을 떤다면 그것은 희망의 징표일 것이고, 더 깊고 더 나은 어떤 것에 대한 믿음의 신호일 것이다. 나는 에릭과 에릭의 가족이 어둠 속에서 옷을 입고 재빨리 움직이는 모습을 그려 본다. 그가 나를 생각하는 것을 느낄 수 있다. 귀에서부터 발끝까지 에너지의 전류가 찌르르 흐른다. 나는 두 눈을 감고서 양손으로 양 팔꿈치를 받치고서 사랑과 희망의 섬광이 남긴 잔광이 나를 계속 따뜻하게 해주기를 기대한다.

하지만 그 순간 험악한 현실이 나의 사적인 세계에 난입한다. "화장실은 어디 있지?" 군인 중 하나가 마그다 언니에게 소리친다. 오만불손하고, 빈정대길 잘하고, 추파를 던지길 좋아하는 마그다 언니가 군인이 눈알을 부라리자 잔뜩 움츠러든다. 나는 마그다 언니가 그렇게 겁먹은 모습을 한 번도 본 적이 없다. 마그다 언니는 누군가를 약올리게 해서 다른 사람들을 웃길 기회를 절대 놓친 적이 없다. 권위 있는 인물이라도 마그다 언니 앞에서는 맥을 못 췄다. 언니는 학교에서 선생님이 교실에 들어올 때 규정대로 다른 학생들과 함께 자리에서 일어서는 법이 없었다. "엘레판트." 하루는, 매우 키가 작은 남자 수학 선생님이 언니의 성을 부르며 꾸짖었다. 마그다 언니는 까치발로 일어서서 선생님을 쳐다봤다. 마그다 언니가 말했다. "오, 거기 계셨어요? 미처 못 봤네요." 하지만 오늘 이 사람들은 총을 가지고 있다. 마그다 언니는 어떠한 노골적인 말도 어떠한 반항적인 대꾸도 하지 않는다. 마그다 언니는 온순하게 복도 아래쪽의 화장실을 가리킨다. 군인이 마그다 언니를 밀치고 지나간다. 그는 총을 가지고 있다. 그가 우위에 서 있다는 데에 다른 어떤 증거가 필요하겠는가? 이 순간부터 나는 앞으로 상황이 항상 예상보다 훨씬 더 안 좋을 수 있다는 사실을 깨닫기 시작한다. 모든 순간에 폭력이 잠재되어 있다. 우리는 언제 혹은 어떻게 여기에서 벗어날 수 있을지 절대 알지 못한다. 시킨 대로 순순히 한다고 해도 안전이 보장되지 않는다.

"다 나가. 이제 짧은 여행을 할 시간이다." 군인들이 말한다. 엄마가 여행 가방을 닫고 아빠가 그것을 들어 올린다. 엄마는 회색 코트를 단단히 여미고 우리 중 가장 앞장서서 지휘관을 따라 거리로 나선다. 다음으로 내가, 그다음으로 마그다 언니가 뒤를 따른다. 도로 경계에 정차해 우리를 기다리고 있는 승합차를 향해 걸어가다 나는 고개를 돌려 아빠가 우리의 집을 떠나는 모습을 지켜본다. 느닷없이 한밤중의 여행자가 된 아빠는 손에 여행 가방을 든 채 현관문을 닫은 후 그 앞에 서서 혼란스러운 표정으로 주머니 속을 더듬으며 열쇠를 찾는다. 한 군인이 거친 욕을 퍼부으며 군홧발로 현관문을 걷어차서 다시 연다.

"어서 봐." 그가 말한다. "마지막으로 봐두도록 해. 맘껏 보고 즐기라고."

아빠가 어두컴컴한 집 안을 응시한다. 잠시 아빠는 헷갈리는 것 같다. 군인이 호의를 베푸는 것인지 잔인하게 구는 것인지 알 수 없다는 듯이. 그때 그 군인이 아빠의 정강이를 걷어차고 아빠는 우리를 향해, 다른 집의 사람들이 기다리고 있는 승합차를 향해 절뚝거리며 걸어온다.

나는 부모님을 보호하고 싶은 충동과 부모님이 더는 나를 보호해 줄 수 없다는 슬픔 사이에서 갈피를 잡지 못한다. 나는 기도한다. '에릭, 우리가 어디로 가든 내가 너를 찾을 수 있게 도와줘. 우리의 미래를 잊지 마. 우리의 사랑을 잊지 마.' 마그다 언니는 한마디도 하지 않고 우리는 이내 널빤지로 된 좌석에 나란히 앉는다. 삶에서 후회되는 일 중에 이 장면은 유난히 선명하다. 손을 뻗어 언니의 손을 잡았어야 했는데.

동이 터올 무렵 승합차는 지역의 끝에 있는 여커브 벽돌공장에 도착하고 우리는 공장 안으로 몰아넣어진다. 우리는 운이 좋은 측에 속한다. 먼저 도착한 사람들은 벽돌 건조 작업장이 숙소다. 여기에 갇힌 1만 2,000명가량의 유대인 중 대부분이 머리 위에 지붕 없이 잠을 자야 한다. 우리 모두 맨바닥에서 잠을 잔다. 우리는 코트로 몸을 덮은 채 초봄의 한기에 온몸을 오들오들 떨면서 잠을 청한다. 우리는 사소한 규칙 위반에도 수용소의 중앙에서 사람들이 고무 곤봉으로 두들겨 맞을 때마다 귀를 틀어막는다. 여기에는 수돗물이 없다. 말이 끄는 수레에 물이 담긴 양동이들이 실려 온다. 절대 충분하지 않다. 우리는 처음에는 배급받은 음식과 엄마가 집에서 가져온 음식 찌꺼기로 만든 팬케이크를 합쳐서 그럭저럭 배를 채운다. 하지만 며칠 후부터 굶주림으로 인해 끊임없이 경련이 일고 욱신거림과 통증이 느껴진다. 마그다 언니는 옆에 있는 막사에서 예전 체육 선생님을 만난다. 그녀는 이러한 굶주림의 상황에서 갓난아기를 돌보느라 몸부림치고 있다. "젖이 안 나오는데 어떻게 해야 할까요?" 그녀가 우리 가족에게 신음하듯 말한다. "아기가 울고 또 울어요."

수용소에는 두 동이 있는데 도로를 가운데 두고 양편에 있다. 우리가 있는 동은 우리 지역의 구역에서 온 유대인들이 점유하고 있다. 커셔의 모든 유대인은 벽돌공장의 이쪽에 억류되어 있다. 우리는 이웃들, 가게 주인들, 선생님들, 친구들을 발견한다. 하지만 우리 아파트에서 걸어서 30분 거리에 집이 있는 내 외할아버지와 외할머니는 수용소의 이쪽 동에 있지 않다. 굳게 닫힌 출입구와 보초병들이 우리를 다른 동으로부터 철저히 분리하고 있다. 우리는 다른 동으로 건너갈 수 없다. 하지만 나는 한 보초병을 붙잡고 애원한 끝에 외조부모님을 찾으러 가도 좋다는 허락을 받는다. 나는 가로막이 없는 막사들을 걸어다니며 나지막이 그들의 이름을 반복해 부른다. 나는 옹송그리고 있는 가족들이 줄줄이 있는 곳을 오르락내리락하며 에릭의 이름 또한 부른다. 나는 나 자신에게 이것은 오직 시간과 인내심의 싸움이라고 말한다. 나는 그를 찾을 것이다. 아니면 그가 나를 찾을 것이다.

나는 외조부모님을 찾지 못한다. 나는 에릭을 찾지 못한다.

그러던 어느 날 오후, 물 양동이를 담은 수레가 도착하고 사람들이 한 들통이라도 뜨려고 우르르 몰려간 새에 에릭이 내가 혼자 앉아 있는 것을 발견한다. 나는 가족들의 코트를 지키고 있는 참이다. 에릭이 나의 이마, 나의 뺨, 나의 입술에 입을 맞춘다. 나는 행운을 가져다준 것에 감사하며 실크드레스의 스웨이드 벨트를 만지작거린다.

우리는 그날 이후 매일 만난다. 때때로 우리는 어떤 일이 우리에게 닥칠지 추측해본다. 얼마 안 있어 우리가 케네르메죄라고 불리는 강제수용소로 이송될 것이라는 소문이 퍼진다. 거기에서 가족들과 함께 일을 하고 전쟁이 끝날 때까지 살아야 한다는 것이다. 우리는 헝가리 경찰과 '닐러시'가 우리에게 헛된 희망을 심기 위해 그 소문을 퍼뜨렸다는 사실을 전혀 알지 못한다. 전쟁이 끝난 후, 멀리 떨어진 곳에 사는 친지들이 보낸 염려 어린 편지들이 여러 우체국에서 개봉되지 않은 채 무더기로 발견된다. 주소란에는 이렇게 적혀 있다. 케네르메죄. 하지만 그러한 곳은 세상에 실제로 존재하지 않는다.

세상에 실제로 존재하는 곳, 우리가 탈 기차들을 기다리고 있는 곳은 상상을 초월하는 곳이다. 에릭과 나는 오직 '전쟁이 *끝난 후*'에 대해서만 생각한다. 우리는 대학에 갈 것이다. 우리는 팔레스타인으로 이주할 것이다. 우리는 고등학교에서 함께 열었던 살롱과 북클럽을 계속해나갈 것이다. 우리는 프로이트의《꿈의 해석》을 마저 읽을 것이다.

벽돌공장 안쪽에서는 바깥에서 전차가 굴러가는 소리를 들을 수 있다. 손을 뻗으면 닿을 것만 같다. 점프해서 올라타기가 정말 쉬울 텐데. 하지만 바깥쪽의 울타리에 가까이 가는 사람은 아무 경고 없이 총살을 당한다. 나보다 약간 나이가 많은 여자아이가 탈출을 시도한다. 그들은 그 아이의 시체를 수용소의 정중앙에 본보기로 매달아 놓는다. 부모님은 나에게도 마그다 언니에게도 그 아이의 죽음에 대해 한마디도 하지 않는다. "작은 설탕 조각을 물고 있으렴. 설탕 조각을 물고서 그것에 의지해. 주머니에 뭐라도 단것을 항상 가지고 다녀야 해." 아빠가 우리에게 말한다. 어느 날 우리는 외조부모님이 공장을 떠나는 첫 번째 차량 무리 중 하나를 타고 이송되었다는 소식을 듣는다. 케네르메죄에서 뵙게 될 거야. 우리는 생각한다. 나는 에릭에게 굿나잇 키스를 한 후 에릭의 입술이 내가 의지할 수 있는 유일한 단것이리라 생각한다.

공장에 들어온 지 한 달가량 된 어느 이른 아침, 수용소의 우리 구역이 비워진다. 나는 이리저리 뛰어다니며 에릭에게 메시지를 전달해 줄 수 있는 사람을 찾는다. "그쯤 해둬, 디추." 엄마가 말한다. 엄마와 아빠는 클라라 언니에게 작별 편지를 썼지만, 그것을 전달할 방법이 없다. 나는 엄마가 그것을 버리는 모습을 목격한다. 담배에서 재가 털어지듯 그것은 엄마의 손에서 툭 하고 떨어지고 이내 3,000명의 발아래에서 자취를 감춘다. 우리가 앞으로 밀려들었다가 멈추었다가 다시 밀려들었다가 멈추었다가 하는 동안 실크드레스가 자꾸 다리를 스친다. 3,000명의 사람들은 공장의 출입문들을 향해 행군하듯 걸어가서 길게 줄지어서 대기하고 있는 트럭들 안으로 처넣어진다. 다시 우리는 암흑 속에서 서로 따닥따닥 붙은 채 한 덩어리가 된다. 트럭이 출발하기 바로 직전 나는 내 이름이 불리는 것을 듣는다. 에릭이다. 에릭이 트럭의 슬랫 사이로 내 이름을 부르고 있다. 나는 에릭의 목소리를 향해 사람들을 밀치며 나아간다.

"여기야!" 내가 외치자 트럭에 시동이 걸린다. 슬랫 사이의 폭이 너무 좁아서 에릭을 볼 수도 만질 수도 없다.

"네 눈을 절대 잊지 않을 거야. 네 손을 절대 잊지 않을 거야." 에릭이 말한다.

기차역에 도착한 후 빽빽한 차량에 타면서도 나는 이 문장들을 쉬지 않고 속으로 되뇐다. 귓가에 맴도는 그의 목소리 덕분에 군인들의 고함도 아이들의 울음소리도 들리지 않는다. '만약 오늘 살아남는다면 에릭에게 내 눈을 보여줄 수 있어. 내 손을 보여줄 수 있어.' 나는 이 성가의 리듬에 맞추어 숨을 고른다. '만약 오늘 살아남는다면…. 만약 오늘 살아남는다면 내일은 자유로워질 수 있을 거야.'

우리가 탄 기차 차량은 내가 한 번도 타본 적 없는 종류다. 이것은 여객 차량이 아니다. 가축이나 화물을 수송하기 위한 차량이다. 우리는 인간화물이다. 한 개의 차량에 100여 명이 타고 있다. 한 시간이 일주일처럼 느껴진다. 불확실성 그리고 기차 바퀴가 선로를 달리며 내는 끊임없는 소음이 순간을 영원으로 느껴지게 만든다. 8명의 사람에게 빵 한 덩어리가 주어진다. 그리고 물이 담긴 양동이 하나. 배설물을 위한 양동이 하나. 땀 냄새와 배설물 냄새가 사방에 진동한다. 사람들은 이송 도중 죽는다. 우리 모두 똑바로 선 채로 잠을 잔다. 가족들에게 기댄 채로, 죽은 사람과 어깨를 나란히 한 채로. 한 아버지가 딸에게 무언가를 건넨다. 알약이 담긴 통이다. "만약 그놈들이 네게 무슨 짓이라도 하려 하면…." 가끔 기차가 멈추고 각 차량에서 몇몇 사람들이 밖으로 나가 물을 가지고 와야 한다. 한번은 마그다 언니가 양동이를 가지고 나갔다 온다. "폴란드야." 언니가 돌아온 후 우리에게 말한다. 나중에 언니가 어떻게 알게 되었는지 설명해준다. 언니가 물을 가지러 나갔을 때 경작지에 있던 한 남자가 폴란드어와 독일어로 고함을 치며 인사를 했다고 한다. 그러고선 그 마을의 이름을 말해주고 손가락으로 자신의 목을 긋는 시늉을 정신없이 반복했다고 한다. "그냥 우리를 겁주려고 그런 걸 거야." 마그다 언니가 말한다.

기차는 계속해서 움직인다. 부모님은 나의 양옆에 털썩 주저앉아 있다. 부모님은 한마디도 하지 않는다. 서로 몸을 맞대지도 않는다. 아빠는 턱수염이 희끗희끗해지고 있다. 아빠는 이제 외할아버지보다 더 늙어 보이고 나는 기겁을 한다. 나는 아빠에게 제발 면도를 하라고 애원한다. 나는 이 여정의 종착지에 도착할 때 젊어 보이면 정말로 목숨을 건질 수 있다는 사실을 아직 알지 못한다. 다만 본능적인 감정일뿐이다. 한 여자아이가 자신이 알던 아빠를 그리워하고, 아빠가 인생을 즐기며 사는 사람, 유쾌한 장난꾼, 숙녀들을 위한 남성으로 다시 돌아오기를 간절히 바라는 것이다. 나는 아빠가 자신의 가족에게 알약 통을 건네며 이렇게 말하는 사람이 되기를 원하지 않는다. '이것보단 차라리 죽는 게 더 나아.'

하지만 내가 아빠의 볼에 입을 맞추며 "아빠, 제발 면도를 하세요"라고 말하자 아빠는 버럭 화를 내며 대답한다. "뭘 위해?" 아빠가 말한다. "뭘 위해? 뭘 위해?" 나는 아빠에게 잘못된 말을 해서 짜증이 나게 만든 것이 부끄럽다. 왜 내가 그런 말을 했을까? 왜 아빠에게 어떤 일을 하라고 말하는 것이 나의 임무라고 생각했을까? 나는 학교에 낼 수

업료를 잃어버렸을 때 아빠가 보였던 분노를 기억한다. 나는 위안을 받기 위해 엄마에게 기댄다. 나는 부모님이 서로 전혀 모르는 사람처럼 떨어져서 앉아 있는 대신 서로를 향해 손을 뻗으면 좋겠다. 엄마는 말을 많이 하지 않는다. 하지만 엄마는 투덜거리지도 않는다. 엄마는 차라리 죽기를 기도하지 않는다. 엄마는 단지 자기 안으로 침잠한다.

"디추커, 잘 들어. 우리는 어디로 가고 있는지 몰라. 우리는 무슨 일이 벌어질지 몰라. 하지만 이것만 기억해. 네가 마음에 새긴 것은 아무도 네게서 뺏을 수 없단다." 엄마가 어느 날 밤 시커먼 허공에 대고 말한다.

나는 에릭에 대한 또 다른 꿈으로 빠져든다. 나는 다시 잠이 깬다.


그들이 가축운반차의 문을 열자 5월의 밝은 햇살이 쏟아져 들어온다. 우리는 필사적으로 밖으로 나간다. 우리는 대기와 햇빛을 향해 허둥지둥 몰려나간다. 사실상 우리는 차량으로부터 땅바닥으로 떨어지다시피 한다. 서둘러 차량에서 우르르 내려가느라 한데 뒤엉켜 굴러 떨어져 땅바닥에 엉망으로 쌓인다. 쉬지 않고 움직이는 기차를 며칠 동안 타고 온 탓에 단단한 땅을 딛고 똑바로 서 있기가 힘들다. 우리는 모든 수단을 동원해 중심을 제대로 잡으려고 애쓴다. 자리를 확보하고 불안을 억누르고 팔다리에 힘을 준다. 좁고 길게 뻗은 흙길 위에 겨울 코트를 입은 사람들이 와글와글 모여 사방이 온통 시커멓다. 누군가의 목도리나 짐꾸러미에서 흰색이, 의무적으로 달고 있는 별 모양 표식에서 노란색이 언뜻언뜻 스친다. 'Arbeit macht frei(노동이 너희를 자유롭게 하리라)'라고 적힌 표지판이 보인다. 음악이 울려 퍼진다.

아빠가 갑자기 쾌활해진다. "그래. 끔찍한 곳일 리가 없어." 아빠가 말한다. 아빠는 플랫폼이 그렇게 붐비지만 않는다면 춤이라도 출 것처럼 보인다. "일만 조금 하면 될 거야. 전쟁이 끝날 때까지." 아빠가 말한다. 벽돌공장에서 들었던 소문이 사실임이 틀림없다. 우리는 일을 하기 위해 여기에 온 게 틀림없다. 나는 들판에 바람이 불면서 잔물결이 일지 않나 살펴본다. 에릭이 내 맞은편에서 날렵한 몸을 구부려 작물을 돌보는 모습을 상상하면서. 하지만 그 대신 눈에 보이는 것이라고는 탁 트인 황야와 저 멀리 있는 지평선뿐이다. 가축운반차에 있는 널빤지들, 끝없이 이어지는 철조망, 매우 낮은 건물들이 그곳에 있는 전부다. 멀리 몇 그루의 나무와 굴뚝들만이 이 황량한 곳의 평평한 면을 장식하고 있다.

군복을 입은 남자들이 우리 사이로 밀치고 들어온다. 아무도 어떤 것도 설명하지 않는다. 그들은 단순히 소리를 지르며 명령만 내릴 뿐이다. 여기로 가시오. 저기로 가시오. 나치들은 손가락으로 가리킨 다음 떠밀기만 한다. 남자들은 별도의 줄로 이동한다. 아빠가 우리에게 손을 흔든다. 아마 남자들이 먼저 들어가서 자기 가족을 위한 장소를 확보하는 모양이다. 나는 우리가 오늘 밤 어디에서 잘지 궁금하다. 우리가 언제 밥을 먹을지도 궁금하다. 엄마와 마그다 언니와 나는 여자와 어린이들이 서는 긴 줄에 함께 선다. 우리는 조금씩 앞으로 움직인다. 지휘자처럼 손가락을 까딱까딱하며 우리의 운명을 결정지을 남자를 향해 나아간다. 나는 아직 이 남자가 악명 높은 '죽음의 천사', 요제프 멩겔레 박사라는 사실을 이때까지 알지 못한다. 그를 향해 다가갈수록 나는 그의 두 눈에서 시선을 뗄 수가 없다. 위압적이고 차갑디

차가운 눈이다. 더 가까이 가자 그가 씩 웃는데 벌어진 앞니에서 소년 같은 기색이 엿보인다. 그는 친절한 목소리로 아픈 사람은 없는지 묻고 아프다고 한 사람들을 왼쪽 줄로 보낸다.

"14세 이상 40세 이하인 사람은 이 줄에 남으시오." 또 다른 군인이 말한다. "40세 이상은 왼쪽 줄로 가시오." 노인, 어린아이들, 아기를 안은 엄마들 무리가 길게 줄지어 왼쪽으로 이동한다. 엄마는 아직 젊은데도 머리가 하얗게 다 셌다. 하지만 엄마의 얼굴은 내 얼굴만큼이나 매끈하고 주름 하나 없다. 마그다 언니와 나는 엄마를 우리 둘 사이에 꽉 붙잡고 있다.

이제 우리 차례다. 멩겔레 박사가 손가락 지휘봉을 휘두른다. 그는 엄마에게 왼쪽으로 가라고 손가락으로 가리킨다. 나는 엄마를 뒤따라간다. 그가 내 어깨를 붙잡는다. "곧 있으면 엄마를 보게 될 거야. 샤워하러 가는 것뿐이란다." 그가 말한다. 그가 마그다 언니와 나를 오른쪽으로 떠민다.

우리는 왼쪽 줄과 오른쪽 줄의 차이를 알지 못한다. "이제 어디로 가지? 무슨 일이 벌어질까?" 우리는 서로에게 묻는다. 우리는 건물이 드문드문 있는 수용소의 다른 구역으로 행군하듯 걸어간다. 주위에는 오직 여자들뿐이다. 어떤 여자들은 밝아 보이고 거의 들뜬 것처럼 보인다. 기차 안의 무자비한 악취와 밀실공포를 일으키는 어둠에 내내 시달린 끝에 신선한 공기를 마시고 피부에 햇빛을 받는 것만으로 즐거운 듯하다. 다른 여자들은 입술을 씹고 있다. 공포가 우리를 휘감는다. 하지만 호기심 또한 우리를 휘감는다.

우리는 여러 개의 낮은 건물들이 있는 곳 앞에 선다. 줄무늬 원피스를 입은 여자들이 우리를 에워싼다. 우리는 그들이 다른 사람들을 통제하는 임무를 맡은 수감자들이라는 사실을 곧 알게 된다. 하지만 우리는 이때까지도 우리가 여기의 수감자라는 사실을 아직 알지 못하고 있다. 햇살이 계속 내리쬐자 나는 코트를 벗는다. 줄무늬 원피스를 입은 여자 중 한 명이 내 푸른색 실크드레스를 쳐다본다. 그녀가 고개를 옆으로 기울인 채 나를 향해 걸어온다.

"이런, 얘 좀 봐." 그녀가 폴란드어로 말한다. 그녀가 내 굽 낮은 구두 위에 쌓인 먼지를 걷어찬다. 무슨 일인지 미처 알아차리기도 전에 그녀는 내가 귀에 차고 있는 금테가 둘린 자그마한 산호 귀걸이를 향해 손을 뻗는다. 헝가리 풍습에 따라 태어난 직후부터 귀에 계속 차고 있던 귀걸이다. 그녀가 홱 잡아당기자 귀에 날카로운 통증이 느껴진다. 그녀가 얼른 귀걸이를 주머니에 집어넣는다.

육체적인 고통에도 불구하고 나는 그녀가 나를 좋아해주기를 간절히 바란다. 늘 그래왔듯 나는 어딘가에 소속감을 느끼기를 원한다. 찢어진 귓불보다 그녀의 굴욕적인 조롱이 더 아프게 느껴진다. "왜 그랬어? 원한다면 귀걸이를 줬을 텐데." 내가 말한다.

"네가 자유롭게 학교에 가고 극장에 가는 동안 나는 여기에서 썩어가고 있었어."

나는 그녀가 얼마나 오랫동안 여기에 있었는지 궁금하다. 그녀는 말랐지만 건장하다. 게다가 자신만만해 보인다. 그녀는 무용수가 될 수도 있었을 것이다. 나를 보고 정상적인 삶이 생각난 것에 왜 그렇게 화를 내는지 알 수가 없다. "언제쯤 엄마를 볼 수 있어? 곧 있으면 볼 수 있다고 들었는데." 내가 그녀에게 묻는다.

그녀가 차갑고 매서운 눈빛으로 나를 노려본다. 티끌만큼의 연민도 없는 눈빛이다. 오직 분노만 가득 차 있다. 그녀가 멀리 있는 굴뚝 중 하나에서 피어오르는 연기를 가리킨다. "네 엄마는 저기에서 불타고 있어. 이제부턴 엄마에 대해서 말할 땐 과거시제로 말하는 게 좋을 거야." 그녀가 말한다.

# 지옥에서 춤추기

"네가 살면서 느끼는 황홀함은 모두 내면에서 나올 거란다." 발레 선생님은 내게 이렇게 말했었다. 나는 이 말이 무슨 뜻인지 이해하지 못했다. 아우슈비츠에 오기 전까지는. 마그다 언니는 엄마가 들어간 건물 꼭대기에 있는 굴뚝을 뚫어져라 보고 있다. "영혼은 절대 죽지 않는데." 마그다 언니가 말한다. 마그다 언니는 위로의 말을 찾았다. 하지만 나는 아직 충격에서 빠져나오지 못하고 있다. 아무 감각이 느껴지지 않는다. 지금 벌어지고 있는, 그리고 이미 벌어진 모든 이해할 수 없는 일들에 대해 깊이 생각해볼 수가 없다. 엄마가 화염 속에서 불타는 모습을 상상할 수가 없다. 나는 엄마가 돌아가셨다는 사실을 완전히 이해할 수 없다. 이유를 물을 수도 없다. 심지어 슬퍼할 수도 없다. 지금은 아직 안 된다. 다음 순간, 다음 호흡을 위해 온 신경을 기울여야 한다. 나는 언니가 여기에 있는 한 반드시 살아남을 것이다. 나는 그림자처럼 언니 옆에 찰싹 붙어서 기필코 살아남을 것이다.

우리는 조용하고 소리가 울리는 샤워실 안으로 몰아넣어진다. 우리는 머리카락을 몽땅 깎인다. 우리는 머리가 깎인 후 벌거벗은 채로 건물 밖에 서서 죄수복이 지급되기를 기다린다. 카포(동료 포로를 감독하는 사람)와 나치 친위대 군인들이 퍼붓는 조롱이 화살처럼 우리의 벌거벗은 젖은 몸을 스치며 상처를 입힌다. 그들의 말보다 더 끔찍한 것은 그들의 눈빛이다. 그들의 눈빛에 담긴 증오가 나의 피부를 찢어발기고 나의 갈비뼈를 으스러뜨린다. 그들의 증오에는 소유욕과 경멸이 뒤섞여 있다. 토할 것만 같다. 한때 나는 에릭이 나의 알몸을 보는 첫 남자가 되리라고 생각했다. 이제 에릭은 그들의 증오로 상처가 나지 않은 온전한 나의 몸을 절대 보지 못할 것이다. 그들이 이미 나를 인간 이하의 어떤 것으로 만든 것은 아닐까? 내가 예전 같은 여자아이로 다시 돌아갈 수 있을까? '네 눈을 절대 잊지 않을 거야. 네 손을 절대 잊지 않을 거야.' 나는 침착함을 유지해야 한다. 나 자신을 위해서가 아니라면 에릭을 위해서라도.

나는 마그다 언니를 향해 고개를 돌린다. 마그다 언니는 충격에 휩싸인 채 침묵에 빠져 있다. 마그다 언니는 이곳에서 저곳으로 혼란스럽게 이동하고 매번 빽빽한 줄을 서면서도 절대 나의 옆을 떠나지 않았다. 햇살이 몸에 떨어지자 언니가 몸을 부르르 떤다. 마그다 언니는 깎인 머리채를 손에 움켜쥐고 있다. 강제로 훼손된 두툼한 머리 다발을. 우리는 벌거벗은 채로 몇 시간 동안 서 있고 마그다 언니는 계속 머리 다발을 꽉 움켜쥐고 있다. 마치 그것을 붙잡고 있으면 자기 자신과 인간의 존엄성을 잃지 않을 수 있다는 듯이. 마그다 언니는 내 바로 옆에 있어서 손만 뻗으면 닿을 수 있지만 나는 거기에 없는 언니를 그리워한다. 마그다 언니. 온갖 농담을 던지던 자신만만하고 매력적인 아가씨. 그녀는 어디에 있지? 마그다 언니도 같은 질문을 던지고 있는 것처럼 보인다. 언니는 엉망이 된 머리 다발 안에서 자기 자신을 찾고 있다.

이곳의 모순이 속을 메스껍게 한다. 이제 막 알게 된 사실이지만 이곳에서는 효율적으로 살인을 저지른다. 그리고 체계적으로. 하지만 우리가 온종일 기다리고 있는 죄수복을 배분하는 일 같은 부분에서는 체계가 전혀 없어 보인다. 보초병들은 잔인하고 엄격하지만, 책임을 맡은 사람은 아무도 없어 보인다. 그들은 우리의 몸을 샅샅이 조사하면서 우리의 가치를 가늠하는 것이 아니다. 우리가 어느 정도까지 세상에 잊힐 수 있는지를 보여주는 것이다. 하지만 이것, 끝없는 기다림과 이성의 완전한 부재 역시 커다란 설계도의 일부임이 틀림없다. 불변하는 것이라고는 철조망, 죽음, 굴욕, 끊임없이 피어오르는 연기뿐인 곳에서 어떻게 나 자신을 지키고 지탱할 수 있을까?

마침내 마그다 언니가 내게 말을 건다. "나 어때 보여? 진실을 말해 줘." 언니가 말한다.

진실? 마그다 언니는 초라한 강아지처럼 보인다. 벌거벗은 낯선 사람처럼 보인다. 물론 언니에게 이렇게 말할 수는 없다. 하지만 어떠한 거짓말도 언니에게 큰 상처가 될 터이므로 나는 불가능한 대답을 찾아야 한다. 상처를 입히지 않을 진실을. 나는 언니의 새파란 눈동자를 들여다보며, 언니가 "나 어때 보여?"라고 물은 질문이 이제껏 들어본 말 중 가장 용감한 말이라고 생각한다. 여기에는 거울이 없다. 언니는 자기 자신을 찾고 마주 보게 도와달라고 내게 부탁하고 있다. 그래서 나는 내가 말할 수 있는 유일한 진실을 언니에게 말한다.

"언니의 눈. 눈이 매우 아름다워. 머리카락이 가리고 있을 땐 미처 알지 못했어." 내가 언니에게 말한다. 이 순간, 나는 처음으로 알게 된다. 우리에게 선택권이 있다는 사실을. 이미 잃은 것에 관심을 기울일지 아니면 아직 가지고 있는 것에 관심을 기울일지.

"고마워." 언니가 속삭인다.

내가 언니에게 물어보고 싶은, 말하고 싶은 다른 것들은 말하지 않고 그대로 남겨두는 것이 더 나을 것 같다. 인간의 말로는 이 새로운 현실을 도저히 형용할 수가 없다. 내가 기대 있던 엄마의 회색 코트 어깨와 끊임없이 움직이고 움직이던 기차. 그늘이 드리워진 아빠의 얼굴. 그 어둡고 배고픈 시간을 다시 겪는다 해도 뭐라고 표현할 수 있을까. 연기로 변해버린 부모님, 두 분의 부모님. 아빠 역시 돌아가셨다고 생각해야 할까. 내가 간신히 힘을 내서 우리가 하루아침에 고아가 됐을 리는 없지 않겠느냐고 물으려는 순간, 마그다 언니의 손에서 머리 다발이 먼지 덮인 땅 위로 툭 하고 떨어진다.

그들이 죄수복을 가지고 온다. 거친 면직물과 모직물로 만들어진, 몸에 안 맞는 회색 원피스다. 하늘이 어두워지고 있다. 그들은 우리를 캄캄하고 원시적인 막사로 몰아넣는다. 그곳에는 널빤지로 된 침상이 층층이 있고 한 침상에 여섯 사람씩 잠을 자야 한다. 끝없이 연기를 내뿜는 굴뚝을 더는 보지 않아도 된다는 사실만으로 이 조잡한 방으로 들어온 것이 오히려 안도감을 준다. 내 귀걸이를 훔쳐간 젊은 여성 카포가 우리에게 침상을 할당하고 규칙을 설명한다. 누구도 밤에 밖에 나가서는 안 된다. 그 대신 양동이-우리의 야간 화장실-가 있다.

마그다 언니와 나는 같은 침상을 쓰는 사람들과 함께 맨 꼭대기 층에 있는 널빤지 침상에 몸을 누이려 애쓴다. 우리는 한 사람씩 머리와 발을 번갈아 반대 방향으로 해서 누우면 더 많은 공간을 확보할 수 있다는 사실을 알아낸다. 그렇지만 다른 사람을 건드리지 않고서는 돌아누울 수도 자세를 고쳐 누울 수도 없다. 우리는 차례를 정해서 다 함께 몸을 굴리는 시스템을 만들어낸다. 카포가 새로 입소한 사람들 한명 한명에게 그릇 한 개씩을 나눠준다. "잃어버리면 안 돼. 그릇이 없으면 밥도 없을 테니까." 그녀가 경고한다. 어둑어둑해진 막사 안에 똑바로 서서 우리는 다음 명령을 기다린다. 밥을 먹게 될까? 잠을 자게 될까? 음악 소리가 들린다. 나는 내가 관악기와 현악기의 소리를 상상하고 있다고 생각한다. 하지만 다른 수감자가 수용소 안에 오케스트라가 있고 세계 최상급의 바이올리니스트가 이끌고 있다고 말해준다. '클라라 언니!' 하지만 그녀가 말해준 바이올리니스트는 오스트리아 비엔나 출신이다.

막사 밖에서 딱딱 끊어지는 말투의 독일어가 들린다. 카포가 차렷자세를 취하고 문이 덜커덕거리며 열린다. 출입문을 보니 아까 왼쪽과 오른쪽을 나누는 선발 지점에 있던 군인이 서 있다. 웃을 때 입술이 벌어지는 모양, 앞니 사이의 벌어진 틈을 보니 그가 틀림없다. 멩겔레 박사. 그는 정교한 살인자이자 예술 애호가다. 그는 저녁마다 막사들을 샅샅이 훑으며 자신을 즐겁게 해줄 수감자들을 찾는다. 그가 부하들로 이루어진 수행단과 함께 걸어 들어와 아무렇게나 깎은 머리에 헐렁한 원피스를 입은 신제품들을 향해 그물망을 던지듯 날카로운 시선을 던진다. 우리는 방의 가장자리에 붙어 있는 나무 침상들을 등지고 꼿꼿이 서 있다. 그가 우리를 자세히 살핀다. 마그다 언니의 손이 아주 살짝 내 손을 스친다. 멩겔레 박사가 큰 소리로 질문을 던지고 무슨 일인지 미처 알아차리기도 전에 내가 커서에서 발레리나와 체조 선수로 훈련했다는 사실을 알고 있는 근처의 여자들이 나를 '죽음의 천사' 앞으로 밀친다.

멩겔레 박사가 나를 구석구석 살핀다. 나는 눈을 어디에 두어야 할지 알 수가 없다. 나는 정면의 열린 출입문을 똑바로 응시한다. 출입문 밖에 오케스트라가 모여 있다. 그들은 아무 말 없이 명령만을 기다리고 있다. 나는 지하세계의 에우리디케가 되어 오르페우스가 리라를 연주해 하데스의 마음을 녹이고 나를 해방해주기를 기다리는 느낌이다. 아니 나는 살로메가 되어 의붓아버지 헤롯 앞에서 춤을 추며 베일을 들추고 들춰 맨살을 보여야만 하는 느낌이다. 춤은 그녀에게 힘을 줄까 아니면 힘을 빼앗아갈까?

"작은 무용수, 나를 위해 춤을 춰봐." 멩겔레 박사가 말한다. 그가 음악가들에게 연주를 시작하라고 지시한다. 왈츠 〈아름답고 푸른 도나우 강〉의 익숙한 도입부 선율이 컴컴하고 비좁은 방으로 스며든다. 멩겔레 박사의 툭 불거진 두 눈이 나를 노려본다. 다행이다. 나는 잠든 채 춤을 출 수 있을 정도로 이 음악의 댄스 루틴을 훤히 꿰뚫고 있다. 하지만 팔다리가 천근만근이다. 위험에 처했는데 몸이 꿈쩍도 하지 않는 악몽 속에서처럼. "춤을 춰!" 그가 다시 명령하자 몸이 저절로 움직이기 시작한다.

하이킥으로 시작. 그런 다음 피루엣과 턴. 스플릿. 그리고 업. 나는 스텝을 하고 몸을 굽히고 빙그르르 회전한다. 멩겔레 박사가 부하와 이야기하는 소리가 들린다. 그는 결코 내게서 눈을 떼지 않지만 나를 계속 보면서 동시에 자신의 업무를 처리한다. 음악 너머로 그의 목소리가 들린다. 그는 여기 있는 수백 명의 여자 중 다음에는 어떤 사람들을 죽일지를 부하와 의논한다. 만약 한 스텝이라도 실수한다면, 만약 그의 기분을 조금이라도 상하게 할 만할 어떤 일을 한다면, 죽는 사람은 내가 될 수도 있다. 나는 춤을 춘다. 나는 춤을 춘다. 나는 지옥에서 춤을 추고 있다. 나는 사형집행인이 우리의 운명을 결정짓는 모습을 차마 눈 뜨고 볼 수가 없다. 나는 두 눈을 감는다.

나는 오직 댄스 루틴과 오랫동안의 훈련 경험에만 집중한다. 내 몸이 만드는 선과 곡선 하나하나는 시 한 편 속의 음절 하나하나와 같다. 나의 몸은 이야기를 들려주고 있다. 한 소녀가 무도회에 도착한다. 소녀는 환희와 기대감에 찬 상태로 연속 회전을 한다. 그런 다음 소녀는 동작을 멈추고서 사색하고 관찰한다. 앞으로 무슨 일이 생길까? 누구를 만나게 될까? 소녀는 분수를 향해 몸을 돌린 다음 양팔을 안으로 쓸어모으고 위로 쓸어올려 주위를 아우르는 자세를 취한다. 소녀는 허리를 굽히고 꽃들을 꺾어서 자신의 팬들과 무도회 참석자들에게 하나씩 꽃을 던진다. 그러고선 관중들에게 꽃들을 뿌리며 사랑의 징표를 나누어준다. 바이올린 소리가 점점 커진다. 심장이 빠르게 뛴다. 마음속 내밀한 어둠 속에서 엄마의 목소리가 다시 들린다. 마치 엄마도 그 황량한 방 안에 함께 있는 것만 같다. 엄마가 음악 아래에서 속삭인다. '이것만 기억해. 네가 마음에 새긴 것은 아무도 네게서 뺏을 수 없단다.' 멩겔레 박사, 굶주려 뼈만 앙상한 수감자들, 살아남았지만 이내 죽게 될 카포, 심지어 사랑하는 마그다 언니까지 모두가 사라지고 내 머릿속에는 오직 하나의 세계만이 존재한다. 〈아름답고 푸른 도나우 강〉이 점점 희미해지고 이제 차이콥스키의 〈로미오와 줄리엣〉이 들린다. 막사의 바닥은 부다페스트 오페라하우스의 무대가 된다. 나는 관중들 속에 있는 내 팬들을 위해 춤을 춘다. 나는 뜨거운 조명의 환한 빛 속에서 춤을 춘다. 나는 나의 사랑 로미오를 위해 춤을 춘다. 로미오가 무대 위로 나를 높이 들어 올린다. 나는 사랑을 위해 춤을 춘다. 나는 살아남기 위해 춤을 춘다.

춤을 추면서 나는 평생 절대 잊을 수 없는 교훈을 얻는다. 어떠한 기적 같은 은총이 내게 이러한 통찰을 허용했는지 절대 알지 못할 것이다. 이 통찰은 공포의 순간이 끝난 이후에도 나의 목숨을 수도 없이 살릴 것이다. 나는 알 수 있다. 그날 아침에 엄마를 살해한 노련한 살인마 멩겔레 박사가 나보다 더 가련하다는 사실을. 나는 마음속이 자유롭다. 하지만 그는 결코 그렇지 못할 것이다. 그는 자신이 저지른 짓과 함께 평생을 살아가야만 할 것이다. 오히려 그가 나보다 더 감옥에 갇혀 있다. 나는 마지막으로 우아한 스플릿으로 댄스 루틴을 끝내면서 기도를 한다. 나를 위해서 기도하는 것이 아니다. 나는 그를 위해 기도한다. 나는 그가 나를 살해할 필요를 느끼지 않기를, 그를 위해서 기도한다.

멩겔레 박사는 내 공연에 깊은 감명을 받았음이 틀림없다. 내게 빵한 덩어리를 던져줬기 때문이다. 조만간 드러나다시피, 나의 목숨을 구해줄 행동이다. 저녁이 밤으로 바뀌고 난 후 나는 마그다 언니와 침상 친구들과 함께 빵을 나눠 먹는다. 나는 빵을 먹어서 감사하다. 그리고 살아남을 수 있어서 감사하다.

아우슈비츠에서 보낸 첫 몇 주 동안 나는 생존의 규칙들을 배운다. 만약 당신이 보초병으로부터 빵 한 조각을 훔칠 수 있다면 당신은 영웅이다. 하지만 만약 당신이 수감자로부터 빵을 훔친다면 당신은 망신을 당하고 죽음을 맞이한다. 여기에서는 경쟁과 지배가 아무 소용이 없다. 협력이 가장 중요하다. 생존하기 위해서는 자기 자신의 욕구를 초월한 후 자신의 외부에 있는 어떤 사람이나 어떤 것에 헌신해야 한다. 내게 그 어떤 사람은 마그다 언니다. 그리고 그 어떤 것은 미래에 자유롭게 됐을 때 에릭을 다시 만날 수 있다는 희망이다. 살아남기 위해서 우리는 내면의 세계, 즉 안식처를 구축해야 한다. 잠을 자고 있지 않은 상태에서도 말이다. 나는 강제수용되기 전의 자기 사진을 어렵게 숨겨서 들여온 한 동료 수감자를 기억한다. 사진 속에서 그녀는 긴 머리를 하고 있었다. 사진을 보면서 그녀는 자기 자신이 어떠한 사람이었는지를 그리고 그 사람이 여전히 죽지 않고 존재한다는 사실을 스스로 상기할 수 있었다. 이러한 의식적 사고는 그녀에게 삶의 의지를 지킬 수 있는 피난처가 되어주었다.

몇 달 후 겨울이 되자 우리는 낡은 코트를 받았다. 그들은 우리의 신체 치수는 안중에도 없이 좋아하든 말든 아무 코트나 집어 우리에게 하나씩 던졌다. 가장 잘 맞는 코트를 찾고 그것을 위해 분투하는 일은 우리의 몫이었다. 마그다 언니는 운이 좋았다. 그들은 언니에게 두껍고 따뜻한 코트를 던졌다. 길고 묵직하고 목 끝까지 단추가 달린 코트였다. 아주 따뜻하고 탐이 나는 코트였다. 하지만 마그다 언니는 즉시 그 코트를 다른 수감자와 교환했다. 언니가 그 대신 선택한 코트는 얇고 짧은 코트였고 코트가 무릎까지도 오지 않고 가슴팍이 다 드러났다. 하지만 마그다 언니에게는 몸의 따뜻함을 유지하는 것보다 매력적인 뭔가를 입는 것이 더 나은 생존 수단이었다. 자신이 매력적이라고 느끼는 일은 언니의 내면에 자존감 같은 어떤 것을 주었다. 그리고 이는 육체적인 안락보다 언니에게 더 소중했다.

우리는 굶주릴 때도 만찬을 즐겼다. 우리는 아우슈비츠에 있는 내내 요리를 했다. 머릿속으로 우리는 매 순간 파티를 벌였다. 헝가리의 닭고기 요리인 파프리카시에 파프리카를 얼마나 많이 넣어야 하는지 혹은 최고의 일곱 겹 초콜릿 케이크를 어떻게 만드는지 같은 주제를 두고 아웅다웅하면서 말이다. 점호시간인 '아펠Appell'을 위해 새벽 4시에 일어나 몸이 꽁꽁 얼 만큼 추운 어둠 속에서 인원수를 세고 또 세고 있노라면 어디선가 고기 요리의 풍부하고 그윽한 향이 났다. 그런 다음 우리는 하루의 노동을 하기 위해 행군해 걸어갔다. '카나다Canada'라고 불리는 창고에 가서는 새로 도착한 수감자들의 소지품들을 분류하는 일을 해야 했다. 막사들을 돌아다니면서는 청소를 하고 또 해야 했다. 혹은 가장 운이 없는 사람들은 화장터에 가서 불태워지기 직전의 시체들에서 금니와 머리카락과 피부를 수확해야 했다. 우리는 마치 시장에 가는 것처럼 한 주 동안 어떤 메뉴를 먹을지 계획하고 어떻게 과일과 채소의 신선도를 알아볼 수 있는지에 대해 이야기를 나눴다. 우리는 서로에게 요리 수업을 해주기도 했다. 헝가리의 크레페, 팔라신타는 이렇게 만드는 거야. 팬케이크는 이 정도 두께로 구워야 해. 설탕은 이만큼 넣고 견과류는 이만큼 넣지. 세케이 굴라시에 캐러웨이(씨앗을 향신료로 쓰는 회향 식물)를 넣니? 양파는 두 개를 사용하니? 아니야, 세 개야. 아니야, 한 개 반이면 충분해. 우리는 음식들을 상상하며 입에 침이 고인다. 그러면서 우리는 하루 중 유일한 한 끼-멀건 수프와 곰팡내가 나는 빵-를 먹는다. 나는 엄마가 다락에 두고서 매일 옥수수를 먹였던 거위에 관해 이야기한다. 거위의 간이 툭 튀어나오고 점점 더 커지면 거위를 잡아서 거위의 간을 파테(고기나 생선을 곱게 다지고 양념해 차게 해서 상에 내는 것으로 빵 등에 펴 발라 먹는다)에 섞는다. 우리는 일과를 마치고 밤에 침상에 쓰러져서 마침내 곯아떨어질 때도 음식에 관한 꿈을 꾼다. 마을의 시계가 오전 10시를 알리는 순간 아빠가 길 건너의 정육점에서 산 꾸러미를 들고 집으로 슬그머니 들어온다. 오늘은 신문지 안에 돼지고기 덩어리가 숨겨져 있다. "디추커, 와서 맛봐." 아빠가 나를 손짓해서 부른다. "정말 모범적이네요." 엄마가 투덜거린다. "유대인 여자아이에게 돼지고기를 먹이다니요." 하지만 엄마는 옅은 미소를 짓고 있다. 엄마는 슈트루델을 만들고 있다. 엄마는 식탁 위에 매우 묽은 밀가루 반죽을 편 다음 손으로 다듬고 그 아래를 불어서 종이가 얇아지게 만든다.

엄마의 슈트루델에는 피망과 체리가 들어가 톡 쏘는 듯한 맛이 난다. 그리고 맵게 양념한 달걀, 엄마가 손으로 썬 파스타. 엄마의 손놀림이 너무 빨라서 나는 엄마가 손가락을 잃을까 봐 무섭다. 특히 금요일 밤에 먹는 빵인 찰라는 최고였다. 엄마에게 음식이란 다 완성된 요리를 즐기는 것 못지않게 요리를 만드는 과정의 예술적 기교도 중요했다. 음식에 관한 환상들은 아우슈비츠에서 우리를 버티게 해주었다. 마치 운동선수나 음악가들이 머릿속으로 하는 훈련을 통해 자신의 기교를 향상할 수 있는 것처럼, 우리는 막사의 예술가들이었고 항상 격렬히 뭔가를 창조하고 있었다. 우리가 마음속에서 만든 것들은 우리가 삶을 견뎌낼 수 있도록 고유한 방법으로 우리를 도와주었다.

어느 날 밤, 우리는 잠자리에 들기 전에 막사 안에서 미인대회를 연다. 우리는 회색의 볼품 없는 드레스와 거무죽죽한 속옷을 입고서 모델처럼 자세를 취한다. '최고의 아름다움은 어깨에서 나온다'라는 헝가리 속담이 있다. 그 누구도 마그다 언니만큼 멋지게 자세를 취하지 못한다. 마그다 언니가 결국 미인대회에서 우승한다. 하지만 아직 아무도 잠자리에 들 준비가 되지 않았다.

"더 재밌는 대회가 있어." 마그다 언니가 제안한다. "누가 최고의 가슴을 가졌을까?"

우리는 어둠 속에서 옷을 벗고 가슴을 내밀고서 행진을 한다. 몇 달 전만 해도 나는 무용실에서 하루에 다섯 시간 이상씩 연습을 했다. 나는 내 복근이 얼마나 강한지 느끼기 위해 아빠에게 배를 때려보라고 부탁했었다. 심지어 나는 아빠를 양팔로 들어 올려 옆으로 옮길 수도 있었다. 나는 얼어붙을 것 같은 막사 안에서 상반신을 드러내고 걸으면서도 아직 그 자부심을 느낀다. 나는 한때 엄마의 동그랗고 풍만한 가슴을 부러워하고 나의 작은 가슴을 부끄러워하기도 했다. 하지만 지금은 전 유럽을 대상으로 가슴을 뽐내야 할 때다. 나는 어둠 속에서 모델처럼 자신감 넘치게 걷는다. 그리고 대회에서 우승한다!

"유명한 내 동생." 마그다 언니가 잠에 빠져들기 전에 내게 속삭인다.

우리는 공포에서 무엇을 배울지 선택할 수 있다. 슬픔과 두려움에 젖어 비통해하고 적개심을 품고 무감각해질 것인지. 아니면 자신의 아이 같은 부분, 적극적이고 호기심 많은 부분, 천진난만한 부분을 잃지 않고 유지할 것인지.

다른 어느 날 밤에, 나는 내 침상 옆에 침상을 쓰는 젊은 여자가 전쟁이 일어나기 전에 결혼했다는 사실을 알게 된다. 나는 그녀에게 궁금한 것들을 물어본다. "어떤 느낌이야?" 내가 묻는다. "한 남자에게 속한다는 게?" 나는 섹스에 관해 묻는 것이 아니다. 전적으로 섹스에 대해서만 묻는 것이 아니라는 뜻이다. 물론 나도 욕망에 관심이 있다. 하지만 매일 함께 있다는 개념 자체에 더 관심이 있다.

그녀의 탄식 속에서 아름다운 무언가가, 상실로도 훼손되지 않은 무언가가 메아리친다. 그녀가 말하는 몇 분 동안 나는 결혼생활이 부모님이 보여줬던 모습이 아닌 빛나는 어떤 것일 수도 있겠구나 하고 생각한다. 외조부모님의 보살핌에서 느껴지는 평화로운 위안보다도 더 밝은 어떤 것. 그것은 사랑, 완전한 사랑일 듯하다.

엄마가 내게 "미모가 없으니 머리라도 좋아서 다행이야"라고 말했을 때, 나는 내가 부족하고 가치 없는 사람은 아닐까 하는 두려움에 휩싸였다. 하지만 아우슈비츠에서 엄마의 말은 다른 의미를 지닌 채 귓가에 맴돈다. '나는 머리가 좋다. 나는 똑똑하다. 나는 문제를 해결해나갈 것이다.' 내 머릿속에 맴도는 말들은 희망을 유지하는 능력에 엄청난 차이를 만들어냈다. 이것은 다른 수감자들에게도 마찬가지였다. 우리는 우리가 의지할 수 있는 내면의 힘을 발견할 수 있었다. 이 말하기 방식을 이용해 우리는 내면이 자유롭다고 느껴지도록 자기 자신에게 말할 수 있었다. 이 말하기 방식은 우리가 자신의 도덕률을 잃지 않도록 도와주었고, 외부의 힘이 우리를 통제하고 말살하려고 할 때마다 우리에게 내면의 토대와 자기 확신을 부여해주었다. 우리는 이

렇게 말하는 법을 배웠다. '나는 좋은 사람이야. 나는 죄가 없어. 그러

니까 어떻게든 무언가 좋은 일이 언젠가 생길 거야.'

나는 아우슈비츠에서 한 소녀와 알고 지냈는데 그 아이는 몸이 매

우 안 좋고 나날이 쇠약해지고 있었다. 아침마다 나는 그 아이가 죽은

채로 침상에서 발견되지 않을까 생각했고, 매일 죽을 사람과 살 사람

을 가르는 선발 라인에 설 때마다 그 아이가 죽음을 선고받지 않을까

걱정했다. 하지만 그 아이는 나를 놀라게 했다. 그 아이는 하루를 살아

내기 위해 매일 아침 온 힘을 그러모았고 선발 라인에서 멩겔레 박사

의 손가락 지휘봉 앞에 설 때마다 생기 있는 눈빛을 유지했다. 그러고

선 밤이면 숨을 헐떡이며 침상에 쓰러졌다. 나는 그 아이에게 어떻게

계속 버틸 수 있는지 물었다. "크리스마스가 되면 해방될 거라고 들었

어." 그 아이가 말했다. 그 아이는 머리맡에 꼼꼼하게 그린 달력을 두

고서 해방의 날까지 남은 날짜를 세고, 그런 다음 남은 시간을 셌다.

살아서 해방될 수 있으리라 굳게 믿은 채로.

그리고 크리스마스가 찾아왔지만, 우리의 해방자들은 찾아오지 않

았다. 그 아이는 크리스마스 다음 날 죽었다. 나는 그동안 그 아이 마

음속 희망의 목소리가 그 아이를 살아남게 지켰다고 생각한다. 하지

만 희망을 잃게 되자 더는 살아갈 수가 없게 됐다. 주위에 있는 거의

모든 사람(나치 친위대, 카포, 동료 수감자들)은 매일 매 순간, 점호시

간부터 하루가 끝날 때까지, 선발 라인에 설 때부터 식사를 배급받을

때까지 내게 절대 살아남은 채로 죽음의 수용소에서 나가지 못할 것

이라고 말했다. 나는 이 말을 대신할 내면의 목소리를 만들기 위해 노

력했다. '이 상황은 일시적이야.' 나는 자신에게 말했다. '만약 오늘 살

아 남는다면 내일은 자유로워질 수 있을 거야.'

우리는 아우슈비츠에서 매일 샤워실에 보내진다. 그리고 매번의 샤워는 불확실성으로 점철되어 있다. 우리는 수도꼭지에서 물이 나올지 유독가스가 나올지 절대 알 수가 없다. 물이 몸에 떨어지는 것을 느끼고서야 비로소 안도의 한숨을 내쉴 수 있다. 안도한 후 나는 기름투성이 비누를 온몸에 바른다. 나는 아직 뼈와 가죽만 남은 상태는 아니다. 공포가 사라진 후의 고요 속에서 나는 나 자신을 의식한다. 내팔과 허벅지와 복부는 아직 무용수의 근육이 남아 있어 탄탄하다. 나는 에릭에 대한 환상 속으로 빠져든다. 우리는 이제 대학생이고 부다페스트에 살고 있다. 우리는 카페에서 책을 읽으며 공부하고 있다. 에릭의 시선이 책을 떠나 내 얼굴을 구석구석 여행한다. 나는 에릭이 나의 눈과 입술에서 잠시 시선을 멈추는 것을 느낀다. 얼굴을 들어 에릭의 입맞춤을 받는 모습을 상상하는 순간, 갑자기 샤워실이 무서울 정도로 조용해졌다는 사실을 깨닫는다. 머리부터 발끝까지 오싹해진다. 뒤를 돌아보니 다른 누구보다 두려운 남자가 샤워실 입구에 서 있다. '죽음의 천사'가 나를 뚫어지라 응시하고 있다. 나는 샤워실 바닥을 계속 내려다보며 다른 사람들의 숨소리가 다시 들리기만을 기다린다. 그가 갔다는 사실을 알 수 있도록. 하지만 그는 떠나지 않는다.

"너!" 그가 소리친다. "내 작은 무용수."

나는 에릭의 목소리가 멩겔레 박사의 목소리보다 더 크게 들리도록 하려고 애쓴다. '네 눈을 절대 잊지 않을 거야. 네 손을 절대 잊지 않을 거야.'

"이리 와." 그가 명령한다.

나는 명령을 따른다. 다른 무엇을 할 수 있겠는가? 나는 동료 수감자들의 눈을 피하며 그의 코트에 달린 단추들에 시선을 고정한 채로 앞으로 걸어간다. 나는 동료 수감자들의 눈을 보면 거기에 비친 나의 공포를 읽게 될까 봐 견딜 수가 없다. *심호흡하자. 심호흡을.* 나는 자신에게 말한다. 그러고선 앞장선 그를 따라간다. 나는 온몸이 물에 젖고 벌거벗은 채로 복도를 내려가 책상과 의자가 있는 사무실에 들어간다. 그가 책상에 기댄 채로 나를 죽 훑어보며 느긋하게 내 몸을 음미한다. 겁에 질린 나머지 아무 생각도 나지 않지만, 반사작용처럼 작은 충동의 기류가 온몸을 관통한다. *그를 걷어차. 얼굴에 하이킥을 해. 그런 다음 팔을 오므리고 바닥에 착지한 후 꼿꼿이 정자세를 유지해.* 나는 그가 내게 무슨 짓을 하려고 계획하고 있든, 그것이 빨리 끝나기만을 바란다.

"가까이 와." 그가 말한다.

조금 앞으로 걸어가자 그와 마주 보게 되지만 나는 그의 얼굴을 보지 않는다. 나는 오직 나의 살아 있는 부분에만 온 신경을 집중하고 있다. *'그래 난 할 수 있어, 그래 난 할 수 있어.'* 그와 가까워지자 그의 몸이 느껴진다. 그에게서 박하 향이 난다. 나의 혀에서 쇠의 맛이 느껴진다. 몸을 떨고 있는 한 나는 살아 있다. 그의 손가락이 자신이 입은 코트의 단추를 하나씩 푼다. *'그래 난 할 수 있어, 그래 난 할 수 있어.'* 나는 엄마 그리고 엄마의 길고 긴 머리카락을 생각한다. 엄마는 아침에는 머리카락을 머리 위로 틀어 올렸다가 밤에는 풀어서 커튼처럼 치렁치렁 드리우곤 했다. 나는 엄마를 살해한 자 앞에서 벌거벗고 있지만, 그는 절대로 내게서 엄마를 빼앗을 수 없다. 내가 그의 손가락에 무감각해지기로 단단히 마음먹은 순간, 그리고 그가 손을 뻗어서 나를 만질 수 있을 만큼 거리가 가까워진 순간, 갑자기 다른 사무실에서 전화벨이 울린다. 그가 움찔한다. 그가 코트의 단추를 다시 잠근다.

"꼼짝 말고 있어." 그가 명령한 후 문을 열고 나간다.

그가 옆 사무실에서 전화받는 소리가 들린다. 건조하고 퉁명스러운 목소리다. 나는 결정을 내릴 틈도 없이 밖으로 도망친다. 그러고 나서는 마그다 언니 옆에 앉아서 매일 먹는 한 국자의 수프를 허겁지겁 먹은 일밖에 생각나지 않는다. 작은 감자껍질 조각들이 묽은 수프 위에 상처 위 딱지처럼 둥둥 떠 있다. 그가 나를 다시 찾아서 처벌할 것이라는 두려움, 그가 시작한 일을 끝낼 것이라는 두려움, 그가 내게 죽음을 선고할 것이라는 두려움이 한시도 나를 떠나지 않는다. 결코, 절대로 떠나지 않는다. 다음에 어떤 일이 벌어질지 알 수가 없다. 하지만 그러는 동안에도 나는 내면에서 스스로 살아 있을 수 있다. '만약 오늘 살아남는다면' 나는 머릿속으로 되뇐다. '만약 오늘 살아남는다면 내일은 자유로워질 수 있을 거야.'

# 옆으로 재주넘기

1944년 여름 어느 시점에 마그다 언니와 나는 수용소에 더는 헝가리 유대인이 도착하지 않는다는 사실을 깨닫는다. 나중에야 알게 된 사실이지만, 헝가리의 호르티 총리가 독일의 지배자들에게 복종하는 것에 진절머리가 난 나머지 1944년 6월에 수용소 강제이송을 중단시킨 것이다. 그는 너무 늦었다. 이미 수십만 명의 헝가리 유대인이 수용소로 강제이송되었고 불과 2개월 만에 그중 40만 명이 살해당했다. 1944년 10월, 호르티 총리의 정부는 나치의 손아귀에 넘어간다. 그때까지 헝가리에 남아 있던 20만 명의 유대인들(대부분 부다페스트에 거주했다)은 아우슈비츠로 이송되지 않는다. 그 대신 그들은 오스트리아까지 200마일(약 321킬로미터)을 강제로 행군해서 걸어가야 했다. 하지만 우리는 그 당시에 이러한 사실을 조금도 알지 못했다. 우리는 수용소 밖의 삶이나 전쟁에 관해서 하나도 알 수 없었다.

그해 겨울의 어느 아침, 마그다 언니와 나는 또 다른 줄에 잇따라

선다. 추위에 온몸이 얼얼하다. 문신이 새겨질 예정이다. 나는 내 차례를 기다린다. 나는 소매를 걷어 올린다. 팔을 내민다. 내게 요구된 동작을 하며 기계적으로 움직인다. 너무 춥고 너무 배가 고프다. 너무 춥고 너무 배가 고파서 아무 감각이 느껴지지 않는다. '내가 여기 있다는 걸 누가 알기는 할까?' 나는 수용소에 있는 내내 궁금했다. 그리고 이제 이 질문은 걷히지 않는 짙은 안개를 헤치고 오듯이 내게 흐느적흐느적 천천히 다가온다. 나는 생각이라는 걸 어떻게 했었는지 기억이 나지 않는다. 에릭을 상상하라고 스스로 되뇌지만, 에릭에 대해 의식적으로 생각하면 할수록 그의 얼굴이 떠오르지 않는다. 나는 기억 속으로 나를 유인한 다음, 불시에 나 자신을 낚아채야 한다. '마그다 언니는 어디 있지?' 나는 잠에서 깰 때마다, 줄을 지어 일하러 갈 때마다, 잠에 곯아떨어지기 직전마다 가장 먼저 내게 묻는다. 나는 허둥지둥 주변을 둘러보며 언니가 아직 내 뒤에 있는지 확인한다. 언니와 눈이 마주치지 않는다 해도 언니 역시 계속 나를 지켜보고 있다는 걸 알고 있다. 나는 저녁 식사 시간에 배급된 빵을 아껴두었다가 아침에 언니와 나누어 먹는다.

문신용 바늘과 잉크를 가진 군인이 이제 내 바로 앞에 있다. 그가 내 손목을 움켜잡고서 바늘로 콕콕 찌르기 시작한다. 하지만 이내 나를 옆으로 홱 밀친다. "잉크를 낭비하고 싶지 않군." 그가 말한다. 그가 나를 다른 줄로 떠민다.

"이 줄은 죽는 줄이야. 이제 모두 끝이야." 내 앞에 있는 여자아이가 내게 말한다. 여자아이는 먼지를 뒤집어쓴 듯 얼굴이 완전히 잿빛이다. 우리 앞에 줄 서 있는 누군가가 기도를 한다. 죽음의 위협이 늘

끊이지 않는 곳이지만 이러한 순간은 여전히 고통스럽다. 나는 갑자기 '치명적인Deadly'과 '죽이고 있는Deadening', 두 표현 사이의 차이점에 관해 생각해본다. 아우슈비츠는 둘 모두에 해당한다. 굴뚝들에서는 연기가 피어오르고 또 피어오른다. 어떠한 순간도 마지막 순간이 될 수 있다. 그렇다면 신경 쓸 이유가 뭐란 말인가? 시간을 투자할 이유가 뭐란 말인가? 그리고 만약에 이 순간이, 바로 이 순간이 지구상에서의 마지막 순간이라 하더라도, 그 마지막 순간을 체념과 패배에 낭비해야만 할까? 이미 죽은 사람처럼 마지막 순간을 보내야 할까?

"이 줄이 무슨 줄인지는 절대 알 수 없어." 내가 앞에 있는 여자아이에게 말한다. 미지의 상황이 우리의 내면을 공포로 파괴하는 대신 우리에게 호기심을 가지게 만들 수 있다면 어떻게 될까? 그러고 나서 나는 마그다 언니를 쳐다본다. 언니는 다른 줄에 서도록 선별되었다. 죽으러 보내지더라도, 일을 하러 보내지더라도, 그들이 다른 사람들에게 하기 시작한 것처럼 나를 다른 수용소로 보낸다 하더라도…. 내가 마그다 언니와 함께 계속 있고, 마그다 언니가 나와 함께 계속 있는 것을 제외하고는 어떠한 일도 중요하지 않다. 우리는 원래의 가족으로부터 완전히 분리되지 않은, 운이 좋은 몇 안 되는 수감자들이다. 내가 마그다 언니를 위해 살고 있다고 말해도 전혀 과언이 아니다. 반대로 마그다 언니가 나를 위해 살고 있다고 말해도 전혀 과언이 아니다. 수용소의 운동장은 온통 혼란에 휩싸여 있다. 나는 이 줄들이 무엇을 의미하는지 알지 못한다. 내가 아는 거라곤 우리 앞에 무슨 일이 놓여 있든, 반드시 '마그다 언니와 함께' 가야 한다는 사실뿐이다. 우리 앞에 놓인 것이 죽음이라 하더라도 말이다. 나는 언니와 내가 떨어져 있는 사이의, 얼어붙은 눈 바닥의 거리를 눈대중한다. 보초병들이 우리를 에워싼다. 내게는 계획이 없다. 시간이 느리게 흐르면서 동시에 빠르게 흐른다. 마그다 언니와 나는 눈빛을 주고받는다. 나는 언니의 푸른색 눈동자를 본다. 그런 다음 움직이기 시작한다. 나는 옆으로 재주넘기를 한다. 손으로 땅을 짚고 발은 공중에 두었다가 다시 돌고 또다시 돌고. 한 보초병이 나를 뚫어지라 쳐다본다. 그가 똑바로 서 있다. 그가 거꾸로 서 있다. 어디에서 총알이 날아와도 이상하지 않다. 나는 죽고 싶지 않지만 계속 빙글빙글 옆으로 재주넘는 것을 멈출 수도 없다. 보초병이 총을 겨누지 않는다. 너무 놀라서 쏘지 못하는 것일까? 너무 어지러워서 내가 보지 못하는 건가? 그가 내게 윙크를 한다. 맹세코 그가 내게 윙크하는 것을 분명히 봤다. '좋아.' 그가 이렇게 말하는 것 같다. '이번에는 네가 이겼어.'

내가 그의 관심을 완전히 집중시킨 몇 초의 시간 동안 마그다 언니가 운동장을 가로질러 뛰어와 내가 서 있는 줄에 합류한다. 우리는 다음에 무슨 일이 벌어질지 기다리고 있는 여자들 무리 속으로 녹아든다.

우리는 얼어붙은 운동장을 가로질러 우리가 6개월 전에 도착했던 기차 플랫폼으로 이동한다. 그곳에서 우리는 아빠와 헤어졌고 엄마를 우리 사이에 부축하고서 걸었다. 그것이 엄마 삶의 마지막 순간들이었다. 그때에는 음악이 울려 퍼졌다. 지금은 고요하다. 바람 소리만이 거셀 뿐이다. 혹독한 추위의 지속적인 밀어닥침, 죽음과 겨울의 쩍 벌어진 입에서 나오는 한숨 소리는 더는 내게 소음처럼 들리지 않는다. 나의 머리는 질문들과 두려움으로 꽉 차 있지만, 이 생각들은 내 머릿속에 너무 오래 머물렀기 때문에 더는 생각처럼 느껴지지 않는다. 언제나 벼랑 끝이다.

'그저 어딘가로 가서 전쟁이 끝날 때까지 일하게 될 것이다.' 우리는 이렇게 들었다. 만약 우리가 뉴스를 단 2분만이라도 들을 수 있었다면 우리는 전쟁 그 자체가 다음의 희생자가 될지도 모른다는 사실을 알았을 것이다. 우리가 거기에 서서 기다린 후 좁은 경사로를 올라가 가축운반 차량에 타고 있을 때, 한쪽으로부터는 러시아 군인들이 다른 한쪽으로부터는 미국 군인들이 폴란드로 접근하고 있었다. 나치들은 아우슈비츠를 조금씩 비우고 있다. 우리가 뒤에 남겨두고 온 수감자들, 아우슈비츠에서 한 달 더 생존하는 사람들은 곧 자유롭게 될 터였다. 우리는 어둠 속에 앉아서 기차가 출발하기만을 기다린다. 한 군인(나치 친위대가 아닌 일반 독일군이다)이 기차 안으로 고개를 들이밀더니 우리에게 헝가리어로 말한다. "뭐라도 꼭 먹어야 한다. 그들이 무슨 짓을 하든 간에, 반드시 먹어야 한다는 걸 기억해라. 왜냐하면, 너희는 해방될 수 있기 때문이다. 아마도 이른 시일 내에." 그가 말한다. 그가 지금 우리에게 희망을 선사하고 있는 것인가? 아니면 헛된 약속인가? 혹은 거짓말? 이 군인은 벽돌공장에서의 닐러시와 비슷하다. 우리가 알게 되는 일을 방지하기 위해 유언비어를 퍼뜨리는 지휘부의 목소리. 굶어 죽어가는 사람에게 뭐라도 꼭 먹으라고 상기할 사람이 누가 있단 말인가?

어둠 속 가축운반 차량 안이지만 그의 얼굴이 몇 마일에 걸쳐 펼쳐진 철책과 새하얀 눈에 역광을 받아 또렷이 보인다. 눈이 친절해 보인다. 하지만 이상하게도 그 친절함은 빛의 속임수처럼 느껴진다.

기차를 타고 이동하면서 나는 시간 감각을 잃는다. 나는 마그다 언니의 어깨에 기대 잠을 자고 언니는 내게 기대 잠을 잔다. 한 번은 언니의 목소리에 잠이 깬다. 나는 어두워서 누군지 잘 모르겠는 어떤 사람과 마그다 언니는 대화를 하고 있다. "선생님이야." 언니가 설명한다. 벽돌공장에서 만난 그 선생님이다. 아기가 울고 또 울었던. 아우슈비츠에서 어린아이를 데리고 있는 여자는 모두 맨 처음에 가스실로 보내졌다. 그녀가 아직 살아 있다는 사실은 오직 한 가지만을 의미한다. 그녀의 아기는 죽었다. 무엇이 더 최악일까, 나는 생각한다. 엄마를 잃은 아이가 되는 것이, 아니면 아이를 잃은 엄마가 되는 것이? 기차 문이 열린다. 우리는 독일에 왔다.

우리는 100여 명 남짓밖에 남지 않았다. 우리는 아이들의 여름 캠프 장소였음이 분명한 곳에 머문다. 2층 침대들과 부엌 하나가 있는 그곳에서 우리는 얼마 안 되는 식량 공급품을 가지고 우리의 식사를 직접 준비한다.

아침이면 우리는 실 공장으로 일을 하러 보내진다. 우리는 가죽 장갑을 끼고서 실들이 엉키지 않도록 방적기의 바퀴를 잡는 일을 한다. 장갑을 끼고는 있지만 방적기의 바퀴가 우리의 손을 벤다. 마그다 언니의 예전 선생님은 언니의 옆자리 바퀴에 앉아 있다. 선생님이 큰 소리로 통곡하고 있다. 나는 선생님이 손에서 피가 나고 아파서 울고 있다고 생각한다. 하지만 선생님은 마그다 언니 때문에 울고 있다. "너는 손이 생명인데. 피아노를 치잖니. 손을 다치면 어떻게 해?" 선생님이 신음한다.

우리의 작업을 감독하는 독일인 반장이 그녀에게 조용히 하라고 말한다. "일하고 있어서 다행인 줄 알아. 곧 있으면 뒈질 테니까." 그녀가 말한다.

그날 밤 부엌에서 우리는 보초병들의 감독을 받으며 우리의 저녁 식사를 준비한다. "가스실에서 탈출했더니, 실 뽑다가 죽게 생겼네." 마그다 언니가 말한다. 우리는 '아직' 살아 있다. 그러므로 이 농담에 웃을 수 있다. 전쟁에서 살아남지 못할지도 모르지만 적어도 우리는 아우슈비츠에서 살아남았다. 나는 저녁 식사를 위해 감자의 껍질을 벗긴다. 배를 곯게 하는 배급량에 너무 익숙해진 나머지 나는 어떠한 음식물 쓰레기도 함부로 버릴 수가 없다. 나는 감자껍질을 속옷 속에 몰래 숨긴다. 그러고선 보초병들이 다른 방으로 갈 때 오븐에 던져 넣어 굽는다. 우리는 욱신거리는 손으로 허겁지겁 감자껍질을 집어 입으로 가져가지만, 껍질이 아직 너무 뜨거워서 목구멍 안으로 삼킬 수가 없다.

"가스실에서 탈출했더니, 감자껍질 먹다가 죽게 생겼네." 누군가가 툭 내뱉고 우리 모두 내면의 깊은 곳으로부터 터져 나오는 웃음을 깔깔깔 뱉는다. 우리는 내면의 그곳이 아직 존재하는지 미처 몰랐다. 우리는 크게 웃는다. 부상을 입은 독일 군인들에게 수혈하기 위해 강제로 헌혈해야 했을 때 내가 크게 웃었던 것처럼. 나는 팔에 바늘을 꽂고 앉아서 속으로 농담을 던지곤 했다. '평화주의자 댄서의 피를 받아서 전쟁에서 꼭 승리하시기를!' 나는 생각했다. 나는 팔을 홱 잡아당길 수 없다. 만약 그렇게 하면 그 자리에서 바로 총살을 당할 것이다. 나는 총이나 주먹을 들고 압제자들에게 반항할 수도 없다. 그렇지만 나는 나만의 힘을 사용하는 방법을 찾았다. 그리고 지금은 우리의 웃음 안에 그 힘이 있다. 우리의 동지애, 우리의 명랑함은 아우슈비츠에서 열었던 가슴 대회에서 우승했던 밤을 생각나게 한다. 우리의 수다는 우리를 지탱해주는 힘이다.

"누가 가장 좋은 나라에서 왔지?" 하바라는 이름의 여자아이가 질문을 던진다. 우리는 저마다 고향을 칭송해대며 옥신각신한다. "유고슬라비아만큼 아름다운 곳은 어디에도 없어." 하바가 주장한다. 하지만 이것은 그 누구도 우승할 수 없는 대회다. 고향은 더는 우리에게 한 장소나 한 국가가 아니다. 고향은 느낌이다. 구체적이면서 동시에 보편적인. 우리가 그것에 대해 너무 많이 이야기하면 그 느낌이 사라져버릴 것만 같다.


실 공장에서 몇 주 동안 일한 후, 어느 날 아침 나치 친위대가 줄무늬 원피스 죄수복을 들고 와서 우리가 입고 있는 회색 원피스 죄수복을 갈아입으라고 한다. 우리는 또 다른 기차에 올라탄다. 하지만 이번에는 줄무늬 죄수복을 입고서 기차 차량의 지붕 위에 타야만 한다. 영국 군인들이 기차를 폭격하지 못하도록 막는 인간 미끼 역할을 하는 것이다. 이 기차는 탄약을 수송하고 있다.

"실에서 총알로 바뀌었네." 누군가가 말한다.

"숙녀 여러분, 우리는 진급을 한 거예요." 마그다 언니가 말한다.

유개화물차의 지붕 위에서 맞는 바람은 살인적이고 온몸이 떨어져 나갈 것만 같다. 하지만 이 정도로 추우니 최소한 배고픔이 느껴지지는 않는다. 추위에 얼어 죽는 게 더 나을까 아니면 불에 타 죽는 게 더 나을까? 가스가 더 나을까 아니면 총이 더 나을까? 모든 일이 아무 예고 없이 갑자기 일어난다. 살아 있는 죄수들이 기차의 지붕에 타고 있음에도 불구하고 영국 군인들은 가차 없이 우리에게 폭탄을 투하한다. 쉭 하는 소리와 쾅 하는 소리가 난다. 연기와 비명이 사방을 뒤덮는다. 기차가 멈춰 서고 나는 기차에서 뛰어내린다. 나는 첫 번째로 뛰어내렸다. 나는 눈 덮인 언덕에 난 길을 달려올라가 가느다란 나무들 무리 쪽으로 향한 후 잠시 멈추고 숨을 고르면서 눈밭을 둘러보며 마그다 언니를 찾는다. 마그다 언니는 나무들 사이에 없다. 언니가 기차에서 도망치는 것도 보지 못했다. 계속 폭탄이 쉭 하는 소리를 내며 떨어져 선로 위에서 터진다. 순식간에 기차 옆에 시체 더미가 쌓인다. 마그다 언니.

나는 선택을 해야만 한다. 나는 도망칠 수 있다. 숲속으로 탈출할 수 있다. 삶을 되찾을 수 있다. 자유는 저만큼 가까이에 있다. 몇 발자국만 내디디면 된다. 하지만 만약 마그다 언니가 살아 있고 내가 언니를 버린다면 누가 언니에게 빵을 줄까? 만약 언니가 죽었다면? 카메라 셔터가 닫혔다 열리는 것 같은 1초다. 찰칵, 숲. 찰칵, 선로. 나는 언덕을 달려서 내려간다.

마그다 언니는 죽은 여자아이를 무릎 위에 둔 채 도랑에 멍하니 앉아 있다. 하바다. 마그다 언니의 턱에서 피가 줄줄 흐른다. 근처에 있는 기차 차량에서 남자들이 뭔가를 먹고 있다. 그들도 죄수이지만 우리 같은 죄수는 아니다. 그들은 죄수복이 아닌 평상복을 입고 있다. 게다가 음식도 있다. 독일인 정치범들이라고 짐작된다. 어쨌든 그들은 우리보다 더 특권을 누리고 있다. 그들은 음식을 먹고 있다. 하바는 죽었고 마그다 언니는 살았고 내게는 온통 음식에 관한 생각뿐이다. 아름다운 마그다 언니는 피를 줄줄 흘리고 있다.

"음식을 얻을 기회가 생겼는데 꼴이 이게 뭐야. 온통 피투성이라 꼬실 수가 없잖아." 내가 언니에게 야단친다. 마그다 언니에게 화를 내는 한, 나는 두려움 혹은 내면의 고통을 느끼지 않을 수 있다. 우리 둘 다 살아 있고, 또 한 번의 치명적인 순간에서 살아남은 것에 크게 기뻐하고 감사하는 대신 나는 마그다 언니에게 분노를 내뿜고 있다. 나는 신에게, 운명에 분노하면서도 나의 혼란과 고통을 마그다 언니의 피 흐르는 얼굴에 투사하고 있다.

마그다 언니는 나의 모욕에 아무 반응도 하지 않는다. 얼굴에 흐르는 피를 닦지도 않는다. 이내 보초병들이 우리를 에워싸고 소리를 지른다. 그러면서 총으로 시체들을 쿡쿡 찔러보며 진짜로 죽은 게 맞는지 확인한다. 우리는 하바를 더러운 눈 속에 남겨두고 다른 생존자들과 함께 일렬로 선다.

"넌 도망칠 수 있었어." 마그다 언니가 말한다. 마그다 언니는 내가 바보처럼 행동했다는 듯이 말한다. 탄약은 한 시간 내에 새로운 기차 차량에 다시 실리고 우리는 줄무늬 죄수복을 입은 채 다시 기차의 지붕 위에 탄다. 마그다 언니의 턱에 피가 말라붙어 있다.


우리는 죄수이자 난민이다. 날짜 감각과 시간 감각을 잃어버린 지 오래다. 마그다 언니는 나의 길잡이별이다. 언니가 옆에 있는 한, 내겐 아무것도 더 필요한 게 없다. 어느 날 아침, 우리는 탄약을 실은 기차에서 내려서 일렬로 줄을 지어 며칠 동안 행군한다. 눈이 녹기 시작해 그 아래 죽은 풀들이 모습을 드러낸다. 우리는 아마 몇 주 동안 행군을 한다. 폭탄들이 계속해서 떨어지고 때때로 우리를 아슬아슬하게 스친다. 우리는 도시들이 불타는 광경을 목격한다. 우리는 때로는 남쪽으로 이동했다, 그다음에는 동쪽으로 이동했다 하며 독일 곳곳에 있는 작은 마을들에 들르고 그러면서 마주치는 공장들에서 강제 노동을 한다.

나치 친위대는 죄수들의 수를 세는 일에 집착한다. 나는 우리 중 몇 명이나 남아 있는지 따로 세지 않는다. 아마도 매일 수가 줄어들고 있다는 사실을 알기 때문이리라. 우리는 죽음의 수용소에서 벗어났다. 하지만 수십 가지 방식으로 사람들이 죽어나간다. 길가의 도랑들은 등이나 가슴에 총을 맞은 사람들의 피로 물들어 붉은 물이 흐른다. 도망치려고 한 사람들, 다른 사람들의 속도에 맞추지 못한 사람들이다. 일부 여자들은 다리가 완전히 얼어서, 벌채한 나무가 쓰러지듯이 털썩 쓰러진다. 탈진, 노출, 발열, 굶주림. 보초병들이 방아쇠를 당기지 않는다 해도 몸이 알아서 방아쇠를 당긴다.

며칠 동안 우리는 아무것도 먹지 못한 채 행군한다. 언덕마루에 오르자 농장, 별채, 가축우리가 눈에 들어온다.

"1분만." 마그다 언니가 말한다. 언니가 나무들 사이를 좌우로 헤치며 농장을 향해 뛰어간다. 담배를 피우느라 잠시 딴청을 피우는 나치 친위대에게 발각되지 않기만을 바라면서.

나는 마그다 언니가 텃밭 울타리를 향해 지그재그 모양으로 뛰어가는 모습을 지켜본다. 봄 채소가 나기에는 아직 이른 시기이지만 나는 소여물이라도 먹을 수 있을 것 같다. 바싹 마른 건초라도 맛있게 먹을 것이다. 만약 쥐 한 마리가 우리가 잠자는 방에 총총 들어온다면 여자들은 벼락같이 쥐를 덮칠 것이다. 나는 언니에게 다른 사람들의 주의가 쏠리지 않도록 시선을 거둔다. 하지만 눈길을 돌렸다가 다시 힐끗 보니 언니가 보이지 않는다. 그 순간 총성이 울린다. 그리고 다시 울린다. 누군가가 마그다 언니를 발견했다. 보초병들이 총을 들이대며 우리에게 소리를 지르고 우리의 수를 센다. 몇 번 더 총성이 울린다. 마그다 언니는 그림자도 보이지 않는다. '도와주세요, 도와주세요.' 나는 나도 모르게 엄마에게 기도하고 있다. 나는 엄마가 피아노 위에 걸린 외할머니의 초상화에 대고 기도하던 것처럼 엄마에게 기도하고 있다. 마그다 언니가 말하기를 엄마는 나를 낳으면서도 외할머니에게 기도했다고 한다. 내가 태어나던 밤, 마그다 언니는 엄마가 소리치는 것을 들었다고 한다. "어머니, 도와주세요!" 그런 다음 아기의 울음소리가 들렸고 엄마가 말했다고 한다. "도와주셨군요." 죽은 이에게 부탁하는 것은 내가 태어날 때부터 가지고 난 권리다. '엄마, 우리를 도와주세요.' 나는 기도한다. 나무들 사이로 회색의 무언가가 언뜻 비친다. 마그다 언니가 살아 있다. 언니는 총알들을 피했다. 그리고 어떻게 가능했는지는 모르겠지만 발각되지도 않았다. 나는 마그다 언니가 다시 내 옆에 서고 나서야 참았던 숨을 비로소 내뱉는다.

"감자가 있었어. 저 개자식들이 총을 쏘지만 않았다면 감자를 먹을 수 있었을 텐데." 마그다 언니가 말한다.

나는 사과를 먹듯 감자를 한입 베어 무는 상상을 한다. 나는 감자를 옷에 문질러 닦느라 시간을 낭비하지도 않을 것이다. 흙과 함께 껍질까지 모조리 해치울 것이다.

우리는 체코 국경 근방에 있는 탄약 공장에서 일하기 시작한다. 듣기에 3월이라고 한다. 어느 날 아침, 나는 헛간처럼 생긴 숙소에 있는 침상에서 일어나지 못한다. 열이 펄펄 끓고 온몸이 사시나무 떨리듯 떨려 꼼짝도 할 수 없다.

"일어나, 디추커. 결근할 순 없어." 마그다 언니가 내게 명령한다. 아우슈비츠에서 일을 하지 못하는 사람들은 병원에 이송될 것이라고 들은 후 소리 소문 없이 종적을 감췄다. 지금이라고 뭐가 달라질까? 물론 여기에는 학살을 위한 기반시설이 갖춰져 있지 않다. 가스관도 없고 벽돌에 회반죽도 발라지지 않았다. 하지만 총 한 방이면 그만이다. 그런데도 몸을 일으킬 수가 없다. 내가 외조부모님에 관해 횡설수설하는 목소리가 환청처럼 내게 들린다. 외할머니와 외할아버지가 학교에 빠지라고 한 후 우리를 제과점에 데려갈 거야. 엄마는 사탕을 뺏을 수 없어. 나는 내 의식이 혼미하다는 사실을 머릿속 어딘가에서 알고 있다. 하지만 의식을 되찾을 수가 없다. 마그다 언니가 내게 닥치라고 말한 다음 코트로 나를 덮는다. 언니는 열이 내린 후 몸을 보온하기 위해서라고 말하지만 나를 코트 아래에 숨기려는 목적이 더 우선이다. "손가락 하나 까딱하지 마." 마그다 언니가 말한다.

공장은 가까운 곳에 있다. 물살이 빠른 냇물 위 작은 다리 건너에 있다. 나는 코트 아래에 누워서 세상에 존재하지 않는 척을 한다. 내가 사라진 사실이 곧 발각되고 보초병이 헛간으로 와서 총살할 것이라고 예상하면서. 마그다 언니는 기계의 소음을 뚫고 총소리를 들을 수 있을까? 나는 아무에게도 쓸모없는 존재다.

나는 섬망상태로 잠에 빠져든다. 그러고선 불이 난 꿈을 꾼다. 익숙한 꿈이다. 몸이 따뜻해지는 꿈을 거의 지난 일 년 동안 꾸었다. 하지만 꿈에서 깨자 이번에는 연기 냄새에 숨이 턱 막힌다. 헛간에 불이 난 건가? 나는 출입문에 가보기가 두렵다. 내 허약한 다리로 거기까지 가지 못할까 두렵다. 만약 거기까지 간다 해도 정체가 탄로 날까 두렵다. 그때 폭탄 터지는 소리가 들린다. 쉭 하고 떨어지는 소리와 쾅 하고 터지는 소리. 공습이 시작되었는지 모르고 어떻게 잠들어 있었지? 나는 침상에서 간신히 내려온다. 어디가 가장 안전하지? 달릴 수 있다 해도 어디로 가야 하지? 외침이 들린다. "공장에 불이 났다! 공장에 불이 났다!" 누군가가 소리치고 있다.

　나와 마그다 언니 사이의 거리를 나는 다시 가늠해본다. 거리를 재는 일에 도가 텄다. 우리 사이가 손으로 하면 몇 뼘 정도지? 걸음으로 하면 몇 걸음이지? 옆으로 재주넘기를 한다면? 여기엔 다리가 있다. 냇물과 숲이 있다. 그리고 불이 났다. 나는 마침내 헛간 출입문에 기대어 서서 밖을 내다본다. 공장으로 가는 다리가 불길에 휩싸여 있고 공장은 연기에 파묻혀 있다. 폭격을 겪어본 사람에게 이 정도의 혼란은 아무것도 아니다. 도망칠 절호의 기회다. 나는 마그다 언니가 창문 밖으로 몸을 던진 후 숲을 향해 돌진하는 모습을 상상한다. 나뭇가지들 사이로 하늘을 올려다보면서. 자유로워질 때까지 멀리멀리 어디까지라도 달려가겠다고 마음먹고서. 만약 마그다 언니가 필사적으로 도망친다면 나 또한 자유로워질 수 있을 것이다. 바닥에 드러누워 다시는 일어나지 않을 수 있다. 얼마나 홀가분할까. 산다는 것은 고된 의무다. 나는 스카프를 매듯 다리를 접고 앉는다. 나는 편안하게 드러눕는다. 그런데 불길이 내뿜는 빛 사이로 마그다 언니가 보인다. 이미 죽은 상태다. 나보다 선수를 쳤다. 따라잡아야겠다. 불에서 뜨거운 기운이 느껴진다. 지금 바로 언니한테 갈 거야. 지금 바로. "같이 가!" 내가 외친다. "기다려!"

나는 마그다 언니가 환영이 아닌 육신으로 되돌아오는 순간을 알아차리지 못한다. 언니가 자초지종을 설명해준다. 마그다 언니는 불타는 다리를 건너 내게로 돌아왔다.

"언니는 바보야. 도망칠 수 있었잖아." 내가 말한다.


이제 4월이다. 언덕이 풀로 온통 초록빛이다. 하루하루 해가 길어진다. 우리가 마을의 외곽을 통과할 때마다 어린아이들이 우리에게 침을 뱉는다. 얼마나 슬픈 일인지 나는 생각한다. 아이들이 우리를 증오하도록 세뇌를 당했다는 사실이 말이다.

"내가 어떻게 복수할 건지 알아? 나는 독일인 아이 엄마를 죽일 거야. 독일인은 우리 엄마를 죽였어. 그러니까 나는 독일인 아이 엄마를 죽일 거야." 마그다 언니가 말한다.

나는 다른 소망이 있다. 나는 우리에게 침을 뱉는 남자아이가 언젠가 자신이 타인을 증오할 필요가 없다는 사실을 알게 되기를 바란다. 지금 우리에게 "더러운 유대인들! 벌레들!"이라고 외치는 남자아이가 나의 복수 판타지 안에서는 장미 꽃다발을 내민다. 남자아이가 말한다. "이제 알아요. 당신을 증오할 이유가 없다는 걸요. 단 하나도요." 우리는 서로를 용서하며 껴안는다. 하지만 나는 마그다 언니에게 나의 판타지에 대해 절대 말하지 않는다.

어느 날 땅거미가 내려앉을 무렵, 나치 친위대가 우리를 그날 밤 묵을 마을회관 안으로 몰아넣는다. 또다시 식량이 하나도 없다.

"누구라도 구내를 벗어나면 그 즉시 총살이다." 보초병이 경고한다.

"디추커. 아무래도 난 여기까지인가 봐." 침대로 쓸 나무판자 위로 털썩 주저앉자마자 언니가 신음한다.

"무슨 소리야. 조용히 해." 내가 말한다. 마그다 언니가 나를 겁먹게 하고 있다. 나는 총을 들이대는 것보다 언니가 절망하는 것이 더 두렵다. 마그다 언니는 이런 식으로 말하는 사람이 아니다. 언니는 절대 포기하는 사람이 아니다. 아마도 내가 언니에게 짐이 되었나 보다. 아픈 나를 지켜내느라 진이 다 빠졌나 보다. "언니는 죽지 않을 거야. 오늘 밤에 뭔가 먹을 거거든." 내가 말한다.

"오, 디추커." 언니가 탄식하며 벽 쪽으로 돌아눕는다.

나는 언니에게 보여줄 것이다. 세상에 희망이 존재한다는 사실을. 나는 무엇이라도 먹을 것을 구해올 것이다. 나는 언니를 되살릴 것이다. 나치 친위대는 출입문 근처에 모여 어두워지는 저녁의 으스름한 빛 속에서 배급식량을 먹고 있다. 때때로 그들은 우리가 굽실거리는 모습을 즐기기 위해 우리에게 음식 찌꺼기를 던진다. 나는 무릎을 꿇은 채로 그들에게 기어간다. "제발, 제발 부탁이에요." 내가 애원한다. 그들이 웃음을 터뜨린다. 한 군인이 통조림에 든 고기 한 조각을 내 쪽으로 내밀었다가 내가 그것을 향해 달려들자 입으로 쏙 집어넣는다. 그들이 일제히 배꼽이 빠지라 웃는다. 그들은 내가 지쳐서 나가떨어질 때까지 이런 식으로 나를 가지고 논다. 마그다 언니는 잠들어 있다. 나는 포기하지 않는다. 언니를 낙담시킬 수 없다. 나치 친위대가 피크닉을 끝내고 화장실에 가거나 담배를 피우러 간 사이 나는 옆문을 통해 밖으로 몰래 빠져나온다.

거름 냄새와 사과꽃 향기와 독일제 담배 냄새가 난다. 풀밭은 축축하고 차갑다. 담장 너머로 텃밭이 보인다. 작은 상추 포기들, 콩 덩굴들, 당근 끝의 여린 녹색 줄기들이 보인다. 나는 이미 뽑아서 먹기라도 한 듯 당근 맛을 느낄 수 있다. 아삭아삭하고 신선하다. 담장에 기어 올라가는 일은 힘들지 않다. 꼭대기를 넘어갈 때 무릎이 약간 까지지만, 피가 배어나온 부분은 마치 신선한 공기가 피부에 닿는 느낌이다. 표면 안쪽에 좋은 일이 생긴 느낌이다. 나는 들떠 있다. 나는 당근 여러 뿌리의 머리채를 붙잡고서 잡아당긴다. 땅에서 뿌리가 뽑히면서 옷 솔기가 우두둑 터지는 것 같은 소리가 난다. 양손에 든 당근들이 묵직하다. 당근 뿌리에 흙덩어리들이 매달려 있다. 흙에서조차도 진수성찬의 냄새가 난다. 그 안에 씨앗들이 있을 것이다. 모든 가능성이 그 안에 들어 있다. 다시 담장을 오르는 동안 흙이 내 무릎 위로 우수수 쏟아진다. 나는 마그다 언니가 일 년 만에 처음으로 신선한 채소를 한입 베어 물고 어떠한 표정을 지을지 그려본다. 나는 대담한 짓을 벌였고 결실을 보았다. 내가 마그다 언니에게 보여주고 싶은 건 바로 이것이다. 단순한 한 끼 이상의 무엇. 영양소가 언니의 몸속으로 흡수되는 것 이상의 무엇. '희망' 그 자체. 나는 다시 땅으로 점프한다.

하지만 나는 혼자가 아니다. 한 남자가 나를 노려보고 있다. 그가 총을 움켜잡는다. 군인이다. 나치 친위대가 아닌 일반 독일군이다. 총보다 더 무서운 것은 그의 눈빛이다. 처벌을 내려야겠다는 눈빛. '어떻게 감히?' 그의 눈이 말하고 있다. '복종하는 법을 가르쳐주지.' 그가 나를 밀쳐서 무릎 꿇린다. 그런 다음 총을 장전한 후 내 가슴팍에 겨눈다. '제발, 제발, 제발, 제발.' 나는 멩겔레 박사 앞에서 했던 것처럼 기도한다. '제발 그가 저를 죽이지 않게 도와주세요.' 나는 벌벌 떨고 있다. 당근들이 내 정강이에 부딪힌다. 그가 아주 잠깐 총을 아래로 내렸다가 다시 올린다. '철컥. 철컥' 죽음에 대한 공포보다 더 끔찍한 것은 다음 순간에 무슨 일이 벌어질지 모르는 채로 무력하게 갇혀 있는 느낌이다. 그가 나를 홱 잡아당겨 일으킨 다음 마그다 언니가 자고 있는 건물 방향으로 돌려세운다. 그가 총의 개머리판으로 나를 건물 안쪽으로 밀친다.

"오줌." 그가 안에 있는 보초병에게 말하고 그들은 동시에 낄낄거린다. 나는 치마폭으로 당근들을 싸서 들고 있다.

마그다 언니는 처음에는 잠에서 깨려 하지 않는다. 내가 언니의 손에 당근을 쥐여주자 비로소 눈을 뜬다. 마그다 언니는 너무 허겁지겁 먹느라 볼 안쪽을 씹고 만다. 마그다 언니는 내게 눈물을 흘리며 고맙다고 말한다.

아침이 되자 나치 친위대가 고함을 질러서 우리를 깨운다. 다시 행군해야 할 시간이다. 나는 굶주리고 속이 텅 비어 있어서 내가 아마 당근에 관한 꿈을 꾼 것이 틀림없다고 생각한다. 하지만 마그다 언니가 나중을 위해 주머니에 넣어둔 당근 줄기 한 줌을 보여준다. 시들어 있다. 예전 같았으면 버리거나 다락의 거위들에게 먹이로 주었을 음식 찌꺼기이다. 그렇지만 지금 이것들은 황홀해 보인다. 마법처럼 금이 계속 솟아나는 동화 속 항아리 같다. 늘어진 갈색 줄기들은 '비밀의 힘'의 증거다. 나는 당근을 뽑는 위험을 감수하지 말았어야 했지만

III

그렇게 했다. 나는 살아남지 말았어야 했지만 그렇게 했다. '반드시 해야 하는 것들'은 중요하지 않다. 그것들만이 유일한 삶의 통치 방식은 아니다. 다른 원칙, 다른 힘 또한 작동하고 있다. 우리는 해골 같다. 우리는 매우 허약해지고 영양이 결핍된 상태라 행군을 하거나 노동을 하기는커녕 거의 걸을 수조차 없다. 그렇지만 당근 덕분에 기운이 난다. '만약 오늘 살아남는다면 내일은 자유로워질 수 있을 거야.' 나는 머릿속으로 이 구절을 노래한다.

우리는 인원수를 세기 위해 일렬로 줄을 선다. 나는 여전히 속으로 노래를 부르고 있다. 또 다른 끔찍한 하루를 위해 쌀쌀한 아침 공기를 가르며 막 출발하려는 순간 출입문에서 소동이 벌어진다. 나치 친위대 보초병이 독일어로 소리치고 어떤 남자가 되받아 소리치더니 안으로 밀고 들어온다. 나는 숨이 턱 막힌 채 쓰러지지 않기 위해 마그다 언니의 팔을 붙잡는다. 텃밭에서 나오다 마주친 그 군인이다. 그가 단호한 표정으로 실내를 둘러본다.

"감히 규칙을 깬 그 여자애는 어디 있지?" 그가 강력히 묻는다.

나는 온몸이 떨린다. 몸을 진정시킬 수가 없다. 그가 복수하기 위해 왔다. 그는 공개적으로 처벌을 하고 싶어 한다. 혹은 자신이 그래야 한다고 느끼고 있다. 그가 내게 베푼 설명할 수 없는 친절함에 대해 누군가가 알게 되었고 이제 그는 '자신의' 위험부담금을 내야 한다. 그는 나에게 내 몫의 위험부담금을 지급하게 만듦으로써 자기 자신의 비용을 지급해야 한다. 온몸이 덜덜 떨린다. 너무 무서워서 숨조차 쉴 수 없다. 나는 덫에 걸렸다. 죽음이 코앞까지 다가왔다.

"그 작은 범죄자는 어디 있지?" 그가 다시 묻는다.

그는 금세 나를 찾아낼 것이다. 아니면 마그다 언니의 코트 밖으로 삐져나와 있는 당근 줄기를 볼 것이다. 나는 그가 나를 알아볼 때까지 기다리면서 긴장감을 버텨낼 여력이 없다. 나는 땅에 털썩 무릎 꿇은 후 그에게로 기어간다. 마그다 언니가 나를 저지하려 하지만 이미 너무 늦었다. 나는 그의 발치에 웅크린 채 엎드린다. 그의 부츠에 묻은 진흙과 마룻바닥만 겨우 보인다.

"너." 그가 말한다. 역겨워하는 듯한 목소리다. 나는 두 눈을 감는다. 그가 나를 발로 걷어차기를 기다린다. 나는 그가 나를 총으로 쏘기를 기다린다.

무거운 무언가가 내 발 근처에 떨어진다. 돌인가? 설마 돌로 쳐서 죽일 생각인가? 총보다 느린 방식으로?

아니다. 그것은 빵이다. 작은 덩어리의 호밀 흑빵.

"그렇게까지 한 걸 보니 배가 몹시 고팠나 보군." 그가 말한다. 나는 70여 년이 지난 지금이라도 그를 다시 만날 수 있다면 좋겠다. 그는 히틀러가 지배한 12년이라는 시간이 모든 사람으로부터 선의를 송두리째 없앨 만큼 증오를 충분히 심지 못했다는 증거다. 그의 눈을 쳐다보니 아빠의 눈을 닮았다. 녹색이다. 위안을 주는 눈빛이다.

# 죽음의 계단

우리는 다시 며칠 혹은 몇 주일 동안 행군한다. 아우슈비츠를 떠난 이후로 우리는 계속 독일 안에 있었지만, 어느 날 우리는 오스트리아 국경에 다다르고 그곳에서 국경을 건너기 위해 기다린다. 우리가 끝없이 이어진 줄들 속에 서 있는 동안 보초병들은 수다를 떤다. 이제는 이 줄들이 질서인 듯 착각이 든다. 한 사람이 당연히 다른 사람 뒤에 서야 한다는 착각. 걷지 않고 가만히 서 있으니 안도감이 든다. 보초병들은 루스벨트 대통령이 갑작스레 죽었고 트루먼 부통령이 대통령직을 승계해서 남은 전쟁을 치를 것이라고 말한다. 우리가 속한 연옥의 바깥세상에서 많은 것들이 변화하고 있다는 소식을 들으니 기분이 묘하다. 새로운 방침이 결정된다. 이러한 사건들은 우리의 일상생활과 너무 멀리 떨어진 곳에서 일어나기 때문에 지금도, 바로 지금 이 순간도 누군가가 나와 관련된 선택을 내리고 있다는 사실을 깨닫고 나니 충격이다. 엄밀히 말해, 나와 관련해서라고 말할 수는 없다. 내게는 이름이 없다. 하지만 권력을 가진 누군가가 내게 앞으로 무슨 일이 생길지 확정하는 결정을 내리고 있다. 북쪽? 남쪽? 동쪽? 아니면 서쪽? 독일? 아니면 오스트리아? 생존해 있는 유대인들을 전쟁이 끝나기 전에 어떻게 처리해야 할까?

"전쟁이 끝나면…." 한 보초병이 말한다. 그는 생각을 끝맺지 못한다. 이는 에릭과 내가 한때 즐겨 하던 일종의 미래 대화다. '전쟁이 끝나면….' 만약 내가 올바른 방법으로 온 힘을 기울인다면, 에릭이 아직 살아 있는지 알아낼 수 있을까? 나는 기차역 밖에서 기차표를 사기 위해 기다리는 상상을 한다. 하지만 에릭을 만나기로 한 도시를 알아낼 기회는 오직 한 번밖에 없다. 프라하? 비엔나? 뒤셀도르프? 프레쇼프? 파리? 나는 반사적으로 주머니 속에 손을 집어넣어 여권을 만져본다. '에릭, 내 사랑, 나는 당신에게 가고 있어요.' 바로 이 순간, 한 여자 국경수비대원이 마그다 언니와 나에게 독일어로 소리치며 다른 줄로 가서 서라고 손가락으로 가리킨다. 나는 발걸음을 옮긴다. 하지만 마그다 언니는 가만히 서 있다. 국경수비대원이 다시 소리친다. 마그다 언니는 꿈쩍도 하지 않고 아무 반응도 보이지 않는다. 섬망증상이 있는 건가? 왜 내 뒤를 따라오지 않는 거지? 국경수비대원이 마그다 언니의 얼굴 바로 앞에 와서 소리를 지르지만 마그다 언니는 그저 고개를 흔들 뿐이다.

"무슨 말인지 몰라요." 마그다 언니가 국경수비대원에게 헝가리어로 말한다. 물론 언니는 무슨 말인지 알고 있다. 언니와 나 모두 독일어에 능통하다.

"알고 있잖아!" 국경수비대원이 고함을 지른다.

"무슨 말인지 몰라요." 마그다 언니가 같은 말을 되풀이한다. 언니의 목소리는 전혀 흔들림이 없다. 마그다 언니는 어깨를 쫙 펴고 허리를 꼿꼿이 한 채 당당히 서 있다. 내가 뭔가를 놓치고 있는 건가? 왜 못 알아듣는 척하는 거지? 반항해봤자 득 될 게 하나도 없는데. 정신을 놓은 건가? 둘은 계속 옥신각신한다. 아니, 마그다 언니는 옥신각신하고 있지 않다. 언니는 오직 같은 말만을 되풀이하고 있다. 단호하고 차분하게. 무슨 말인지 모른다고, 무슨 말인지 모른다고. 국경수비대원이 자제력을 상실한다. 그녀가 마그다 언니의 얼굴을 총의 개머리판으로 사정없이 내리족친다. 그녀가 다시 마그다 언니의 어깻죽지를 내리친다. 그녀는 마그다 언니가 고꾸라질 때까지 사정없이 때리고 또 때린 후 나와 한 여자에게 언니를 끌고 가라고 손짓한다.

마그다 언니는 얼굴에 멍이 들고 기침을 멈추지 못하지만, 눈만은 반짝반짝 빛난다. "나는 말했어. '아니오!'라고." 마그다 언니에게 이는 놀라운 승리다. 언니는 자신의 힘을 증명했다. 마그다 언니가 물러나지 않는 동안 국경수비대원은 자제력을 잃었다. 마그다 언니는 일종의 '시민 불복종' 행위를 통해 자신이 운명의 희생자가 아닌 선택의 주체자라고 느꼈다.

그렇지만 마그다 언니가 느끼는 힘은 얼마 오래 가지 못한다. 곧이어 우리는 다시 행군을 시작하고 지금까지 보지 못한 가장 끔찍한 곳을 향해 걸어간다.

우리는 마후트하우젠에 도착한다. 마후트하우젠은 채석장에 있는 강제수용소로 남자들만 수용되어 있다. 이곳에서 수감자들은 화강암을 자르고 운반하는 강제노동을 하고 있다. 이 화강암은 히틀러가 꿈꾸는 도시, 독일의 새로운 수도, 새로운 베를린을 건설하는 데 사용될 것이다. 눈에 보이는 것이라고는 계단들과 시체들밖에 없다. 계단은 새하얀 돌로 만들어져 있고 위로 죽 뻗어 있다. 마치 그 계단을 걸어 하늘까지 올라갈 수 있을 것 같다. 시체들은 사방에 무더기로 쌓여 있다. 부서진 울타리의 조각들처럼 몸이 구부러지고 팔다리가 제각각 벌어져 있다. 뼈와 가죽만 남아 있고, 형체가 심하게 훼손되고, 서로 뒤엉켜 있어서 인간의 형태는 거의 남아 있지 않다. 우리는 하얀 계단들 위에 일렬로 줄을 선다. 이른바 '죽음의 계단'이다. 우리는 계단 위에 서서 또 다른 선별 작업을 기다린다. 짐작건대 우리는 죽음에 처하거나 강제노동을 하게 될 것이다. 뜬소문이 퍼지며 모두를 몸서리치게 만든다. 마후트하우젠에 있는 수감자들은 아래쪽에 있는 채석장으로부터 110파운드(약 49.83킬로그램) 무게의 돌덩어리를 날라와서, 186개의 계단을 일렬로 줄을 지어 올라가야만 한다. 나는 이집트에서 파라오의 노예였던 선조들을 상상해본다. 굽은 등으로 돌의 무게를 버티고 있는 모습을 말이다. 우리는 다음과 같이 듣는다. 이곳 '죽음의 계단'에서는 돌덩어리를 들고 계단을 오를 때 만약 앞의 사람이 발을 헛디디거나 쓰러지면, 그 뒤 사람이 계단 아래로 떨어지고 그 뒤 사람이 또 떨어지고 이렇게 계속 이어져서 결국 그 줄 전체가 다 떨어져 서로 뒤엉킨 채 땅에 무더기를 이루게 된다. 듣기로, 만약 살아남는다고 해도 더 끔찍하다고 한다. 살아남은 자는 벼랑의 끝에 세워져 있는 벽을 따라 줄줄이 서야 한다. 그곳은 '펄슈치름슈프링게르반트 Fallschirmspringerwand'라고 불린다. '낙하산 부대원의 벽'이라는 뜻이다.

총부리가 겨눠지면 선택을 해야 한다. 총을 맞고 죽을 것인지, 아니면 옆에 서 있는 수감자를 밀어서 벼랑 아래로 떨어뜨릴 것인지.

"그냥 날 밀어. 만약 그런 상황이 된다면 말이야." 마그다 언니가 말한다.

"나 역시." 내가 말한다. 마그다 언니가 총에 맞는 것을 보느니 내가 천 번을 떨어지는 것이 더 낫다. 우리는 예의 차원에서 이렇게 말하는 게 아니다. 그러기엔 너무 쇠약하고 굶주려 있다. 우리는 서로를 사랑하기 때문에 이렇게 말한다. 하지만 동시에 자신을 보호하고 싶으므로 이렇게 말한다. 내가 무거운 돌덩이를 또다시 날라야 하게 만들지 말아줘. 그냥 돌들 사이에 떨어지게 해줘.

나는 수감자들이 '죽음의 계단' 위로 나르는 돌덩어리보다 무게가 훨씬 덜 나간다. 나는 매우 가벼워서 나뭇잎이나 깃털처럼 하늘하늘 떨어질 수 있다. 아래로, 아래로. 나는 지금 떨어질 수도 있다. 다음 계단에 발을 내딛는 대신 그냥 뒤로 넘어질 수도 있다. 지금 나는 텅 비어 있다. 나를 땅에 붙들어주는 무게가 없다. 내가 이러한 무중력 상태에 대한 환상, 살아 있음의 짐을 벗어버리는 것에 대한 환상에 빠져드는 순간, 내 앞에 줄 서 있는 누군가가 마법을 깨뜨린다.

"화장터가 있어." 그녀가 말한다.

내가 고개를 든다. 죽음의 수용소를 떠난 지 여러 달이 지났기 때문에 나는 화장터의 굴뚝들이 실제로 어떤 모습인지 까맣게 잊고 있었다. 어떤 면에서, 굴뚝들을 보니 안심이 된다. 높이 치솟은 벽돌 더미를 보며 죽음이 코앞까지 다가왔음을 느끼는 것, 육신에서 영혼으로 바뀌는 일을 맡는 교두보 역할을 할 굴뚝을 보는 것, 자기 자신이 이미 죽었다고 간주하는 것은 어느 정도 그럴듯해 보인다.

그런데도 저 굴뚝에서 연기가 피어오르는 한, 내게는 맞서 싸워야 할 무언가가 있다. 내게는 삶의 목적이 있다. "우리는 아침에 죽게 될 거야." 갑자기 소문이 돈다. 체념이 중력처럼 나를 아래로 세게 잡아당기는 것이 느껴진다.

해가 저물고 우리는 계단 위에서 잠을 잔다. 왜 그들이 선별 작업을 시작하기까지 이렇게 오래 시간을 끄는 거지? 용기가 흔들린다. '우리는 아침에 죽는다. 아침에 우리는 죽는다.' 엄마는 아이들과 노인들이 서는 줄에 합류했을 때 앞으로 자신에게 무슨 일이 벌어질지 알고 있었을까? 마그다 언니와 내가 다른 줄에 배정받았을 때는? 엄마는 죽음과 맞서 싸웠을까? 아니면 그냥 죽음을 받아들였을까? 마지막 순간까지 아무것도 모르는 채로 있었을까? 세상을 떠날 때, 자신이 죽고 있다는 사실을 아는지 모르는지가 중요할까? '우리는 아침에 죽는다. 아침에 우리는 죽는다.' 소문이 확신으로 바뀌고, 채석장 암벽에 부딪혀 메아리치듯 머릿속에서 맴돈다. 단지 한 줌의 연기가 되어 사라지기 위해 우리는 그렇게 머나먼 길을 수백 마일 걸어온 것일까?

나는 마음을 정리하고 싶다. 나는 내 마지막 생각들이 낡은 생각들이나 실의에 빠진 생각들이기를 바라지 않는다. '무슨 소용이야? 그 모두가 무슨 의미지?' 나는 내 마지막 생각들이 우리가 목격한 참상들을 되풀이해서 떠올리는 것이 되지 않기를 바란다. 나는 살아 있다고 느끼고 싶다. 나는 살아 있음이 어떠한 것인지를 음미하고 싶다. 나는 에릭의 목소리와 에릭의 입술을 생각한다. 나는 나를 따끔거리게 하는 힘을 가진 생각들을 떠올리려 애쓴다. '네 눈을 절대 잊지 않을 거야. 네 손을 절대 잊지 않을 거야.' 이것이 내가 기억하고 싶은 것이다. 가슴속 따뜻함과 얼굴에 퍼지는 홍조. '기억하다'라는 단어가 적합하지는 않지만 말이다. 나는 내게 아직 몸이 있을 때 나의 몸을 즐기고 싶다. 오래전에 커서에 살 때 엄마는 내게 에밀 졸라의 《나나》를 읽는 걸 금지했다. 하지만 나는 그 책을 욕실로 슬쩍 가지고 들어가 엄마 몰래 읽었다. 만약 내일 죽는다면 나는 처녀로 죽을 것이다. 완전히 알지도 못할 것이라면 몸을 애초에 왜 가지고 태어났단 말인가? 내 삶의 많은 부분은 미스터리인 채로 남아 있다. 나는 첫 생리를 했던 때를 기억한다. 학교가 끝난 후 집으로 자전거를 타고 왔다. 집에 도착한 순간 나는 붉은 피가 내 새하얀 치마 곳곳에 기다란 자국들을 남긴 것을 발견했다. 나는 겁에 질렸다. 울면서 엄마에게 달려가서 어디에 상처가 났는지 찾는 걸 도와달라고 부탁했다. 엄마가 나의 뺨을 올려붙였다. 나는 여자아이가 첫 생리를 하면 뺨을 철썩 때리는 헝가리 풍습이 있다는 사실을 그때까지 몰랐다. 아니 생리 자체에 대해 하나도 몰랐다. 아무도, 엄마도 언니들도 선생님들도 코치들도 친구들도, 내 신체구조에 대해 어떤 것도 설명해준 적이 없었다. 나는 어떤 것이 남자에게는 있고 여자에게는 없다는 사실 정도만 알았다. 나는 아빠가 벌거벗은 모습을 한 번도 본 적이 없었다. 하지만 에릭이 나를 안을 때 에릭의 그 부분이 나를 누르는 것을 느낀 적은 있다. 에릭은 내게 그것을 만져달라고 부탁한 적도 없고 자신의 몸을 인정한 적도 없다. 나는 그의 몸과 나의 몸이 비밀이 벗겨지기를 기다리는 미스터리 같다는 그 느낌이 좋았다. 그 느낌은 우리가 서로 접촉할 때 우리 사이에 에너지가 치솟게 했다.

이제 이 미스터리를 나는 영원히 풀지 못할 것이다. 나는 작은 별들 같은 욕구를 경험했지만, 그 별들이 성장하여 완전한 빛의 은하를 이루는 것을 결코 느끼지 못할 것이다. 나는 지금 '죽음의 계단' 위에 누워서 이 사실 때문에 울고 있다. 이미 알고 있는 모든 것들, 엄마, 아빠, 언니, 남자친구, 조국, 고향을 잃어버리는 일은 끔찍한 일이다. 하지만 왜 나는 아직 모르는 것들 역시 잃어야만 하는가? 왜 미래를 잃어야만 하는가? 나의 잠재력은? 내가 엄마가 되어주지 못할 나의 아이들은? 아빠가 만들지 못할 나의 웨딩드레스는? '나는 처녀로 죽게 될 거야.' 나는 이 생각이 나의 마지막 생각이 되기를 원하지 않는다. 나는 신에 대해 생각해야 한다.

나는 고정된 힘을 상상하려 애쓴다. 마그다 언니는 신념을 잃어버렸다. 언니를 비롯한 많은 사람이 그렇다. "신이 있다면 이런 일이 벌어지도록 내버려두지 않았을 거야." 그들이 말한다. 나는 그들이 의미하는 바를 이해한다. 그런데도 나는 가스실에서, 길가의 도랑에서, 낭떠러지에서, 186개의 하얀색 계단에서 우리를 살해하는 것은 신이 아니라는 사실을 잘 알고 있다. 신은 죽음의 수용소를 운영하지 않는다. 인간들이 운영한다. 하지만 이제 또다시 죽음의 공포가 엄습했고 나는 이 공포에 빠져들고 싶지 않다. 나는 춤을 추는 어린아이의 모습을 한 신을 상상해본다. 활기가 넘치고 순수하고 호기심이 많다. 신에게 가까이 가고자 한다면 나 또한 그러한 모습이어야만 한다. 나는 경이로움을 느끼는 나의 부분들 그리고 그 '경이로움' 자체를 생의 가장 마지막 순간까지 살아 있게 하고 싶다. 나는 누군가가 내가 여기에 있다는 사실을 아는지, 무슨 일이 벌어지고 있는지를 아는지, 아우슈비츠나 마우트하우젠 같은 곳이 있다는 사실을 아는지 궁금하다. 나는 부모님이 지금 나를 볼 수 있는지 궁금하다. 나는 에릭 또한 나를 볼 수 있는지 궁금하다. 나는 남자의 벌거벗은 모습이 궁금하다. 내 주위 사방 곳곳에 남자들이 있다. 더는 살아 있지 않은 남자들이다. 내가 본다고 해서 그들의 자존심에 해가 되지는 않을 것이다. 더 나쁜 죄는 나의 호기심을 포기하는 것이라고 나는 나 자신을 설득시킨다.

나는 계단에서 자고 있는 마그다 언니의 옆을 떠나 시체들이 쌓여 있는 진흙투성이 산비탈로 기어간다. 아직 옷을 입고 있는 누군가의 옷을 벗기지는 않을 것이다. 죽은 자에게 함부로 손을 대지는 않을 것이다. 하지만 추락한 남자가 있다면 나는 볼 것이다.

나는 한 남자를 발견한다. 두 다리가 제각각 비틀려 있다. 두 다리가 같은 몸에 속한 것처럼 보이지 않는다. 하지만 다리가 합쳐지는 곳을 알아볼 수는 있다. 나의 체모와 비슷한 검고 굵은 체모가 있다. 그리고 작은 부속물이 있다. 마치 작은 버섯처럼 생겼다. 부드러운 무언가가 흙 밖으로 튀어나와 있는 작은 버섯. 여성의 기관은 모두 숨겨져 있는데 남성의 기관은 이렇게 취약한 상태로 노출되어 있다니 정말 이상하다. 나는 만족감을 느낀다. 나는 적어도 나를 만들어낸 생물학의 원리에 대해 무지한 채로 죽지는 않을 것이다.

동이 트자 줄이 움직이기 시작한다. 우리는 말을 많이 하지 않는다. 어떤 사람은 울부짖는다. 어떤 사람은 기도한다. 우리 대부분은 혼자서 두려움이나 회한이나 체념이나 안도감에 빠져 있다. 나는 어젯밤에 무엇을 봤는지 마그다 언니에게 말하지 않는다. 줄이 빠르게 움직이고 있다. 시간이 얼마 남지 않았다. 나는 밤하늘에서 찾아보곤 하던 별자리들을 기억하려 애쓴다. 나는 엄마가 만든 빵의 맛을 기억하려 애쓴다.

"디추커." 마그다 언니가 말한다. 하지만 몇 번의 허허로운 숨을 쉬고 나서야 나는 그게 내 이름이라는 사실을 깨닫는다. 우리는 계단의 맨 꼭대기에 다다른다. 선별 작업을 하는 장교가 바로 앞에 있다. 모두가 같은 방향으로 보내어지고 있다. 이것은 선별 작업을 하는 줄이 아니야. 정리 작업을 하는 거지. 이제 정말로 끝이야. 그들은 아침이 될 때까지 기다렸다가 우리 모두를 죽음에 몰아넣을 거야. 마그다 언니와 서로 약속을 해야 할까? 사과해야 할까? 꼭 해야 할 말이 뭐가 있지? 이제 우리 앞에 다섯 명의 여자밖에 남지 않았다. 마그다 언니에게 뭐라고 말해야 하지? 이제 우리 앞에 두 명의 여자만이 남았다.

바로 이때, 움직이던 줄이 멈춘다. 우리는 출입구 옆에 있는 나치 친위대 무리를 향해 보내진다.

"도망치려 한다면 그 즉시 총살이다!" 그들이 우리에게 외친다. "뒤처진다면 또한 그 즉시 총살이다!"

우리는 또 한 번 목숨을 건졌다. 어떻게 그렇게 됐는지는 설명할 수 없지만.

우리는 다시 행군한다.


이것은 마우트하우젠에서 군슈키르헨으로 가는 '죽음의 행군'이다. 우리가 강제로 걸어야만 했던 길 중 가장 짧은 길이지만 우리는 이즈음에 너무 허약해진 나머지 2,000명의 사람 중 오직 100명 정도만이 살아남게 된다. 마그다 언니와 나는 함께 옆에 있어 주고 똑바로 서 있기로 굳게 다짐한 채로 서로에게 의지하면서 걷는다. 매시간, 몇 백 명의 여자들이 도로의 양쪽에 있는 도랑 속으로 곤두박이친다. 너무 약하거나 너무 아파서 계속 걸을 수 없는 사람들은 그 자리에서 즉시 총살된다. 우리는 민들레의 머리 같다. 꽃씨로 변해 바람에 날아가고 오직 몇 개의 흰 가닥만이 남아 있다. 굶주림은 나의 유일한 이름이다.

온몸 구석구석이 아프다. 동시에 온몸 구석구석에 감각이 없다. 한 걸음도 더 내디딜 수가 없다. 너무 심하게 아파서 내가 움직이고 있다는 것을 느낄 수가 없다. 나는 단지 고통의 회로망이다. 신호가 그 안에서 갔다가 스스로 되돌아오는. 나는 마그다 언니와 다른 여자들의 팔이 나를 들어 올리는 것을 느낄 때까지 내가 비틀거렸다는 사실을 알지 못한다. 그들은 손과 손을 서로 깍지 끼어 인간 의자를 만들었다.

"너는 빵을 나눠줬잖아." 그들 중 한 명이 말한다.

무슨 말인지 모르겠다. 내가 빵을 먹은 적이 있었나? 하지만 바로 그때, 한 가지 기억이 떠오른다. 아우슈비츠에서 보낸 첫 번째 밤. 멩 겔레 박사는 오케스트라에게 곡을 연주하라고 명령했고 내게 춤을 추라고 명령했다. 내 몸은 춤을 추었다. 내 정신은 오페라하우스를 상상했다. 내 몸은 빵을 먹었다. 나는 그날 밤 그 생각을 했던 바로 그 사람이고, 지금 다시 그것을 생각하는 바로 그 사람이다. 멩겔레 박사는 내 엄마를 죽였다. 하지만 멩겔레 박사는 나를 살려주었다. 거의 일 년 전에 나와 빵 껍질을 나눠 먹었던 한 여자가 지금 나를 알아보고 있다.

그녀는 마지막 남은 힘을 다해 마그다 언니 그리고 다른 여자들과 손에 깍지를 끼고 나를 위로 들어 올렸다. 어떤 면에서 멩겔레 박사 덕분에 이 순간이 일어났다. 그는 그날 밤에 혹은 그 후 어느 날 밤에 우리 중 그 누구도 죽이지 않았다. 그는 우리에게 빵을 주었다.

# 한 줄기 풀잎 선택하기

항상 더 끔찍한 지옥이 있다. 그것이 우리가 살아남은 것에 대한 보상이다. 행군이 끝나고 우리는 군슈키르헨 라거에 도착한다. 마우타우젠 수용소의 하위 수용소로 마을 인근의 습지가 많은 숲에 몇 개의 나무 건물들이 있다. 몇백 명의 강제 노동자를 수용하기 위해 만들어진 강제수용소인데, 지금은 1만 8,000여 명 정도의 사람들로 빽빽이 들어차 있다. 이곳은 죽음의 수용소가 아니다. 이곳에는 가스실도 화장터도 없다. 하지만 우리가 죽기 위해 여기로 보내진 것은 의심의 여지가 없다.

누가 살아 있고 누가 죽어 있는지 이미 구별하기 힘들다. 질병들이 우리의 몸속으로 침투하고 우리의 몸에서 몸으로 전파된다. 발진티푸스, 이질, 흰 이, 아물지 않은 상처. 살과 살이 맞닿아 있고, 살아 있는 것과 썩어가는 것이 맞닿아 있다. 길가에 말 사체가 반쯤 물어뜯긴 채 널브러져 있다. 날 것인 채로 먹어야 한다. 살을 베어낼 나이프 따윈 필요 없다. 그저 뼈가 드러날 때까지 물어뜯어야 한다. 우리는 세 명이 겹쳐서 잠을 잔다. 발 디딜 틈 없는 나무 건물 안에서든 건물 밖의 맨땅 위에서든. 만약 자기 아래에서 자는 사람이 죽더라도 계속 잠을 잔다. 시체를 끌어낼 힘이 남아 있지 않기 때문이다. 한 소녀는 굶주림으로 인해 고꾸라진 채로 죽는다. 사람들의 발이 까맣게 썩어간다. 우리는 거대한 불길 속에서 온몸에 불이 붙은 채 살해당하기 위해 축축하고 울창한 숲속으로 몰아넣어진다. 곳곳에 다이너마이트가 설치돼 있다. 우리는 화염으로 우리를 삼켜버릴 폭발이 일어나기를 기다린다. 거대한 폭발이 있기까지 다른 위험들 또한 존재한다. 굶주림, 발열, 질병. 땅에 구멍을 파서 만든 변소가 전체 수용소 안에 20개밖에 없다. 배변을 보는 차례를 기다리지 못하면 그 자리에서 바로 총살당한다. 배설물이 웅덩이를 이루고 있는 그곳에서, 쓰레기를 태우는 불에서 검은 연기가 난다. 땅은 진흙탕이다. 걸어갈 힘이 남아 있다고 해도 절반은 진흙이고 절반은 똥인 걸쭉한 진흙탕에서 발이 제멋대로 미끄러진다. 우리가 아우슈비츠를 떠난 지 어느덧 5개월 혹은 6개월이 되었다.

마그다 언니는 남자와 연애를 한다. 죽음의 손짓에 답하는 언니만의 방식이다. 마그다 언니는 파리에서 온 프랑스인 남자를 만나는데 전쟁이 일어나기 전에 무슨 무슨 거리에 살았다고 한다. 나는 이 주소를 절대 잊어버리지 않으리라고 다짐한다. 끝이 보이지 않는 이러한 끔찍한 상황에서도 사람과 사람 사이에 화학반응이 있다. 눈부시게 찬란하고 가슴을 뛰게 만든다. 그들은 화창한 여름날에 쨍그랑거리는 작은 접시를 사이에 두고 카페에 앉아 이야기를 나누듯이 대화를 한다. 이것이 살아 있는 사람이 해야 하는 일이다. 우리는 성스러운 맥박을 공포와 부딪히는 부싯돌로 사용해 불꽃을 만들어낸다. 영혼을 망가뜨려서는 안 돼. 횃불을 들 듯 영혼을 높이 들어야 해. 프랑스인 남자에게 언니의 이름을 말하고 그의 주소를 챙겨. 그리고 빵을 먹듯 그것을 음미하고 천천히 씹어먹어.

군슈키르헨에 온 지 며칠 만에 나는 걸을 수 없게 된다. 그리고 나도 모르는 사이에 등이 골절된다(지금까지도 나는 골절이 언제 어떻게 일어났는지 정확히 알지 못한다). 나는 내가 버틸 수 있는 막바지에 다다랐음을 느낄 수 있다. 나는 무거운 공기 아래에 쓰러져 있고 내 몸은 다른 사람들의 몸과 뒤엉켜 있다. 우리 모두 무더기 속에 쌓여 있다. 그중 어떤 사람은 이미 죽었고 어떤 사람은 죽은 지 오래고 나 같은 사람은 간신히 숨이 붙어 있다. 현실에 존재하지 않는 것들이 눈에 보이기 시작한다. 그것들은 비참한 '현실'과 뒤섞여 눈앞에 나타난다. 엄마가 내게 책을 읽어준다. 스칼렛이 외친다. "나는 세상에 존재하지 않는 것들을 사랑해왔어." 아빠가 내게 프티 푸르를 던져준다. 클라라 언니가 멘델스존의 〈바이올린 협주곡〉을 연주하기 시작한다. 클라라 언니는 창문 옆에 서서 바이올린을 연주하는데, 지나가는 사람이 바이올린 소리를 듣고 고개를 들어 언니를 쳐다보면 그 사람의 관심에 대한 화답으로 손을 흔들어 인사하기 위해서다. 클라라 언니는 타인의 관심을 갈망하지만, 노골적으로 요구하지는 않는다. 이러한 일들이 살아 있는 사람들이 하는 일들이다. 우리는 자신의 욕구에 맞추어 현악기가 소리를 내게 만든다.

여기 지옥에서, 나는 한 남자가 인육을 먹는 장면을 목격한다. 나도 저렇게 할 수 있을까? 나 자신의 생명을 유지하기 위해 죽은 사람의 뼈에 남은 살점에 입을 갖다 대고 살점을 씹을 수 있을까? 나는 인간의 육신이 용서할 수 없는 잔인한 방법으로 훼손되는 광경을 본 적이 있다. 한 남자아이가 나무에 매달려 묶여 있고 나치 친위대들이 소년의 발과 소년의 손과 소년의 팔과 소년의 귀를 총으로 쏜다. 무고한 어린아이를 사격훈련을 위한 과녁으로 사용한 것이다. 임신한 여성이 그 자리에서 바로 살해되지 않고 아우슈비츠까지 가까스로 온 일도 있었다. 그녀가 산기를 보이기 시작하자 나치 친위대는 그녀의 두 다리를 끈으로 묶어버렸다. 나는 그녀가 겪은 고통만큼 지독한 고통을 본 적이 없다. 하지만 굶주린 사람이 죽은 사람의 살점을 먹는 모습을 목격하니 속에서 욕지기가 치받쳐 올라오고 눈앞이 깜깜해진다. 나는 저렇게 할 수 없다. 그렇지만 뭔가를 먹어야 한다. 뭔가를 먹지 않으면 나는 죽을 것이다. 이 순간, 짓밟힌 진흙탕 위로 풀 한 포기가 자란 모습이 보인다. 나는 풀잎들을 뚫어져라 쳐다보며 저마다의 다양한 길이와 빛깔을 본다. 나는 풀잎을 먹을 것이다. 나는 저것 대신 이 한 줄기의 풀잎을 선택할 것이다. 나는 이 선택에 집중할 것이다. 이것이 바로 선택을 한다는 것의 의미다. 먹을 것인지 먹지 않을 것인지. 풀잎을 먹을 것인지 인육을 먹을 것인지. 이 풀잎을 먹을 것인지 저 풀잎을 먹을 것인지. 대부분의 시간 동안 우리는 잠을 잔다. 마실 것이 하나도 없다. 나는 시간 감각을 완전히 잃어버렸다. 나는 자주 잠에 빠져든다. 이따금 잠에서 깬다 해도 온 힘을 다해야 의식을 겨우 유지할 수 있다.

한번은 마그다 언니가 손에 캔을 들고서 내게로 기어오는 모습이 보인다. 햇빛을 받아 캔이 반짝거린다. 정어리가 들어 있는 캔이다. 중

립을 지키는 적십자에서 수감자들에게 구급품을 전달하도록 허용을 받았고, 마그다 언니가 줄을 서 있다가 정어리 통조림 한 캔을 받아온 것이다. 하지만 캔을 열 방법이 없다. 이것은 그저 새로운 방식의 잔인함이다. 좋은 의도에서 좋은 일을 했다 해도 아무 쓸모없는 일이 될 수 있다. 마그다 언니는 굶주림으로 인해 천천히 죽어가고 있다. 마그다 언니는 손에 먹을 것을 쥐고 있다. 언니는 아우슈비츠에서 자신의 잘린 머리채를 꽉 붙들고 있었던 것처럼 통조림 캔을 꽉 움켜잡고 있다. 언니는 자기 자신을 놓아버리지 않으려고 애쓰고 있다. 지금 이 순간에는, 열 수 없는 통조림 캔이 언니에게 가장 인간다운 무엇을 의미한다. 사람들은 죽었거나 거의 죽은 상태다. 내가 어느 쪽인지 나도 알 수가 없다.

나는 낮이 밤으로 다시 밤이 낮으로 자리를 바꾸는 것을 의식의 모퉁이에서 겨우 알아차린다. 눈을 뜨고 나면 내가 잠을 잔 것인지 아니면 기절을 한 것인지 얼마나 오랫동안 그런 것인지 알 수가 없다. 누군가에게 물어볼 힘도 없다. 얼마나 오래되었지? 때로 나는 내가 숨을 쉬고 있다는 것을 느낄 수 있다. 때로 나는 고개를 돌려 마그다 언니를 보려고 애쓴다. 때로 언니의 이름이 생각나지 않는다.

커다란 외침이 죽음과 닮은 깊은 잠으로부터 나를 깨운다. 죽음이 임박했음을 알리는 외침임이 틀림없다. 나는 예정된 폭발을, 예정된 뜨거운 열기를 기다린다. 나는 두 눈을 감은 채로 불태워지기만을 기다리고 있다. 하지만 폭발음이 들리지 않는다. 불길이 치솟지도 않는다. 눈을 떠보니 도로와 하늘로부터 강제수용소를 가리고 있는 소나무 숲을 뚫고 지프들이 천천히 굴러오는 모습이 보인다. "미군이 도착했다! 미군이 도착했다!" 가냘픈 목소리로 누군가가 외치고 있다. 지프들이 물결 모양으로 흐릿하게 보인다. 마치 물을 통해서나 뜨거운 열기 속에서 그것들을 보고 있는 듯한 느낌이다. 집단 환각인가? 누군가가 찬송가 〈성자의 행진When The Saints Go Marching In〉을 나지막이 부른다. 70년이 넘게 지난 지금도 이때 받은 인상이 내게 뚜렷이 남아 있다. 절대 잊을 수 없다. 하지만 그 당시에는 이게 무엇을 의미하는지 알 수 없었다. 피로에 찌든 남자들이 보인다. 별과 줄무늬가 그려진 깃발들이 보인다. 미국 국기구나, 나는 깨닫는다. 숫자 71이 선명히 새겨진 깃발들이 보인다. 미군들이 수감자들에게 담배를 건네고 수감자들은 너무 배가 고픈 나머지 그것을 받자마자 허겁지겁 먹어치운다. 종이와 연초, 필터까지 모조리. 나는 시체 더미 속에서 이 장면을 보고 있다. 어느 다리가 내 다리인지 감각이 없다. "여기 살아 있는 사람 있습니까?" 미군들이 독일어로 외친다. "살아 있다면 손을 드세요." 나는 손가락을 움직여 살아 있다는 신호를 보내려고 애쓴다. 한 군인이 내 바로 옆까지 걸어오고 그의 군복 바지에 진흙이 묻은 것이 보인다. 그의 땀 냄새도 느껴진다. '여기 있어요.' 나는 외치고 싶다. '여기 있어요.' 하지만 목소리가 나오지 않는다. 그가 시체들을 샅샅이 뒤진다. 그의 시선이 나를 알아보지 못한 채 내 위를 스쳐 지나간다. 그는 지저분한 천으로 코와 입을 막고 있다. "내 말이 들린다면 손을 드세요." 그가 말한다.

그는 말을 할 때만 입에서 천을 간신히 뗀다. 나는 내 손가락들을 찾으려 애쓴다. '너는 절대 살아서 여기서 나가지 못할 거야.' 그들은 말했다. 내 귀걸이를 채간 그 여자 카포도, 잉크를 낭비하고 싶지 않다던 문신 담당 나치 친위대 장교도, 기나긴 행군길에서 우리를 총으로 쏘아 넘어뜨렸던 나치 친위대도. 이렇게 되면 그들이 옳았다는 증명밖에 되지 않는다.

군인이 영어로 어떤 말을 소리친다. 내 시야 밖에 있는 누군가가 소리쳐 대답한다. 군인들이 그쪽으로 떠난다.

바로 이때, 빛 한 조각이 땅 위에서 반짝인다. 불이 났군, 마침내. 하지만 아무 소리가 나지 않는다는 사실이 놀랍다. 군인들이 돌아본다. 무감각한 나의 몸이 갑자기 뜨겁게 달아오른다. 불길 때문이겠지, 나는 생각한다, 아니면 열이 나서거나. 하지만 아니다. 불은 나지 않았다. 반짝이는 빛은 불과는 아무 상관이 없다. 마그다 언니의 정어리 통조림 캔이 햇빛을 받아 반짝반짝 빛나고 있다! 의도였든 우연이었든, 마그다 언니는 생선 캔으로 군인들의 주의를 포착했다. 군인들이 다시 돌아온다. 한 번의 기회가 더 생겼다. 머릿속으로 춤을 출 수 있다면 내 몸이 그들에게 보이게 만들 수 있을 거야. 나는 두 눈을 감고 집중한다. 그리고 상상의 아라베스크 안에서 머리 위로 양손을 들어 올린다. 군인들이 다시 소리치는 소리가 들린다. 한 군인이 다른 군인에게 소리친다. 한 군인이 내게 매우 가까이 와 있다. 나는 두 눈을 질끈 감은 채로 춤추기를 계속한다. 나는 그 군인과 함께 춤을 추고 있다고 상상한다. 멩겔레 박사가 있던 막사에서처럼 그가 로미오처럼 자신의 머리 위로 나를 들어 올린다고 상상한다. 사랑이 존재하고 그 사랑이 전쟁을 뚫고 꽃피웠다고 상상한다. 죽음이 존재하지만 언제나, 언제나 그 반대 또한 존재한다고 상상한다.

이제 나는 내 손을 느낄 수 있다. 나는 그것이 내 손이라고 알 수 있다. 군인이 그것을 잡고 있기 때문이다. 나는 눈을 뜬다. 그의 커다랗고 검은 손이 내 손가락들을 감싸 쥐고 있다. 그가 무언가를 내 손안에 쥐여준다. 구슬이다. 알록달록한 구슬들. 빨간색, 갈색, 초록색, 노란색.

"먹을 거야." 군인이 말한다. 그가 나의 눈을 들여다본다. 그의 피부는 내가 이제껏 본 중에 가장 검고 입술은 두껍고 눈은 짙은 갈색이다. 그가 내가 손을 들어 올려 입에 가져다 대도록 도와준다. 내 마른 혀 위로 구슬들을 털어 넣도록 도와준다. 침이 고이고 무언가 단맛이 난다. 초콜릿 맛이 난다. 나는 이 맛의 이름을 기억하고 있다. "주머니에 뭐라도 단것을 항상 가지고 다녀야 해." 아빠는 말했다. 여기에 단것이 있다.

하지만 마그다 언니는? 언니는 아직 발견되지 못한 건가? 나는 아직 말을 하지 못한다. 목소리가 돌아오지 않았다. 나는 고맙다고 더듬거리며 말할 수도 없다. 언니의 이름을 한 음절이라도 소리 낼 수도 없다. 나는 군인이 준 작은 사탕들만을 가까스로 삼킬 수 있다. 먹을 것을 더 먹고 싶다는 욕구 이외에는 다른 어떤 것도 생각할 수가 없다. 혹은 물 한 모금. 이제 그의 관심은 시체 더미에서 나를 꺼내는 일에 온통 집중되어 있다. 그는 나로부터 시체들을 떼어내야 한다. 시체들은 머리와 팔다리가 축 늘어져 있다. 시체들은 뼈와 가죽밖에 남지 않았지만 엄청나게 무겁고 군인은 그것들을 들어 올리면서 얼굴을 찡그리며 온 힘을 끌어모은다. 그의 얼굴에 땀이 줄줄 흐른다. 악취에 그가 쿨럭거린다. 그가 지저분한 천으로 코와 입을 더 단단히 틀어막는다. 죽은 자들이 죽은 지 얼마나 되었는지 누가 알겠는가? 아마 한두 번의 숨결만이 그들과 나 사이를 갈라놓았을지도 모른다. 어떤 식으로 고마움을 표현해야 할지 모르겠다. 고마움에 온몸이 따끔거리는 게 느껴진다.

군인이 나를 들어 올린 후 시체들로부터 약간 떨어진 땅바닥에 눕힌다. 나무들 꼭대기 사이로 하늘이 조각조각 보인다. 얼굴에 습한 공기가 느껴지고 몸 아래에 진흙투성이 풀밭의 축축함이 느껴진다. 나는 정신이 이러한 감각들을 느끼며 편히 쉬도록 내버려 둔다. 나는 엄마의 길고 구불구불한 머리카락, 아빠의 신사 모자와 콧수염을 떠올린다. 내가 지금 느끼는 모든 것 그리고 이제껏 느꼈던 모든 것은 그들을 뿌리로 하여 생겨났다. 나를 만든 결합체로부터. 그들은 나를 팔에 안고 흔들었다. 그들은 나를 이 세상의 아이로 만들어주었다. 마그다 언니가 내 출생에 대해서 해준 이야기가 기억난다. "도와주셨군요." 엄마는 외할머니에게 외쳤다. "도와주셨어요."

그리고 이제 마그다 언니가 내 옆 풀밭에 누워 있다. 마그다 언니는 정어리 통조림 캔을 꽉 안고 있다. 우리는 최종 선별 작업에서 살아남았다. 우리는 살아 있다. 우리는 함께 있다. 우리는 자유다.

2부

—

탈출

# 나의 해방자, 나의 가해자


예전에 이러한 순간-강제수용 생활의 끝, 전쟁의 끝-을 상상할 때, 나는 환희가 가슴에서 넘쳐나리라고 생각했다. 내가 목청껏 외치리라고 상상했다. "나는 자유다! 나는 자유다!" 하지만 지금 내게는 목소리가 없다. 우리는 침묵의 강물이다. 군슈키르헨의 묘지로부터 근처의 마을을 향해 흐르는 해방자들의 물결이다. 나는 임시로 만든 수레에 타고 있다. 바퀴가 끼익 소리를 내며 삐거덕거린다. 의식이 왔다 갔다 한다. 이 자유에는 어떠한 환희도 안도도 없다. 우리는 숲에서 느리게 걸어 나온다. 멍한 얼굴을 하고서. 가까스로 목숨을 부지하고 있지만 이내 다시 잠에 빠져든다. 자유는 잘못된 종류의 음식을 게걸스럽게 먹게 하는 위험이다. 자유는 상처, 이, 발진티푸스, 잘린 배, 힘없는 눈이다.

마그다 언니는 내 옆에서 걷고 있다. 수레가 덜커덕거릴 때마다 온몸에 통증이 느껴진다. 일 년이 넘는 시간 동안, 나는 뭐가 아프고 뭐가 아프지 않은 것인지에 대해 생각하는 사치를 누릴 겨를이 없었다. 오직 다른 사람들에게 뒤처지지 않는 것, 한 발짝 앞서 걷는 것, 조금의 먹을 것이라도 확보하는 것, 최대한 빠르게 걷는 것, 절대 멈추지 않는 것, 살아남는 것, 버려지지 않는 것에 관해서만 생각했다. 이제 위험이 사라졌기 때문에 내 안의 고통과 내 주위의 괴로움이 의식을 환각으로 바꾼다. 무성영화다. 해골들의 행군. 우리 대부분은 신체적으로 너무 피폐해진 나머지 제대로 걸을 수가 없다. 우리는 수레 위에 누워 있거나 지팡이에 기대어 걷는다. 우리의 죄수복은 더럽고 해졌다. 낡을 대로 낡고 누더기가 다 되어서 우리의 피부를 거의 보호하지 못한다. 우리의 피부 또한 우리의 뼈를 거의 보호하지 못한다. 우리 몸자체가 해부학 수업이다. 팔꿈치, 무릎, 발목, 광대뼈, 손가락 관절, 늑골들이 시험에 나오는 문제들처럼 돌출되어 있다. 우리는 무엇일까? 우리의 뼈는 역겨워 보이고 우리의 눈은 텅 비고 어둡고 공허한 동굴이다. 움푹 꺼진 얼굴들. 암청색의 손톱들. 우리는 움직이는 트라우마다. 우리는 느리게 움직이는, 악귀들의 행진이다. 우리는 비틀거리면서 걷고 우리가 탄 수레는 자갈길 위를 덜커덕거리며 굴러간다. 우리는 줄에 줄을 지어 오스트리아 웰스의 광장을 가득 메운다. 마을 사람들이 창밖으로 우리를 뚫어져라 쳐다본다. 우리는 두려움의 존재다. 아무도 한마디도 하지 않는다. 우리는 우리의 침묵으로 광장을 질식시킨다. 마을 사람들이 자신들의 집으로 뛰어들어간다. 아이들이 두 눈을 가린다. 우리는 지옥에서 살아남은 끝에 다른 누군가의 악몽이 된다.

중요한 일은 먹고 마시는 거다. 하지만 너무 많이 먹어서도 너무 빨

리 먹어서도 안 된다. 음식을 과다섭취할 가능성이 있다. 어떤 이들은
자제하지 못한다. 우리의 근육량과 우리의 살은 심하게 줄어들어 있
다. 우리는 매우 오랫동안 굶주렸다. 나중에 나는 클라라 언니 친구의
여동생인, 같은 고향 출신의 한 여자아이가 아우슈비츠에서 해방된
후 얼마 지나지 않아 음식을 너무 많이 먹어서 죽었다는 소식을 듣는
다. 굶주림을 지속하는 것도 굶주림을 끝내는 것도 생명을 앗아간다.
그렇다면, 음식을 씹을 힘이 내게 간헐적으로만 돌아온다는 사실은
축복이나 마찬가지다. 미군들이 우리에게 줄 음식이 별로 없다는 사
실 또한 축복이다. 대부분이 사탕과 초콜릿류다. 내가 먹은 알록달록
한 작은 구슬들은 M&M이었다.

아무도 우리에게 거처를 제공하려 하지 않는다. 히틀러가 죽은 지
일주일도 되지 않았다. 독일이 공식적으로 항복하기까지 아직 며칠
이 남았다. 유럽 전역에서 폭력이 줄어들고 있지만, 아직 전시 상황이
다. 식량과 희망은 모두에게 부족하다. 게다가 우리는 생존자들이다.
한때 포로들이었던 우리는 어떤 사람들에게는 여전히 적이다. 기생
충, 벌레. 전쟁은 반유대주의를 끝내지 못했다. 미군들이 마그다 언니
와 나를 엄마, 아빠, 할머니, 세 아이가 사는 독일인 가족의 집에 데려
간다. 이곳에서 우리는 긴 거리를 이동할 수 있을 만큼 충분히 회복할
때까지 머물 것이다. 조심해, 미군들이 서투른 독일어로 우리에게 경
고한다. 아직 평화가 오지 않았어. 어떤 일이라도 벌어질 수 있어.
독일인 부부는 가족의 소유물 전부를 침실 안으로 옮기고, 아이들
아빠는 과시하듯 방문을 자물쇠로 잠근다. 아이들은 돌아가면서 우리

를 빤히 쳐다보다가 이내 도망가 엄마의 치마폭 뒤에 얼굴을 숨긴다. 우리는 아이들의 열광과 공포를 담는 그릇이다. 나는 나치 친위대의 무미건조하고 자동적인 잔인함이나 그들의 부자연스러운 쾌활함, 권력에 취한 기쁨에는 이미 익숙해져 있다. 나는 그들이 우쭐한 기분을 느끼기 위해 그리고 목적의식과 통제감을 강화하기 위해 자신들을 고양하는 방식에 익숙해져 있다. 하지만 아이들이 우리를 쳐다보는 방식은 그보다 더 끔찍하다. 우리는 무고한 사람들을 공격하고 있다. 이것이 아이들이 우리를 쳐다보는 방식이다. 마치 우리가 범죄자인 듯이. 아이들의 충격은 나치의 증오보다 더 쓰라리다.

군인들이 우리를 앞으로 머무를 방으로 데려간다. 아이들 놀이방이다. 우리는 전쟁의 고아들이다. 그들이 나를 들어 올려 유아용 침대 안에 눕힌다. 나는 그 정도로 작다. 몸무게가 약 70파운드(약 31.7킬로그램)밖에 되지 않는다. 나는 혼자 힘으로 걸을 수가 없다. 나는 아기다. 나는 인간의 언어로 생각할 수 없다. 나는 고통의 언어로, 욕구의 언어로 생각한다. 나는 안아 달라고 울지만 나를 안아줄 사람은 아무도 없다. 마그다 언니는 작은 침대 위에 공처럼 몸을 동그랗게 말고 모로 누워 있다.

침실 밖의 소음이 잠을 깨운다. 휴식조차 쉬이 허락되지 않는다. 나는 항상 두렵다. 이미 일어난 일들이 두렵다. 앞으로 일어날 일들이 두렵다. 어둠 속에서 소음을 듣고 있으니 엄마가 클라라 언니의 대망막을 코트 주머니 속에 넣던 모습과 우리가 집에서 쫓겨나던 날 새벽에 아빠가 집을 돌아보던 모습이 떠오른다. 과거가 다시 떠오를 때마다 나는 집과 부모님을 처음부터 다시 잃는다. 나는 유아용 침대의 나무 창살을 응시하면서 다시 잠을 청하려 애쓴다. 혹은 적어도 마음을 가라앉히려 애쓴다. 하지만 소음이 끊이지 않는다. 뭔가 부서지는 소리와 쿵쿵거리는 발걸음 소리. 그러고 나서 갑자기 문이 활짝 열린다. 미군 두 명이 방 안으로 달려 들어온다. 그들은 서로 부딪쳐 비틀거리고 작은 책꽂이에 발이 걸려 휘청거린다. 램프 불빛이 캄캄한 방 안으로 스며든다. 한 남자가 나를 가리키며 낄낄 웃으면서 가랑이 부분을 움켜잡는다. 마그다 언니는 여기에 없다. 언니가 어디에 있는지 모르겠다. 내가 소리를 지르면 들릴 만큼 충분히 가까이 있는지, 아니면 나처럼 두려움에 떨며 어딘가에서 몸을 움츠리고 있는지 알 수가 없다. 엄마의 목소리가 들린다. '결혼하기 전에 절대 순결을 잃어서는 안 돼.' 엄마는 내가 순결이 무슨 뜻인지 알기 전부터 우리에게 이렇게 가르쳤다. 그럴 걱정은 하지 않아도 됐다. 나는 위험을 알고 있었다. 너 자신을 망치지 마. 실망하게 하지 마. 하지만 지금은 나를 거칠게 취급한다면 단순히 나를 더럽히는 수준에서 끝나지 않을 것이다. 나는 죽을 수도 있다. 나는 그 정도로 허약해진 상태다. 그렇지만 내가 두려운 것은 죽음이나 고통이 아니다. 나는 엄마의 존중을 잃을까 두렵다. 그 군인이 망을 보라고 방문 쪽으로 동료를 밀친다. 그가 구구구 하는 이상한 소리를 내면서 내게 다가온다. 목소리가 거칠고 갈라져 있다. 땀냄새와 술 냄새가 섞인 숨에서 곰팡이처럼 톡 쏘는 냄새가 난다. 그를 내게서 떨어뜨려야 한다. 던질 게 아무것도 없다. 나는 심지어 앉지도 못한다. 나는 소리를 지르려고 애쓰지만 웅얼거리는 소리밖에 나지 않는다. 문가에 있는 군인이 웃음을 터뜨린다. 하지만 그러다가 웃음을 멈춘다. 그가 호되게 뭐라고 말한다. 나는 영어를 알아듣지 못한다. 하지만 그가 아기에 관해 뭐라고 말하는 것 같기는 하다. 다른 군인이 유아용 침대의 난간에 몸을 기댄다. 그의 손이 자신의 허리께를 더듬는다. 그는 나를 이용할 것이다. 나를 으스러뜨릴 것이다. 그가 총을 꺼낸 후 횃불을 흔들 듯 미친 듯이 흔든다. 나는 그의 손이 나를 찍어 누르기를 기다린다. 하지만 그는 그렇게 하지 않고 침대를 떠난다. 그가 문가에 있는 동료를 향해 걸어간다. 찰칵하는 소리가 나며 문이 닫힌다. 나는 어둠 속에 홀로 남겨진다.

나는 잠을 이루지 못한다. 분명히 군인이 다시 돌아올 것이다. 마그다 언니는 어디에 있지? 다른 군인에게 붙잡혔나? 언니는 수척해졌지만, 언니의 몸은 나보다는 더 나은 모습이고 여성스러운 기색이 아직 남아 있다. 마음을 진정하기 위해 나는 내가 아는 남자들을 특징에 따라 머릿속으로 정리해본다. 에릭은 다정하고 낙관적이야. 아빠는 자기 자신과 삶의 환경에 실망했어. 때로는 패배하지만 때로는 그것을 최대한 이용해 작은 기쁨들을 발견하지. 멩겔레 박사는 음탕하고 아주 조심스러워. 내가 텃밭에서 당근을 훔친 걸 발각한 독일 군인은 날 처벌하려 했지만, 자비로웠어. 그 후엔 친절을 베풀었고. 군슈키르헨의 시체들 더미에서 나를 꺼내준 미군은 단호하고 용감했어. 그리고 이제 이 새로운 특징, 이 새로운 색조가 있다. 해방자이지만 동시에 가해자인, 그의 존재는 묵직하면서도 텅 비어 있다. 커다랗고 시커먼 구멍. 마치 그의 인간성이 그의 몸을 버리고 떠난 것 같다. 나는 이날 밤에 마그다 언니가 어디에 있었는지 나중까지 결코 알지 못한다. 지금까지 마그다 언니도 기억하지 못한다. 하지만 나는 이 끔찍한 밤으로부터 매우 중요한 무언가를 깨닫는다. 앞으로 내가 절대 잊지 않기를 바라는 무언가다. 나를 거의 강간하려 했던 그 남자, 자신이 시작했던 일을 끝마치기 위해 돌아올 수도 있었던 그 남자는 그날 밤 공포를 보았다. 나와 마찬가지로, 그는 그 공포를 내면 밖으로 내쫓으려 애쓰며 평생을 살았을 것이다. 그날 밤, 그는 어둠 속에서 제자리를 잃었고 거의 그 짓을 저지를 뻔했다. 하지만 하지 않았다. 그는 그렇게 하지 않겠다고 스스로 선택했다.

그가 아침에 돌아온다. 그라는 사실을 알 수 있다. 그에게서 여전히 지독한 술 냄새가 풍기기 때문에, 그리고 전날 공포에 질린 채 캄캄한 속에서도 그의 얼굴 윤곽을 외웠기 때문에 알 수 있다. 나는 무릎을 끌어안고서 낑낑거린다. 동물이 내는 소리 같은 소리를 낸다. 멈출 수가 없다. 우는 소리 같기도 하고 웅얼거리는 소리 같기도 하고 곤충이 내는 소리 같기도 하다. 그가 유아용 침대 옆에 무릎을 꿇는다. 흐느끼고 있다. 그가 두 마디의 말을 되풀이해서 말한다. 무슨 뜻인지 알 수 없지만, 발음은 기억한다. '날 용서해줘. 날 용서해줘.' 그가 내게 헝겊 자루를 건넨다. 내가 들기에는 너무 무거우므로 그가 자루를 거꾸로 들고서 안에 든 것을 침대에 쏟는다. 군 배급 식량으로 나온 작은 통조림들이다. 그가 캔에 그려진 그림을 내게 보여준다. 호텔 지배인이 열성적으로 메뉴를 설명하듯이 통조림을 가리키며 내게 다음 끼니를 선택하라고 권한다. 그가 하는 말을 알아들을 수가 없다. 나는 그림을 살펴본다. 그가 한 통조림을 비집어 열더니 숟가락으로 내게 뭔가를 먹인다. 햄에 단맛이 나는 무언가가 곁들여 있다. 건포도이다. 아빠가 몰래 싸 오던 돼지고기를 내게 나눠주지 않았다면 나는 이것의 맛을 알지 못했을 것이다. 게다가 헝가리 사람들은 햄과 단맛 음식을 절대 곁들이지 않는다. 나는 더 받아먹기 위해 계속 입을 벌린다. 물론 나는 그를 용서한다. 나는 굶주려 있고 그는 내게 먹을 것을 가져다주었다.

그는 매일 돌아온다. 마그다 언니는 이제 다시 추파를 던질 수 있을 만큼 꽤 건강해졌고, 나는 그가 언니의 관심을 즐기기 위해 으레 방문하는 것으로 생각한다. 하지만 하루 이틀 지나도 그는 마그다 언니에게 거의 신경을 쓰지 않는다. 그는 나 때문에 이 집에 온다. 나는 그가 해결해야 할 무엇이다. 아마 그는 자신의 공격 행위에 대해 속죄하는 것인지도 모른다. 아니면 그는 그 자신의, 나의, 세상의 희망과 결백이 부활할 수 있다고 자신에게 증명하고 싶은 건지도 모른다. 무너진 소녀가 다시 걸을 수 있다는 걸 증명하고 싶은지도 모른다. 그 미군이 (그는 6주 동안 나를 보살폈지만 나는 너무 쇠약하고 완전히 지친 상태라 그의 이름을 말하거나 쓰는 법을 배우지 못했다) 나를 유아용 침대 밖으로 안아 올려 내 양손을 잡고 방 안을 한 번에 한 걸음씩 걷도록 이끈다. 움직이려 할 때마다 등 위쪽에서 뜨거운 석탄으로 지지는 듯한 통증이 느껴진다. 나는 몸무게를 한쪽 발에서 다른 쪽 발로 이동하는 일에 집중하며 무게가 옮겨지는 정확한 순간을 느끼려고 애쓴다. 나는 손을 머리 위로 쭉 뻗어 그의 손가락들을 붙잡고 있다. 나는 그가 나의 아빠라고 상상한다. 내가 아들이기를 바랐지만 어쨌든 나를 사랑했던 아빠. '너는 마을에서 옷을 가장 잘 입는 아가씨가 될 거야.' 아빠는 내게 여러 번 되풀이해서 말하곤 했다. 아빠에 관해 생각하자 등에서 열기가 가시고 가슴이 따뜻해진다. 삶에는 고통이 있고 사랑이 있다. 아기는 세상에 이 두 측면이 있다는 사실을 안다. 그리고 나는 이것들을 다시 배우고 있다.

마그다 언니는 나보다 신체적으로 더 많이 회복되었고 이제 우리 삶을 정상으로 되돌리기 위해 애쓴다. 독일인 가족이 외출한 어느 날, 마그다 언니는 옷장을 열고 우리가 입을 만한 옷들을 찾는다. 그리고 언니는 편지를 쓴다. 클라라 언니에게, 부다페스트에 사는 외삼촌에게, 미슈콜츠에 사는 이모에게 읽히지 않을지도 모르는 편지들을 쓴다. 누가 아직 살아 있는지 알아내기 위해, 웰스를 떠나야 할 때가 오면 어디에서 삶을 꾸려야 할지 알아내기 위해. 나는 내 이름을 쓰는 법도 기억하지 못한다. 하물며 주소는 어림없다. 한 문장 정도만 겨우 내뱉을 수 있다. '거기 있어요?'

하루는 미군이 종이와 연필들을 가지고 온다. 우리는 알파벳부터 시작한다. 그가 대문자 A를 쓴다. 그런 다음 소문자 a를 쓴다. 대문자 B. 소문자 b. 그가 내게 연필을 주고서 고개를 끄덕인다. 내가 글자를 쓸 수 있을까? 그는 내가 시도해보기를 바란다. 그는 내가 얼마나 퇴행했는지, 내가 얼마나 기억하고 있는지 알고 싶어 한다. 나는 C와 c를 쓸 수 있다. 그리고 D와 d. 기억하고 있다! 그가 나를 칭찬한다. 그가 내게 계속해보라고 응원한다. E와 e. F와 f. 하지만 그런 다음 주춤한다. 나는 G가 그다음에 온다는 사실은 알지만 어떤 모양인지, 종이에 어떤 형태로 써야 하는지 생각이 나지 않는다.

어느 날, 그가 라디오를 가지고 온다. 그리고 내가 그때까지 들어본 중 가장 신나는 음악을 튼다. 기운찬 음악이다. 기분이 들뜬다. 호른 소리가 들린다. 호른 소리가 어서 몸을 움직이라고 부추긴다. 반짝거리는 듯한 그 소리는 단순한 유혹이 아니다. 그것보다 더 깊다. 절대로 거절할 수 없는 초대다. 미군과 그의 친구들이 마그다 언니와 내게 그 음악에 어울리는 춤을 선보인다. 부기우기에 맞춰 지르박을 춘다. 남자들이 사교 댄서들처럼 짝을 지어 선다. 그들은 내가 처음 보는 방식으로 상대의 팔을 잡는다. 사교댄스 스타일이지만 느슨하고 유연하다. 격식에 얽매이지 않지만 그렇다고 엉성하지도 않다. 어떻게 그들은 에너지로 팽팽하게 긴장해 있으면서도 그렇게 유연할 수 있을까? 어떻게 그렇게 '준비되어' 있을 수 있을까? 그들의 몸은 음악이 묘사하는 모든 것을 생생히 표현해낸다. 나는 저렇게 춤을 추고 싶다. 나는 내 근육들이 기억하게 만들고 싶다.

어느 날 아침, 마그다 언니가 샤워하러 갔다가 몸을 오들오들 떨면서 방으로 돌아온다. 머리가 젖어 있고 옷이 반쯤 벗겨져 있다. 언니는 두 눈을 질끈 감은 채로 침대에서 몸을 떨고 있다. 언니가 샤워하는 동안 나는 침대에서 자고 있었고(이제 나는 유아용 침대에 있기에 몸이 너무 크다), 내가 깨어 있다는 사실을 언니가 아는지 모르는지 잘 모르겠다.

수용소에서 해방된 이후로 한 달 이상이 지났다. 마그다 언니와 나는 지난 40일 동안 거의 매시간을 이 방에서 함께 보냈다. 우리는 몸을 움직일 수 있게 되었고 말하는 능력, 글을 쓰는 능력, 심지어 춤을 추는 능력까지 되찾았다. 우리는 클라라 언니에 관해 이야기한다. 클라라 언니가 어딘가에 살아 있고 우리를 찾으려 애쓰리라는 희망에 관해서 이야기한다. 하지만 우리는 우리가 견뎌냈던 것들에 대해서는 이야기할 수가 없다.

아마도 침묵을 통해 우리는 트라우마로부터 자유로운 영역을 만들려고 애쓰고 있는지도 모른다. 웰스의 삶은 불확실하지만 아마 새로운 삶이 우리에게 찾아올 것이다. 우리는 서로에게 그리고 자기 자신에게 미래를 세울 수 있는 공간을 제공하려 애쓰고 있는지도 모른다. 우리는 그 공간을 폭력과 상실의 이미지로 더럽히고 싶지 않다. 우리는 죽음 이외의 어떤 것들을 볼 수 있기를 바란다. 그래서 우리는 우리를 감싸고 있는 생존의 막을 터뜨릴 어떠한 것에 관해서도 이야기하지 않기로 암묵적으로 동의한다.

지금 마그다 언니는 몸을 벌벌 떨고 있고 아파하고 있다. 만약 언니에게 내가 깨어 있다고 말하고 무슨 일이냐고 묻는다면 그리고 언니의 고통에 목격자가 된다면, 언니는 자신을 떨게 만드는 그 무엇을 혼자서 감당해야 할 필요가 없을 것이다. 하지만 만약 내가 잠들어 있는 척한다면, 거울에 이 새로운 고통이 비추지 않게 할 수 있을 것이다. 선택적인 거울이 되는 것이다. 언니가 가꾸고 싶은 것들은 비추어 주고 다른 모든 것은 보이지 않게 남겨두는.

마침내, 내가 어떻게 할지 결정할 필요 없이, 마그다 언니가 먼저 말을 꺼낸다.

"이 집을 떠나기 전에 복수할 거야." 마그다 언니가 맹세한다.

우리는 그동안 우리가 머무는 이 집의 가족을 거의 보지 못했다. 하지만 언니의 조용하고도 격렬한 분노가 내게 최악의 상황을 상상하게 만든다. 나는 언니가 옷을 벗은 채 있을 때 독일인 남자가 욕실 안으로 들어오는 모습을 상상한다. "그가…" 내가 말을 더듬는다.

"아니." 언니의 숨이 거칠다. "비누를 사용하려 했어. 그런데 갑자기 욕실이 빙글빙글 돌기 시작했어."

"어디 아파?"

"아니. 응. 몰라."

"열이 있는 거 아냐?"

"아니야. 문제는 비누야, 디추. 나는 그것을 만질 수가 없었어. 극심한 공포가 나를 덮쳤어."

"아무도 언니를 공격하지 않았는 데도?"

"응. 비누였어. 그들이 말한 거 기억나지. 그들은 시체를 이용해서 비누를 만들었다고 했어. 그들이 살해한 사람들." 나는 이 말이 사실인지 알지 못한다. 하지만 이렇게 군슈키르헨에서 가까운 곳이라면? 어쩌면.

"나는 아직도 독일인 아이 엄마를 죽이고 싶어." 마그다 언니가 말한다. 겨울 동안 머나먼 거리를 행군하는 내내 이것은 언니의 유일한 환상이자 언니의 후렴구였다. "난 당연히 그렇게 할 수 있어."

우리는 다양한 방식을 통해 삶을 계속 살아갈 힘을 얻을 수 있다. 나는 지금까지 벌어진 일들을 껴안고 삶을 살아갈 나만의 방식을 찾아야만 할 것이다. 하지만 그것이 무엇인지 아직은 모른다. 우리는 죽음의 수용소로부터 자유로워졌다. 하지만 동시에 우리는 창조하고, 삶을 꾸리고, 선택을 내리기 위해 자유로워져야만 한다. 그리고 그러한 자유를 찾기 전까지는 끝없는 어둠 안에서 계속 빙글빙글 돌 수밖에 없다.

나중에 우리는 신체 건강을 치료해주는 의사들을 만나게 된다. 하지만 아무도 심리적 측면의 회복에 관해서는 설명해주지 않는다. 아주 오랜 시간이 흐른 후에야 나는 이 사실을 깨닫기 시작한다.

어느 날 미군과 그의 동료들이 와서 우리가 웰스를 떠나게 될 예정이고 러시아 군인들이 생존자들을 집까지 호송하는 일을 도울 것이라고 말한다. 그들은 작별인사를 하기 위해 왔다. 그들은 라디오를 가져왔다. 글렌 밀러의 〈인 더 무드In the Mood〉가 흘러나오고 우리는 춤을 춘다. 등이 골절되어 있으므로 나는 가까스로 스텝을 맞추지만, 마음속과 영혼 속에서만은 팽이처럼 빙글빙글 자유롭게 회전한다. 천천히, 천천히, 빠르게-빠르게, 천천히. 천천히, 천천히, 빠르게-빠르게, 천천히. 나도 그렇게 춤출 수 있다. 팔과 다리를 느슨하게 하면서도 흐느적거리지는 않게. 글렌 밀러, 듀크 엘링턴. 나는 위대한 밴드의 위대한 이름들을 거듭 되뇐다. 미군이 나를 리드해 조심스럽게 회전하고 살짝 앉았다가 팔을 양쪽으로 쫙 벌리게 한다. 나는 여전히 매우 쇠약하다. 하지만 내 몸 안의 잠재력을 느낄 수 있다. 치유되고 나면 몸으로 이야기할 모든 것들을 느낄 수 있다. 이로부터 아주 오랜 후에 나는 팔 절단 수술을 받은 사람과 심리상담을 하게 된다. 그는 환상의 팔이 아직 남아 있다고 느껴지는 감각의 혼란에 대해 설명한다. 수용소에서 해방된 지 6주 후에, 전쟁에서 살아남은 언니와 나를 강간할 뻔했지만 그렇게 하지 않은 미군과 함께 글렌 밀러의 음악에 맞춰 춤을 추면서, 나는 환상통의 반대를 경험한다. 잃어버린 무언가에서 느껴지는 감각이 아니라, 몸의 일부가 되돌아오고 그것이 자기의 진가를 발휘할 때 느껴지는 감각이다. 나는 내 팔다리의 잠재력과 내가 다시 살아갈 삶의 잠재력을 온전히 느낄 수 있다.

* * *

러시아군이 점령한 오스트리아를 관통해 웰스에서 비엔나로 기차를 타고 가는 몇 시간 동안, 나는 이와 풍진 때문에 생긴 온몸의 발진을 긁어댄다. 고향. 우리는 고향으로 가고 있다. 이틀만 더 가면 고향에 도착한다! 하지만 귀향의 기쁨을 상실의 고통과 떼어서 느끼기가 불가능하다. 엄마와 외할머니, 외할아버지가 돌아가셨다. 그리고 분명 아빠도 돌아가셨을 것이다. 그분들이 돌아가신 지 일 년이 넘었다. 그분들 없이 고향에 가는 것은 그분들을 한 번 더 잃는 것이나 마찬가지다. '아마 클라라 언니는 살아 있을지도 몰라.' 나는 애써 희망을 품는다. '아마 에릭도.'

우리 옆자리에 두 형제가 앉아 있다. 그들 역시 생존자들이다. 고아들이다. 그리고 우리처럼 커셔 출신이다! 그들의 이름은 레슈테르와 임레다. 나중에야 알게 된 사실이지만, 그들의 아버지는 '죽음의 행군' 때 그들 사이에서 걸어가다가 등에 총을 맞았다고 한다. 곧 우리는 고향에서 쫓겨난 1만 5,000명의 강제추방자 중 살아남은 사람이 70명뿐이라는 사실을 알게 된다. 우리 넷은 그 70명 중 하나다.

"우리에겐 서로가 있잖아." 그들이 말한다. "우리는 정말 운이 좋은 사람들이야."

레슈테르와 임레, 마그다 언니와 나. 우리는 이례적인 사례다. 나치는 수백만 명의 사람들을 살해한 것만이 아니다. 그들은 가족들을 살해했다. 정확히 헤아릴 수 없는 실종자와 사망자 명단을 옆에 가지고 서 우리의 삶은 계속된다. 나중에 우리는 유럽 전역에 있는 난민수용 소들로부터 다양한 이야기를 듣게 된다. 재회, 결혼, 출산. 결혼 예복을 빌리고자 하는 커플들에게 특별 배급표가 발행된다. 우리 역시 유엔 난민구호기구에서 발행하는 신문을 샅샅이 뒤지면서 유럽 전역에 흩어져 있는 생존자들의 목록에 혹시 익숙한 이름이 있지 않을까 숨을 죽이고 간절히 기도한다. 하지만 당장으로는 기차의 창문 밖을 멍하니 응시하며 텅 빈 들판, 무너진 다리, 그리고 가끔 작물의 연약한 새싹들을 바라보는 일밖에는 다른 할 수 있는 일이 없다. 연합국은 이 이후로 10년 더 오스트리아를 점령한다. 우리가 지나치는 마을들에는 안도의 분위기도 축제의 분위기도 없다. 불확실성과 굶주림 때문에 긴장된 분위기만 흐를 뿐이다. 전쟁은 끝났지만, 아직 끝나지 않았다.

"내 입술 못생겨 보이니?" 기차가 비엔나의 외곽에 다다르자 마그다 언니가 내게 묻는다. 마그다 언니는 창문 유리에 풍경과 겹쳐 보이는 자기 얼굴을 살펴보고 있다.

"왜? 써먹을 계획이야?" 내가 언니에게 농담을 던진다. 나는 언니의 개구쟁이같이 짓궂은 면을 끌어내려 애쓴다. 한편으로는 내가 가진 불가능한 환상을 억누르려 애쓴다. 에릭이 어딘가에 살아 있고 내가 임시변통한 면사포를 쓰고 전후의 신부가 되리라는 환상을. 사랑하는 사람과 영원히 함께하고 절대 혼자 있지 않게 되리라는 환상을.

"나 진지해." 마그다 언니가 말한다. "진실을 말해줘."

마그다 언니가 불안해하는 모습을 보니 우리가 아우슈비츠에서 보낸 첫날이 떠오른다. 언니는 머리가 깎인 후 자신의 머리카락 다발을 움켜쥐고서 벌거벗은 채 서 있었다. 아마도 지금 마그다 언니는 다음에 무슨 일이 벌어질지에 대한 거대하고 일반적인 공포를 더 구체적이고 개인적인 공포-남자를 만날 수 있을 만큼 자신이 충분히 매력적이지 않다는 공포, 자신의 입술이 못생겼다는 공포-로 압축하려 애쓰고 있는지도 모른다. 아니면 언니의 질문은 자신의 본질적 가치에 관한 더 깊은 불안과 연관되어 있는지도 모른다.

"입술에 무슨 문제라도 있어?" 내가 묻는다.

"엄마는 내 입술을 싫어했어. 한번은 길거리에서 누군가가 내 눈을 칭찬하자 엄마가 덧붙였어. '네, 아름다운 눈을 가졌지요. 하지만 저 두꺼운 입술 좀 보세요.'"

생존은 사느냐 죽느냐의 문제다. 살아남기 위해 투쟁할 때는 '하지만'이 끼어들 여지가 없다. 이제 '하지만'이 우르르 몰려온다. 우리에겐 먹을 빵이 있다. '그래, 하지만 무일푼이지.' 살이 붙고 있어 다행이다. '그래, 하지만 마음이 납덩이처럼 무거워.' 너는 살아남았어. '그래, 하지만 우리 엄마는 죽었지.'


레슈테르와 임레는 비엔나에 며칠 더 머무르기로 한다. 그들은 고향에 오면 우리를 찾겠다고 약속한다. 마그다 언니와 나는 북서쪽으로 8시간을 달려 우리를 프라하에 데려다줄 다른 기차에 올라탄다. 한 남자가 기차 차량의 입구를 막아선다. "나사 루데 *Nasa lude*." 그가 조롱하듯 말한다. '우리 사람들'이란 뜻이다. 그는 슬로바키아 사람이다. 유대인들은 기차 차량의 지붕 위에 타야 한다.

"나치는 패배했어." 마그다 언니가 중얼거린다. "하지만 이전과 달라진 게 없네."

고향에 갈 수 있는 다른 방법이 없다. 우리는 하는 수 없이 기차 차량의 지붕으로 올라가 다른 난민들과 함께 자리를 잡는다. 마그다 언니와 나는 손을 꽉 붙잡는다. 마그다 언니는 러치 글러드슈테인이라는 이름의 젊은 남자 옆에 앉는다. 그가 자신의 손가락으로 마그다 언니의 손가락을 어루만진다. 그의 손가락은 앙상하니 뼈밖에 남아 있지 않다. 우리는 서로에게 그동안 어디에 있었는지 묻지 않는다. 우리의 말라비틀어진 몸과 겁에 질린 두 눈이 모든 것을 말해준다. 마그다 언니는 러치의 여윈 가슴에 머리를 기대며 온기를 찾는다. 그들이 서로에게 위안을 받는 것처럼 보여서 질투가 난다. 끌림과 소속감. 하지만 나는 에릭에 대한 사랑, 에릭을 다시 찾을 것이라는 희망에 너무 몰두해 있어서 다른 남자의 팔을 찾아 안길 생각이 전혀 없다. 아직까지 에릭의 목소리를 기억하고 있지 않다고 하더라도 나는 너무 두려워서 다른 사람에게 위로나 친밀함을 구하지 못할 것 같다. 나는 뼈와 가죽밖에 남지 않았다. 게다가 온몸에 이가 득실거리고 상처투성이다. 누가 나를 원할까? 연결을 갈구하다가 거절당하느니 위험을 감수하지 않는 편이 더 낫다. 내가 입은 손상을 확인받고 싶지 않다. 게다가 현재 상황에서 누가 가장 좋은 안식처를 제공해줄까? 내가 무엇을 견뎌냈는지 알고 있는 동료 생존자가? 아니면 내가 무엇을 견뎌냈는지 알지는 못하지만 내가 그 모든 사실을 잊도록 도와줄 수 있는 누군가가? 지옥을 겪기 전부터 나와 알던 사이여서 내가 예전의 나로 돌아가도록 도울 수 있는 누군가가? 아니면 나를 보면서도 나의 무엇이 파괴되었는지 떠올리지 않을 수 있는 누군가가? "절대 너의 눈을 잊지 않을 거야." 에릭은 내게 말했다. "절대 너의 손을 잊지 않을 거야." 일 년이 넘는 시간 동안, 나는 자유로 향하는 길을 안내하는 지도라도 되는 듯이 이 말들에 매달렸다. 하지만 만약 에릭이 나의 현재 모습을 받아들일 수 없다면? 만약 우리가 서로를 찾아 삶을 꾸렸는데 우리의 아이들이 유령의 자식들이라는 사실만 깨닫고 만다면?

나는 마그다 언니에게 몸을 바짝 기댄다. 언니와 러치는 미래에 관해 이야기한다.

"나는 의사가 될 거야." 그가 말한다.

고귀한 청년이다. 그는 나와 마찬가지로 한두 달 전까지만 해도 산송장에 불과했다. 그는 살아남았고 그는 치유될 것이다. 그는 다른 사람들을 치유할 것이다. 그의 포부를 들으니 안심이 된다. 한편으로 너무나 놀랍다. 그는 꿈을 간직한 채로 죽음의 수용소에서 나왔다. 불필요한 위험을 떠안은 것처럼 보인다. 굶주림과 잔혹 행위를 체험한 지금조차도 나는 편견에 의해 꿈이 파멸되는 일이 육체적 고통 못지않게 얼마나 커다란 고통을 주는지 잘 기억한다. 코치 선생님이 올림픽 훈련팀에서 나를 제외했을 때처럼 말이다. 나는 외할아버지가 재봉틀을 만드는 회사인 싱어 컴퍼니에서 퇴직한 후, 자신의 연금수표가 나오기만을 얼마나 기다렸는지 기억하고 있다. 외할아버지는 기다리고 또 기다렸다. 다른 일에 대해서는 거의 한마디도 하지 않았다. 마침내 외할아버지는 자신의 첫 연금수표를 받았다. 그로부터 일주일 후, 우리는 벽돌공장으로 추방되었다. 몇 주일 후, 외할아버지는 돌아가셨다. 나는 부질없는 일을 꿈꾸고 싶지 않다.

"삼촌이 미국에 계셔." 러치가 말을 잇는다. "텍사스에. 나는 거기에 가서 일하면서 학비를 모을 거야."

"아마 우리도 미국에 갈지 몰라." 마그다 언니가 말한다. 언니는 브롱크스에 사는 마틸다 이모에 대해 생각하는 게 틀림없다. 기차 차량의 지붕 위에서는 온통 미국과 팔레스타인에 관한 이야기뿐이다. 왜 상실의 폐허 속에서 계속 살아가야 하는가? 우리를 원치 않는 곳에서 왜 생존을 위해 계속 발버둥 쳐야 하는가? 하지만 머지않아 우리는 미국과 팔레스타인 이민에 엄격한 제한 조건이 있다는 사실을 알게 된다. 제약과 편견으로부터 완전히 자유로운 안식처는 세상에 존재하지 않는다. 우리가 어디에 가든 우리의 삶은 항상 이러한 모습일지 모른다. 언제라도 폭탄이 터지거나 총을 맞거나 배수로에 던져질 수 있다는 공포를 무시하려 애쓰면서 살아야 하는 삶. 아니면 기껏해야 기차 차량의 지붕 위에 군말 없이 올라타야만 하는 삶. 세찬 바람에 맞서 손에 손을 맞잡은 채로.

\* \* \*

프라하에서 우리는 다시 기차를 갈아타야 한다. 우리는 러치와 작별인사를 나눈다. 마그다 언니는 그에게 우리 옛집의 주소를 건넨다. 코슈트 러요시 우트처 6번지Kossuth Lajos Utca #6. 그가 연락하겠다고 약속한다. 출발하기까지 시간이 조금 남아 있다. 햇볕이 내리쬐는 조용한 곳에서 다리를 쭉 펴고 빵을 먹을 수 있는 시간이다. 나는 공원을 찾고 싶다. 초록색 풀밭과 꽃들을 보고 싶다. 나는 몇 걸음마다 한 번씩 두 눈을 감고서 도시의 냄새, 도로와 인도, 바깥세상의 북적거림을 가만히 음미한다. 빵집들, 자동차의 배기가스, 향수 냄새. 우리가 지옥에 있는 동안 이 모든 것이 그대로 존재했다는 사실이 믿기지 않는다. 나는 상점의 진열장 안을 들여다본다. 내가 무일푼인 사실은 중요하지 않다. 물론 앞으로는 중요할 것이다. 고향에 간다 해도 먹을 것이 공짜로 주어지지는 않을 것이다. 하지만 지금 이 순간에는 드레스와 스타킹, 보석, 담배, 문구류가 있는 걸 보는 것만으로도 완전히 충만하다. 어디에서든 삶과 상업은 계속된다. 한 여자가 여름 원피스를 만져본다. 한 남자가 목걸이에 감탄한다. 물건이 중요한 게 아니다. 아름다움이 중요하다. 이 도시는 아름다운 것들을 상상하고, 만들고, 찬미하는 능력을 잃지 않은 사람들로 가득 차 있다. 나는 다시 주민이 될 것이다. 어딘가의 주민이 될 것이다. 나는 심부름을 하고 선물을 살 것이다. 나는 우체국에 줄을 설 것이다. 나는 직접 구운 빵을 먹을 것이다. 나는 아빠를 생각하며 고급 여성복을 입을 것이다. 나는 엄마를 생각하며 오페라를 보러 갈 것이다. 엄마가 어떤 식으로 좌석 앞으로 몸을 기울이고 바그너를 감상했는지, 어떤 식으로 감동의 눈물을 흘렸는지 떠올릴 것이다. 나는 교향악 연주회에 갈 것이다. 그리고 클라라 언니를 위해서 멘델스존의 〈바이올린 협주곡〉을 연주하는 모든 연주회에 찾아다닐 것이다. 그 곡에 담긴 열망과 애석함, 음이 올라갈 때의 절박함, 그런 다음 부드럽게 울려 퍼지는 바이올린 카덴차, 큰 소리를 낸 후 고조되는 화음. 그런 다음 현악기들이 불길한 테마를 연주하며 바이올린 독주의 야심만만한 꿈을 위협한다. 나는 인도에 서서 두 눈을 감고 클라라 언니의 바이올린 연주 소리를 감상한다. 그때 마그다 언니가 나를 깜짝 놀라게 한다.

"일어나, 디추!"

눈을 뜨자 도시 한복판의 공원 입구 근처인 바로 여기에, 솔로 바이올리니스트의 연주회를 광고하는 콘서트 포스터가 붙어 있다.

포스터에 언니의 사진이 있다.

포스터에 클라라 언니가 바이올린을 들고서 앉아 있다.

# 창문을 통해 안으로 들어가기

우리는 코시체에 도착한 후 기차에서 내린다. 우리의 고향은 더는 헝가리에 속해 있지 않다. 다시 체코슬로바키아에 속하게 됐다. 우리는 6월의 강한 햇살에 눈을 깜박인다. 우리에게는 택시를 탈 돈도 없고 어떤 것을 살 돈도 없다. 우리 가족의 옛 아파트가 다른 사람에게 넘어갔는지 아닌지도 모르고 어떻게 살아갈 방법을 찾아야 할지도 모른다. 하지만 어쨌든 우리는 고향에 왔다. 우리는 클라라 언니를 찾을 준비가 되어 있다. 클라라 언니는 불과 몇 주 전에 프라하에서 연주회를 열었다. 클라라 언니는 어딘가에 살아 있다.

우리는 메슈치키 공원을 통과해 시내 중심가를 향해 걸어간다. 야외 테이블에, 벤치에 사람들이 앉아 있다. 아이들이 분수대 주변에 모여 있다. 남자들이 마그다 언니를 만나기 위해 모여들었던 시계탑이 보인다. 아빠 가게의 발코니도 보인다. 발코니 난간에 걸린 금메달들이 눈부시게 빛난다. '아빠가 이곳에 있다!' 확신이 든다. 아빠의 담배 냄새가 느껴지고 아빠의 콧수염이 볼에 닿는 촉감이 느껴진다. 하지만 아빠 가게의 창문들은 불이 켜지지 않은 채 캄캄하다. 우리는 '코슈트 러요시 우트처 6번지'에 있는 우리 아파트를 향해 걸어간다. 그런데 우리를 벽돌공장으로 호송하기 전에 승합차가 대기하고 있던 곳 근처의 인도에서 기적이 일어난다. 실제로 클라라 언니의 형체가 현관문 밖으로 걸어 나온다. 클라라 언니는 엄마처럼 머리를 땋은 후 돌돌 말아 틀어 올렸다. 클라라 언니는 자신의 바이올린을 들고 있다. 클라라 언니는 나를 보자마자 바이올린 케이스를 인도에 떨어뜨리고서 나를 향해 달려온다. 클라라 언니가 신음한다. "디추커, 디추커!" 클라라 언니가 울음을 터뜨린다. 언니가 아기를 안듯 나를 안아서 들어 올린다. 언니의 팔이 요람처럼 느껴진다.

"우리를 안지 마!" 마그다 언니가 꽥 소리를 지른다. "온통 이와 상처투성이라고!"

나는 마그다 언니가 한 말의 의미가 이렇다고 생각한다. '사랑하는 여동생아, 우리는 상처를 입었어.' 또한, 이런 의미다. '우리가 목격한 것들로 인해 네가 상처받지 않길 바라. 상황을 악화시키지 마. 무슨 일이 있었느냐고 우리에게 묻지 마. 온데간데없이 사라지지 마.'

클라라 언니는 나를 들어 올려 안은 채 아기를 어르듯 흔들고 또 흔든다. "이 아기가 제 동생이에요!" 클라라 언니가 지나가는 낯선 사람에게 큰 소리로 말한다. 이 순간 이후로 클라라 언니는 계속 나의 엄마가 된다. 클라라 언니는 이미 우리 얼굴에서 그 자리가 비었고 채워져야 한다는 사실을 알아챘다.

우리가 클라라 언니를 마지막으로 본 이후로 최소한 일 년 반이 지났다. 클라라 언니는 연주회를 하기 위해 라디오 방송국에 가던 참이다. 우리는 클라라 언니가 눈앞에서 벗어나지 않게 하려 필사적이다. "가지 마, 가지 마." 우리가 애원한다. 하지만 클라라 언니는 벌써 늦었다. "내가 연주를 하지 않으면 먹을 것을 구할 수 없어." 클라라 언니가 말한다. "서둘러. 따라 들어와." 지금은 차분히 이야기를 나눌 시간이 없다는 사실이 축복일지도 모른다. 우리는 어떻게 이야기를 시작해야 할지 모를 터이다. 클라라 언니에게는 우리가 이토록 육체적으로 피폐해져 있는 모습을 보이는 것이 크나큰 충격이겠지만 이 또한 축복일지도 모른다. 클라라 언니는 구체적인 무언가를 실행함으로써 사랑과 안도감을 표현할 수 있고 치유로 향하는 길을 안내할 수 있다. 휴식을 취하는 것만으론 충분하지 않을 것이다. 아마 우리는 결코 회복하지 못할지도 모른다. 하지만 지금 당장 클라라 언니가 할 수 있는 일들이 있다. 클라라 언니는 우리를 안으로 데리고 들어가서 우리의 더러운 옷을 벗긴다. 그러고선 우리와 함께 부모님이 쓰던 침대에 새하얀 시트를 깐다. 클라라 언니는 마그다 언니와 나의 몸을 뒤덮고 있는 발진에 칼라민 로션(햇볕에 탔거나 따가운 피부에 바르는 분홍색 약물)을 바른다. 우리를 간지럽게 만드는 발진은 금세 우리의 몸에서 클라라 언니의 몸으로 옮겨가고 클라라 언니는 온 피부가 화끈거려서 연주회에서 간신히 바이올린 연주를 한다. 우리는 육체를 통해 재회한다.

마그다 언니와 나는 벌거벗은 채로 온몸에 칼라민 로션을 잔뜩 바르고 거의 일주일 정도 침대에 누워 지낸다. 클라라 언니는 우리에게 아무것도 묻지 않는다. 클라라 언니는 엄마와 아빠가 어디에 있는지 우리에게 묻지 않는다. 클라라 언니는 우리가 말하지 않아도 되게끔 말을 한다. 클라라 언니는 자신이 듣지 않아도 되게 말을 한다. 클라라 언니가 말하는 모든 일은 기적과 같이 들린다. 정말로 기적이다. 우리는 여기에 함께 있다. 우리는 운이 좋은 사람들이다. 우리처럼 가족이 무사히 재회한 경우는 매우 드물다. 이모와 외삼촌은 다뉴브강의 다리에서 던져진 후 익사했다고 클라라 언니가 담담하고 무미건조하게 말한다. 하지만 헝가리에 마지막으로 남아 있는 유대인들이 잡혀갔을 때, 클라라 언니는 운 좋게도 발각되지 않았다고 한다. 클라라 언니는 비유대인으로 위장하고서 언니의 교수님 댁에서 살았다. "어느날 교수님이 말씀하셨어. '내일부터 성경을 공부해야 해. 앞으로 성경 과목을 가르쳐야 할 거야. 수녀원에서 살게 될 거야.' 자취를 감추기에 최고의 방법처럼 보였어. 수녀원은 부다페스트에서 거의 200마일(약 321킬로미터) 떨어져 있었거든. 나는 수녀복을 입었어. 하지만 하루는 같은 예술학교 출신의 여자애가 나를 알아봤어. 그래서 기차를 타고 도망쳐서 부다페스트로 돌아왔지."

여름의 언젠가, 클라라 언니는 부모님으로부터 편지를 받았다. 우리가 벽돌공장에 있을 때 부모님이 클라라 언니에게 쓴 편지였다. 편지에는 어디에 수용되어 있고 우리가 함께 안전하게 있으며 앞으로 케네르메죄라고 불리는 강제노동수용소로 이송될 것 같다고 적혀 있었다. 나는 벽돌공장을 떠날 때 엄마가 길거리에 편지를 떨어뜨리던 모습을 기억한다. 편지를 부칠 방법이 없기 때문이었다. 그 당시에 나는 엄마가 자포자기하는 심정으로 편지를 떨어뜨렸다고 생각했다. 하지만 클라라 언니가 자신의 생존기를 이야기하는 것을 들어보니 상황이 다르게 보인다. 편지를 떨어뜨릴 때, 엄마는 희망을 포기하지 않았다. 엄마는 희망에 불을 붙였다. 어느 쪽이 맞든, 엄마가 패배감에 편지를 떨어뜨렸든 희망을 품고 편지를 떨어뜨렸든, 어쨌든 엄마는 모험을 걸었다. 그 편지는 부다페스트에 숨어 있는 금발의 유대인인 클라라 언니를 손가락으로 가리켰다. 그 편지는 언니의 주소를 알려주었다. 우리가 어둠 속에서 아우슈비츠를 향해 터덜터덜 걸어가는 동안, 타인인 누군가가 그 편지를 손에 넣었다. 그는 편지를 뜯어볼 수도 있었고 클라라 언니를 '닐러시'에게 밀고할 수도 있었다. 그는 편지를 쓰레기통에 버릴 수도 있었고 길가에 그대로 둘 수도 있었다. 하지만 이 타인은 편지에 우표를 붙인 후 부다페스트에 있는 클라라 언니에게 보냈다. 이 일은 클라라 언니가 다시 나타난 일만큼이나 믿기지 않는 일이다. 이 일은 마술이며, 우리 사이에 생명선이 존재한다는 증거이자, 세상에 여전히 친절함이 존재한다는 증거다. 3,000명의 발걸음이 일으키는 먼지를 뚫고 많은 사람은 폴란드의 강제수용소 굴뚝으로 직행했지만, 엄마의 편지는 하늘을 날았다. 금발의 여자아이는 연주하던 바이올린을 내려놓고 밀봉된 편지 봉투를 뜯었으리라.

클라라 언니가 행복한 결말로 끝나는 이야기를 하나 더 들려준다. 우리가 벽돌공장으로 후송되었고, 곧 있으면 케네르메죄 혹은 알 길 없는 어딘가로 이송된다는 사실을 알고 나서, 클라라 언니는 우리가 있는 곳으로 자신도 보내달라고 요청하기 위해 부다페스트에 있는 독일 영사관에 찾아갔다. 독일 영사관에 가니 입구에 있는 수위가 언니에게 말했다. "아가씨, 가요. 여기에 들어오지 말아요." 클라라 언니는 거절을 당하려고 간 게 아니었다. 언니는 건물의 뒷문으로 몰래 들어가려고 시도했다. 바로 그때 수위가 클라라 언니를 발견하고서 주먹으로 언니의 어깨와 팔과 배와 얼굴을 사정없이 두들겨 팼다. "썩 꺼져." 그가 다시 말했다.

"그는 나를 두들겨 팼고 내 목숨을 구해줬어." 클라라 언니가 우리에게 말한다.

전쟁이 막바지로 치닫고 러시아 군인들이 부다페스트를 포위하자 나치는 유대인들의 도시를 없애기 위해 더욱 혈안이 됐다. "우리는 이름과 종교가 적히고 사진이 부착된 신분증명서를 몸에 지니고 다녀야 했어. 그들은 거리에서 항상 이 신분증명서를 확인했지. 그리고 만약 상대가 유대인이라는 게 밝혀지면 바로 그 자리에서 사살해도 상관없었어. 나는 내 신분증명서를 가지고 다니고 싶지 않았지만, 한편으로 전쟁이 끝나고 난 후에 내가 예전에 누구였는지 증명할 수 있는 무언가가 필요하지 않을까 걱정됐어. 그래서 친구에게 내 신분증명서를 주고 나 대신 보관해달라고 부탁할 작정이었어. 그 여자아이는 항구 건너편에 살았고 그래서 그 아이의 집에 가기 위해서는 다리를 건너야 했어. 내가 다리에 다다랐을 때 군인들이 신분증명서를 확인하고 있었어. 그들이 말했지. "당신이 누구인지 보여주시오." 나는 그럴 수 있는 아무것도 가지고 있지 않다고 말했어. 왠지 모르겠지만 그리고 지금도 어떻게 된 일인지 모르지만, 그들은 그냥 내가 다리를 건너게 해줬어. 내 금발 머리와 푸른 눈을 보고 내가 유대인이 아니라고 확신했나 봐. 그러고는 신분증명서를 되찾기 위해 친구네 집에 다시 가지 않았어."

"문을 통해 안으로 들어갈 수 없다면, 창문을 통해 안으로 들어가라"라고 엄마는 말하곤 했다. 생존을 위한 문은 없다. 회복을 위한 문도 마찬가지다. 사방이 온통 창문뿐이다. 더군다나 걸쇠에 손이 잘 닿지 않고, 유리창은 너무 작으며, 공간이 좁아 몸에 들어맞지 않는다. 하지만 지금 있는 곳에 그대로 서 있을 수는 없다. 반드시 방법을 찾아야 한다.

독일이 항복 선언을 한 후, 마그다 언니와 내가 웰스에서 건강을 회복하고 있는 동안 클라라 언니는 영사관에 다시 찾아갔다. 이번에는 러시아 영사관이었다. 부다페스트가 러시아의 '붉은 군대'에 의해 나치의 통치에서 해방됐기 때문이다. 언니는 무료 연주회를 해주는 대가로 언니를 고향인 코시체에 가도록 도와달라고 제안했다. "나는 200명의 러시아 군인들 앞에서 바이올린 연주를 했고, 그런 다음 기차 차량의 지붕에 태워져 고향으로 보내졌다. 그들은 기차가 멈추거나 잠을 잘 때 다른 사람들로부터 나를 보호했어." 클라라 언니가 우리의 오래된 아파트 현관문을 열었을 때, 모든 것이 엉망진창이었고 가구와 물건들은 죄다 도난당한 상태였다. 침실들은 마구간으로 사용되었었고 바닥은 온통 말의 배설물로 뒤덮여 있었다. 우리가 웰스에서 먹고, 걷고, 이름을 쓰는 법을 배우는 동안, 클라라 언니는 돈을 벌기 위해 연주회를 하고 집의 바닥을 북북 문질러 청소하기 시작했다.

그리고 마그다 언니와 내가 왔다. 발진이 다 낫자 우리 셋은 번갈아 가며 아파트 밖으로 외출을 한다. 우리 세 사람한테 멀쩡한 신발이 단 한 켤레밖에 없기 때문이다. 내 차례가 돌아오면 나는 신발을 신고서 집 앞 인도 위를 앞뒤로 천천히 걸어 다닌다. 더 멀리 가기에는 아직 몸이 너무 약하기 때문이다. 한 이웃이 나를 알아본다. "네가 살아남았다니 정말 놀랍구나. 늘 빼빼 마른 왜소한 아이였는데 말이야."
그가 말한다. 나는 승리감을 느낄 수도 있다. '모든 역경에도 불구하고
결국 행복한 결말을 맞았어!'라고. 하지만 그 대신 나는 죄책감을 느
낀다. 왜 나지? 왜 내가 살아남았지? 설명할 길이 없다. 요행이다. 아
니면 실수든지.

　사람들은 두 가지로 분류될 수 있다. 살아남은 자와 그렇지 못한
자. 후자는 여기에 남아 자신의 이야기를 들려줄 수 없다. 외할머니의
초상화는 여전히 거실 벽에 걸려 있다. 외할머니의 검은 머리는 가운
데에서 가르마를 탄 후 뒤로 넘겨 단단하게 쪽이 지어져 있다. 몇 올
의 곱슬곱슬한 잔머리가 외할머니의 매끈한 이마에 살짝 내려와 있
다. 초상화 속에서 외할머니는 웃고 있지 않지만, 외할머니의 눈빛은
엄격하기보다는 진실해 보인다. 외할머니는 다 알고 있고 다 이해한
다는 듯이 우리를 내려다본다. 마그다 언니는 엄마가 그랬던 것처럼
외할머니의 초상화에 대고 말을 한다. 때로 마그다 언니는 도움을 청
한다. 때로는 중얼거리다가 고함을 친다. "나치 개새끼들…. 빌어먹을
닐라시 놈들…." 초상화 아래에 놓여 있던 피아노는 사라지고 없다. 피
아노는 우리의 일상생활에 너무나 늘 함께 있어서 마치 숨처럼 거의
눈에 보이지 않을 정도였다. 이제 피아노가 없다는 사실은 거실의 분
위기를 장악하고 있다. 마그다 언니는 비어 있는 공간에 대고 분노를
터뜨린다. 피아노가 사라진 것은 마그다 언니 안의 무언가가 사라진
것이나 마찬가지다. 마그다 언니의 자아정체성의 일부분. 자기표현
욕구의 배출구. 피아노가 없어진 일에 마그다 언니는 분노를 표출한
다. 강렬한, 목소리를 한껏 높인, 고집 센 분노. 나는 이를 보고 언니에

게 감탄한다. 나의 분노는 안으로 향하고 나의 폐 안에서 굳는다.

마그다 언니는 하루가 멀다고 점점 더 강해지지만 나는 여전히 허약하다. 등 위쪽이 계속 아파서 걸어 다니기가 힘들고, 가슴은 꽉 막힌 듯 무겁디무겁다. 나는 거의 집 밖으로 나가지 않는다. 아프지 않다고 하더라도 가고 싶은 곳이 하나도 없다. 모든 질문에 대한 답이 죽음뿐이라면 왜 산책을 나서야 하는가? 살아 있는 사람과의 상호작용이 그보다 더 많은 유령과 함께 세상을 살아가고 있다는 증명밖에 되지 못한다면 굳이 애써 대화를 나눌 이유가 무엇인가? 모두에게 애도할 사람이 그렇게 많은데 특정한 누구를 그리워해야 할 이유가 무엇인가?

나는 언니들에게 의존한다. 클라라 언니는 나의 헌신적인 간호사이고 마그다 언니는 내게 뉴스를 전해주는 원천이며 나를 더 큰 세상과 연결해준다. 어느 날, 마그다 언니가 숨을 헐떡이며 집으로 뛰어들어온다. "피아노!" 마그다 언니가 소리친다. "찾았어. 찻집에 있어. '우리의' 피아노가 틀림없어. 되찾아와야 해."

찻집 주인은 그 피아노가 우리의 것이라는 말을 믿으려 하지 않는다. 클라라 언니와 마그다 언니가 번갈아가며 간절하게 애원한다. 언니들은 우리 집 거실에서 열렸던 가족 실내악 연주회를 자세히 묘사한다. 클라라 언니의 친구이자 첼리스트이며 예술학교의 또 다른 영재인 야노시 슈터르케르가 프로 무대에 데뷔한 해에 우리 집에서 클라라 언니와 함께 어떻게 연주회를 열었는지를 묘사한다. 하지만 언니들의 말은 씨알도 먹히지 않는다. 마침내 마그다 언니가 피아노 조율사를 찾아간다. 그는 언니와 함께 찻집으로 와서 찻집 주인에게 인사를 건넨 다음 피아노의 뚜껑 안쪽에 적힌 일련번호를 본다. "네, 맞습니다." 그가 고개를 끄덕이며 말한다. "이건 엘레판트 집안의 피아노예요." 그가 남자들을 모은 후 피아노를 우리 아파트에 다시 갖다 놓게 한다.

내 안에는 '나의' 정체성을 확인해줄, 나를 나 자신으로 회복시켜줄 어떤 것이 있을까? 만약 그러한 것이 존재한다면, 나는 누구에게 뚜껑을 열고 일련번호를 읽어달라고 부탁해야 할까?


어느 날, 마틸다 고모에게서 소포가 온다. 반송 주소에는 '발렌타인 가, 브롱크스Valentine Avenue, the Bronx'라고 적혀 있다. 차와 크리스코 (쇼트닝 브랜드의 하나)가 들어 있다. 우리는 크리스코를 한 번도 본 적이 없어서 크리스코가 요리와 제빵에 사용되는 버터 대용품이라는 사실을 알지 못한다. 우리는 크리스코를 그냥 떠서 먹기도 하고 빵에 발라서 먹기도 한다. 우리는 티백 하나를 몇 번이고 다시 사용한다. 같은 찻잎을 가지고 몇 잔의 차를 우려낼 수 있을까?


가끔 현관의 초인종이 울릴 때마다 나는 침대에서 벌떡 일어난다. 이 순간들은 최고의 순간들이다. 누군가가 현관 밖에서 기다리고 있다. 문을 열기 몇 초 전까지 그 사람은 누구라도 될 수 있다. 때때로 나는 그 사람이 아빠라고 상상한다. 결국, 아빠는 첫 번째 선별과정에서 살아남은 것이다. 아빠는 남은 전쟁 기간 내내 젊어 보이는 방법, 소각로로 향하지 않고 일을 할 방법을 찾은 것이다. 그리고 마침내 여기에 온 것이다. 담배를 입에 물고 분필 조각을 손에 들고 기다란 줄자를 스카프처럼 목에 건 채로. 때때로 나는 현관에 있는 그 사람이 에릭이라고 상상한다. 에릭은 장미 꽃다발을 들고 있다.

하지만 아빠는 절대 오지 않는다. 그렇게 해서 우리는 아빠가 죽었다는 사실을 확실히 알게 된다.

하루는 레슈테르 코르더가 초인종을 누른다. 마그다 언니와 나와 함께 웰스에서 비엔나까지 기차를 타고 왔던 형제 중 한 명이다. 그는 우리가 어떻게 지내고 있는지 보러 왔다. "치치라고 불러." 그가 말한다. 그가 들어오니 퀴퀴한 냄새가 나는 우리 집에 신선한 공기가 밀려드는 것 같다. 마그다 언니, 클라라 언니, 나, 우리 셋은 계속 정체 상태에 빠져 있다. 과거를 돌아보는 일과 앞으로 나아가는 일 사이에서. 우리의 많은 에너지는 오로지 여러 가지 것들을 회복하기 위해서 사용된다. 우리의 건강, 우리의 소유물들, 상실과 강제수용 이전의 삶에서 누린 것들을. 치치는 따뜻함을 품고서 우리의 삶의 질에 관심을 보인다. 그래서 우리는 세상에는 단지 이것들보다 살아가야 할 목적이 더 많다는 사실을 다시금 깨닫는다.

클라라 언니는 다른 방에서 바이올린을 연주하고 있다. 음악을 듣자 치치의 눈이 반짝거린다. "음악가를 만나 뵐 수 있을까요?" 치치가 묻고 클라라 언니가 기꺼이 은혜를 베푼다. 클라라 언니가 헝가리 민속음악인 차르다시를 연주한다. 치치가 음악에 맞춰 춤을 춘다. 아마도 이제 우리의 삶을 만들어야 할 때인 것 같다. 예전의 삶으로 돌아가는 것이 아니라 새로운 삶을 새롭게 만들어야 할 때다.

1945년 여름 내내 치치는 우리 집을 정기적으로 방문한다. 클라라 언니가 연주회를 하기 위해 프라하에 가야 하자 치치가 언니와 동행하겠다고 제안한다.

"웨딩 케이크라도 구워야 하는 것 아냐?" 마그다 언니가 묻는다.

"그만해." 클라라 언니가 말한다. "치치에게는 여자친구가 있어. 그냥 정중하게 행동하는 것뿐이야."

"사랑에 빠지지 않은 게 확실해?" 내가 묻는다.

"그는 우리의 부모님을 기억해. 그리고 나도 그의 부모님을 기억하고." 클라라 언니가 말한다.


집에 온 지 몇 주가 지난 후, 나는 아직 완전히 회복하지는 않았지만, 에릭의 옛 아파트에 걸어서 갈 수 있는 만큼의 힘을 가까스로 회복한다. 에릭의 가족 중 아무도 돌아오지 않았다. 아파트는 비어 있다. 나는 할 수 있는 한 자주 에릭의 아파트에 가겠다고 마음속으로 맹세한다. 멀리 떨어져 있는 것이 주는 고통은 현실을 자각하는 것이 주는 실망보다 더 크다. 에릭을 애도하는 일은 단순히 한 사람을 애도하는 일을 넘어서는 일이다. 강제수용소에 있을 때, 나는 에릭이 어딘가 살아 있으리라 갈망할 수 있었고 우리가 나눈 미래의 약속에 매달릴 수 있었다. "오늘 살아남는다면 내일은 자유로워질 거야." 자유가 주는 아이러니는 희망과 목적의식을 더 찾기 어렵게 만든다는 것이다. 이제 나는 내가 결혼하는 누군가는 내 부모님을 알지 못할 것이라는 사실을 받아들여야 한다. 내게 아이들이 생긴다면 그 아이들은 외조부모님을 알지 못할 것이다. 나 자신의 상실만이 나를 가슴 아프게 하는 것이 아니다. 현재의 상실이 어떤 식으로 미래에 여파를 남길지가 가슴 아프다. 상실이 어떤 식으로 영구화될지가 가슴 아프다. 엄마는 내게 이마가 넓은 남자를 찾으라고 말하곤 했다. 이마가 넓다는 것은 그가 똑똑하다는 사실을 의미한다면서. "그가 손수건을 어떻게 사용하는지 잘 보렴." 엄마는 말하곤 했다. "항상 깨끗한 손수건을 가지고 다니는지 확인하렴. 구두를 잘 닦았는지도 확인하고." 엄마는 내 결혼식에 참석하지 못할 것이다. 엄마는 내가 어떤 사람이 될지, 내가 어떤 사람을 선택할지 영영 알지 못할 것이다.

클라라 언니가 이제 나의 엄마다. 언니는 사랑과 천부적 권한에서 그렇게 한다. 또한, 언니는 죄책감에서 그렇게 한다. 클라라 언니는 아우슈비츠에 있지 않았고 그러므로 우리를 보호해줄 수 없었다. 클라라 언니는 이제 우리를 보호해준다. 클라라 언니는 모든 요리를 혼자 다 한다. 언니는 마치 내가 아기인 것처럼 숟가락을 들고 내게 음식을 떠먹여 준다. 나는 클라라 언니를 사랑한다. 나는 품에 안기고 안전하다는 느낌을 받는 게 좋다. 하지만 동시에 숨이 막히기도 한다. 언니의 친절은 내게 숨 쉴 구멍을 남기지 않는다. 언니는 보답으로 내게 뭔가를 원하는 것처럼 보인다. 감사도 감탄도 아니다. 더 깊은 무언가다. 나는 클라라 언니가 자신의 목적의식 때문에 내게 의지한다고 느낀다. 자신이 존재해야 할 이유를 찾기 위해서 말이다. 나를 보살피면서 클라라 언니는 왜 자신이 살아남았는지에 대한 이유를 찾는다. 나의 역할은 살아 있을 만큼 어느 정도 건강하면서도 언니를 필요로 할 만큼 어느 정도 무력하게 지내는 것이다. 이것이 내가 살아남은 이유다.

6월 말이 되었지만, 나의 등은 여전히 낫지 않는다. 어깨뼈 사이에 항상 으드득 찢어지는 듯한 통증이 있다. 게다가 가슴도 여전히 아프다. 심지어 숨만 쉬어도 가슴에 통증이 느껴진다. 그러고선 어느 날 열이 펄펄 난다. 클라라 언니가 나를 병원으로 데려간다. 클라라 언니는 내가 1인실에 입원해서 최고의 간호를 받아야 한다고 주장한다. 나는 병원비에 대해 걱정하지만 클라라 언니는 자신이 더 많은 연주회를 열 것이고, 병원비를 감당할 방법을 찾을 것이라고 말한다. 의사가 나를 진찰하기 위해 병실로 들어오는 순간 나는 그가 누구인지 알아본다. 그는 내 예전 학교 친구의 오빠이다. 그의 이름은 거비다. 그의 여동생이 그를 천사 가브리엘이라고 불렀던 기억이 난다. 그 아이는 아우슈비츠에서 죽었다고 한다. 그가 내게 아우슈비츠에서 그 아이를 본 적이 없느냐고 묻는다. 나도 그가 그 아이를 기억할 수 있도록 내가 그 아이의 마지막 장면을 봤었으면 좋겠다. 그래서 나는 그 아이가 그에 대해 애정 어리게 말하는 걸 들었고, 뭔가 용감한 일을 하는 걸 봤다고 이야기를 지어내야 할까 고민한다. 하지만 나는 거짓말을 하지 않는다. 아빠와 에릭의 마지막 순간을 놓고 생각해보면, 처음엔 위로가 될지 몰라도 결국엔 사실이 아닌 말을 듣느니, 알지 못하는 텅 빈 어둠과 마주하는 것이 더 낫다고 나는 생각한다. 천사 가브리엘이 내가 강제수용소에서 해방된 이후 처음으로 의학적 진찰을 한다. 그는 내게 장티푸스 열, 폐렴, 흉막염, 등뼈 골절 등이 있다고 진단 내린다. 그는 내게 입었다 벗었다 할 수 있는, 몸통 전체를 덮는 깁스를 제작해준다. 나는 밤마다 그것을 침대에 놓고 그 안으로 들어간다. 석고로 만들어진 내 껍데기.

거비의 방문은 내게 신체적인 치료 이상의 의미를 지니게 된다. 거비는 내게 치료비를 받지 않는다. 우리는 함께 앉아서 추억에 잠긴다. 나는 언니들과 함께 비통해할 수 없다. 솔직하게 터놓고 슬퍼할 수가 없다. 너무 날것의 느낌이며 너무 현재의 느낌이기 때문이다. 게다가 언니들과 함께 슬퍼하면 우리가 재회한 기적을 더럽히게 될까 걱정이 된다. 우리는 한 번도 서로 껴안고 울지 않았다. 하지만 거비와 함께 있으면 나는 나 자신에게 슬퍼해도 좋다고 허용할 수 있다. 어느 날 나는 거비에게 에릭에 관해 묻는다. 거비는 에릭을 기억하지만, 에릭이 어떻게 되었는지는 알지 못한다. 거비에게는 터트러산에 있는 송환센터에서 일하는 동료가 있다. 거비가 그들에게 에릭에 관해 알 수 있는 것을 알아봐달라고 부탁하겠다고 말한다.

어느 날 오후, 거비가 내 등을 진찰한다. 그는 내가 배를 대고 엎드릴 때까지 기다렸다가 자신이 알게 된 사실을 내게 말해준다. "에릭은 아우슈비츠로 보내졌대." 거비가 말한다. "에릭은 1월에 죽었대. 수용소가 해방되기 하루 전에."

나는 통곡한다. 가슴이 찢어질 것만 같다. 슬픔이 매우 심하게 불타올라 눈물조차 나오지 않는다. 오직 목에서 신음만 들쭉날쭉 나올 뿐이다. 나는 아직 사랑하는 사람의 마지막 나날들에 대해, 그가 겪은 고통에 대해, 그의 몸이 스러질 때 그의 마음과 영혼의 상태에 대해 명확히 생각하거나 물을 수가 없다. 나는 그를 잃은 슬픔과 부당함에 온몸과 온 마음이 잠식되어 있다. 만약 에릭이 몇 시간만 더 버텼더라면, 혹은 몇 숨이라도 더 쉬었더라면, 우리는 지금 함께 있을 수 있었을 것이다. 나는 목소리가 쉴 때까지 테이블에 엎드려 꺽꺽거리며 신음한다.

충격이 가시면서 나는 사실을 알게 된 고통이 신의 내린 자비일 수 있다고 문득 이해하게 된다. 나는 아빠의 죽음에 대해서는 아직 확실히 알지 못한다. 에릭이 죽었다는 사실을 아는 것은 오랜 통증에 시달린 후에 병명을 진단받는 느낌이다. 나는 고통의 이유를 정확히 짚을 수 있다. 무엇을 치유해야 하는지 명확히 알 수 있다.

하지만 진단이 치료는 아니다. 나는 이제 에릭의 목소리로 무엇을 해야 할지 모르겠다. 뚜렷이 기억나는 말들, 함께 품은 희망으로 무엇을 해야 할지 모르겠다.

7월 말이 되자, 내게서 열은 사라지지만 거비는 나의 회복 정도에 여전히 만족하지 못한다. 내 폐는 부러진 등뼈에 의해 너무 오랫동안 압박을 받아서 현재 액체로 가득 차 있다. 거비는 내가 폐결핵에 걸렸을지도 모른다고 걱정하면서 내게 터트러산에 있는 결핵 병원에 가보라고 권한다. 결핵 병원은 그가 에릭의 죽음에 대해 알게 된 송환센터 근처에 있다고 했다. 클라라 언니가 나와 함께 기차를 타고 터트러산 근처에 있는 마을까지 갈 것이다. 한편 마그다 언니는 아파트에 머무를 것이다. 아파트를 힘들게 되찾았기 때문에 그리고 누군가가 예상치 않게 방문할지 몰라서, 우리는 아파트를 빈 채로 남겨두는 위험을 감수할 수 없다. 단 하루도 말이다. 클라라 언니는 여행 내내 내가 마치 어린아이인 것처럼 나를 돌본다. "제 아기 좀 보세요!" 언니가 옆의 승객들에게 소리친다. 나는 조숙한 걸음마기 아기인 것처럼 그들을 보고 방긋 웃는다. 실제로 나는 그렇게 보인다. 내 머리카락은 장티푸스 때문에 다 빠졌고 이제 막 새로 자라기 시작한 참이라 아기의 머리카락처럼 보드랍다. 클라라 언니가 머리에 스카프를 씌워준다. 기차가 산 위로 올라가면서 알프스의 건조한 공기가 가슴에 상쾌하게 느껴지지만 숨을 쉬기는 여전히 힘들다. 내 폐 안에는 늘 진창 같은 것이 있다. 마치 밖으로 흘리지 못한 눈물이 몸 안에 있는 웅덩이 속으로 내려간 것 같다. 나는 슬픔을 무시할 수 없다. 하지만 슬픔을 배출할 수도 없다.

클라라 언니는 또 다른 라디오 연주회를 하기 위해 코시체로 돌아가야 한다. 클라라 언니의 연주회는 우리의 유일한 수입원이다. 그래서 클라라 언니는 내가 건강이 좋아질 때까지 머무를 결핵 병원에 나와 함께 가지 못한다. 하지만 언니는 한사코 나를 혼자 보낼 수 없다고 고집한다. 우리는 송환센터에서 이리저리 알아보며 병원까지 가는 누군가가 없는지 찾고, 나는 근처 호텔에 머무는 한 젊은 남자도 치료를 받기 위해 결핵 병원에 갈 예정이라는 이야기를 듣는다. 내가 호텔 로비에서 그에게 다가갈 때 그는 어떤 여자와 키스를 하고 있다.

"기차역에서 봅시다." 그가 으르렁거리듯 말한다.

내가 기차 플랫폼에서 그에게 다가갈 때 그는 여전히 그 여자와 키스를 하고 있다. 그는 머리가 희끗희끗하고 나보다 적어도 열 살은 많아 보인다. 나는 9월이면 18세가 되지만, 앙상한 팔다리와 납작한 가슴, 듬성듬성한 머리카락 때문에 12세밖에 되지 않은 것처럼 보인다. 나는 그들이 포옹하고 있을 때 어떻게 그의 주의를 끌어야 할지 잘 몰라서 그들 옆에 엉거주춤 서 있다. 나는 짜증이 난다. '이 사람'이 나를 맡겨야 할 그 남자인가?

"좀 도와주시겠어요, 선생님? 당신은 나를 병원까지 에스코트하기로 되어 있는데요." 내가 마침내 묻는다.

"바빠요." 그가 말한다. 그는 간신히 키스를 중단하고 내게 응답한다. 그는 마치 귀찮게 구는 여동생을 털어내는 오빠 같다. "기차 위에서 만납시다."

클라라 언니에게 늘 관심과 아첨을 받은 후라 그런지 그의 오만이 가슴을 후벼판다. 왜 이렇게 신경이 쓰이는지 모르겠다. 그의 여자친구는 살아 있는데 내 남자친구는 죽어서? 아니면 내가 이미 너무 마음이 약해져서 다른 사람의 관심이나 인정 없이는 완전히 사라질지 모른다는 위협감을 느끼고 있어서?

그가 기차에서 내게 샌드위치를 사주고 자신을 위해서는 신문을 산다. 우리는 서로 이름을 주고받고 형식적인 인사를 나눈 이후에는 서로 아무 말도 하지 않는다. 벨러가 그의 이름이다. 내게 그는 단지 기차에 함께 탄 무례한 사람, 내가 마지못해 도움을 청해야 하는 사람, 하기 싫은데 억지로 짜내서 도움을 주는 사람일 뿐이다.

기차역에 도착하자 우리는 결핵 병원까지 걸어서 가야 한다는 사실을 알게 되고 이제는 신문이 없어 그는 신경을 딴 데로 돌릴 수가 없다.

"전쟁 전엔 무엇을 했나요?" 그가 묻는다. 나는 이전에 알지 못했던 사실을 눈치챈다. 그는 더듬거리며 말을 한다. 내가 체조선수이자 발레를 췄다고 말하자 그가 말한다. "그 말을 들으니 농담 하나가 생각나는군요."

나는 헝가리 유머를 들을 준비를 하며 기대에 찬 눈빛으로 그를 쳐다본다. 아우슈비츠에서 마그다 언니와 내가 같은 침상 친구들과 '최고의 가슴 대회'를 열면서 느꼈던 안도감을 기다리면서, 끔찍한 순간에 웃음이 주는 희열을 기다리면서 말이다.

"새가 한 마리 있었어요." 그가 말한다. "그리고 그 새는 죽기 직전이었어요. 그때 암소가 와서 새의 몸을 약간 덥혀주었죠. 뒤에서 나오는 그걸로요, 무슨 말인지 알죠? 그러자 새가 기운을 차리기 시작했어요. 바로 그때 트럭이 지나가면서 새를 치어 죽였어요. 현명한 늙은 말이 지나가다가 도로에 있는 죽은 새를 보았지요. 현명한 늙은 말이 말했어요. 머리 위에 똥이 있으면 춤추지 말라고 내가 말하지 않았니?" 벨러가 자신이 던진 농담에 자지러지게 웃는다.

하지만 나는 모욕을 받은 듯한 느낌이다. 그는 웃자고 한 말이겠지만 나는 그가 내 머리 위에 똥이 있다고 말하고 있다고 생각한다. 넌 진짜 엉망진창이라고 말하고 있다고 생각한다. 나는 그가 이런 외모로 자신을 댄서라고 불러서는 안 된다고 말하고 있다고 생각한다. 그의 모욕이 있기 전, 아주 잠깐, 그의 관심을 받으니 안도감이 들었고 전쟁 전에 무슨 일을 했느냐고 질문을 받으니 안도감이 들었다. 전쟁 전에 존재했던, 그리고 잘 살았던 나를 인정받는 듯한 안도감이었다. 그의 농담은 전쟁이 얼마나 회복할 수 없을 정도로 나를 바꿔놓고 나를 망가뜨렸는지 더욱 절실히 알게 해준다. 낯선 사람이 나를 깎아내리는 일은 마음이 아프다. 그의 말이 맞기 때문에 마음이 아프다. 나는 엉망진창이다. 여전히 나는 둔감한 남자 혹은 그의 헝가리식 빈정댐을 가만히 넘기지 못한다. 나는 그에게 보여줄 것이다. 내 머리카락이 얼마나 짧든, 내 얼굴이 얼마나 앙상하든, 내 가슴에 얼마나 무거운 슬픔이 있든 상관없이, 자신감에 차 있는 댄서가 여전히 내 안에 살아 있다는 사실을 말이다. 나는 그의 앞으로 뛰어가서 길 중간에서 다리 찢고 앉기 동작을 선보인다.

내게는 결핵이 없는 것으로 판명 난다. 그들은 그래도 내 폐 안에 꽉 차 있는 액체를 치료하기 위해 나를 병원에 3주 동안 입원하게 한다. 나는 결핵이 옮는 게 무서워서 손 대신 발끝으로 문을 연다. 결핵이 접촉이나 손잡이에 묻은 세균을 통해 옮지 않는다는 사실을 알고 있음에도 그렇다. 내가 결핵에 걸리지 않았다는 건 좋은 소식이지만 나는 여전히 건강이 좋지 않다. 나는 가슴 안이 물에 잠긴 듯한 느낌과 눈앞이 캄캄해지며 이마가 지끈거리는 증상을 설명할 수 있는 어휘를 찾지 못했다. 까끌까끌한 모래가 눈 전체에 발라지는 듯한 느낌이다. 나중에 이 느낌은 이름을 갖게 된다. 나중에 나는 이 느낌을 '우울증'이라고 부른다는 사실을 알게 된다. 하지만 지금 내가 아는 거라곤 침대 밖으로 나오기 위해 엄청난 노력이 필요하다는 것뿐이다. 숨을 쉬기 위해서도 노력이 필요하다. 더 끔찍한 것은 존재하기 위한 노력이다. 왜 일어나야 하는가? 무엇을 위해 일어나서 저기에 가야 하는가? 나는 아무 희망이 없던 아우슈비츠에서도 자살 충동을 느끼지 않았다. 매일 나는 "네가 여기서 나갈 수 있는 유일한 방법은 시체가 돼서 나가는 방법뿐이야"라고 말하는 사람들에 둘러싸여 있었다. 하지만 그 끔찍한 예언이 내게 맞서 싸워야 할 무언가를 주었다. 이제 나는 회복하고 있다. 이제 나는 부모님이 절대 돌아오지 않을 것이고, 에릭 또한 절대 돌아오지 않을 것이고, 유일한 악마는 내면에 있다는, 변경할 수 없는 사실과 직면하고 있다. 나는 자살하는 것에 대해 생각한다. 나는 고통에서 벗어나고 싶다. 왜 존재하지 않기로 선택해서는 안 되는가?

벨러는 내 병실 바로 위에 있는 병실을 배정받는다. 어느 날 그는 내 병실에 들러서 내 상태를 확인한다. "당신을 웃게 할 거예요. 그러면 기분이 더 나아질 거예요. 곧 알겠지만." 그가 말한다. 그가 아기를 즐겁게 하는 식으로 혀를 날름거리고, 자기 귀를 잡아당기고, 동물 울음소리를 낸다. 터무니없고, 아마 모욕적일지도 모르지만 나는 참을 수가 없다. 웃음이 밀물처럼 내게서 터져 나온다. "웃으면 안 돼요." 의사들은 항상 내게 경고했다. 마치 웃음이 항상 유혹의 손길을 뻗고 있다는 듯이, 마치 내가 웃다가 죽을 수도 있는 위험에 처해 있다는 듯이. "웃으면 통증이 더 많이 느껴질 거예요." 그들의 말이 옳았다. 몹시 아프다. 하지만 또한 기분이 매우 좋다.

나는 그날 밤 내 바로 위층의 침대에 누워 있을 그를 생각하며 잠에서 깬 채 누워 있다. 그를 감명시킬 것들, 학교에서 배운 것들을 생각해 내면서. 다음 날, 그가 내 병실에 방문하자 나는 그에게 그리스 신화에 관해 하룻밤 안에 기억해낸 것을 모조리 말한다. 가장 잘 알려지지 않은 신들과 여신들을 소환하면서. 나는 그에게 에릭과 내가 함께 읽은 마지막 책인, 프로이트의 《꿈의 해석》에 관해 말한다. 나는 그를 위해 춤을 춘다. 부모님의 만찬회 손님들을 위해 춤을 췄던 것처럼. 나는 주인공인 클라라 언니가 무대를 차지하기 전에 스포트라이트를 받으며 춤을 추곤 했다. 벨러는 교사가 스타 학생을 보는 것처럼 나를 쳐다본다. 그는 자신에 관해 별다른 말을 하지 않았지만 나는 그가 어렸을 때 바이올린을 배웠고 여전히 실내악 연주 레코드를 틀어놓고 허공에 대고 지휘하는 것을 좋아한다는 사실을 알았다.

벨러는 스물일곱 살이다. 나는 아직 어린아이다. 그의 삶에는 다른 두 여성이 있다. 그가 기차 플랫폼에서 키스하고 있는데 내가 중단시켰던 그 여성. 그리고 여기 결핵 병원에 환자로 입원해 있는 또 다른 여성이 있다고 했다. 그의 사촌 마리안나의 가장 친한 친구이자, 그가 전쟁 이전 고등학교 시절에 데이트했던 여성이다. 그녀는 매우 아프다. 그녀는 살아남을 수 있을 것 같지 않다. 벨러는 자신을 그녀의 약혼자라고 부른다. 임종 직전에 있는 그녀를 위한 희망의 제스처로, 그녀의 엄마를 위한 희망의 제스처로. 수개월 후, 나는 벨러에게 부인 또한 있다는 사실을 알게 된다. 거의 타인에 가깝고 전혀 친밀하게 지내지 않은 여성이라고 한다. 전쟁의 초기에 그의 가족과 재산을 보호하기 위해 서류상으로만 결혼한 비유대교인 여성이라고 한다.

이건 사랑이 아니다. 나는 다만 배가 고프다, 너무너무 배가 고프다. 그리고 나는 그를 즐겁게 한다. 또한, 그는 에릭이 오래전에 독서 모임에서 나를 쳐다본 것처럼 나를 쳐다본다. 마치 내가 지적인 사람인 것처럼, 마치 내가 가치 있는 말을 하는 것처럼. 우선은 이 정도면 충분하다.

결핵 병원에서 보내는 마지막 날 밤에 내가 포근한 작은 병실에 누워 있는데, 어떤 목소리가 내게 들린다. 알프스산맥의 맨 밑에서, 지구의 정중앙에서 나오는 소리 같다. 그 소리는 바닥과 얇은 매트리스를 뚫고 올라와서 나를 감싸고 나를 가득 채운다. '살려고 한다면, 무언가를 지탱하고 서야만 한단다.' 그 목소리가 말한다.

"편지 할게요." 아침에 작별 인사를 나눌 때 벨러가 말한다. 이것은 사랑이 아니다. 나는 그를 사랑하지 않는다.

내가 코시체로 돌아가자 마그다 언니가 기차역에 나를 마중 나와 있다. 우리가 재회한 이후로 클라라 언니가 나를 너무 독점해서 나는 마그다 언니와 단둘이 있는 것이 어떤 느낌인지 거의 잊어버렸다. 마그다 언니의 머리가 자랐다. 구불구불한 웨이브 머리가 언니의 얼굴을 감싸고 있다. 언니의 두 눈은 다시 반짝인다. 언니는 건강해 보인다. 마그다 언니는 내가 떠나 있던 3주일 동안 동네에 쌓인 가십을 쏟아낸다. 치치는 여자친구와 헤어졌고 지금은 염치없이 클라라 언니의 환심을 사려 애쓰고 있다. 코시체의 생존자들은 오락클럽을 만들었고 마그다 언니는 내가 공연을 할 거라고 이미 약속했다고 한다. 그리고 기차 차량 지붕에서 만났던 남자인 러치는 텍사스에 사는 친척으로부터 재정보증서를 받았다는 소식을 알리는 편지를 보냈다고 한다. 곧 그는 엘파소라는 곳에 사는 친척에게 갈 것이고 그곳 가구 상점에서 일하며 돈을 모아 의과대학에 진학할 예정이라고 한다.

"클라라가 먼저 결혼해서 나를 망신주는 일은 없어야 할 텐데." 마그다 언니가 말한다.

이것이 우리가 치유하는 방식이다. 어제는 야만과 살해가 판쳤다. 어제는 인육 대신 풀 한 줄기를 선택해야 했다. 하지만 오늘은 오래된 관습과 예절, 규칙과 역할이 우리에게 스스로 정상이라고 느끼게 만든다. 우리는 아무 일도 일어나지 않았던 것처럼 살면서 상실과 공포, 삶의 끔찍한 중단을 최소화할 것이다. 우리는 '잃어버린 세대(제1차 세계대전 무렵의 환멸과 회의에 찬 미국의 젊은 세대)'가 되지 않을 것이다.

"이거, 네 거야." 마그다 언니가 말한다. 마그다 언니가 나에게 봉투 하나를 건넨다. 우리가 학교에서 배운 필기체 글씨로 내 이름이 봉투에 적혀 있다. "네 옛날 친구가 집에 들렀어."

아주 잠깐, 나는 언니가 에릭을 말하는 건지 생각한다. 에릭이 살아 있다. 봉투 안에 내 미래가 있다. 에릭이 나를 기다렸다. 아니면 이미 미래로 한발 나아갔을지도 모른다.

하지만 봉투는 에릭이 준 것이 아니다. 거기에는 나의 미래가 담겨 있지 않다. 그것은 나의 과거를 담고 있다. 거기에는 내 사진이 들어 있다. 아마 아우슈비츠에 가기 전에 찍은 마지막 사진일 것이다. 내가 강가에서 다리 찢고 앉기 동작을 하는 사진이다. 에릭이 찍고 내가 친구 레베커에게 맡긴 사진이다. 그녀는 나를 위해 그것을 안전하게 간직하고 있었다. 나는 손가락으로 곧 부모를 잃어야만 하는 나, 얼마나 빨리 자신의 사랑을 잃을지 알지 못하는 나를 움켜잡는다.

마그다 언니가 그날 밤 나를 오락클럽에 데려간다. 클라라 언니와 치치가 있고, 그리고 레베커와 치치의 남동생인 임레도 있다. 나의 주치의인 거비도 있는데, 아마 그래서 내가 아직 몸이 좋지 않음에도 춤을 추겠다고 한 것 같다. 내가 건강이 좋아지고 있다는 걸 보여주고 싶었다. 그가 나를 돌보느라 헌신한 시간이 변화를 일으켰고 그의 노력이 헛되지 않았다는 것을 보여주고 싶었다. 나는 클라라 언니와 연주자들에게 〈아름답고 푸른 도나우 강〉을 연주해달라고 부탁하고서 댄스 루틴을 시작한다. 일 년여쯤 전 아우슈비츠에서의 첫날 밤 추었던 바로 그 춤이다. 요제프 멩겔레 박사가 빵 한 덩어리를 상금으로 주었던 그 춤이다. 스텝은 변하지 않았지만, 나의 몸이 변했다. 탄탄하고 유연한 근육은 온데간데없고 내 팔다리나 복부에도 힘이 전혀 없다. 나는 쌕쌕거리는 껍데기이자 머리카락이 없고 등뼈가 부러진 소녀이다. 나는 막사에서 했던 것처럼 두 눈을 감는다. 오래전 그날 밤, 나는 멩겔레 박사의 무섭고 잔인한 눈을 보지 않아도 되도록, 응시하는 그 눈의 힘에 굴복해 바닥에 무너지지 않도록 두 눈을 감았다. 이제 나는 방에서 탈출하기 위해서가 아니라 내 몸을 느끼기 위해, 관중이 보내는 환호의 열기를 느끼기 위해 두 눈을 감는다. 익숙한 스텝들, 하이킥, 스플릿 등 원래의 동작들을 되찾아가면서 나는 점점 더 자신감이 붙고 편안함을 느낀다. 그리고 나는 통행금지나 노란색 표식보다 더 심하게 자유를 침해하는 일이 있으리라고는 상상도 하지 못한 시절로 다시 되돌아간다. 나는 나의 천진함을 향해 춤춘다. 발레 교습실로 계단을 뛰어올라가던 소녀를 향해. 자신을 처음 세상에 데려온 현명하고 다정한 엄마를 향해. '도와주세요.' 나는 엄마에게 큰 소리로 말한다. '도와주세요. 다시 살아갈 수 있도록 도와주세요.'

며칠 후 수신자를 나로 한 두툼한 편지가 도착한다. 벨러가 보낸 편지다. 이 편지는 앞으로 그가 쓸 많은 긴 편지 중 첫 번째 편지다. 첫 번째 편지는 결핵 병원에서 쓴 것이고, 그 후부터는 자신의 고향인 프레쇼프에서 쓴 편지들이다. 프레쇼프는 그가 태어나고 자란 곳으로 슬로바키아에서 세 번째로 큰 도시이며 내가 사는 코시체에서 북쪽으로 20마일(약 32킬로미터)밖에 떨어져 있지 않다. 벨러에 관해 점점 알아가고 그가 편지들에서 말하는 사실들을 조합하기 시작하면서, 말을 더듬고 빈정대는 유머를 즐기는 희끗희끗한 머리의 남자는 점차 윤곽이 있는 한 명의 사람으로 변한다.

벨러의 최초의 기억은 그 나라에서 대단히 부유한 사람 중 한 명인 자신의 할아버지와 산책하러 갔다가 케이크 가게에서 쿠키를 사지 못한 것이라고 그는 편지에 쓰고 있다. 결핵 병원에서 퇴원하면 그는 할아버지의 사업을 물려받을 것이다. 그 지역의 농부들로부터 농작물을 도매로 사고 커피를 갈고 밀을 빻아서 슬로바키아 전역에 공급할 것이다. 벨러는 가득 찬 식료품 저장실이고, 풍요로운 나라이며, 맘껏 먹을 수 있는 연회이다.

내 엄마처럼 벨러도 매우 어릴 적에 부모님 중 한 분을 여의었다. 벨러의 아버지는 프레쇼프의 시장이었고 그 이전에는 가난한 사람들을 위한 저명한 변호사였다. 그는 벨러가 네 살 때인 겨울에 프라하에서 열리는 콘퍼런스에 참석하러 갔고, 기차에서 내리다가 눈사태에 휩쓸렸다. 혹은 경찰이 벨러의 어머니에게 그렇게 말했을 뿐일 수도 있다. 벨러는 아버지가 가난한 사람들과 권리를 박탈당한 사람들을 옹호함으로써 프레쇼프의 엘리트에게 저항했기 때문에 살해되었다고 의심한다. 그렇지만 공식 발표는 그가 눈더미 아래에서 질식사했다고 났다. 아버지가 돌아가신 이후로 벨러는 말을 더듬게 됐다.

벨러의 어머니는 남편의 죽음으로부터 결코 회복하지 못했다. 그녀의 시아버지인, 벨러의 할아버지는 벨러의 어머니를 집에 가두고서 다른 사람들과 만나지 못하게 막았다. 전쟁 중에 벨러의 이모와 외삼촌이 벨러의 어머니에게 헝가리로 오라고 초대했다. 그들은 위조 신분증명서류를 이용해서 그곳에 숨어 살고 있었다. 어느 날 벨러의 어머니는 시장에 갔다가 나치 친위대 무리를 목격했다. 그녀는 공포에 사로잡혔다. 그녀는 그들에게로 달려가서 커다란 소리로 자백했다. "저는 유대인이에요!" 그들은 그녀를 아우슈비츠로 보냈고 그녀는 거기에 있는 가스실에서 세상을 떠났다. 벨러 어머니의 자백 때문에 신분이 노출된 나머지 가족들은 가까스로 산으로 달아났다.

벨러의 형인 게오르게는 전쟁이 일어나기 전부터 죽 미국에 살았다. 미국에 이민을 떠나기 전, 그는 슬로바키아의 수도인 브라티슬라바의 거리를 걸어 내려가다 비유대인들에게 공격을 받았고 안경이 깨졌다. 그는 반유대주의가 들끓는 유럽을 떠나 시카고에 사는 종조부에게로 갔다. 벨러와 게오르게의 사촌인 마리안나는 영국으로 탈출했다. 벨러는 어릴 적 영국에서 유학했기 때문에 영어로 유창하게 말할 수 있지만, 슬로바키아를 떠나기를 거부했다. 벨러는 자신의 가족 모두를 보호하고 싶었다. 하지만 일이 뜻대로 되지 않았다. 벨러의 할아버지는 위암으로 돌아가셨다. 그리고 그의 이모와 외삼촌은 복귀하는 유대인들은 모두 무사히 살려주겠다는 독일인들의 꼬임에 빠져 산에서 내려왔다가 길거리에 일렬로 세워진 후 총살을 당했다.

벨러는 산에 숨어 있어서 다행히 나치의 손아귀를 피할 수 있었다. 벨러는 스크루드라이버를 거의 잡을 줄도 모르고, 무기를 무서워했고, 싸우고 싶어 하지 않았고, 행동이 민첩하지 못했지만 어쩔 수 없이 무장 게릴라가 되었다. 그는 총을 들고서, 나치와 싸우고 있는 러시아군과 한패가 되었다. 게릴라들과 함께 지내는 동안 그는 결핵에 걸렸다. 벨러는 강제수용소에서 살아남을 필요가 없었다. 그 대신 그는 깊은 산속에서 살아남아야 했다. 나는 이 사실에 감사하게 생각한다. 강제수용소의 높은 굴뚝이 그의 눈에 새겨진 모습을 볼 일은 없을 테니까.

프레쇼프는 코시체에서 자동차로 한 시간 거리밖에 되지 않는다.

어느 주말 벨러가 나를 방문하고 가지고 온 가방에서 스위스 치즈와 살라미 소시지를 꺼낸다. 음식. 내가 처음 사랑에 빠진 것은 바로 이것이다. 내가 계속 그가 내게 관심을 가지도록 만든다면, 그는 나와 내 언니들을 먹여 살려줄 것이다. 이것이 내가 생각하는 것이다. 나는 에릭에게 그랬던 것처럼 그를 애타게 그리지 않는다. 나는 그에게 키스하는 장면을 상상하거나 그와 가까이 있기를 열망하지 않는다. 나는 심지어 추파를 던지지도 않는다-로맨틱한 방법으로는. 우리는 마치 바다를 응시하며 구조신호를 찾는 두 명의 난파된 사람들 같다. 그리고 우리는 서로에게서 깜빡이는 빛을 본다. 나는 삶 속으로 다시 걸어 들어가고 있다고 느낀다. 나는 내가 누군가에게 소속될 것이라고 느낀다. 나는 벨러가 에릭처럼 인생의 하나뿐인 사랑이 아님을 안다. 하지만 벨러는 내게 농담을 던지고 내게 21통의 편지를 쓴다. 그리고 나는 선택을 내려야 한다.

내가 클라라 언니에게 벨러와 결혼하겠다고 하자, 언니는 나를 축하해주지 않는다. 클라라 언니는 마그다 언니를 향해 고개를 돌린다. "아, 두 '절름발이'가 결혼을 하는군." 클라라 언니가 말한다. "어떻게 그 결혼이 잘 되겠어?" 나중에 식탁에서 클라라 언니가 내게 솔직하게 말한다. "넌 아직 아기야, 디추커." 클라라 언니가 말한다. "이런 식으로 결정을 내려선 안 돼. 넌 아직 완전하지 않아. 그리고 그도 마찬가지야. 그는 결핵에 걸려 있어. 그는 말을 더듬어. 넌 그와 결혼해선 안 돼." 이제 이 결혼을 성공시켜야 할 새로운 동기가 생겼다. 나는 클라라 언니가 틀렸다는 것을 증명해야 한다.

클라라 언니의 반대만이 유일한 난관은 아니다. 벨러가 나치로부터 가족의 재산을 보호하기 위해 결혼한 비유대교인 여성은 여전히 벨러와 법적으로 혼인 관계다. 그녀는 벨러와 이혼하기를 거부한다. 그들은 편의-그녀에게는 그의 돈, 그에게는 그녀의 비유대교인 지위-를 위해 서류상으로만 결혼했을 뿐 함께 살지도 어떠한 종류의 인간관계도 맺지 않았지만, 그녀는 그에게 이혼을 승인하지 않으려 든다. 하지만 처음에는 그랬지만 벨러가 그녀에게 많은 액수의 돈을 주기로 동의한 후 이혼을 승인한다.

그러고 나자 터트러산에 있는 병원에서 결핵으로 죽어가고 있는 벨러의 약혼녀 문제만 남는다. 벨러는 자신의 친구 마리안나에게 그가 그녀와 결혼하지 않을 것이라는 소식을 약혼녀에게 전해달라고 간청한다. 벨러의 사촌인 마리안나는 영국으로 탈출했었지만, 전쟁이 끝난 후 다시 조국으로 돌아왔다. 당연히 마리안나는 불같이 화를 낸다. "끔찍한 사람이군!" 마리안나가 소리 지른다. "그녀에게 이렇게 하면 안 돼. 백만 년이 지나더라도 그녀에게 네가 약속을 깰 거라고 전하지 않을 거야." 벨러가 자신이 직접 그녀에게 말할 수 있도록 내게 결핵 병원까지 함께 가달라고 부탁한다. 그녀는 품위가 있고 내게 친절하게 대한다. 그리고 매우, 매우 아프다. 누군가가 신체적으로 그토록 황폐해진 모습을 보니 가슴이 덜컥 내려앉는다. 얼마 지나지 않은 과거와 너무나 비슷한 모습이다. 나는 죽음의 문 바로 옆에 서 있는 것이 두렵다. 그녀는 벨러가 나와 같은 사람, 에너지와 생명력이 넘치는 사람과 결혼하게 되어 매우 행복하다고 내게 말한다. 그녀의 축복을 받으니 기쁘다. 한편으로 나도 침대에 누워 있는 저 사람이 될 수 있었다는 생각이 든다. 따끔거리는 베개에 머리를 얹고 말하는 중

간중간 기침을 하며 손수건을 피로 붉게 물들이는.

그날 밤 벨러와 나는 호텔에 함께 투숙한다. 우리가 처음 만났던 그
호텔이다. 지금까지는 그가 코시체에 방문할 때마다 서로 다른 방에서
잠을 잤다. 우리는 한 침대를 한 번도 같이 쓰지 않았다. 우리는 옷을
입지 않은 서로를 한 번도 본 적이 없다. 하지만 오늘은 다르다. 나는
에밀 졸라의《나나》에 나오는 금지된 문장을 기억해내려 애쓴다. 다른
무엇이 내가 그에게 즐거움을 주는 데에, 나 스스로 즐거움을 추구하
는 데에 도움이 될 수 있겠는가? 아무도 내게 성행위의 안무를 가르쳐
주지 않았다. 벌거벗는 일은 모멸적이고, 굴욕적이고, 무서운 일로 여
겨져 왔다. 나는 옷을 걸치지 않고 사는 법을 다시 배워야만 한다.

"떨고 있군요. 추워요?" 벨러가 말한다. 그가 자신의 짐가방 쪽으로
가서 빛나는 나비 모양 리본이 묶인 상자를 하나 가져온다. 상자 안에
는 얇은 종이에 싸인 아름다운 네글리제(얇은 천으로 된 여성용 실내 가
운)가 들어 있다. 사치스러운 선물이다. 하지만 나를 감동하게 한 것은
선물이 아니다. 어떤 연유에서인지 그는 내게 두 번째 피부가 필요하
리라는 사실을 미리 알아차렸다. 내가 앞으로 나의 남편이 될 그로부
터 나 자신을 가리고 싶은 것은 아니다. 내게 필요한 것은 덮개가 아
니다. 내게 필요한 것은 나 자신을 고취하는 방법, 아직 한 글자도 쓰
지 않은 삶의 새로운 챕터로 걸어 들어가는 방법이다. 나는 그가 그것
을 내 머리 위에서 미끄러뜨리고 천이 다리에 닿으며 떨어지자 몸을
떤다. 딱 맞는 의상은 절로 춤을 추게 만든다. 나는 그를 위해 빙글빙
글 돌며 춤을 춘다.

"이즐레셰시." 그가 말한다. 멋지군.

나는 누군가가 나를 쳐다보고 있어서 매우 행복하다. 그의 시선은 칭찬 이상의 것이다. 예전에 엄마의 말을 통해 내 지능을 소중하게 여기는 법을 배운 것과 마찬가지로, 벨러의 눈을 통해 나는 내 몸, 그리고 내 삶의 진가를 새로이 제대로 인식한다.

# 내년은 예루살렘에서

1946년 11월 12일, 나는 벨러 에거와 코시체의 시청에서 결혼한 다. 우리는 에거 가문의 대저택에서 호화로운 결혼식을 올리거나 유 대교 의식을 치를 수도 있었다. 하지만 나는 아직 열아홉 살밖에 안 된 여자아이이고 고등학교도 미처 졸업하지 못했다. 그저 한 곳에서 다른 곳으로 자리만 옮기고 있을 뿐이다. 그리고 나의 부모님은 모두 돌아가셨다. 아빠의 오랜 친구이자 비유대인인 어떤 분이 언니들과 나의 신원보증을 해준다. 그는 판사인데 알고 보니 벨러의 형인 게오 르게가 로스쿨에 다닐 때 알던 사이였다고 한다. 그는 벨러의 가족과 내 가족 사이의 연결고리이자 아빠와도 연결되어 있다. 그래서 우리 는 그에게 주례를 부탁하기로 한다.

벨러와 처음 만난 지 15개월이 지난 지금, 내 머리는 볼품없는 고 수머리에서 어깨까지 찰랑거리는 긴 곱슬머리로 바뀌었다. 나는 머리 를 길게 늘어뜨리고 새하얀 머리핀을 관자놀이에 꽂는다. 나는 빌린

드레스를 입고 결혼한다. 흰색 칼라에 어깨가 부풀어 있고 소매는 폭이 점점 가늘어지는, 무릎까지 오는 검은색 레이온 드레스이다. 나는 백합과 장미를 새틴 리본으로 묶은 작은 부케를 든다. 나는 아빠의 양복점 발코니에서 미소를 지으며 기념사진을 찍는다. 결혼식에는 오직 여덟 명의 사람만 참석한다. 나, 벨러, 마그다 언니, 클라라 언니, 치치, 임레 그리고 아빠의 오랜 친구 두 분. 아빠의 친구분 중 한 명은 은행장이고 다른 한 명은 우리의 주례를 서주는 판사이다. 벨러가 결혼 서약을 할 때 말을 더듬자 클라라 언니가 책망이 담긴 눈빛으로 나를 쳐다본다. 피로연은 우리 아파트에서 열린다. 클라라 언니가 모든 음식을 직접 만들었다. 통닭구이. 헝가리식 쿠스쿠스. 버터와 파슬리를 곁들인 감자요리. 그리고 도보스 토르테-7층 초콜릿케이크. 우리는 행복한 분위기를 내려 애쓰지만, 온갖 결핍이 우리의 발목을 잡는다. 고아가 고아와 결혼한다. 나중에 나는 우리가 우리의 부모님과 결혼한 것이라는 이야기를 듣는다. 하지만 나는 우리가 우리의 끝내지 못한 과업과 결혼한 것으로 생각한다. 벨러와 나에게 끝내지 못한 과업은 애도이다.

우리는 다뉴브강이 지나는 브라티슬라바로 신혼여행을 간다. 나는 남편과 함께 우리가 전쟁 이전에 배운 왈츠를 춘다. 우리는 막시밀리안의 분수대와 대관식 언덕을 방문한다. 벨러는 새로 즉위한 군주인 것처럼 자신의 검으로 북쪽, 남쪽, 동쪽, 서쪽을 가리키며 나를 지켜주겠다고 약속한다. 우리는 오스만튀르크족을 막기 위해 두 배로 요새화된, 구시가지의 성벽을 구경한다. 우리는 폭풍우가 다 지나갔다고 생각한다.

그날 밤 호텔에서 우리는 객실 문을 요란하게 두드리는 소리에 잠이 깬다. 경찰들이 객실 안으로 들이닥친다. 경찰은 항상 민간인을 사찰하고 있다. 우리의 삶은 미로같이 복잡한 관료주의적 필수절차들로 점철되어 있고 심지어 일상생활의 자질구레한 일들을 위해서도 매번 공식 허가가 필요하다. 경찰은 사람들에게 그럴듯한 구실을 붙여 감옥에 처넣을 수도 있다. 내 남편은 부유하고 또한 중요한 사람이기 때문에 경찰이 우리의 뒤를 밟았다는 사실에 그리 놀라지 말아야 할 터이다. 하지만 나는 놀라움을 숨길 수 없다. 그리고 겁에 질린다(나는 항상 겁에 질려 있다). 또한 당황스럽다. 동시에 화가 치민다. 이것은 우리의 신혼여행이다. 왜 우리가 그들에게 방해받아야 하는가?

"우리는 이제 막 결혼했소." 벨러가 그들에게 슬로바키아어로 안심시킨다(나는 오직 헝가리어만 할 줄 알지만, 벨러는 체코어와 슬로바키아어 그리고 그의 도매 사업에 필요한 다른 여러 언어를 유창하게 사용한다). 벨러는 그들에게 우리의 여권, 결혼증명서, 결혼반지, 우리의 신원과 우리가 호텔에 있는 이유를 확인해줄 모든 것을 보여준다. "우리를 방해하지 말아주시오."

경찰은 우리의 사생활을 침해한 것에 대해, 우리를 의심한 것에 대해 어떠한 설명도 하지 않는다. 특별한 이유가 있어서 그들이 벨러를 미행한 걸까? 벨러를 다른 누군가와 착각한 걸까? 나는 침입을 불길한 징조로 해석하지 않으려 애쓴다. 나는 남편의 더듬거리는 말투 아래에 숨겨진 그의 부드러움에 집중한다. 우리는 숨길 게 아무것도 없다. 하지만 나는 늘 초경계 태세로 살고 있다. 나는 내가 뭔가 죄를 지었다는 느낌에서 벗어날 수가 없다. 언젠가 발각되리라는 느낌에서 벗어날 수가 없다.

사는 것 자체가 나의 죄이다. 그리고 조심스레 기쁨을 찾기 시작하는 것 자체가 나의 죄이다.

집으로 돌아오는 기차에서 우리는 개인 특실에 묵는다. 나는 호텔보다 이곳의 운치가 더 마음에 든다. 나는 어떤 이야기 속의 나 자신을 상상한다. 우리는 탐험가이자 정착민이다. 기차의 움직임 덕분에 머릿속의 걱정과 혼란이 가라앉고 벨러의 몸에 집중할 수 있다. 아니면 침대가 매우 작아서일지도 모른다. 나의 몸이 나를 놀라게 만든다. 쾌락은 불로장생의 영약이다. 그리고 상처를 치유해주는 연고이다. 기차가 밤새 달리는 동안 우리는 서로를 향해 몇 번이고 손을 뻗는다.

코시체에 돌아와서 언니들을 방문할 때 나는 메스꺼움을 참지 못하고 화장실로 뛰어간다. 나는 토하고 또 토한다. 좋은 소식이지만 나는 아직 알지 못한다. 내가 아는 것이라고는 일 년이 넘게 서서히 건강을 회복한 끝에 다시 건강이 나빠졌다는 사실뿐이다.

"내 아기에게 무슨 짓을 한 거예요?" 클라라 언니가 비명을 지른다.

벨러가 차가운 물에 손수건을 적셔 내 얼굴을 닦아준다.


언니들이 코시체에서 삶을 지속하는 동안 나는 뜻밖의 호화로운 삶을 살기 시작한다. 나는 프레쇼프에 있는 에거 가문의 대저택으로 들어간다. 이 대저택은 500년 된 수도원 건물로, 좌우로 길고 앞뒤로 폭이 넓은 한 동의 저택이다. 말들과 마차들이 진입로를 따라 줄줄이 서 있다. 1층에는 벨러의 사무실이 있고 우리는 2층에 신혼살림을 차린다. 세입자들이 거대한 집의 여러 곳에 세 들어 살고 있다. 빨래를 전담으로 하는 여자가 한 명 있어서 침대 시트를 삶고, 다리미질하고, 모든 것들을 새하얗게 유지한다. 우리는 에거 가문을 위해 특별히 제작된 도자기 식기에 음식을 담아 먹는다. 각자의 이름, 그리고 나의 이름이 새롭게 금박으로 새겨져 있다. 식당에는 버튼이 있어서 그것을 누르면 가정부인 마리스카가 주방에서 들을 수 있다. 나는 그녀가 만든 호밀빵을 충분히 먹지 못했다. 나는 버튼을 누르고 빵을 더 가져다 달라고 요청한다.

"돼지처럼 잘도 먹네요." 그녀가 내게 투덜거린다.

마리스카는 내가 새로운 가족이 된 게 몹시 불편하다는 기색을 숨기지 않는다. 내가 그녀의 생활방식과 그녀가 이 집을 운영하는 방식에 위협이 되기 때문이다. 벨러가 그녀에게 식료품을 사라고 돈을 건네는 모습을 볼 때마다 고통스럽다. 나는 그의 부인이다. 갑자기 내가 쓸모없이 느껴진다.

"내게 요리하는 법을 가르쳐줘요." 어느 날 내가 마리스카에게 부탁한다.

"주방에 발 들일 생각일랑 꿈도 꾸지 마요." 그녀가 말한다.


내가 새로운 삶을 시작할 수 있도록 벨러는 프레쇼프의 엘리트 계층인, 법률가들, 의사들, 사업가들 그리고 그들의 부인들에게 나를 소개한다. 그들 옆에 있으면 나는 왜소하고 어리고 경험이 부족한 느낌이 든다. 그러다가 나는 내 나이 또래의 두 여성을 만난다. 아바 하르트만은 부유하고 나이가 많은 남자와 결혼한 멋쟁이 여성이다. 그녀는 검은 머리를 한쪽으로 가르마 탔다. 마르타 바다스는 벨러의 가장 친한 친구인 반디의 부인이다. 그녀는 붉은 머리에 친절하고 참을성이 있을 듯한 얼굴을 지녔다. 나는 아바와 마르타를 뚫어지게 쳐다보며 어떻게 행동해야 하고 어떤 말을 해야 할지 알아내려 애쓴다. 아바와 마르타와 여성들은 코냑을 마신다. 나도 코냑을 마신다. 아바와 마르타와 여성들은 모두 담배를 피운다. 어느 날 아바의 집에서 디너파티가 열린다. 그녀는 양파와 피망을 넣고 다진 간 요리를 만들었는데 내가 이제껏 먹어본 중 최고의 맛이다. 디너파티가 끝나고 집에 돌아온 후 나는 벨러에게 내가 담배를 피우지 않는 유일한 사람이라고 말하자 다음 날 벨러가 내게 은으로 된 담뱃갑과 담배 파이프를 선물한다. 나는 그것을 어떻게 사용하는지 모른다. 어떻게 담배를 파이프에 집어넣고 어떻게 연기를 들이마시고 어떻게 입술 사이로 연기를 내뿜는지 모른다. 나는 다른 여성들을 보고 그대로 따라 하려 애쓴다. 나는 아빠가 지어주기로 약속했지만 지어주지 못한, 멋진 고급여성복을 잘 차려입고서 남들을 따라 기만하는 우아한 앵무새가 된 느낌이다.

그들은 내가 어디에 있었는지 알까? 응접실에 앉아서, 화려하게 장식된 다이닝 테이블에 둘러앉아서, 나는 벨러와 나의 친구들과 지인들을 바라보며 궁금해한다. 그들도 벨러와 내가 상실한 것과 같은 것들을 상실했을까? 벨러와 나는 그것에 관해 이야기하지 않는다. 부정은 우리의 방패다. 벨러와 나는 우리 자신을 과거로부터 차단함으로써, 침묵의 음모를 유지함으로써 우리가 오히려 손상을 영구화하고 있다는 사실을 아직 알지 못한다. 우리는 과거를 더 단단히 가두어두면, 우리가 더 안전하고 더 행복해질 것이라고 확신한다.

나는 새로운 특권과 부유함에 편안히 스며들려 애쓴다. 현관문을 두드리는 커다란 노크 소리에 잠을 깨는 일은 더는 없을 것이라고 나는 나 자신에게 말한다. 깃털 이불과 새하얀 시트의 안락함만이 있을 뿐이다. 더 이상의 굶주림도 없다. 나는 먹고 또 먹는다. 마리스카가 만든 호밀빵, 작은 만두, 사우어크라우트(양배추를 발효시켜 만드는 요리) 한 접시, 슬로바키아의 양젖 치즈인 '브린자' 한 접시. 나는 살이 찐다. 기억들과 상실은 이제 나의 작은 부분만을 차지할 뿐이다. 나는 그것들이 제자리를 찾도록 밀어내고 또 밀어낼 것이다. 나는 손가락 사이에 은제 파이프를 끼고 얼굴에 가져다 댔다가 옆으로 뗀다. 나는 이것이 새로 배운 춤인 척한다. 나는 모든 제스처를 배울 수 있다.

내가 살이 찌는 이유는 단순히 음식이 풍부하기 때문만이 아니다. 초봄에 나는 내가 임신했다는 사실을 알게 된다. 아우슈비츠에서 우리는 생리가 끊겼다. 끊임없는 고통과 굶주림 때문이었을 수도 있고 극도의 체중 손실 때문이었을 수도 있다. 하지만 이제 나의 몸, 굶주리고 쇠약해지고 죽게 내버려졌던 나의 몸은 새로운 생명을 안에 품고 있다. 나는 마지막으로 생리를 한 이후로 몇 주가 지났는지 세어보고, 벨러와 내가 신혼여행, 아마도 기차 개인 특실에서 아이를 잉태했음이 틀림없다고 추산한다. 아바와 마르타가 자신들도 임신했다고 내게 알린다.

나는 벨러가 태어나는 자리에도 있었던, 에거 가문 주치의인 내 담당의가 내 임신 소식을 축하해주리라 기대한다. 하지만 그는 오히려 내게 잔소리를 한다. "부인은 충분히 건강하지 않아요." 그가 내게 말한다. 그는 내게 낙태 일정을 되도록 빨리 잡으라고 강력히 권고한다.

나는 거부한다. 나는 눈물을 흘리며 집으로 뛰어간다. 그가 나를 뒤따라온다. 마리스카가 그를 응접실로 안내한다. "에거 부인, 이 아이를 낳는다면 당신은 죽을 거예요." 그가 말한다. "부인은 너무 마르고 너무 약해요."

나는 그의 눈을 똑바로 바라본다. "의사 선생님, 저는 아이를 낳을 거예요." 내가 말한다. "안녕히 가세요."

벨러가 그의 뒤를 따라 현관에 다다른다. 내가 존경심이 부족한 것에 대해 남편이 의사에게 사과하는 소리가 들린다. "재단사의 딸이어서 모르는 게 많아요." 그가 나를 보호하기 위해 하는 말이 아직 연약한 내 자아에 또 다른 작은 구멍을 낸다.

그렇지만 내 자궁이 커지면서 내 자신감과 다짐 또한 커진다. 나는 구석에 숨지 않는다. 나는 50파운드(약 22.67킬로그램)가 찌고, 거리에서 걸을 때마다 배를 내밀고서 새로운 버전의 내가 상점 창문에 비친 모습을 감상한다. 나는 이 느낌이 어떤 느낌인지 즉시 알아차리지는 못한다. 하지만 얼마 안 있어 이 느낌을 기억해낸다. 이 느낌은 행복할 때 느껴지는 느낌이다.


1947년 봄, 클라라와 치치가 결혼하고 벨러와 나는 결혼식에 참석하기 위해 벨러의 초록색 오펠 아담(독일의 자동차 제조 회사인 오펠이 생산, 판매 중인 도시형 자동차)을 몰고 코시체로 향한다.

우리의 부모님이 놓친 또 하나의 중대한 행사이며, 부모님의 부재로 인해 조금 덜 행복해진 또 다른 행복한 날이다. 하지만 나는 임신 중이고 나의 삶은 충만하다. 그러므로 나는 슬픔이 나를 무너뜨리게 내버려두지 않는다. 마그다 언니가 가족 피아노를 연주한다. 마그다 언니는 아빠가 부르곤 했던 노래를 부른다. 벨러는 상충하는 두 생각들 때문에 진땀을 뺀다. 나와 함께 춤을 추면서 나를 들어 올릴지 아니면 나를 앉혀놓고 안정을 취하게 만들지 말이다. 마그다 언니와 클라라 언니는 내 배에 손을 대본다. 내 안에 있는 이 새로운 생명체는 우리 모두에게 속해 있다. 이 생명체는 우리의 새로운 시작이다. 부모님과 조부모님의 일부이며 미래로 계속 나아갈 것이다.

우리가 음악을 멈추고 잠시 쉬고 남자들은 담배에 불을 붙이는 동안 우리는 미래를 화제로 대화를 나눈다. 치치의 남동생인 임레는 곧 시드니로 떠날 것이다. 우리 가족 집단은 이미 매우 작다. 우리가 흩어지고 있다는 생각에 마음이 좋지 않다. 프레쇼프만 해도 언니들한테서 너무 멀리 떨어져 있는 것처럼 느껴진다. 밤이 깊고 벨러와 내가 집으로 돌아가기 전에 클라라 언니가 나와 마그다 언니를 침실로 끌고 들어간다.

"할 얘기가 있어, 아가야." 클라라 언니가 말한다.

마그다 언니의 찌푸린 얼굴을 보니 클라라 언니가 무슨 말을 하려고 하는지 이미 알고 있는 것 같다.

"임레가 시드니에 가면, 우리도 따라갈 거야." 클라라 언니가 말한다.

호주. 공산주의자들이 체코슬로바키아에서 권력을 인수하고 있으므로 프레쇼프에 있는 우리의 친구들 가운데서도 이민에 관해 이야기가 나오고 있다. 어쩌면 이스라엘로 어쩌면 미국으로. 하지만 호주의 이민 정책이 이스라엘이나 미국보다 더 느슨하다. 아바와 그녀의 남편 역시 시드니를 언급한 적이 있다. 그렇지만 호주는 너무 멀리 떨어져 있다. "언니 경력은 어떻게 하고?" 내가 클라라 언니에게 묻는다.

"시드니에도 오케스트라들이 있어."

"언니는 영어를 못하잖아." 나는 온갖 구실을 클라라 언니에게 던진다. 마치 언니가 아직 고려해보지 않은 문제라도 된다는 듯이.

"치치는 약속했어. 돌아가시기 직전에 치치의 아버지는 치치에게 동생을 잘 돌봐달라고 유언을 남기셨어. 임레가 가면, 우리도 가야 해." 클라라 언니가 말한다.

"그러니까 너희 둘 다 나를 버리는 거구나." 마그다 언니가 말한다.

"살아남기 위해 갖은 고생을 다했으니까 우리가 영원히 함께하리라고 생각했어."

나는 아직 2년밖에 지나지 않은 그 4월의 밤을 기억한다. 나는 마그다 언니가 죽을지도 모를까 걱정돼서 두들겨 맞거나 혹은 더 끔찍한 일을 겪는 것을 감수하고서 담장을 넘어가 언니에게 신선한 당근을 뽑아다 주었다. 우리는 잊을 수 없는 시련에서 살아남았다. 우리는 서로가 서로를 보호해줬기 때문에 살아남을 수 있었다. 또한 우리는 서로를 살아야 할 이유로 여겼기 때문에 살아남을 수 있었다. 나는 내가 누리는 삶에 대해 마그다 언니에게 감사하다.

"언니도 곧 결혼할 거야. 알잖아. 누구도 언니보다 매력적이지 않다는 걸." 내가 마그다 언니를 안심시킨다.

나는 마그다 언니의 고통이 외로움과 관련돼 있기보다는 자신이 사랑받을 가치가 없다는 믿음과 더 관련돼 있다는 사실을 아직 알지 못한다. 하지만 마그다 언니가 고통, 지옥, 결핍, 손상을 보는 데에서 나는 다른 무언가를 본다. 나는 언니의 용기를 본다. 나는 언니의 승리와 언니의 힘을 본다. 마치 우리가 아우슈비츠에서 보낸 첫째 날 같다. 그때 언니의 머리카락이 깎이고 나니 언니의 눈이 얼마나 아름다운지 선명하게 드러났었다.

"누구 관심 있는 사람 없어?" 내가 마그다 언니에게 묻는다. 나는 우리가 소녀 때 그랬던 것처럼 수다를 떨고 싶다. 마그다 언니는 항상 엄청나게 재밌는 정보를 알려주거나 다른 사람 흉내를 기가 막히게 낸다. 언니는 무거운 것들을 가볍게 느껴지게 만들 수도 있다. 나는 마그다 언니가 꿈꾸기를 바란다.

마그다 언니가 고개를 절레절레 흔든다. "나는 사람에 대해 생각하고 있지 않아." 언니가 말한다. "나는 장소에 대해 생각하고 있어." 마그다 언니가 화장대의 거울 틀에 끼워놓은 엽서를 가리킨다. 엽서에는 황량한 사막과 다리 풍경이 있고 그 위에 '엘파소'라는 글자가 적혀 있다. 러치가 보낸 엽서이다. "러치는 탈출했어. 나도 탈출할 수 있을 거야." 마그다 언니가 말한다.

내게 엘파소는 지구의 끝처럼 느껴진다. "러치가 언니에게 자기한테 오라고 했어?"

"디추커, 내 삶은 동화가 아니야. 나는 남자가 나를 구해줄 거라고 믿지 않아." 마그다 언니는 피아노를 치듯이 손가락들을 허벅지 부위에 두드린다. 언니는 뭔가 더 말하고 싶은 게 있는 눈치다. "엄마가 돌아가신 날 주머니에 뭘 가지고 계셨는지 기억나니?"

"클라라 언니의 대망막."

"그리고 1달러짜리 지폐도 있었어. 미국에서 마틸다 고모가 언젠가 보내준 1달러짜리 지폐."

왜 내가 이걸 모르고 있지? 엄마는 희망의 신호를 보내기 위해 매우 많은 일을 했다. 내가 기억하지 못하는 1달러짜리 지폐나 내가 기억하는 클라라 언니의 대망막뿐만 있었던 게 아니다. 엄마는 닭고기의 지방을 싸와서 벽돌공장에서 요리했었고 클라라 언니에게 편지도 썼었다. 마그다 언니는 엄마의 현실적인 성격을 그대로 보여주는 것 같다. 또한 엄마의 희망도.

"러치는 나와 결혼하지 않을 거야. 하지만 어떻게든 나는 미국에 갈 거야." 마그다 언니가 말한다. 마그다 언니는 마틸다 고모에게 편지를 써서 자신이 이민 가는 것을 후원하는 재정보증서를 보내달라고 부탁했다.

호주. 미국. 다음 세대가 내 몸속에서 꿈틀대고 있는 동안 내 언니들은 손에 닿을 수 없는 곳으로 떠나갈 조짐을 보인다. 나는 전쟁이 끝난 후 우리 셋 중 처음으로 새로운 삶을 선택했다. 이제 언니들이 선택할 차례다. 나는 기꺼이 언니들의 선택을 환영한다. 하지만 전쟁 중의 그날이 떠오른다. 내가 너무 아파서 일하러 가지 못하고 마그다 언니가 나를 두고 화약 공장에 갔다가 그 공장이 폭격을 당했을 때 말이다. 마그다 언니는 도망칠 수 있었지만, 막사로 돌아와서 나를 구해주었다. 나는 이제 편하고 운 좋은 삶을 살고 있다. 이제는 마그다 언니가 나의 생존을 걱정해야 할 필요는 없다. 하지만 우리가 겪은 지옥 중 내가 그리운 한 가지 작은 부분이 있다면, 내게 생존이 상호의존의 문제임을, 그리고 생존이 혼자서는 가능하지 않음을 알게 해주었던 그 부분일 것이다. 서로 다른 방향을 선택하고 있는 지금, 언니들과 나는 마법을 깨뜨릴 위험에 처해 있는 것일까?

9월의 어느 아침, 내가 첫 진통을 느낄 때 마침 벨러는 일 때문에 다른 지역에 가 있다. 허리가 점점 조여드는 느낌이 들더니 이내 허리가 부러질 것만 같다. 나는 클라라 언니에게 전화를 건다. 두 시간 후 클라라 언니가 도착하지만, 의사는 아직 오지 않았다. 나는 벨러가 태어난 같은 방, 같은 침대에서 진통을 겪는다. 고통에 저항해 몸을 비틀면서 나는 한 번도 만나지 못한 벨러의 어머니에게 유대감을 느낀다. 내가 세상에 내보내기 위해 분투하고 있는 이 아기는 조부모님을 가지지 못할 것이다. 의사는 아직 오지 않았다. 클라라 언니가 내 근처를 맴돌면서 내게 물을 권하고 내 얼굴을 수건으로 닦는다. "저리 가!" 내가 클라라 언니에게 소리를 지른다. "언니 냄새를 참을 수가 없어." 아기인 채로 아기를 낳을 수는 없다. 나는 나 자신에게 몰입해야 하고 언니는 집중을 방해하고 있다. 면도날같이 날카로운 진통 때문에 정신이 혼미해지면서 아우슈비츠에서 두 다리가 묶인 채 고통스럽게 산고를 겪었던 임신부가 떠오른다. 그녀의 얼굴과 그녀의 목소리가 이 방으로 밀려들어온다. 그녀가 나를 사로잡는다. 그녀가 나를 고무한다. 그녀와 그녀의 아기가 말할 수 없이 잔인한 죽음을 맞이해야 하는 운명에 처한 순간에도 그녀의 몸과 심장의 모든 박동은 삶을 가리키고 있었다. 깊은 슬픔이 나를 관통한다. 나는 붕괴한다. 나는 그녀의 고통이 휘두르는 날카로운 칼날에 기꺼이 자신을 열어젖힐 것이다. 나는 이 고통을 받아들일 것이다. 그녀에게는 선택의 여지가 없었기 때문이다. 나는 나의 고통을 받아들일 것이다. 이 고통이 그녀의 고통을 지울지도 모르니까, 이 고통이 모든 기억을 지울지도 모르니까. 이 고통은 나를 무너뜨리지 못할 테지만 기억은 나를 무너뜨릴 수도 있으니까. 마침내 의사가 도착한다. 양수가 터지고 아기가 몸에서 쑥 빠져나오는 게 느껴진다. "여자 아기야!" 클라라 언니가 외친다. 잠깐 나는 충만함을 느낀다. 나는 여기에 있다. 내 딸아이도 여기에 있다. 모든 것이 완전하고 올바르다.

나는 딸의 이름을 프랑스어 느낌의 낭만적인 이름인 안나-마리로 짓고 싶다. 하지만 공산주의자들은 허용되는 이름들의 명단을 가지고 있고 안나-마리는 허용되지 않는 이름이다. 그래서 우리는 음절의 위치를 바꿔 마리안느라고 이름짓기로 한다. 벨러의 사촌인 마리안나에 대한 헌사다. 그녀는 벨러와 자기 친구 사이의 약혼을 깼다는 이유로 아직도 나를 멍청한 거위라고 부른다. 그 친구는 이제 고인이 되었다. 벨러가 내게 시가를 건넨다. 벨러는 아들을 낳았을 때만 시가를 건네는 전통에 굴복하지 않는다. 그의 딸은 모든 의례, 자부심을 표현하는 모든 행위로 축하받을 것이다. 벨러가 내게 보석함을 가져온다. 보석함 안에는 우표 크기의 사각형 장식들이 연결된 금팔찌가 들어 있다. 두 가지 종류의 금으로 만들어져 있다. 무거워 보이지만 뜻밖에 가볍다.

"미래를 위하여." 벨러가 이렇게 말하며 그 금팔찌를 내 팔목에 채워준다.

그가 이렇게 말하자 내게 내 삶의 방향이 명확해진다. 나는 이 아이를 지킬 것이다. 딸에 대한 나의 헌신은 내 팔목을 감싸고 있는 금팔찌처럼 완전하고 유일할 것이다. 내 삶의 목적은 분명하다. 나는 이 아이가 내가 겪은 일들을 절대 겪지 않도록 살아갈 것이다. 내게서 이 아이로 이어지는 지속성은 우리가 함께 나눈 뿌리로부터 움터 새로운 몸통과 가지를 만들고 희망과 기쁨을 향해 뻗어나갈 것이다.

그런데도 우리는 예방조치를 취한다. 우리는 딸에게 세례를 받게 한다. 안전을 위해서다. 같은 이유로 우리의 친구인 마르타와 반디는 유대인의 성이 아닌 '사냥꾼'이라는 뜻의 헝가리의 성 '버더스'를 사용한다.

하지만 우리가 정말로 무엇을 통제할 수 있을까? 마르타의 아기는 죽은 채로 태어난다.


마리안느는 태어날 때 몸무게가 10파운드(약 4.53킬로그램)이다. 유모차를 꽉 채운다.

"모유를 먹여야 하나요?" 내가 독일인 소아과의사에게 묻는다.

"부인의 유방이 뭘 위해 있다고 생각하나요?" 그녀가 말한다.

내 모유는 차고 넘친다. 마리안느뿐 아니라 친구인 아바의 딸아이를 먹이고도 남을 정도다. 나는 모든 굶주림을 달랠 수 있다. 나는 풍요를 상징한다. 나는 젖을 먹일 때 마리안느가 자신의 원천인 내 몸을 향해 안간힘을 쓰지 않아도 되도록 아이 쪽으로 몸을 숙인다. 나는 마리안느에게 마지막 한 방울까지 아낌없이 준다. 마리안느가 나를 비울 때 나는 가장 배가 부르다.

* * *

나는 마리안느를 소중히 보호하고 껴안고 돌보고 싸맨다. 그래서 1948년 11월, 마리안느가 생후 14개월이 됐을 때 갑자기 병에 걸리자 처음에는 믿지 못한다. 나는 마리안느가 칭얼대면 이유가 무엇인지 바로 해석할 수 있다. 배가 고프구나. 피곤하구나. 하지만 그날 밤 내가 마리안느에게 다시 갔을 때 갑자기 마리안느에게 열이 치솟는다. 불덩이처럼 뜨겁다. 눈은 흐리멍덩하다. 마리안느의 몸이 불평하고 있다. 울음을 그치지 않는다. 하지만 마리안느는 너무 아픈 나머지 내가 옆에 있다는 것을 알지 못한다. 혹은 내가 손을 쓰지 못하고 있는지도 모른다. 마리안느는 젖을 먹으려 하지 않는다. 품에 안아도 소용없다. 몇 분에 한 번씩 목이 졸리는 듯한 깊은 기침을 해대 숨이 멈출 것 같다. 나는 집에 있는 사람 모두를 깨운다. 벨러가 자신과 마리안느의 출산을 도운 의사에게 전화를 건 후 자신이 태어난 방에서 초조하게 서성거린다.

의사가 내게 엄격하게 대한다. 마리안느는 폐렴에 걸렸다. "생사가 걸린 일입니다." 그가 말한다. 화가 난 듯한 목소리다. 마치 내 잘못 때문에 마리안느가 병에 걸렸다고 말하는 것 같다. 맨 처음부터 마리안느의 삶이 위험을 기반으로, 나의 어리석은 무모함을 기반으로 세워졌다고 내게 계속 상기하는 것 같다. 무슨 일이 벌어졌는지 똑바로 보시오. 하지만 화가 난 것 같은 목소리는 그저 피로함 때문일지도 모른다. 사람을 치료하는 것이 그의 사명이다. 그의 노력이 상실로 끝이 나는 경우가 얼마나 자주 있을까.

"우리가 무엇을 해야 합니까?" 벨러가 묻는다. "뭘 해야 하는지 알려주시오."

"페니실린에 대해 들어봤습니까?"

"네, 물론입니다."

"아기에게 페니실린을 투여하세요. 최대한 빨리요."

의사가 코트의 단추를 잠그자 벨러가 말문이 막힌 채로 그를 쳐다본다. "당신은 의사 아닙니까. 페니실린은 어디에 있습니까?" 벨러가 묻는다.

"에거 씨, 이 나라 안에는 페니실린이 없습니다. 합법적으로 살 수 있는 페니실린은요. 안녕히 계십시오. 행운을 빕니다."

"얼마라도 지불하겠소!"

"그러십시오." 의사가 말한다. "직접 구해야 할 겁니다."

"공산주의자들에게 알아볼까요?" 의사가 떠나고 난 후 내가 제안한다. 그들은 나치의 점령으로부터 슬로바키아를 해방시켰다. 그들은 벨러의 환심을 사려고 하고 있다. 벨러의 부와 영향력을 탐내고 있다. 그들은 벨러에게 당에 가입하면 농림부 장관으로 임명하겠다고 제안했다.

벨러가 고개를 가로젓는다. "암시장 상인들이 더 잘 구할 거요." 그가 말한다.

마리안느는 자다 깨다 하다 까무룩 잠들었다. 수분을 섭취해야 하지만 마리안느는 물도 젖도 먹으려 하지 않는다. "내게 현금을 줘요. 그리고 어디로 가야 하는지 말해줘요." 내가 말한다.

암시장 상인들은 도심의 시장에 있는 합법적인 상인들 옆에서 장사하고 있다. 벨러는 사람들이 알아볼 테지만 나는 익명성을 지킬 수 있다. 나는 정육점 주인에게 가서 암호를 말한 다음 빵집 주인에게 가서 또 다른 암호를 말해야 한다. 그러면 누군가가 나를 찾아낼 것이다. 암시장 상인이 꽃 노점상 근처에서 나를 가로막는다.

"페니실린이요. 아픈 아이에게 투여할 만큼이요." 내가 말한다.

그가 내 요청의 불가능성에 비웃음을 금치 못한다. "여기에는 페니실린이 없소." 그가 말한다. "비행기를 타고 런던으로 가야 합니다. 오늘 떠날 수 있소. 내일 돌아옵니다. 비용이 꽤 들 거요." 그가 부르는 값은 벨러가 신문지에 싸서 내 핸드백에 넣어준 돈의 두 배다.

하지만 나는 약해지지 않는다. 나는 내가 그에게 얼마를 낼지 말한다. 나는 내가 가지고 있는 돈의 정확한 액수를 밝힌다. "반드시 성공해야 해요. 당신이 갈 수 없다면 다른 사람을 찾아볼게요." 나는 아우슈비츠를 떠나던 날 봤던 보초병과 나의 재주넘기, 그의 윙크를 떠올린다. 나는 이 남자가 나에게 협력할 일면에 호소해야 한다. "이 팔찌 보이죠?" 나는 소매를 걷어 올린 후 내가 마리안느가 태어난 이후 하루도 풀지 않은 금팔찌를 내보인다.

그가 고개를 끄덕인다. 아마 그는 그것이 자신의 부인 혹은 자신의 여자친구 손목에 잘 어울릴지 상상하고 있을 것이다. 아마 그는 그것을 팔면 받을 수 있는 돈을 머릿속으로 계산하고 있을 것이다.

"우리 딸이 태어났을 때 남편이 이걸 내게 줬어요."

나는 그의 두 눈이 탐욕보다 더 큰 무언가로 깜박거리는 모습을 지켜본다. "그 돈을 주시오." 그가 말한다. "팔찌는 그대로 두고."

다음 날 밤 의사가 다시 찾아와 페니실린을 처음 투여하는 것을 도와준다. 그는 마리안느가 열이 내리고 내 젖을 먹기 시작할 때까지 집에 머무른다.

"당신이라면 방법을 찾을 줄 알았소." 그가 말한다.

아침이 되자 마리안느는 미소를 지을 정도로 회복한다. 마리안느는 젖을 빨다가 잠이 든다. 벨러가 마리안느의 이마에 입을 맞춘 후나의 뺨에 입을 맞춘다.

마리안느는 나아졌지만 이제 다른 위협들이 부글거린다. 벨러는 농림부 장관 자리를 거절한다. "어제의 나치들이 오늘의 공산주의자들이 되었어." 그가 말한다. 그리고 어느 날, 그의 오펠 아담 자동차가도로에서 사고를 당한다. 벨러는 다치지 않았지만, 운전사가 가벼운상처를 입는다. 벨러는 식료품을 전달하고 회복을 기원하기 위해 그의 집을 방문한다. 운전사는 현관문을 살짝 열지만, 완전히 열려고 하지 않는다. 그의 부인이 다른 방에서 외친다. "절대 들여보내지 말아요." 그녀가 말한다. 벨러는 현관문을 강제로 열고 곧이어 그의 어머니가 남긴 고급 식탁보가 그들의 식탁에 깔린 것을 보게 된다.

벨러는 곧장 집으로 와서 고급 리넨 제품들이 보관된 캐비닛을 확인한다. 많은 제품이 사라지고 없다. 나는 벨러가 화를 내고, 운전사를해고하고, 어쩌면 다른 고용인들도 해고하리라 예상한다. 하지만 벨러는 그저 어깨를 으쓱한다. "항상 아름다운 물건들을 미리미리 사용해요." 그가 내게 말한다. "언제 사라질지 모르니 말이오."

나는 우리 가족의 아파트가 말똥으로 뒤덮여 있고 우리의 피아노가길 아래편의 찻집에 놓여 있었던 것을 떠올린다. 거대한 정치적 순간들-권력의 주인이 바뀌고 국경이 다시 그어지는-은 항상 매우 개인적이기도 하다. 코시체는 커셔가 되고 그런 다음 다시 코시체가 된다.

"더는 못하겠어요. 등에 과녁을 단 채로 살 순 없어요. 내 딸은 절대 자기 부모를 잃지 않을 거예요." 내가 벨러에게 말한다.

"당연하지." 그가 동의한다.

나는 마틸다 고모를 떠올린다. 마그다 언니는 마틸다 고모에게서 재정보증서를 받았고 지금은 비자가 나오기를 기다리고 있다. 벨러에게 마그다 언니를 따라 미국으로 가는 건 어떻냐고 제안하려는 순간, 마그다 언니가 비자를 받기까지 몇 년이 걸릴 수 있다는 주의를 받았다는 사실이 기억난다. 보증인이 있다고 해도 이민은 할당 제한을 받기 때문이다. 공산주의자들로부터 우리를 보호하기 위해 몇 년이 걸릴지 모르는 절차에 의지할 수는 없다. 우리에게는 더 신속한 탈출이 필요하다.

1948년 12월 31일, 마르타와 반디가 새해를 함께 맞이하기 위해 우리 집에 방문한다. 그들은 열렬한 시온주의자이다. 그들은 새로운 국가인 이스라엘의 무궁한 발전을 위해 축배를 들고 연거푸 술을 들이켠다.

"우리도 이스라엘에 갈 수 있어. 새로운 사업을 시작하면 돼." 벨러가 말한다.

사실 내가 이번에 처음으로 팔레스타인에 있는 내 모습을 상상해본 것은 아니다. 고등학교에 다닐 때 나는 시온주의자였고 에릭과 나는 전쟁이 끝난 후 팔레스타인에서 함께 사는 우리의 모습을 상상했었다. 편견과 불확실성이 소용돌이치는 와중에서, 우리는 같은 반 친구들이 우리에게 침을 뱉거나 나치가 거리에서 우리를 급습하는 것을 막을 수 없었다. 하지만 우리는 미래의 고향을 옹호하고 안전한 곳을 세우리라는 희망을 품을 수는 있었다.

나는 벨러의 제안을 오래전에 유예된 꿈을 실현하는 방안으로 반겨야 할지, 아니면 우리가 실망으로 이어질 기대와 환상에 헛되이 의존하고 있나 걱정해야 할지 잘 모르겠다. 이스라엘은 이제 막 세워진 국가여서 아직 첫 번째 선거도 치르지 않았고 이미 인근의 아랍 국가들과 전쟁을 벌이고 있다. 게다가 이때는 아직 '귀환법Law of Return'도 시행되기 전이다. 이때부터 몇 년 후에 시행되는 이 법률은 어느 국가 출신의 어느 유대인에게라도 이스라엘에 이주하고 정착하는 권한을 부여하는 법률이다. 우리는 '브리카'에 의지해서 비합법적으로 이스라엘에 가야만 한다. 브리카는 전쟁이 진행되는 동안 유대인들이 유럽에서 탈출하도록 도운 지하조직으로 우리가 배를 타고 이스라엘로 갈 수 있도록 조처할 것이다. 브리카는 여전히 지하조직이고 아직도 사람들-난민들, 재산을 빼앗긴 사람들, 집을 잃은 사람들과 나라를 잃은 사람들-이 새로운 삶을 시작할 수 있도록 돕고 있다. 하지만 우리가 배에 자리를 확보할 수 있다고 해도, 우리의 계획이 완전히 확실한 방책인 것은 아니다. 불과 일 년 전에 있었던 '대탈출Exodus' 때 이스라엘에 망명하고 재정착하고자 했던 4,500명의 이주자는 다시 유럽으로 송환되었다.

하지만 오늘은 새해 전야다. 우리는 희망에 부푼다. 용기가 치솟는다. 1948년 마지막 남은 몇 시간 동안 미래를 위한 우리의 계획은 급

격히 구체화한다. 우리는 에거 가문의 재산을 사용해서 이스라엘에서 새로운 사업을 시작하는 데에 필요한 모든 장비를 사들일 것이다. 그리고 이날 이후 몇 주 동안 수많은 조사를 한 끝에 벨러는 마카로니 공장을 세우는 것이 가장 현명한 투자라고 결론을 내리게 된다. 우리는 유개화차에 우리의 재산 전부와 새로운 고향에서 처음 몇 년간 살아가는 데 필요한 물품들을 가득 실어 이스라엘로 보낼 것이다.

우리 헝가리 사람들은 사우어크라우트 수프를 먹지 않고서 술자리를 끝내지 않는다. 마리스카가 김이 모락모락 나는 수프를 가져온다.

"내년은 예루살렘에서." 우리가 말한다.


몇 달 안에, 벨러는 에거 가문의 재산을 이탈리아까지 싣고 갈 유개화차를 구매한다. 그런 다음 이탈리아에서 이스라엘의 하이파까지는 배로 운송될 것이다. 벨러는 마카로니 공장에 필요한 필수장비 또한 사들인다. 나는 은식기와 금박 이름이 새겨진 도자기 식기를 포장한다. 나는 마리안느가 다음 5년 동안 입을 옷을 넉넉히 사고 옷의 주머니와 단에 보석들을 집어넣고 꿰맨다.

우리는 유개화차를 미리 보내고 브리카가 우리에게 방법을 찾아주자마자 뒤따라 출발할 계획이다.


늦겨울의 어느 날, 벨러가 출장차 집을 비운 사이 프라하에서 그에게 배달증명 딱지가 붙은 편지가 온다. 나는 그를 대신해 서명하고 그를 기다리다 못해 먼저 편지를 읽는다. 편지에는 전쟁 이전에 이미 미국으로 이주한 체코슬로바키아 시민은 아직 유럽에 있는 어떤 친척이라도 등록할 수 있다고 적혀 있다. 박해받고 있는 사람들에게 미국으로 피난 오는 사람들의 수를 제한하는, 할당 제한에 구속되지 않고 미국에 올 수 있는 비자를 신청하게 해주는 법률이 시행된 것이다. 벨러의 종조부이신 앨버트는 1900년대 초반부터 시카고에 살았고 에거 가문 전체를 등록했다. 우리는 미국에서 피난처를 찾도록 초대받은, 전쟁 이전에 등록된, 단둘밖에 되지 않는 체코 가문 중 하나다. 벨러는 프라하에 있는 미국 영사관에 우리의 서류를 즉시 제출해야만 한다.

우리의 유개화차는 이스라엘로 가고 있다. 새로운 삶이 곧 시작되려 하고 있다. 우리는 이미 모든 것을 조율했다. 우리는 이미 선택을 내렸다. 하지만 이 뉴스에, 예기치 못한 이 기회에 내 심장이 빠르게 고동치기 시작한다. 우리는 마그다 언니처럼 미국에 갈 수 있다. 하지만 대기하지 않아도 된다. 벨러가 출장에서 돌아오자 나는 그에게 프라하에 가서 서류를 제출하라고 애원한다. "만일에 대비해서요." 내가 그에게 강력히 권한다. "예방조치로 말이에요." 마지못해 벨러가 프라하에 간다. 나는 화장대의 맨 위 서랍의 내 속옷들 옆에 관련 서류를 넣어둔다. 만일에 대비해서.

# 도주

1949년 5월 19일, 마리안느와 함께 공원에 산책하러 갔다가 집에 돌아오니 마리스카가 엉엉 울고 있다.

"그들이 에거 씨를 체포했어요! 나리가 잡혀가셨어요!" 마리스카가 훌쩍이며 말한다.

몇 달 동안 우리는 자유의 날이 얼마 남지 않았다는 사실을 눈치채고 있었다. 작년에 벨러에게 자동차 사고를 일으킨 것에 모자라서, 공산주의자들은 이제 벨러의 사업체를 빼앗고, 우리의 차를 몰수하고, 우리의 전화를 도청했다. 우리의 재산은 유개화차에 실린 채 안전하게 이스라엘로 향하고 있고 우리는 브리카가 여행을 준비해주기를 기다리면서 프레쇼프에 머무르는 중이었다. 우리는 이곳을 떠나는 걸 아직 상상할 수 없어서 머무르고 있던 터였다. 그런데 지금 나는 내 딸을 아버지 없이 키워야 할지도 모르는 위험에 처했다. 나는 절대 그렇게 하지 않을 것이다. 절대. 일단 나는 마음속에 몰려드는 걱정과 두려움을 떨쳐내야 한다. 벨러가 고문받고 있거나 이미 죽었을지도 모른다는 가능성에 대해 생각하지 말아야 한다. 나는 우리 가족이 아파트에서 쫓겨나서 벽돌공장으로 이송됐던 새벽에 엄마가 했던 것처럼 해야 한다. 나는 지략과 희망을 끌어모아야 한다. 계획이 있는 사람처럼 행동해야 한다.

나는 마리안느를 목욕시킨 후 함께 점심을 먹는다. 그러고선 낮잠을 재운다. 나는 혼자서 생각할 시간을 확보하는 동시에 마리안느에게 영양과 휴식을 최대한 제공한다. 우리가 오늘밤 잠을 잘 수 있을지 없을지 누가 알겠는가? 어디에 있을지 누가 알겠는가? 나는 분 단위로 쪼개어 움직이고 있다. 다음으로 무엇을 해야 할지 잘 모르겠지만, 벨러를 감옥에서 빼내고 우리의 딸을 안전하게 지킬 방법을 찾아야 한다는 사실만은 뚜렷이 알고 있다. 나는 의심을 불러일으키지 않으면서도 쓸모가 있을 수 있는 것들을 모조리 모은다. 마리안느가 자는 동안, 나는 옷장 서랍을 열고 우리가 결혼할 때 벨러가 내게 줬던 다이아몬드 반지를 꺼낸다. 완벽한 동그란 다이아몬드가 금으로 세공된, 아름다운 반지이지만 그걸 끼면 항상 남의 시선을 의식하게 돼서 평소에는 절대 끼지 않았다. 오늘 나는 이 반지를 낀다. 나는 벨러가 프라하의 미국 영사관에서 받아온 서류를 등에 평평하게 닿도록 원피스 안으로 넣은 다음 원피스에 달린 벨트로 꽉 묶는다. 도주하는 사람처럼 보여서는 안 된다. 도청된 전화기를 이용하여 누구에게 도움을 청하는 전화를 걸 수도 없다. 하지만 나는 언니들에게 연락하지 않은 채 집을 떠나는 것은 참을 수 없다. 언니들이 우리를 도와줄 수 있을 거라고 기대하진 않지만, 언니들에게 우리가 곤경에 처해 있다는 사실과 내가 언니들을 다시 볼 수 없을지도 모른다는 사실을 알리고 싶다. 나는 클라라 언니에게 전화를 건다. 언니가 전화를 받자 내가 즉석에서 말을 지어낸다. 나는 울지 않으려고 애쓴다. 목소리가 떨리거나 갈라지지 않도록 안간힘을 쓴다.

"언니네가 우리 집에 방문하러 온다니 정말 기뻐." 내가 말한다. 물론 방문 계획은 없다. 나는 암호를 이용해 말을 한다. 나는 클라라 언니가 알아듣기를 간절히 바란다. "마리안느가 클라라 이모는 언제 오느냐고 자꾸 물어봐. 다시 알려줘. 몇 시 기차라고 했지?"

클라라 언니가 내 말에 의문을 제기하려다가 내가 언니에게 뭔가를 말하려고 애쓰고 있다는 사실을 알아채고서 잠시 멈춘다. 기차, 방문. 언니가 이 빈약한 단서에서 무엇을 알아낼 수 있을까? "오늘 저녁에 도착할 거야." 클라라 언니가 말한다. "내가 기차역에 마중 나갈게." 어쨌든 오늘 밤 언니가 기차에서 우리와 만나기로 한 거지? 우리가 방금 이렇게 조율한 게 맞지? 아니면 대화가 너무 암호화되어 있어서 우리조차 이해하지 못한 건 아닐까?

나는 핸드백에 우리의 여권들을 집어넣고 마리안느가 깨기만을 기다린다. 마리안느는 생후 9개월 이후로 배변 훈련을 했지만, 낮잠에서 깬 후 내가 옷을 입히며 기저귀를 채우자 그냥 내버려 둔다. 나는 기저귀 안에 금팔찌를 넣는다. 다른 어떤 것도 몸에 지니고 가지 않는다. 도주 중인 사람처럼 보여서는 안 된다. 오늘 나머지 시간 동안 나는 권위적이고 거만해 보이지 않게 말하면서도, 동시에 움츠러들거나 약해 보이지 않게 말할 것이다. 수동적으로 행동하는 것은 다른 사람들이 자신 대신에 결정하도록 내버려두는 것이다. 공격적으로 행동하는 것은 자신이 다른 사람들 대신에 결정하는 것이다. 적극적으로 행동하는 것은 자신의 힘으로 결정하는 것이다. 충분하다고 믿으면 정말로 충분하게 된다.

오, 하지만 나는 떨고 있다. 나는 마리안느를 품에 안고 집을 나선다. 만약 내가 똑바로 행동한다면 나는 여기 에거 저택으로 다시 돌아오지 않을 것이다. 오늘은 물론이고 어쩌면 영원히. 우리는 오늘 밤 우리의 새집을 만들기 위해 여정에 오를 것이다. 나는 목소리를 낮게 유지한다. 나는 쉬지 않고 마리안느에게 말을 건다. 마리안느가 태어난 지 20개월이 지났고, 나는 모유수유를 하는 것 이외에도 마리안느에게 모든 것을 말해주는 걸 엄마로서 자랑스럽게 실천하고 있다. 나는 하루 동안 무엇을 할지 이야기해준다. 도로와 나무의 이름을 알려준다. 언어는 내가 되풀이해서 마리안느에게 주는 귀중한 보물이다. 마리안느는 3개 국어를 말할 수 있다. 헝가리어, 독일어, 슬로바키아어. 마리안느가 꽃을 가리키며 "크베티나Kvetina"라고 슬로바키아어로 말한다. 마리안느로부터 나는 안전하다는 것과 호기심이 강하다는 것이 어떠한 것인지 다시 배우고 있다. 그 보답으로 나는 마리안느에게 이것을 제공할 수 있다. 나는 위험을 방지할 수는 없다. 하지만 나는 마리안느가 자신이 어디에 서 있는지, 자신이 어떠한 가치가 있는지 알게 도울 수는 있다. 나는 두려움의 목소리가 끼어들지 못하도록 독백을 계속한다.

"그래, 꽃이야. 떡갈나무 좀 보렴. 잎이 다 났어. 저기 우유배달 트럭이 지나가고 있네. 이제 우리는 경찰서에 누굴 만나러 갈 거야. 경찰서는 커다랗고 커다란 건물이야. 우리 집처럼. 하지만 경찰서 안에는 긴 복도들이 있지…." 나는 이것이 평소의 외출인 것처럼 태연하게 이야기한다. 내가 마리안느에게, 지금 내게 필요한 그러한 엄마가 되어 줄 수 있다는 듯이 말이다.

경찰서는 위협적이다. 무장한 경비요원들이 우리를 건물 안으로 안내할 때, 나는 거의 돌아서서 도망칠 뻔했다. 제복을 입은 남자들. 총을 찬 남자들. 나는 이러한 권위적인 분위기를 견딜 수가 없다. 이러한 분위기는 나를 혼란스럽게 만들고 뿌리째 흔들리게 만든다. 그들의 위협적인 분위기 속에서 나는 갈팡질팡한다. 하지만 내가 주저하는 순간마다 벨러가 처한 위험이 더 커질 터였다. 그는 자신이 쉽게 패배하고 순응하는 사람이 아니라는 사실을 이미 보여줬다. 또한 공산주의자들은 그들이 반대 의견에 너그럽지 않다는 사실을 이미 보여 줬다. 공산주의자들은 벨러에게 교훈을 가르치기 위해, 그로부터 어떤 가상의 정보를 빼내기 위해, 그들의 의지에 그를 복종시키기 위해 어느 정도까지 나갈까?

게다가 나는 어떤가? 여기에 온 목적이 탄로 나면 나는 어떻게 처벌받을까? 나는 암시장 딜러에게서 페니실린을 샀던 날 발견했던 자신감을 다시 불러 모은다. 그 당시, 가장 큰 위험은 그가 내 제안을 거절하는 것이었다. 하지만 만약 내가 마리안느의 생명을 구하는 데에 필요한 것을 요청하지 '않았더라면' 나는 더 위태로워졌을 것이다. 오늘 내 주장을 확고히 펼치는 일은 보복, 투옥, 고문으로 이어질 수도 있다. 하지만 시도하지 '않는' 것, 그것 또한 위험하다.

교도소장이 높은 카운터 뒤의 의자에 앉아 있다. 덩치가 큰 남자다. 나는 마리안느가 그가 뚱뚱한 걸 보고서 그걸 너무 크게 말해 우리의 기회를 망칠까 봐 두렵다. 그와 시선을 맞춘다. 나는 미소를 짓는다. 나는 그에게 그의 원래 모습 그대로가 아닌, 내가 그가 어떠한 사람이라고 믿는 대로 대할 것이다. 내가 원하는 것을 이미 가지고 있다는 듯 그에게 말할 것이다. "감사합니다, 교도소장님." 내가 슬로바키아어로 말한다. "제 딸을 아빠에게 돌려주셔서 진심으로 감사합니다." 혼란스러워하며 그가 이마를 찌푸린다. 나는 그의 눈을 똑바로 본다. 나는 다이아몬드 반지를 뺀다. 그를 향해 반지를 든다. "아빠와 딸의 재회는 아름다운 일이지요." 나는 다이아몬드 반지를 좌우로 돌리면서 침침한 전등 빛 속에서 별처럼 빛나 보이게 하며 말을 잇는다. 그는 다이아몬드 반지를 쳐다본 후 나를 빤히 쳐다본다. 영원과도 같이 느껴지는 순간이다. 그는 상관을 호출할까? 마리안느를 내 품에서 뺏고 나 또한 체포할까? 탐나는 것을 차지하고 나를 도와줄까? 그가 어떤 선택을 할지 머리를 굴리는 동안 가슴이 조여오고 팔이 아파져 온다. 마침내 그가 반지를 향해 손을 내민 후 그것을 자기 주머니 안에 슬쩍 넣는다.

"이름?" 그가 말한다.

"에거."

"오시오."

그가 나를 데리고 문을 하나 통과한 후 계단을 내려간다. "곧 아빠를 만날 거야." 우리가 기차역에서 만나는 듯이 내가 마리안느에게 말한다. 이곳은 음울하고 슬픈 장소다. 역할들이 온통 뒤죽박죽이다. 여기에 갇힌 사람 중 얼마나 많은 사람이 범죄자가 아니고 단지 남용된 권력의 희생자에 지나지 않을까? 나는 나 자신이 죄수였던 적 이후로 한 번도 죄수들 근처에 가본 적이 없다. 나는 감옥의 바깥쪽에 있다는 게 거의 수치스럽게 느껴진다. 한편으로 제멋대로 날뛰는 무서운 권력에 의해 눈 깜짝할 새에 우리의 위치가 서로 바뀔 수도 있다는 사실이 너무나도 두렵다.

벨러는 감방에 혼자 있다. 그는 죄수복이 아닌 평상복을 입고 있다. 그는 우리를 보자마자 간이침대에서 벌떡 일어나 창살 밖으로 손을 뻗어 마리안느의 손을 잡는다.

"마추커. 아빠의 우스꽝스러운 작은 침대 보이니?" 벨러가 말한다.

그는 우리가 면회를 위해 여기에 왔다고 생각한다. 그의 한쪽 눈이 검게 멍들어 있다. 입술에는 피가 묻어 있다. 그가 두 개의 얼굴을 하는 것이 보인다. 마리안느를 향한 천진하고 행복한 얼굴, 그리고 나를 향한 당혹한 얼굴. 왜 아이를 감옥에 데려왔느냐고? 왜 마리안느가 정확한 명칭은 모르더라도 평생 기억할 만한 이런 장면을 마리안느에게 심어주는 거냐고? 나는 방어적으로 느끼지 않으려고 애쓴다. 나는 그에게 나를 믿어도 좋다고 눈빛으로 말하려 애쓴다. 또한 그에게 두려움을 이길 수 있는 유일한 것인, 사랑을 보여주려고 애쓴다. 나는 이 순간보다 더 그를 사랑한 적이 없다. 그는 어떻게 마리안느를 위해 이 상황을 재밌는 게임으로 만들지 본능적으로 알고서 이 음산하고 무서운 장소를 해롭지 않은 어떤 공간으로 탈바꿈시킨다.

교도소장이 감방을 연다. "5분이야!" 그가 크게 외친다. 그는 다이아몬드 반지가 들어 있는 주머니를 쓰다듬는다. 그러고 나서 그는 우리에게 등을 보인 채 복도 아래로 멀어져간다.

나는 감방문 밖으로 벨러를 끌어당기고 벨러, 마리안느, 나, 이렇게 우리가 다시 거리로 나올 때까지 숨을 참는다. 나는 벨러가 자신의 더러워진 손수건으로 입술에서 피를 닦는 것을 돕는다. 우리는 기차역을 향해 걷기 시작한다. 우리는 의논해야 할 필요가 없다. 마치 우리가 전부를 계획한 것 같다. 그의 체포부터 우리의 갑작스러운 탈출까지. 우리는 진행해 나가면서 즉석에서 모든 것을 만들고 있다. 하지만 들뜬 기분이 든다. 깊이 쌓인 눈밭을 급하게 걸어가는데 이미 바닥에 생겨 있는 발자국들을 디뎠다가 그 발자국들이 우리의 발 크기와 보폭에 맞게 이미 찍혀 있다는 사실을 알고서 놀라는 듯한 느낌이다. 마치다른 삶에서 이 여정을 이미 밟았고, 이번에는 기억에 의지해 다시 실행하는 듯한 느낌이다. 나는 벨러가 마리안느를 안을 수 있어서 기쁘다. 내 팔은 거의 무감각하다.

가장 중요한 일은 이 나라 밖으로 탈출하는 것이다. 공산주의자들로부터 도망치는 것이다. 연합국이 존재하는 가장 가까운 곳에 가는 것이다. 기차역에 도착한 후 나는 벨러와 마리안느를 한적한 벤치에 남겨두고 혼자 가서 비엔나행 기차표 세 장과 샌드위치 한 아름을 사온다. 우리가 언제 다시 먹을 수 있게 될지 누가 알겠는가?

다음 기차가 올 때까지 아직 45분을 기다려야 한다. 45분이면 벨러의 텅 빈 감방이 발각되고도 남을 것이다. 당연히 그들은 기차역으로 경찰관들을 보낼 것이다. 기차역은 탈주자를 찾아내기 위해 가장 먼저 가야 하는 곳이다. 지금 벨러는 탈주자다. 그리고 나는 그의 공범이다. 나는 몸을 떨지 않기 위해 심호흡을 하며 호흡수를 센다. 가족과 다시 합류했을 때, 벨러는 마리안느에게 자신이 나비라고 생각하는 비둘기에 대한 재밌는 이야기를 들려주고 있다. 나는 시계를 보지 않으려고 애쓴다. 나는 벤치에 앉는다. 마리안느는 벨러의 무릎 위에 앉아 있다. 나는 벨러의 얼굴을 가리기 위해 벨러에게 몸을 기댄다. 1분 1초가 째깍거리며 천천히 흘러간다. 나는 마리안느에게 주기 위해 샌드위치의 포장을 벗긴다. 나도 한 입이라도 먹으려 애쓴다.

바로 그 순간, 스피커에서 흘러나오는 방송을 듣고 나는 이가 극심하게 딱딱 맞부딪혀서 샌드위치를 먹을 수가 없다. "벨러 에거 씨, 안내소로 와주세요." 안내방송이 윙윙거리며 나온다. 그 소리는 기차표 판매소, 아이를 꾸짖는 부모들, 헤어짐과 작별 인사의 모습이 펼쳐지는 정지 장면을 뚫고 가로지른다.

"쳐다보지 말아요. 절대 고개 들지 말아요." 내가 속삭인다.

벨러가 마리안느를 간지럽혀 깔깔대며 웃게 만든다. 나는 그들이 너무 소음을 많이 내고 있지는 않은지 걱정된다.

"벨러 에거 씨, 안내소로 즉시 와주세요." 다시 방송이 울린다. 목소리에 급박함이 아까보다 더해졌다.

마침내, 서쪽으로 향하는 기차가 역으로 들어온다.

"기차에 타요. 기차를 수색할 때를 대비해서 화장실에 숨어 있어요." 내가 말한다.

우리는 기차에 오르기 위해 서두른다. 나는 경찰들이 있나 주위를 두리번거리지 않기 위해 애쓴다. 벨러가 마리안느를 어깨에 앉힌 채 달려간다. 마리안느가 신이 나서 소리를 지른다. 우리에게는 짐이 하나도 없다. 거리를 걸어서 여기까지 올 때는 아무 문제가 없었다. 하지만 지금은 짐이 없는 게 의심을 불러일으킬까 봐 걱정된다. 비엔나까지 도착하기까지는 거의 7시간이 걸린다. 우리가 가까스로 프레쇼프에서 빠져나간다고 하더라도, 경찰이 아무 기차역에서나 올라타서 기차를 수색할지 모르는 위험이 있다. 가짜 신분증을 조달할 시간도 없었다. 우리에게는 있는 그대로의 우리밖에 없다.

우리는 비어 있는 객실 칸을 찾는다. 나는 마리안느와 함께 창문 밖을 보며 플랫폼에 있는 사람들 수를 열심히 센다. 벨러를 감옥에서 빼낸 후, 나는 그가 눈앞에 없다는 생각을 참기가 힘들다. 위험이 지속되고 점점 커지는 것을 견디기가 힘들다. 벨러는 내게 입맞춤을 한 후 마리안느에게 입맞춤하고서 화장실에 숨기 위해 간다. 나는 기차가 움직이기 시작하기를 초조하게 기다린다. 만약 기차가 이 역을 떠날 수만 있다면, 우리는 자유에 1인치 더 가까워지는 것이고, 벨러의 귀환에 1초 더 가까워지는 것이다.

기차가 움직이지 않는다. "엄마, 엄마." 나는 기도한다. "우리를 도와주세요, 엄마. 우리를 도와주세요, 아빠."

객실 칸의 문이 열리더니 한 경찰관이 우리를 힐끗 본 후 문을 닫는다. 그의 부츠가 통로를 걸어 내려가는 소리가 들리고 다른 문들이 열리고 닫히는 소리가 들린다. 그는 벨러의 이름을 외치고 있다. 나는 마리안느에게 수다를 떨고, 노래를 부르고, 마리안느를 안고서 창밖을 보게 한다. 그 순간, 나는 벨러가 수갑을 차고 기차에서 끌려 내려지는 모습을 보게 될까 봐 몹시 두렵다. 마침내 차장이 플랫폼에서 자기 의자를 들어 올린 후 기차에 타는 모습이 보인다. 기차 차량의 문들이 일제히 닫힌다. 그리고 기차가 움직이기 시작한다. 벨러는 어디에 있지? 아직 기차에 타고 있는 건가? 수색을 피하는 데 성공했을까? 아니면 감옥으로 돌아가고 있는 길인가? 구타 혹은 더 끔찍한 것들에게로? 기차의 바퀴가 회전할 때마다 우리가 점점 더 멀어지면 어떡하지? 함께 만들 삶으로부터 우리를 멀리 떨어뜨리면 어떡하지?

우리가 코시체에 도착할 때 즈음, 마리안느는 내 품 안에서 잠이 든다. 벨러에게서는 아직 아무 소식이 없다. 나는 창밖으로 플랫폼을 이리저리 살피며 클라라 언니를 찾는다. 언니가 우리를 만나러 여기에 왔을까? 치치도 왔을까? 언니는 우리가 어떤 위험에 처해 있는지 알아챘을까? 우리가 전화 통화를 한 이후 몇 시간 동안 언니는 어떤 준비를 했을까?

기차가 코시체역에서 출발하기 바로 직전, 객실 칸의 문이 열리며 벨러가 뛰어 들어온다. 아드레날린 때문에 잔뜩 들뜬 상태다. "깜짝 놀랄 소식이 있어!" 미처 조용히 시킬 새도 없이 그가 소리를 지른다. 마리안느가 눈을 뜨고선 어리둥절해하며 칭얼거린다. 나는 마리안느를 안고 좌우로 흔들며 어르면서 내 남편을 향해 손을 뻗는다. 남편은 이제 안전해졌다.

"깜짝 소식이 궁금하지 않아?" 그가 다시 객실 칸의 문을 연다. 그리고 거기에 클라라 언니, 치치, 여행 가방, 언니의 바이올린이 있다.

"여기 남는 자리 있나요?" 치치가 묻는다.

"아가야!" 클라라 언니가 나를 꽉 끌어안으며 말한다.

벨러는 프레쇼프에서 어떻게 자신이 경찰 수색을 따돌렸는지 자랑하고 싶어 하고, 치치는 어떻게 여기 코시체에서 서로를 발견했는지 이야기하고 싶어 한다. 하지만 나는 미신을 믿는 사람이다. 알이 부화하기 전에 닭부터 세는 꼴이다. 신화에서는, 자신의 성공에 흡족해하는 데서는 좋은 일이 생기지 않는다고 했다. 우리는 신들이 자신이 절대 권력을 가지고 있다는 이미지를 유지하게 해주어야 한다. 나는 심지어 벨러에게 아직 다이아몬드 반지에 대해, 그를 어떻게 감옥에서 빼냈는지에 대해 말하지도 않았다. 그도 묻지 않았다.

기차가 다시 움직인다. 마리안느는 벨러의 무릎을 베고 다시 잠이 든다. 클라라 언니와 치치는 자신들의 계획에 대해 속삭인다. 비엔나는 호주 비자가 나오기를 기다리기에 완벽한 곳이다. 지금은 유럽을 떠나 시드니에 있는 임레에게 합류할 적기이기도 하다. 나는 아직 비엔나를 상상할 수가 없다. 나는 기차가 모든 역에 설 때마다 숨을 참는다. 스피슈스카노바베스. 포프라트-타트리. 립토프스키미쿨라시. 질리나. 비엔나까지 세 기차역만 더 지나면 된다. 트렌친에서는 아무 재난도 일어나지 않는다. 트르나바에서도 아무 위기가 없다. 우리는 거의 다 왔다. 하지만 국경 교차지이자 우리의 신혼여행지인 브라티슬라바에서 기차가 멈춰 있는 시간이 길어진다. 마리안느가 기차가 움직이지 않는 것을 느끼고서 잠에서 깬다.

"자장자장, 우리 아가, 자장자장." 벨러가 말한다.

"쉬쉬, 쉬쉬." 내가 말한다.

어둠을 뚫고 플랫폼 위로 십여 명의 슬로바키아 군인들이 기차를 향해 걸어오는 모습이 보인다. 그들은 흩어져서 두 명씩 짝을 지어 각 기차 차량에 접근한다. 곧 그들이 우리 객실 칸을 두드릴 것이다. 그들은 우리에게 신분증을 요구할 것이다. 그들은 벨러의 얼굴은 알아보지 못하겠지만 여권에서 그의 이름을 알아볼 것이다. 숨기에는 이미 늦었다.

"곧 돌아올게." 치치가 말한다. 치치가 통로로 서둘러 나간다. 그의 목소리와 기차 차장의 목소리가 들린다. 군인들이 막 출입문에 다다르는 순간 치치가 플랫폼으로 내려서는 모습이 보인다. 나는 치치가 그들에게 뭐라고 말했는지 결코 알지 못할 것이다. 나는 돈이나 보석이 오고 갔는지 아닌지 결코 알지 못할 것이다. 내가 아는 것이라고는 몹시 고통스러운 순간들이 지나고 나서, 군인들이 치치에게 모자를 조금 올려 인사를 한 후 뒤돌아서 기차역으로 걸어갔다는 사실뿐이다. 과거에 나는 어떻게 선별 선과 마주할 수 있었을까? 때로는 매일, 때로는 하루에도 서너 번씩? 적어도 선별 선에서는 평결이 빨리 나오기라도 한다.

치치가 우리가 있는 객실 칸으로 돌아온다. 미친 듯이 뛰던 심장은 잠잠해졌지만 나는 차마 그에게 어떻게 군인들을 돌아가게 설득했는지 물을 용기가 나지 않는다. 우리의 안전은 너무 연약해서 아직 확신할 수가 없다. 우리가 안도감을 소리 높여 말하면, 겨우 확보한 안전이 깨져버릴 것만 같다. 우리는 기차가 비엔나로 향하는 내내 입을 꾹 다물고 한마디도 하지 않는다.

비엔나에서 우리는 전쟁 이후 팔레스타인이나 북아메리카로 탈출하려고 하는 25만 명의 거대한 흐름 속 작은 물방울에 불과하다. 우리는 비엔나에서 미국이 점령한 지역에 있는 로스차일드 병원에 피신처를 마련한다. 로스차일드 병원은 동유럽을 떠나는 난민들을 위한 센터로 사용되고 있고, 우리 다섯 명은 다른 세 가족과 함께 같은 방에 배정된다. 이미 밤이 늦었지만 벨러는 내가 마리안느를 재우기도 전에 병원 밖으로 나간다. 그는 우리가 이스라엘로 함께 가기로 계획한 친구들인 반디와 마르타와 어떻게든 연락을 취해 우리가 어디에 있는지 알려주려고 한다. 나는 잠을 자는 마리안느의 등을 문지르면서 클라라 언니가 우리와 같은 방을 쓰는 다른 여자들과 속삭이며 대화를 나누는 소리를 듣는다. 여기 로스차일드 병원에는 우리와 같은 사람들이 수천 명이 있다. 모두 브리카로부터 도움받기를 기다리고 있다. 우리가 새해 전야에 반디와 마르타와 함께 식탁에서 사우어크라우트 수프를 먹으면서 이스라엘에서 새로운 삶을 시작할 계획을 세웠을 때, 우리는 뭔가를 만들어내고 있었지, 도주할 계획은 아니었다. 하지만 지금, 다른 난민들과 함께 혼잡한 방에 있는 순간, 나는 브리카라는 단어의 의미를 새삼 깨닫는다. 브리카는 '도주'를 뜻하는 히브리어다. 우리는 도주하고 있다.

우리의 계획은 건실한 계획일까? 같은 방에 있는 여자들이 이미 이스라엘로 이주한 친구들에 관해 우리에게 이야기해준다. 그들이 말하기를 이스라엘은 지내기에 만만한 곳이 아니라고 한다. 일 년여를 싸운 끝에, 아랍-이스라엘 전쟁은 서서히 잠잠해지는 상태이지만 아직도 이스라엘은 교전 지역이다. 아랍 국가들과 유대인들 사이에 깊은 정치적 불안과 지속적인 적대관계가 계속되는 가운데, 사람들은 텐트에 살면서 생활을 위해 해야 하는 일들을 하고 있다고 한다. 이것은 우리가 유개화차에 짐을 쌀 때 준비했던 삶이 아니다. 폭력적인 갈등에 둘러싸인 채 텐트에 살아야 한다면 은식기와 도자기 식기가 무슨 소용이란 말인가? 마리안느의 옷 속에 꿰매어 넣은 보석들은 또 어떤가? 그것들은 다른 사람들이 돈을 주고 그걸 살 의향이 있을 때만 그만큼의 가치가 있다. 누가 우리 이름이 새겨진 금 접시에 음식을 담아 먹고 싶어 하겠는가? 내 마음속에 작은 거부감이 사라지지 않는 이유는 고생해야 하거나 가난할까 봐 걱정돼서가 아니다. 전쟁을 더 겪어야 한다는 현실 때문이다. 똑같은 고통을 참아야 하는 것 이외에 더 나아지는 게 없다면 다시 시작할 이유가 무엇이란 말인가?

어둠 속에서 벨러가 돌아오기를 기다리면서 나는 미국 영사관에서 준 서류들을 펼쳐본다. 내가 고집을 피워서 벨러가 프라하에 가서 받아오고, 내 등에 묶인 채 우리와 함께 국경을 건넌 바로 그 서류다. 체코슬로바키아에서 오직 두 가족만이 미국에 이주할 수 있는 자격이 있다. 오직 둘뿐이다. 벨러가 프라하에 갔을 때 알아온 바로는, 나머지 한 가족은 이미 유럽을 떠났다고 했다. 그들은 미국 대신 이스라엘로 이주하기로 선택했다고 한다. 이제 우리 차례다. 나는 침침한 전등 빛 아래에서 서류를 손에 들고 이리저리 살펴보면서 흐릿해 보이는 글자들이 내 손 위에서 뭉크러져 재배열되기를 기다린다. "미국이야, 디 추커." 엄마가 말하는 소리가 들린다. 미국은 이민하기에 가장 어려운 국가다. 이민 할당 수가 지독할 정도로 빠듯하다. 하지만 만약 이 서류가 사기나 거짓말이 아니라면, 우리는 미국에 이민 갈 수 있는 방법이 있다. 하지만 우리의 전 재산은 이스라엘에 있다. 이 서류는 가짜 초대장임이 틀림없다고 나는 자신을 설득한다. 한 푼도 없는 사람은 아무도 원하지 않는다.

벨러가 숨을 헐떡이며 방으로 들어오자 룸메이트들이 잠에서 깬다. 그는 한밤중에 가까스로 반디와 연락이 닿았다. 내일 밤 우리의 친구들이 비엔나로 출발할 것이고 우리는 그다음 날 아침 기차역에서 그들을 만난 후 함께 이탈리아로 떠날 것이다. 반디는 브리카의 도움을 받아 이탈리아에 배편을 확보해놓았고 우리는 그 배를 타고 이스라엘의 하이파로 갈 것이다. 우리는 새해 전야 이후에 계획해온 대로 반디와 마르타와 함께 이스라엘로 갈 것이다. 그리고 마카로니 공장을 세울 것이다. 운이 좋게도 우리는 비엔나에 도착하자마자 곧장 떠날 수 있게 되었다. 우리는 클라라 언니와 치치가 호주에 가기 위해 그래야 할지도 모르는 것처럼 몇 년을 기다리지 않아도 된다.

하지만 나는 36시간 후에 비엔나를 떠날 수 있다는 소식에도 전혀 기쁘지 않다. 고작 내 딸을 불안한 분쟁 지역으로 데려가기 위해 프레쇼프의 전후 혼란에서 도망쳐 나오다니. 나는 무릎 위에 미국 영사관에서 준 서류들을 놓은 채 침대 가장자리에 앉아 있다. 나는 손가락으로 글자 위를 훑는다. 벨러가 나를 쳐다본다.

"약간 늦었어." 그가 말한다. 이것이 그의 유일한 견해다.

"우리가 이것에 관해 의논해봐야 하지 않을까요?"

"의논할 게 뭐가 있어? 우리의 전 재산, 우리의 전 재산은 이스라엘에 있어."

그의 말이 옳다. 반은 옳다. 우리의 전 재산은 이스라엘에 있다. 아마 사막에 놓은 유개화차 안에서 구워지고 있을 것이다. 하지만 우리의 미래는 아니다. 그것은 아직 존재하지 않는다. 우리의 미래는 의도라는 항과 환경이라는 항으로 구성된 등식이다. 그리고 우리의 의도는 이동할 수 있다. 혹은 나뉠 수도 있다.

마침내 내가 침대에 눕자 클라라 언니가 잠든 마리안느 위로 몸을 기울여 내게 속삭인다. "아가야. 내 말 잘 들어. 너는 네가 하는 일을 사랑해야만 해. 만약 그렇지 않다면 그 일을 해서는 안 돼. 그럴 만한 가치가 없어." 언니가 말한다. 언니가 내게 뭐라고 하는 거지? 우리가 이미 결정한 사안을 두고 벨러와 다시 논쟁을 벌이라고? 벨러를 떠나라고? 클라라 언니는 내가 이미 내린 선택들을 내게서 방어하리라 나는 예상했다(아니면 기대했다). 나는 클라라 언니가 호주에 가고 싶어 하지 않는다는 사실을 알고 있다. 하지만 언니는 자신의 남편과 함께 있기 위해 그곳에 갈 것이다. 클라라 언니는 내가 원하지 않는데도 이스라엘로 갈 수밖에 없는 이유를 그 누구보다 많이 이해해야 한다. 하지만 우리의 인생 중 처음으로, 언니는 내게 자신이 하는 대로 따라 하지 말라고 말하고 있다.

아침이 되자 벨러는 이스라엘로 가는 여행에 필요할 물건들-여행 가방, 코트, 옷, 다른 필수품들-을 구하기 위해 곧장 길을 나선다. 이 물품들은 로스차일드 병원을 후원하는 미국 자선 단체인 '유대인 공동 분배 위원회Jewish Joint Distribution Committee'가 난민들에게 나눠주는 것이다. 나는 마리안느를 데리고 프라하에서 받은 서류를 핸드백에 집어넣은 채 시내로 외출한다. 마그다 언니가 단것을 숨겨서 가지고 다니던 방식대로 말이다. 먹고 싶은 유혹이 반, 위급할 때 도움받으려는 생각이 반이다. 우리가 미국 이민이 허용된 유일한 체코 가족이라는 사실은 무엇을 의미할까? 만약 우리가 거절한다면 누가 가게 될까? 아무도? 이스라엘 계획은 괜찮은 계획이다. 우리가 가진 것으로 세울 수 있는 최선의 계획이다. 하지만 우리가 이 계획을 세웠을 때 존재하지 않았던 기회가 지금 여기 새로이 있다. 이제 우리는 새로운 기회를 받았다. 교전 지역에서 텐트 안에 살지 않아도 된다.

나는 나 자신을 멈출 수가 없다. 벨러의 허락 없이, 벨러의 지식 없이. 나는 미국 영사관으로 가는 길을 물은 후 마리안느를 품에 안고 거기로 간다. 나는 서류가 실수나 거짓말일 가능성이 있는지만이라도 확인할 것이다.

"축하합니다." 내가 그에게 서류를 보여주자 미국 영사관 직원이 말한다. "비자가 처리되는 대로 바로 미국에 가실 수 있습니다." 그가 내게 비자 신청을 위한 서류를 건넨다.

"돈이 얼마나 드나요?"

"무료입니다, 부인. 당신은 난민입니다. 새로운 나라가 제공하는 배편으로 항해하실 겁니다."

나는 어지러움을 느낀다. 좋은 종류의 어지러움이다. 내 가족이 여전히 온전한 채로 기차가 브라티슬라바에서 출발하기 전날 밤 느꼈던 그런 느낌이다. 나는 비자 신청서를 가지고 로스차일드 병원의 우리 방으로 돌아온다. 나는 클라라 언니와 치치에게 서류를 보여준다. 나는 질문들을 살피면서 문젯거리가 없는지 찾는다. 하나를 찾는 데까지 얼마 걸리지 않는다. '결핵에 걸린 적이 있나요?' 벨러는 있다. 벨러는 1945년 이후로 결핵 증상을 보이지 않았지만, 현재 그가 얼마나 건강한지는 중요하지 않다. 비자 신청서와 함께 엑스레이 사진을 제출해야 한다. 벨러의 폐에는 자국이 있다. 손상이 분명히 보인다. 게다가 결핵은 절대 완전히 치유되지 않는다. 마치 트라우마처럼. 결핵은 언제든 다시 확 타오를 수 있다.

그렇다면, 이스라엘이군. 내일이야.

클라라 언니가 내가 비자 신청서를 침대 매트리스 아래에 집어넣는 모습을 지켜본다. "내가 열 살 때 줄리아드에 합격했던 거 기억나니?" 클라라 언니가 말한다. "그리고 엄마가 가지 못하게 했던 거 기억나니? 미국으로 가, 디추. 엄마는 네가 미국으로 가길 원할 거야."

"하지만 결핵이 문제야." 나는 신의를 지키려 애쓴다. 법률에 대해서가 아니라 벨러의 희망에 대해서, 내 남편의 선택에 대해서.

"문으로 들어갈 수 없다면 창문으로 들어가는 수밖에." 클라라 언니가 내게 다시 한번 알려준다.

* * *

밤이 찾아온다. 비엔나에서 보내는 두 번째 밤이자 마지막 밤이다. 나는 마리안느가 잠들 때까지 기다린다. 클라라 언니와 치치, 그리고 다른 가족들이 잠자리에 들 때까지 기다린다. 나는 출입문 옆에 있는 의자 두 개에 벨러와 마주 보고 앉는다. 우리의 무릎이 맞닿아 있다. 나는 그의 얼굴을 외우려고 애쓴다. 그의 얼굴 윤곽을 마리안느에게 말해줄 수 있도록 말이다. 그의 넓은 이마, 완벽한 호 모양의 눈썹, 다정한 입매.

"소중한 벨러," 내가 말을 꺼낸다. "내가 하려는 이야기는 듣기에 힘들 거예요. 하지만 얼마나 힘들든 간에 돌려서 말할 방법이 없어요. 또한 내가 말하려 하는 것을 설득해서 그만두게 할 방법도 없어요."

그의 아름다운 이마가 구겨진다. "무슨 일이야?"

"만약 당신이 우리가 계획한 대로 내일 반디와 마르타를 만나서 이스라엘로 간다면, 나는 당신을 막지 않을 거예요. 당신을 설득해서 그

만두게 하지도 않을 거예요. 하지만 나는 선택을 내렸어요. 나는 당신
과 함께 가지 않을 거예요. 나는 마추커를 데리고 미국에 갈 거예요."

# 3부

---

# 자유

# 이민의 날

이민의 날인, 1949년 10월 28일은 내 인생 중 가장 낙관적이고 가장 희망찬 날이었다. 로스차일드 병원의 혼잡한 병실에서 한 달 동안 살고, 비자가 나오길 기다리며 비엔나의 자그마한 아파트에서 다섯 달 동안 지낸 끝에, 우리는 새로운 고향으로 향하는 입구에 다다랐다. 대서양을 감싸는 찬란한 푸른 하늘 아래, 우리는 USAT R. L. 하우즈 호의 갑판에 서 있었다. 저 멀리 있는 자유의 여신상이 마치 오르골 안에 있는 작은 조각상처럼 자그맣게 시야에 들어왔다. 그런 다음, 몇 주 동안 수평선만 있던 곳에 높이 치솟고 복잡한 뉴욕시의 스카이라인이 나타났다. 나는 갑판 난간에 기대 마리안느를 높이 안아 올렸다.

"미국에 왔어. 자유의 땅이야." 내가 마리안느에게 말했다.

나는 우리가 마침내 자유로워졌다고 생각했다. 우리는 위험을 감수했다. 이제 안전과 기회가 보상으로 주어질 것이다. 간단하고 공정한 등식처럼 보였다. 수천 마일의 대양이 철조망, 경찰 수색, 죄수 수용소, 피난민 수용소로부터 우리를 갈라놓고 있었다. 하지만 아직 나는 악몽은 지리를 따지지 않으며, 죄책감과 불안은 국경 없이 떠돌아 다닌다는 사실을 알지 못했다. 10월의 햇빛을 만끽하며 딸아이를 품에 안고 뉴욕시를 보며 여객선의 상갑판에 20분 동안 서 있으니, 여기에서는 과거가 나를 건드리지 못할 것이라는 믿음이 들었다. 마그다 언니는 이미 미국에 가 있었다. 7월에 언니는 마침내 비자를 받아 먼저 뉴욕으로 떠났고 지금은 마틸다 고모, 고모부와 함께 브롱크스에 살고 있다. 언니는 장난감 공장에서 작은 기린 인형에 머리를 끼우는 일을 하고 있다. "기린을 만들려면 엘레판트(코끼리를 의미함) 가문이 필요한 법이지"라고 마그다 언니는 편지에서 농담 삼아 말했다. 한두 시간만 더 있으면 나는 마그다 언니, 자랑스러운 내 언니를 품에 안을 수 있을 것이다. 그리고 언니는 고통을 초월할 수 있는 농담을 들려줄 것이다. 내가 마리안느와 함께 여객선과 육지 사이의 흰 물결을 세면서 축복을 빌고 있을 때, 벨러가 작은 선실에서 우리의 마지막 짐을 꾸린 후 갑판으로 올라왔다.

나의 가슴은 남편에 대한 사랑으로 다시 부풀었다. 바다를 건너는 몇 주 동안, 시커먼 바닷물과 시커먼 풍경을 배경으로 까딱까딱 흔들리는 선실 속 작은 침대에서 나는 함께한 지난 3년 중 그 어느 때보다 그에게 가장 큰 열정을 느꼈다. 우리가 마리안느를 가졌던, 신혼여행 중 기차 안에서 느꼈던 것보다 더 큰 열정이었다.

5월의 비엔나를 되짚어보자면, 벨러는 최후의 순간까지 결정을 내리지 못하고 선택을 하지 못했다. 그는 벤디와 마르타를 만나기로 한 기차역에서 여행 가방을 손에 든 채 기둥 뒤에 숨어 있었다. 그는 친구들이 도착해서 플랫폼을 뒤지며 우리를 찾아다니는 모습을 지켜봤다. 그는 계속해서 숨어 있었다. 그는 기차가 들어오는 모습을 보고 모든 승객은 탑승하라는 방송을 들었다. 그는 반디와 마르타가 기차 차량 입구 앞에 선 채 두리번거리며 그를 기다리는 모습을 봤다. 그런 다음 철도원이 확성기로 자신의 이름을 부르는 소리를 들었다. 그는 친구들과 합류하고 싶었다. 그는 기차를 타고 배에 올라 자신의 전 재산이 들어 있는 유개화차를 구출하고 싶었다. 하지만 그는 기둥 뒤에 얼어붙은 듯이 가만히 서 있었다. 나머지 승객들이 줄지어 기차에 오르고 반디와 마르타도 기차에 탔다. 기차의 문들이 닫히자 마침내 그가 온 힘을 짜내 움직였다. 더 나은 판단을 버리고, 자신이 안전하고 경제적으로 안정된 미래를 위해 마련한 모든 판돈을 버리고, 그는 자신의 인생에서 가장 큰 위험을 무릅썼다. 그렇게 그는 기차역을 떠났다.

미국에서 새로운 삶을 시작하기 몇 분밖에 남지 않은 지금, 우리가 같은 선택을 내렸다는 사실보다 더 깊고 더 심오한 것은 없어 보였다. 우리는 우리 딸의 기회를 위해 미래의 보장을 포기하고 함께 밑바닥부터 다시 시작하기로 선택했다. 우리의 딸과 새로운 모험, 그리고 나에 대한 그의 헌신에 나는 깊이 감동했다.

그럼에도 불구하고. (이 '그럼에도 불구하고'는 자물쇠가 잠기는 듯한 느낌이다.) 나는 마리안느를 미국에 데려오기 위해 우리의 결혼생활을 포기할 준비가 되어 있었다. 얼마나 고통스럽든 간에, 나는 우리의 가족, 우리의 파트너십-벨러가 절대 잃을 수 없었던 바로 그것들-을 기꺼이 희생할 생각이었다. 그래서 우리는 동등하지 않은 입장에서 새 삶을 시작하게 됐다. 그가 포기한 그 모든 것을 놓고 봤을 때 그가 얼마나 우리에게 헌신하고 있는지 알 수 있었다. 하지만 그는 자신이 잃은 것에 여전히 괴로워했고 나는 그것을 느낄 수 있었다. 내가 안도와 기쁨을 느끼는 곳에서 그는 아픔을 느꼈다. 우리가 새로운 삶을 맞이할 수 있어서 한없이 행복했지만, 나는 벨러의 상실감이 우리 앞에 놓인 미지의 세계에 위험한 압박이 되리라는 사실을 이미 느낄 수 있었다.

우리가 내린 선택 중심에는 희생이 있었다. 또한 거짓말도 있었다. 우리가 비자 신청서와 함께 제출한 신체검사 증명서와 엑스레이 사진 말이다. 우리는 벨러가 앓은 옛 질환의 유령, 즉 결핵이 우리의 미래를 저지하도록 내버려 둘 수 없었다. 그래서 치치가 벨러인 척 위장하고 나와 함께 신체검사를 받으러 갔다. 우리는 샘물처럼 깨끗한 치치의 흉부 엑스레이 사진을 가지고 있다. 공무원들이 벨러에게 이민을 승인할 때 그들은 치치의 신체와 의료 기록에 정당성을 부여할 것이다. 그들이 건강하다고 판정한 몸은 벨러가 아닌 다른 사람의 몸일 것이다.

나는 편하게 숨 쉬고 싶었다. 우리의 안전과 행운을 기적으로 여기고 싶었다. 신중하고 면밀하게 보호하지 않고 말이다. 나는 내 딸에게 자신이 서 있는 곳에서 자신감을 느끼도록 가르치고 싶었다. 거기에 마리안느가 있었다. 바람에 볼이 빨갛게 상기된 채 머리카락을 흩날리며. "자유!" 마리안느가 새로운 단어를 배운 것에 신나하며 소리를 질렀다. 충동적으로 나는 마리안느가 목에 건 리본에 매달려 있는 고무젖꼭지를 떼서 바닷속으로 던져버렸다.

고개를 돌렸다면 벨러가 내게 주의하라고 경고하는 모습을 봤을 것이다. 하지만 나는 고개를 돌리지 않았다. "우리는 이제 미국인이야. 미국 어린이들은 고무젖꼭지를 사용하지 않아." 나는 딸아이가 지닌 안전의 증표 중 하나를 퍼레이드 색종이 조각처럼 가볍게 던지면서 의기양양하게 즉석에서 지어내 말했다. 나는 마리안느가 내가 되고 싶었던 사람이 되기를 바랐다. 주변과 잘 어울리는 사람. 자신이 남들과 다르다는 생각, 자신에게 결함이 있다는 생각, 과거의 손아귀에서 벗어나기 위한 가혹한 경주 속에서 영원히 달려야 한다는 생각에 괴로워하지 않는 사람.

마리안느는 불평하지 않았다. 새로운 모험에 잔뜩 흥분하고 나의 낯선 행동에 즐거워하며 나의 논리를 받아들였다. 미국에서 우리는 미국인들이 하는 것처럼 할 것이다(마치 내가 미국인들이 하는 것에 대해 빈틈없이 세세하게 아는 것처럼). 나는 나의 선택, 우리의 새로운 삶을 믿고 싶었다. 그래서 나는 슬픔의 흔적, 두려움의 흔적을 부정하기로 했다. 새로운 조국으로 향하는 나무 경사로를 걸어 내려갈 때, 나는 이미 가면을 쓰고 있는 상태였다.

나는 탈출했다. 하지만 나는 아직 자유롭지 않았다.

# 풋내기

1949년 11월, 나는 볼티모어에서 시내버스에 탄다. 어스름한 새벽
이고 거리는 축축이 젖어 있다. 나는 의류공장에 출근하는 길이다. 나
는 매일 그곳에서 12개당 7센트를 받고 남자아이 사각팬티 솔기의 풀
린 실을 자르며 하루를 보낸다. 이 공장은 마그다 언니와 내가 아우슈
비츠에서 강제이송된 후에 일했던 독일의 실 공장을 떠올리게 만든
다. 건조하고 먼지투성이인 공기와 차가운 콘크리트. 기계 소리가 덜
커덕덜커덕 너무 시끄러워서 여자 작업감독은 목청 높여 소리를 지를
수밖에 없다. "화장실 가는 시간을 최소화하시오!" 그녀가 소리친다.
하지만 내게는 과거의 여자 작업감독이 소리를 지르는 것처럼 들린
다. 그녀는 우리가 탈진될 때까지 일하다 그 후 모조리 살해당할 것이
라고 말했었다. 나는 한시도 멈추지 않고 계속 일한다. 생산성을 극대
화하기 위해서, 빈약한 임금을 극대화하기 위해서. 또한, 쉬지 않고 일
하는 것 자체가 버리기 힘든 오랜 습관이기 때문이기도 하다. 만약 항

상 주변에 소음과 긴박함이 끊이지 않게 한다면, 잠시라도 혼자서 자신만의 생각에 빠질 필요가 없을 것이다. 나는 일에 몰두한다. 어둑해지고 집에 도착할 때가 되면 손이 덜덜 떨릴 정도다.

마틸다 고모와 고모부는 우리 가족을 받아들일 만한 공간이나 자원이 있지 않았다. 게다가 마그다 언니가 이미 군식구가 된 터였다. 그래서 우리는 애초에 꿈꿨던 뉴욕 브롱크스가 아닌 볼티모어에서 새로운 삶을 시작하게 됐다. 볼티모어에서 우리는 벨러의 형인 조지와 그의 부인 그리고 어린 두 여자 조카들과 함께 엘리베이터도 없는 비좁은 아파트에서 살고 있다. 조지는 체코슬로바키아에서는 유명한 변호사였다. 하지만 그가 1930년대에 미국에 왔을 때 처음 살았던 시카고에서는 '풀러 브러시Fuller Brush' 회사의 영업사원으로 일하며 생계를 꾸려야 했다. 그는 집집이 돌아다니며 브러시와 청소용품을 판매했다. 조지의 인생은 온통 비통함과 낙담과 두려움에 가득 차 있다. 그는 아파트 안에서 나를 졸졸 따라다니며 내 움직임 하나하나를 감시하고 내게 커피 통을 더 꽉 닫으라고 소리를 지른다. 그는 과거에 대해 분노하고 있다. 브라티슬라바에서 느닷없이 무차별 공격을 당하고, 이민 초기에 시카고에서 강도질을 당했던 과거에 대해 분노하고 있다. 또한 그는 현재에 대해 분노하고 있다. 그는 벨러와 내가 에거 가문의 재산을 모두 포기하고 한 푼도 없이 미국에 온 것을 용서하지 못한다. 나는 그가 주위에 있으면 바짝 긴장돼서 아파트 계단을 내려가다가 발을 헛디디곤 한다.

어느 날, 나는 현재 겪는 불편들에 관한 생각으로 머리가 가득 찬 채로 공장에 가는 버스에 탄다. 매일 나는 공장의 쉴 틈 없는 속도에 대비해야 하고, 조지의 무례함에 속을 끓여야 하고, 강박증이 생길 정도로 끊임없이 돈 걱정을 해야 한다. 생각에 너무 깊이 빠진 나머지 얼마의 시간이 지난 후에야 버스가 아직 출발하지 않았고, 우리가 여전히 도로변에 있고, 다른 승객들이 나를 노려보며 고개를 흔들고 있다는 사실을 알아차린다. 땀으로 온몸이 따끔거리기 시작한다. 무장한 '닐러시'가 새벽녘에 우리 집 현관문을 쾅쾅 두드리는 소리에 잠에서 깼던 그날 느꼈던 바로 그 느낌이다. 내가 텃밭에서 당근을 뽑은 다음 독일군이 가슴에 총을 들이댔을 때 느꼈던 것과 같은 공포가 느껴진다. 내가 뭔가를 잘못했고, 그에 대해 처벌을 받을 것이고, 그 처벌은 삶과 죽음을 가를 것 같다는 느낌이 든다. 나는 위험과 위협의 느낌에 완전히 사로잡혀서 무슨 일이 벌어졌는지 침착하게 생각해볼 수가 없다. 나는 유럽에서 하던 방식으로 먼저 자리에 앉고 난 후 버스 안내원이 와서 승차권을 팔기를 기다렸다. 요금함에 토큰 넣는 것을 깜박한 것이다. 이제 버스 운전사는 내게 고함을 지르고 있다. "돈을 내거나 내리시오! 돈을 내거나 내리시오!" 나는 영어를 할 줄 알지만, 그의 말을 알아듣지 못한다. 공포에 압도된다. 철조망과 총부리가 눈앞에 아른거리고 굴뚝들에서 나오는 짙은 연기가 현실을 뒤덮는다. 과거의 수용소 벽들이 사방에서 나를 조여든다. 이는 아우슈비츠에서 첫날 밤 요제프 멩겔레 앞에서 춤을 췄을 때 내게 일어난 일과 정반대다. 그때, 나는 나 자신을 막사에서 빠져나오게 한 후 부다페스트 오페라하우스의 무대 위로 이동시켰다. 내면의 상상력이 나를 구했다. 하지만 이제 나의 내면세계는 내게 단순한 실수와 오해를 대재앙으로 잘못 해석하게 만들고 있다. 현재 심각하게 잘못된 일은 단 하나도 없고 이것은 쉽게 바로잡을 수 있는 상황일 뿐이다. 버스 운전사는 나를 오해해서 그리고 내가 그의 말을 알아듣지 못해서 불만에 차서 화를 내고 있을 뿐이다. 고성이 들리고 갈등이 존재하지만 내 삶 자체가 위험에 처한 것은 아니다. 하지만 그런데도 나는 현재 상황을 그렇게 해석한다. 위험, 위험, 죽음.

"돈을 내거나 내리시오! 돈을 내거나 내리시오!" 버스 운전사가 소리를 지른다. 그가 자리에서 일어선다. 그가 나를 향해 다가오고 있다. 나는 버스 바닥에 털썩 주저앉아서 양손으로 얼굴을 감싼다. 이제 그는 내 위에 서서 내 팔을 움켜잡고 나를 홱 잡아당겨 일으켜 세우려 한다. 나는 버스 바닥에 쭈그려 앉은 채 울면서 몸을 벌벌 떤다. 이때 옆에 있는 승객이 나를 가엾게 여긴다. 그녀는 나와 같은 이민자다. 그녀는 내게 돈이 있느냐고 이디시어로 그다음에는 독일어로 물은 후, 땀에 젖은 내 손바닥에서 동전을 세어준다. 그러고선 내가 좌석으로 다시 돌아오는 것을 돕고서 내가 다시 숨을 제대로 쉴 때까지 내 옆자리에 앉아 있어준다. 버스가 출발한다.

"멍청한 풋내기 같으니." 한 여자가 통로를 걸어가 자기 좌석에 앉으면서 낮은 목소리로 말한다.

나는 편지에서 마그다 언니에게 이 사건에 대해 말하면서 상황을 재밌는 이야기로 바꾼다. '풋내기' 이민자가 겪은 익살스러운 에피소드로 말이다. 하지만 이날 내 안의 무언가가 바뀌었다. 20년이 넘게 지나고 나서야 나는 이 상황을 이해할 수 있는 심리학 훈련을 받고 적절한 용어를 배우게 된다. 내가 경험한 것은 '플래시백Flashback'이었다.

내가 이날 경험한 끔찍한 신체적 감각(심장이 빠르게 뛰고 손에서 땀이 나고 시야가 좁아지는)은 트라우마에 대한 무의식적인 반응이었다. (그리고 나는 살면서 이것을 수없이 계속 경험한다. 80대 후반이된 지금까지도 말이다.) 그래서 나는 '외상 후 스트레스Post-traumatic Stress'에 '장애Disorder'라는 이름을 붙여 일종의 병으로 만드는 것에 반대한다. 외상 후 스트레스는 트라우마에 대한 장애 반응이 아니다. 평범하고 정상적인 반응이다. 하지만 볼티모어에서의 이 11월 아침, 나는 내게 무슨 일이 일어나고 있는지 알지 못했다. 나는 내가 깊이 손상됐기 때문에 무너졌을 것이라고 추정했다. 내가 손상된 인간이기 때문이 아니라 단절된 삶이 남긴 결과에 고통받는 중이라는 사실을 그때도 알 수 있었다면 좋았을 텐데.

아우슈비츠에서도, 마우트하우젠에서도, '죽음의 행군'에서도, 나는 내면의 세계에 의지하여 살아남았다. 나는 굶주림과 고문과 죽음에 둘러싸였을 때조차도 나의 내면에 존재하는 세계에서 희망과 신념을 발견했다. 첫 번째 '플래시백'을 겪고 난 후 나는 나의 내면세계에 악령들이 살고 있다고 믿기 시작했다. 내 안 깊은 곳에 어두운 그림자가 존재한다고 믿게 됐다. 나의 내면세계는 더는 나를 지탱해주지 않았고 오히려 내가 느끼는 고통(막을 수 없는 기억들, 상실감, 공포)의 근원이 되어버렸다. 생선 판매대 앞에 줄을 서 있다가 점원이 내 이름을 불러서 쳐다보면 그의 얼굴이 요제프 멩겔레의 얼굴로 바뀌었다. 어떤 날에는 공장으로 들어가는 길에 엄마가 또렷한 모습을 한 채 내옆에서 함께 걸어가다가 갑자기 돌아서서 획 가버리기도 했다. 나는과거의 기억들을 제거하려고 애썼다. 나는 과거가 생존의 문제였다고 생각했다. 오랜 시간이 흐른 후에야 나는 도망치는 방법으로는 고통을 치유할 수 없다는 사실을 깨닫게 됐다. 도망은 고통을 더 악화시킬 뿐이다. 미국에 온 후 나는 수용소로부터 지리적으로 어느 때보다 더 멀어졌다. 하지만 이곳에서 나는 이전보다 마음 감옥에 더 갇히게 됐다. 과거로부터, 두려움으로부터 도망치는 과정에서 나는 자유를 찾지 못했다. 나는 두려움의 감옥을 만들었고 침묵으로 감옥의 자물쇠를 봉했다.

그렇지만 마리안느는 잘 자란다. 나는 마리안느가 우리 가정이 정상이라고 느끼기를 간절히 바란다. 마리안느는 그렇게 느낀다. 나는 마리안느가 우리가 가난하다는 사실을 알까 봐, 자기 엄마가 항상 겁에 질려 있다는 사실을 알까 봐, 미국에서의 삶이 우리가 기대했던 것과 다르다는 사실을 알까 봐 두렵다. 하지만 마리안느는 행복한 아이로 잘 자란다. 마리안느는 어린이집에서 영어를 빠르게 배운다. 이 어린이집을 운영하는 바우어 부인은 이민자들에게 우호적이고 마리안느는 여기에 무료로 다니고 있다. 마리안느는 바우어 부인의 어린 조수가 되어 다른 아이들이 울거나 신경질을 부리면 자연스레 아이들을 돌본다. 아무도 마리안느에게 이 역할을 맡으라고 요청하지 않았다. 하지만 마리안느는 선천적으로 타인의 고통에 대해 민감하고 자기의 강점에 대해 자신감을 느낀다. 벨러와 나는 마리안느를 작은 외교관이라고 부른다. 바우어 부인은 마리안느에게 책을 들려 집에 보낸다. 내가 영어를 최대한 빨리 배워 마리안느를 지지하도록 돕기 위해서다. 나는 동화《치킨 리틀Chicken Little》을 읽으려고 애쓰지만, 캐릭터들을 구분하기가 힘들다. 누가 더키 러키지? 구시 루시는 누구지? 마리안느가 나를 보고 깔깔대며 웃는다. 마리안느가 나를 다시 가르친다. 마리안느가 잔뜩 화가 난 척을 한다. 나는 연극 놀이를 하는 중이고 단지 이해하지 못하는 연기를 하는 척을 한다.

나는 가난한 것보다 내 딸이 창피해할까 봐 더 두렵다. 나는 마리안느가 나를 부끄러워할까 두렵다. 주말마다 마리안느는 나와 함께 빨래방에 가서 내가 세탁기를 작동하는 것을 돕고, 나를 식료품점에 데리고 가서 '지프 땅콩버터'와 여러 식료품을 찾는다. 모두 내가 한 번도 들어보지 못한 식료품들이고 나는 아직 이것들의 이름을 철자에 맞게 쓰지도 제대로 발음하지도 못한다. 1950년에 마리안느는 세 살이 되고 우리도 자신의 반 친구들처럼 추수감사절에 칠면조를 먹어야 한다고 주장한다. 칠면조를 살 돈이 없다고 어떻게 마리안느에게 얘기할 수 있을까? 다행히 나는 추수감사절 바로 전날 집에 돌아오던 길에 식료품점에 들르고 거기에서는 닭을 1파운드당 29센트에 판매하고 있다. 나는 제일 작은 닭을 고른다. "이것 봐, 애기야!" 나는 집에 도착하자마자 외친다. "칠면조를 사 왔어. 아기 칠면조야!" 나는 마리안느가, 아니 우리 셋 모두가 미국에 잘 적응하기를 간절히 바란다.

소외는 나의 만성적 상태다. 심지어 유대인 이민자 친구들 사이에 있을 때도 그러하다. 마리안느가 다섯 살이 되던 겨울, 우리는 하누카 파티에 초대를 받고 파티장에서는 아이들이 돌아가면서 하누카 노래를 부른다. 주최자가 마리안느에게 노래를 불러달라고 요청한다. 나는 이미 영어를 모국어처럼 잘 사용하는 똑똑하고 조숙한 딸아이가 자신 있게 요청을 받아들이고 파티장의 중앙으로 향하는 모습을 자랑스럽게 바라본다. 마리안느는 유치원에 다니고 있고 한 유대인 남자가 운영하는 방과 후 프로그램에 참여하고 있다. 하지만 이 남자는 내가 모르는 사이에 기독교로 개종을 했다. 마리안느가 손님들을 향해 활짝 웃은 다음 두 눈을 감고서 노래를 부르기 시작한다. "예수님은 나를 사랑하시죠, 나는 이걸 잘 알아요, 성경에 그렇게 나와 있기 때문이죠…." 손님들이 놀라서 마리안느를 빤히 쳐다보고 그런 다음 나를 쳐다본다. 마리안느는 내가 가장 바란 기술을 습득했다. 바로 어디에서나 편안하게 지내는 능력이다. 그리고 이제는 마리안느가 사람들을 분리하는 사회적 규칙을 잘 이해하지 못하기 때문에 나는 마룻바닥 밑으로 들어가 모습을 감추고 싶다. 심지어 내가 속한 공동체에서마저도 느껴지는 이러한 당혹감과 소외감은 외부에서 생겨난 것이 아니라 내면에서 생겨난 것이다. 내면에서 나 스스로 나를 감옥에 가두는 것이다. 이 내면의 감옥에서 나는 나 자신이 살아남을 가치가 없었다고 믿고 있고, 결코 어딘가에 소속될 만큼 훌륭해지지 못할 것이라고 믿고 있다.

마리안느는 미국에서 잘 자랐지만 벨러와 나는 고전을 면치 못했다. 나는 여전히 내 안의 두려움 때문에 고통받고 있었다. 악몽 같은 기억들과 극심한 공포가 표면 바로 아래에서 부글부글 끓고 있었다. 또한 나는 벨러의 분노가 두려웠다. 벨러는 나처럼 영어를 배우느라 고생하지는 않았다. 벨러는 어렸을 때 잠시 런던에 있는 기숙학교에 다녔었고 체코어, 슬로바키아어, 폴란드어, 독일어 그리고 다른 많은 언어만큼이나 영어를 유창하게 구사했다. 하지만 미국에 온 후 그는 말을 더 심하게 더듬었다. 내가 그에게 강요한 선택에 대해 벨러가 고통을 느끼고 있다는 신호 같았다. 벨러의 첫 번째 직업은 창고에서 무거운 상자들을 들어 올리는 일이었다. 결핵에 걸린 적 있는 사람에게는 위험하다고 알려진 일이다. 하지만 조지와 그의 아내 두치는 우리에게 운이 좋아서 일자리를 구할 수 있었다고 강조했다. 두치는 사회복지사로 일하고 있었고 우리가 일자리를 구하는 것을 도와주었다. 급료는 형편없고 일은 무척이나 힘들었다. 하지만 이것이 이민자의 현실이었다. 이민자들은 의사나 변호사나 시장이 아니었다. 얼마나 많은 훈련을 받았든 얼마나 훌륭한 전문 지식을 갖추고 있든 상관없었다(단 놀라운 클라라 언니만 제외하고. 클라라 언니는 남편 치치와 함께 호주로 이민 간 후 곧바로 시드니 심포니 오케스트라에 바이올리니스트로 들어갔다). 이민자들은 택시를 몰았다. 이민자들은 공장에서 삯일을 했다. 이민자들은 식료품점 선반에 물건을 채웠다. 나는 나 자신이 하찮다는 느낌을 내면화했다. 벨러는 그 느낌에 저항해 싸웠다. 얼마 되지 않아 벨러는 성마르고 불안한 성격으로 변했다.

볼티모어에서 첫 번째 겨울을 맞이한 어느 날, 두치가 마리안느에게 선물하려고 산 방한복을 가지고 집에 온다. 긴 지퍼가 달린 옷이다. 마리안느는 당장 입어보고 싶어 안달이다. 몸에 꼭 맞는 방한복을 마리안느의 옷 위로 입히는 데에 엄청나게 오랜 시간이 걸리지만, 마침내 우리는 공원에 갈 준비를 마친다. 우리는 아파트의 5층 계단을 뒤뚱뒤뚱 걸어 내려가 거리로 나선다. 우리가 인도에 발을 내딛자마자 마리안느가 오줌이 마렵다고 말한다.

"왜 아까 말 안 했어!" 벨러가 폭발한다. 벨러는 이전에 한 번도 마리안느에게 소리를 지른 적이 없다.

"이 집에서 나갑시다." 내가 그날 밤 벨러에게 속삭인다.

"마음대로 하시지요, 공주마마." 벨러가 으르렁거린다. 예전의 그가 아니다. 그의 분노가 나를 겁에 질리게 만든다.

아니다. 내가 가장 두려운 것은 나 자신의 분노다.

우리는 가까스로 돈을 모아 볼티모어의 가장 큰 유대인 거주지역인 '파크 헤이츠'에 있는 한 주택의 뒤편 자그마한 방으로 이사를 한다. 우리의 집주인은 자신 역시 한때 폴란드에서 온 이민자였지만, 그녀는 전쟁이 일어나기 오래전에 이민 와서 이미 수십 년 동안 미국에 산 터였다. 그녀는 우리를 풋내기라고 부르며 우리의 억양을 비웃는다. 그녀는 우리에게 화장실을 보여주면서 우리가 옥내 화장실에 감탄하리라고 기대한다. 나는 가정부 마리스카와 빵이 더 필요할 때면 울리곤 했던 에거 저택의 작은 벨을 떠올린다. 집주인에게(나 자신에게도) 그때와 지금 사이의 간극을 설명하느니, 깜짝 놀란 척을 하며 우리가 어떤 사람인지에 대한 그녀의 기대를 충족시키는 편이 더 수월하다.

벨러와 마리안느와 나는 한 방에서 함께 지낸다. 마리안느를 재운 후 우리는 전등을 끄고 어둠 속에 앉아 있곤 한다. 우리 사이의 침묵은 친밀한 종류의 침묵이 아니다. 마치 무거운 짐이 매달린 팽팽한 밧줄이 짐의 무게를 이기지 못하고 해지기 시작할 때 같다.

우리는 정상적인 가족이 되기 위해 최선을 다한다. 1950년, 우리는 돈에 여유가 생겨 파크헤이츠 가의 빨래방 옆에 있는 극장에 영화를 보러 간다. 우리 빨래가 세탁기 안에서 돌아가고 있는 동안 우리는 마리안느를 데리고 영화 〈분홍신The Red Shoes〉을 보러 간다. 자랑스럽게도 헝가리계 유대인 이민자인 에머릭 프레스버거가 시나리오를 집필했다. 나는 이 영화를 지금까지도 생생하게 기억하는데 그 이유는 이 영화가 두 가지 면에서 나를 관통했기 때문이다. 가족과 함께 팝콘을 먹으며 어둠 속에 앉아 있으면서 나는 오랫동안 느끼기 어려웠던 만족감을 느꼈다. 모든 것이 잘 되어가고 있고 우리가 전쟁 후의 삶을 행복하게 살고 있다는 믿음이 들었다. 하지만 영화 자체(캐릭터들, 줄거리)는 현실을 인정할 수밖에 없게 나를 흔들어놓았다. 내가 주의깊게 쓰고 있는 가면을 뭔가가 꿰뚫고 지나갔고 나는 내 굶주림의 민낯을 있는 그대로 응시하게 되었다.

영화는 비키 페이지라는 한 무용수에 관한 이야기다. 그녀는 유명 발레단의 예술감독인 보리스 레르몬토프의 관심을 끌게 된다. 그녀는 가로대 앞에 서서 하이킥을 연습하고, 〈백조의 호수Swan Lake〉에서 열정적으로 춤을 추고, 레르몬토프의 관심과 높은 평가를 열망한다. 나는 스크린에서 눈을 떼지 못한다. 마치 나 자신의 삶을 보고 있는 것 같은 느낌이 든다. 히틀러가 없었다면, 전쟁이 일어나지 않았다면, 내가 계속해서 살았을 바로 그 삶 말이다. 잠깐 나는 내 옆에 에릭이 앉아 있다고 생각하고 내게 딸이 있다는 사실을 까맣게 잊어버린다. 나는 아직 스물세 살밖에 되지 않았지만, 내 삶의 가장 좋은 부분들이 이미 다 끝나버린 것처럼 느껴진다. 영화의 한 시점에서 레르몬토프가 비키에게 묻는다. "왜 당신은 춤을 추고 싶어 하나요?" 그러자 비키가 대답한다. "왜 당신은 살아가고 싶어 하나요?" 레르몬토프가 말한다. "정확한 이유는 모르겠지만, 그래야만 하니까요." 비키가 말한다. "제 대답도 마찬가지예요." 아우슈비츠 이전이었다면, 심지어 아우슈비츠였어도, 나 또한 그녀와 똑같이 말했을 것이다. 내 안에는 항상 내면의 빛이 있었고 이 빛은 늘 맘껏 즐기고 춤을 췄고 결코 삶에 대한 열망을 포기하지 않았다. 하지만 이제 내 삶의 주요 목적은 단지 내 딸이 내 고통에 대해 절대 알지 못하게 행동하는 것뿐이다.

〈분홍신〉은 슬픈 영화다. 비키의 꿈은 그녀가 생각했던 대로 이루어지지 않는다. 레르몬토프의 새로운 발레 작품에서 주인공으로 춤을 출 때 비키는 악령들에게 시달린다. 영화의 이 대목이 너무 무서워서 나는 가까스로 화면을 본다. 비키의 분홍색 발레화가 그녀를 조종하는 것처럼 보이고 발레화는 그녀가 거의 죽을 지경에 이르기까지 춤을 추게 만든다. 그녀는 악귀들과 황량한 풍경, 찢어진 신문지로 만들어진 상대 무용수가 등장하는 악몽 속에서 춤을 추지만, 춤을 멈출 수도 잠에서 깨어날 수도 없다. 비키는 춤을 포기하려 애쓴다. 그리고 서랍 속에 분홍신을 숨긴다. 그녀는 작곡가와 사랑에 빠지고 그와 결혼한다. 영화의 끝에서 비키는 레르몬토프의 발레 작품에서 한 번 더 춤을 춰 달라는 요청을 받는다. 하지만 비키의 남편은 제발 가지 말라고 그녀에게 애원한다. 레르몬토프가 그녀에게 경고한다. "그 누구도 두 개의 삶을 살 순 없어요." 비키는 선택을 내려야 한다. '무엇이 한 사람에게 어떤 일을 하고 다른 일을 하지 않게 만드는 것일까?' 나는 궁금해한다. 비키는 다시 분홍신을 신는다. 이번에 분홍신은 그녀가 춤을 추다가 발코니에서 떨어져 죽게 만든다. 다른 무용수들은 그녀 없이 발레 공연을 하고 스포트라이트는 비키가 춤을 추고 있어야 하는 무대의 빈 곳을 비춘다.

이 영화는 트라우마에 관한 영화가 아니다. 사실 나는 내가 트라우마를 안고 살고 있다는 사실을 아직 알지 못한다. 하지만 〈분홍신〉은 구체적인 이미지들을 제시한다. 그리고 나 자신에 관해, 나의 내면 경험과 외부 경험 사이의 갈등에 관해 무언가를 가르쳐준다. 또한 비키가 마지막으로 분홍신을 신고 달려가는 장면에 관해 무언가를 가르쳐준다. 그것은 선택처럼 보이지 않았다. 통제할 수 없는 것처럼 보이고 무의식적인 것처럼 보였다. 그녀는 무엇이 그렇게 두려웠을까? 무엇이 그녀를 달려가게 했을까? 그것과 함께 살아갈 수 없는 무엇이었을까, 아니면 그것 없이는 살아갈 수 없는 무엇이었을까?

"만약 당신이라면 나보다 춤을 선택할 테요?" 벨러가 집으로 오는 버스 안에서 내게 묻는다. 내가 그날 밤 비엔나에서 그에게 함께 가든 가지 않든 나는 마리안느를 데리고 미국에 가겠다고 말했던 것을 떠올리는 걸까. 그는 내가 다른 누군가 혹은 다른 무엇을 선택할 수 있다는 사실을 이미 알고 있다.

나는 아양을 떨며 그의 질문에 담긴 의도를 희석한다. "내가 그 당시에 춤추는 모습을 봤다면 내게 선택하라고 하지 않았을 거예요." 내가 말한다. "당신은 내가 한 것 같은 하이킥은 한 번도 보지 못했을 거예요." 나는 연기를 하고 또 연기를 한다. 가슴속 깊은 어딘가에서 나는 비명을 억누르고 있다. '나는 선택할 수 없었어!' 내 안의 침묵이 격렬히 분노한다. '히틀러와 멩겔레가 나를 대신해 선택했어. 나는 선택할 수 없었어!'

벨러가 삶의 무게를 이기지 못하고 가장 먼저 무너진다. 그 일은 직장에서 벌어진다. 벨러는 상자를 들어 올리다가 바닥에 나동그라진다. 벨러는 숨을 쉬지 못한다. 병원에서 엑스레이를 찍어 보니 벨러는 다시 결핵에 걸렸다. 벨러는 내가 그를 감옥에서 데리고 나와 우리가 함께 비엔나로 도망쳤던 날보다 더 창백하고 더 흐트러져 보인다. 의사들은 벨러를 결핵 병원으로 이송하고 나는 매일 일을 마치고 마리안느를 데리고 그에게 면회하러 간다. 나는 마리안느가 아빠가 피를 토하는 모습을 보게 될까 봐 두렵다. 벨러와 나는 그가 얼마나 심하게 아픈지 숨기려고 애쓴다. 그런데도, 마리안느가 아빠가 죽을지도 모른다고 느낄까 봐 두렵다. 마리안느는 이제 네 살이고 벌써 글을 읽을 줄 알기 때문에 바우어 부인에게서 그림책을 빌려와 아빠에게 읽어 준다. 마리안느는 간호사들에게 아빠가 식사를 마쳤다고 알리고 아빠에게 물이 더 필요하다고 알린다. "어떻게 하면 아빠가 기운을 차릴지 알아요?" 마리안느가 내게 묻는다. "여동생이요!" 우리는 아이를 더 낳을 여유가 없다. 우리는 너무 가난하다. 그리고 지금 나는 또 다른 가족의 배고픔이 벨러의 회복과 나의 초라한 급료에 부담되는 일이 없어 다행이라 생각하고 있다. 하지만 내 딸이 동생을 간절히 원하는 모습을 보고 있자니 가슴이 찢어질 것만 같다. 마리안느의 외로움을 보고 있기가 힘들다. 이런 마리안느를 보니 언니들이 몹시 그립다. 마그다 언니는 뉴욕에서 더 나은 직장을 구했다. 아빠에게서 배운 재단 기술을 이용해 의류 회사 '런던 포그London Fog'에서 코트를 만들고 있다. 마그다 언니는 새로운 도시에서 모든 것을 다시 시작하고 싶어 하지 않 하지만, 나는 언니에게 제발 볼티모어로 와달라고 애원한다.

1949년 비엔나에 있을 때, 나는 내 삶이 이렇게 펼쳐지는 모습을 잠시 상상해봤었다. 남편 대신 마그다 언니와 함께 마리안느를 키우는 것 말이다. 그때는 이것이 선택이자 희생이었다. 내 딸이 교전 지역에서 살지 않도록 하는. 이제 만약 벨러가 죽는다면, 아니면 벨러가 병 때문에 일을 할 수 없게 된다면, 이것은 선택이 아닌 불가피한 일이 될 것이다. 우리는 전보다 약간 더 큰 아파트에 살고 있고 벨러와 나 둘이 일을 해도 간신히 입에 풀칠하고 있다. 어떻게 혼자서 이 모든 비용을 충당할 수 있을지 상상조차 되지 않는다. 마그다 언니는 고민해보겠다고 한다.

"걱정하지 말아요." 벨러가 손수건을 입에 대고 기침을 하며 말한다. "우리 딸이 아빠 없이 자라도록 하진 않을 테니까. 절대로." 벨러는 심하게 기침을 하고 더듬거리면서 간신히 이렇게 말한다.


벨러는 회복하지만, 여전히 허약하다. 벨러는 창고에서 다시 일을 시작하지 못할 것이다. 하지만 어쨌든 목숨은 건졌다. 결핵 병원의 의료진들은 벨러의 매력과 유머에 매료되어서, 우리를 가난에서 건져주고 벨러가 건강하게 지낼 수 있는 직업을 찾도록 퇴원 전까지 돕겠다고 약속한다. 그들은 벨러에게 적성검사를 받게 한다. 벨러는 결과가 나오기 전에는 이 적성검사가 우스꽝스럽다고 생각한다. 검사 결과, 벨러는 오케스트라 지휘자 혹은 회계사에 가장 적합하다고 나온다.

"발레단에서 새 삶을 꾸릴 수 있겠군. 당신은 춤을 추고 나는 오케스트라를 지휘하고 말이야." 벨러가 농담을 던진다.

"어렸을 때 음악을 공부했으면 좋았겠다고 생각한 적 없어요?" 이는 과거를 가정해보는 위험한 게임이다.

"실제로 어렸을 때 음악 공부를 했지."

어쩌다가 내가 이 사실을 잊어버렸을까? 벨러는 클라라 언니처럼 바이올린을 배웠다. 벨러는 내게 환심을 사려고 노력할 때 보낸 편지들 안에서 이에 관해 쓴 적이 있다. 지금 그가 이에 대해 얘기하는 것을 들으니, 마치 그가 과거에 다른 이름으로 살았다고 듣는 것 같은 느낌이다.

"꽤 잘했지. 선생님들이 예술학교에 진학해도 될 정도라고 말했고. 아마 실제로 그렇게 했을지도 몰라. 가문의 사업을 경영할 필요만 없었다면 말이야."

내 얼굴이 화끈 달아오른다. 나는 갑자기 화가 난다. 왜인지는 나도 모른다. 가시 돋친 말을 쏘아붙이고 싶지만 내가 벌주고 싶은 게 그인지 아니면 나 자신인지 잘 모르겠다. "생각해봐요." 내가 말한다. "당신이 음악 공부를 계속했다면 나 대신에 클라라 언니를 먼저 만났을지도 모르겠네요."

벨러는 내 표정을 읽으려고 애쓴다. 나를 놀려야 할지 안심시켜야 할지 알아내려 애쓰는 모습이 역력하다. "내가 당신과 결혼해서 더할 나위 없이 행복하지 않다고 내게 확신시키고 싶은 게요? 그냥 바이올린일 뿐이요. 이제는 전혀 중요치 않아요."

그제야 나는 무엇이 나를 화나게 했는지 이해가 간다. 남편은 옛꿈을 잠재우는 일에 아무 고통을 느끼지 않았다. 만약 그가 음악을 포기한 것에 대해 분노를 느낀 적이 있다면 아마 내게 비밀에 부쳤을 것이다. 왜 나는 '이루지 못한 꿈'을 여전히 이렇게 갈망하는 것일까?

* * *

벨러는 창고에서 함께 일했던 옛 상사에게 적성검사 결과지를 보여주고, 그 상사는 벨러를 자신의 회계사에게 소개한다. 이 회계사는 매우 관대한 사람으로 벨러가 공인회계사 자격증을 따기 위해 강의를 수강하고 공부하는 동안 벨러를 자신의 보조원으로 삼겠다고 약속한다.

한편, 나는 안절부절못한다. 그동안 나는 돈 걱정과 벨러의 질환에 너무 신경 쓰고, 공장에서 일하고 동전을 세서 식료품을 사는 빡빡한 일상에 너무 몰두했다. 그래서 좋은 소식을 듣자 기분이 붕 뜬다. 막상 걱정이 해소되자 마음에 구멍이 뻥 뚫린 것만 같고 이 구멍을 어떻게 채워야 할지 모르겠다. 벨러에게는 새로운 가망이 있고 새로운 계획이 생겼다. 하지만 나는 아니다. 나는 돈을 더 벌고 자신에 대해 더 만족하기 위해 몇 번 직장을 옮긴다. 돈을 더 벌자 가계에 도움이 되고 더 좋은 직장으로 옮기자 잠시 기분이 나아진다. 하지만 이 기분은 지속되지 않는다. 보험회사에서 나는 복사하는 업무를 맡다가 회계장부를 담당하는 자리로 승진한다. 내 관리자가 내가 얼마나 열심히 일하는지 알아차리고 나를 전문적으로 훈련한다. 나는 다른 총무들과 함께 있으면서 행복감을 느낀다. 그들 중 일원이라는 사실이 행복하다. 새로운 친구가 내게 이렇게 충고할 때까지는. "점심시간에 절대 유대인들 옆에 앉지 말아요. 냄새가 지독하니까." 나는 결국 여기에 소속되지 못했다. 나는 내가 어떤 사람인지 숨겨야만 한다. 이다음 직장인 화물회사에서 나는 유대인 상사 밑에서 일하게 되고 마침내 내게 들어맞는 곳을 찾았다고 생각한다. 나는 자신감을 느끼고 받아들여졌다고 느낀다. 나는 접수 담당자가 아니라 일반 사무원이지만, 어느 날 총무들이 죄다 너무 바빠 전화가 계속 울려도 받지 않자 급히 전화를 받는다. 그러자 상사가 자신의 사무실에서 뛰어나온다. "누가 당신에게 전화를 받아도 좋다고 허락했지?" 그가 고래고래 소리를 지른다. "내 명성에 흠집을 낼 셈이야? 어떤 풋내기도 이 회사를 대표할 순 없어. 내 말 알아듣겠나?" 문제는 그가 나를 야단쳤다는 사실이 아니다. 문제는 내가 가치 없는 사람이라는 그의 평가를 내가 믿고 있다는 사실이다.

1952년 여름, 벨러가 회복되고 얼마 후 그리고 마리안느가 다섯 살이 되기 몇 달 전, 마그다 언니가 볼티모어로 이사 온다. 마그다 언니는 일자리를 구할 때까지 우리와 함께 몇 개월 동안 머무른다. 우리는 현관 근처에 식탁이 놓여 있는 자리에 언니를 위해 침대를 들인다. 우리가 사는 아파트는 여름이면 항상 답답하다. 심지어 밤이 되도 그렇다. 그래서 마그다 언니는 잠자리에 들기 전에 현관문을 조금 열어놓는다. "조심하세요." 벨러가 경고한다. "브롱크스에서는 어떤 종류의 집에 살았는지 모르겠지만 이곳은 안전한 동네가 아니에요. 만약 현관문을 열어둔다면 누군가가 바로 걸어 들어올지도 몰라요."

"세상에나." 마그다 언니가 속눈썹을 깜박이며 부드럽게 맞장구친다. 나의 언니. 언니는 고통을 밖으로 내보이지 않는다. 언니가 고통을 초월하기 위해 사용하는 유머 속에서만 언뜻 비칠 뿐이다.

우리는 언니를 환영하기 위해 작은 파티를 연다. 벨러의 형과 형수인 조지와 두치 부부가 오고(조지는 파티의 작은 규모에 고개를 절레

절레 흔든다), 같은 아파트 건물에 살고 있는 이웃들 중 몇 명이 온다. 그중에는 집주인 부부도 있는데 그들은 은퇴한 해군 엔지니어인 친구 냇 쉴만을 데려온다. 마그다 언니는 미국에서 보낸 첫 주에 있었던 재 밌는 일화를 이야기해준다. 마틸다 고모가 언니에게 길거리에서 핫도 그를 사줬을 때 생긴 일이다. "유럽에서는 그런 노점상에서 핫도그를 사면, 항상 핫도그 두 개를 줘요. 그 두 핫도그는 양배추와 양파로 덮 여 있죠. 마틸다 고모가 제 핫도그를 사러 갔는데 얄팍한 작은 빵 위 에 보잘것 없는 핫도그 하나만 달랑 놓여 있었어요. 저는 고모가 너무 가난해서 두 개를 다 살 돈이 없다고 생각했죠. 아니면 제 몸무게에 대해 잔소리하는 거라고 생각했어요. 저는 몇 달 동안 유감을 품고 있 다가, 제가 직접 핫도그를 사보고 나서야 이곳에서는 그렇게 판다는 걸 알았어요."

모두의 눈이 마그다 언니에게 쏠려 있다. 표정이 풍부한 언니의 얼 굴을 보며 언니가 해줄 다음 재밌는 이야기를 기다리고 있다. 당연히 언니에게는 이야기보따리가 있다. 마그다 언니는 항상 그렇다. 냇은 완전히 마그다 언니에게 매료된 것처럼 보인다. 손님들이 떠나고 마 리안느가 잠이 들자 나는 언니의 침대에서 언니 옆에 앉아서 어릴 때 했던 것처럼 수다를 떤다. 마그다 언니가 내게 냇 쉴만에 대해 아느냐 고 묻는다. "알아, 알아. 우리 아빠랑 비슷한 나이란 거. 하지만 그에게 호감이 있어." 마그다 언니가 말한다.

우리는 내가 언니 침대에서 반쯤 잠들 때까지 수다를 떤다. 나는 수 다를 멈추고 싶지 않다. 나는 마그다 언니에게 묻고 싶은 것이 있다. 내 안에 뻥 뚫린 구멍과 관련된 어떤 것. 하지만 내가 언니에게 두려움과 공허함에 관해 묻는다면 그것을 인정하는 꼴이 될 터인데 나는 그런 것이 존재하지 않는 척을 하는 데에 너무 익숙해져 있다. "행복해?" 나는 마침내 용기를 내 언니에게 묻는다. 언니가 그렇다고 대답하고, 그래서 나도 그럴 수 있게 되기를 바란다. 한편 나는 언니가 정말로는 절대 행복하지 않다고 대답하기를 바란다. 그렇다면 그 구멍이 내 안에만 있지 않다는 사실을 알게 될 테니까.

"디추커, 언니가 조언 하나 해줄게. 네가 예민하든 그렇지 않든 말이야. 네가 예민하다면 아마 더 상처받을 거야."

"우리가 괜찮아질 수 있을까? 언젠가는?" 내가 묻는다.

"그럼." 언니가 말한다. "아니야. 모르겠어. 단 하나는 명백해. '히틀러가 우리의 삶을 완전히 망쳐놓았다는 거'."


벨러와 나는 이제 일주일에 60달러를 벌고 있고 이는 둘째 아이를 낳기에 충분한 돈이다. 나는 임신을 한다. 내 작은 딸은 1954년 2월 10일에 태어난다. 내가 마취에서 깨어나자 미국 의사들은 그 순간 분만을 하는 여성들을 보살피고 있고 아기는 아기실에 있다. 하지만 나는 내 아기를 안아보겠다고 요구하고 아기에게 젖을 주겠다고 요구한다. 간호사가 아기를 내게 데려온다. 아기는 완벽하고 잠들기 직전이다. 언니가 태어날 때만큼 몸집이 크진 않다. 코가 매우 자그마하고 뺨이 무척 부드럽다.

벨러가 이제 여섯 살이 된 마리안느를 데리고 아기를 보러 온다. "여동생이 생겼어! 여동생이 생겼어!" 마리안느가 깡충깡충 뛰며 기뻐한다. 마치 내가 종이봉투에 돈을 넣은 후 카탈로그에서 자기에게 여동생을 주문해준 것 같다. 내게 언제나 자기의 소원을 이뤄줄 능력이 있다고 믿는 것 같다. 마리안느는 얼마 지나지 않아 사촌 동생도 가지게 된다. 1953년, 냇 쉴만과 결혼한 마그다 언니가 현재 임신을 한 상태이고 1954년 11월에 딸을 낳게 되기 때문이다. 마그다 언니는 엄마의 이름을 따서 딸에게 '일로너'라고 이름 붙인다.

우리는 새로 태어난 딸에게 영화배우 오드리 헵번의 이름을 따서 '오드리'라고 이름 붙인다. 나는 의사들이 나를 안정시키기 위해 투여한 약물 때문에 아직 멍한 상태다. 힘든 분만, 아기를 처음으로 만나고 젖을 주는 일조차도 숨어 있는 내 삶의 멍한 특징을 가지고 있다.

좋은 일이 있으면 나쁜 일이 있으리라 반사적으로 예상하게 된다. 오드리가 태어난 후 몇 달 동안, 벨러는 마지막 시험을 준비하듯이 공인회계사 시험을 위해 열심히 공부한다. 이 중요한 시험이 그가 자신의 자리를 찾을 수 있을지, 그가 자기 자신 그리고 우리가 내린 선택들과 화해할 수 있을지 영구적으로 결정한다는 듯이 말이다.

벨러는 시험에 붙지 못한다. 게다가 벨러는 말더듬기와 억양 때문에 만약 자격증을 취득한다고 해도 절대 일자리를 얻을 수 없을 것이라는 얘기를 듣는다.

"어디를 가든 언제나 길에 장애물이 있을 거야." 벨러가 말한다. "내가 얼마나 열심히 노력하든 상관없이 말이야."

나는 그의 말에 이의를 제기한다. 나는 그를 안심시킨다. 나는 우리가 방법을 찾을 수 있으리라고 말하지만 클라라 언니의 목소리가 머릿속에서 스멀거리는 것을 막을 수가 없다. '두 절름발이가 결혼하는

군. 그게 어떻게 잘 풀리겠어?' 나는 욕실에 들어가 눈물을 흘린다. 나는 조용히 울고 나서 명랑한 얼굴로 욕실에서 나온다. 나는 숨겨둔 두려움이 점점 더 커지고 더 격렬해지리라는 사실을 알지 못한다. 나는 도움을 주고 달래는 나의 습관, 다른 사람인 척 연기를 하는 나의 습관이 우리를 더 악화시키고만 있다는 사실을 알지 못한다.

# 거기 있었죠?

1955년 여름, 마리안느가 일곱 살이 되고 오드리가 한 살이 됐을 때 우리는 낡은 회색 포드에 짐을 싣고 볼티모어를 떠나 텍사스주의 엘파소로 향했다. 벨러는 일자리를 구할 전망이 없어 사기가 꺾이고, 형의 비난과 분노에 질릴 대로 질리고, 자신의 건강이 걱정돼서, 사촌인 밥 에거에게 연락해 조언을 구했다. 밥은 벨러의 종조부인 앨버트가 입양한 아들이다. 앨버트는 네 번째 형제인 벨러의 할아버지에게 프레쇼프에서 도매 사업을 경영하라고 맡기고, 두 명의 형제와 함께 1900년대 초에 시카고에 이민 왔고, 벨러는 그 사업을 전쟁 후에 물려받았다. 벨러의 형인 조지가 1930년대에 미국에 이민 올 수 있도록 도운 것도, 전쟁 전에 에거 가문을 등록해서 우리에게 비자를 받을 기회를 확보해준 것도 바로 시카고에 사는 에거 가족들이었다. 나는 그들의 아량과 선견지명에 깊이 감사했다. 그들이 없었다면 우리는 미국에 절대 둥지를 틀지 못했을 것이다.

하지만 아내와 두 아이와 함께 엘파소에 사는 밥이 벨러에게 "서부로 와!"라고 말했을 때 나는 우리가 기회로 위장한 또 다른 막다른 길로 걸어 들어가는 것은 아닌지 걱정했다. 밥이 우리를 안심시켰다. 그는 엘파소의 경제가 호황이라고 말했고 국경에 접해 있는 도시라 이민자들이 차별과 소외를 덜 받는다고 했다. 또한 밑바닥부터 시작하고 삶을 재창조하기에 완벽한 곳이라고 했다. 게다가 그는 벨러가 볼티모어에서 받는 것보다 두 배 많은 월급을 받고 공인회계사의 보조로 일할 수 있도록 도왔다. "사막의 공기가 폐에 좋을 거야. 작은 아파트가 아닌 주택을 임대할 여력을 갖출 수 있을 거고." 벨러가 말했다. 그래서 나는 엘파소로 이사하기로 동의했다.

우리는 대변동을 즐거운 모험이자 휴가로 만들려고 노력했다. 우리는 경치가 좋은 고속도로를 달리고 수영장이 딸린 모텔에 묵었다. 그리고 매일 일찌감치 여정을 마치고 수영을 하며 원기를 되찾은 다음 저녁을 먹었다. 이사에 대한 불안, 휘발유와 모텔과 식당 식사 비용에 대한 불안, 마그다 언니에게서 또다시 멀어졌다는 불안이 뇌리에서 떠나지 않았지만, 나는 내가 그 어느 때보다 더 많이 웃고 있다는 사실을 발견했다. 가족을 안심시키기 위해 웃음 가면을 쓴 게 아니었다. 내 뺨과 눈 깊은 곳에서 솟아나는 진짜 웃음이었다. 나는 벨러가 마리안느에게 진부한 농담을 가르쳐주고 수영장에서 오드리를 안고 위아래로 까불어주는 모습을 보며 새로운 동지애가 싹트는 것을 느꼈다.

엘파소에 도착하자 처음 눈에 들어온 것은 하늘이었다. 탁 트이고 눈에 걸리는 게 없는 광활한 하늘. 북쪽에서 도시를 감싸고 있는 산들도 시선을 사로잡았다. 나는 항상 하늘을 올려다봤다. 하루의 특정한 시간이 되면 태양의 각도에 의해 산맥이 평평하게 보이며 마치 영화 촬영장처럼 약간 비현실적인 모습으로 바뀌었다. 산봉우리들은 일제히 엷은 갈색을 띠었다. 그런 다음 빛이 움직이면 산들이 분홍색, 오렌지색, 보라색, 빨간색, 황금색, 짙은 청색으로 무지갯빛을 띠며 전체 산맥이 쫙 펴진 아코디언처럼 선명하게 바뀌었다.

문화 역시 다채로웠다. 나는 서부영화에 나오는 먼지투성이의 동떨어진 국경 마을을 예상했었다. 금욕적이고 외로운 남자들과 그보다 더 외로운 여자들이 사는 곳 말이다. 하지만 엘파소는 볼티모어보다 더 유럽 같은 느낌과 더 국제적인 느낌이 났다. 두 개의 언어를 사용했고 냉혹한 차별 없이 다양한 문화가 존재했다. 게다가 국경 자체가 엘파소에 있었기 때문에 여러 세계가 통합되어 있었다. 미국 텍사스주의 엘파소와 멕시코 치와와주의 후아레즈는 서로 분리된 도시들이 아니었고 마치 하나의 도시를 이등분한 것 같았다. 리오그란데강이 한복판에 흐르면서 하나의 도시를 두 개의 나라로 나누고 있었지만, 국경은 뚜렷하면서도 임의적이었다. 나는 코시체에서 커셔가 됐다가 다시 코시체가 된 내 고향을 떠올렸다. 국경은 모든 것을 바꾸지만 아무것도 바꾸지 않는다. 영어 실력은 아직 초보 수준이고 스페인어는 한마디도 하지 못했지만, 나는 볼티모어의 유대인 이민자 지역에 살 때보다 여기에서 소외감과 배척감을 덜 느꼈다. 볼티모어에서 우리는 안식처를 찾으리라 예상했지만, 오히려 노출되어 있다는 느낌밖에 들지 않았다. 엘파소에서 우리는 그저 혼합체의 일부가 될 수 있었다.

이사 후 얼마 지나지 않은 어느 날 오후, 나는 오드리를 데리고 집 근처 공원에 갔다가 한 엄마가 헝가리어로 아이들을 부르는 소리를

듣는다. 나는 그녀가 아는 사람이 아닐까 기대하며 몇 분 동안 이 헝
가리인 엄마를 쳐다본다. 그러다가 이내 나 자신을 꾸짖는다. 그녀의
언어가 나와 빼닮은 듯 친숙하다는 이유만으로 우리에게 뭔가 공통
분모가 있을지도 모른다고 생각하다니 얼마나 순진해 빠졌단 말인가.
하지만 나는 그녀와 그녀의 아이들이 노는 모습에서 눈을 뗄 수가 없
다. 내가 그녀를 알지 모른다는 느낌을 버릴 수가 없다.

그때 문득, 클라라 언니의 결혼식 피로연 이후 한 번도 떠올리지 않
았던 뭔가가 기억난다. 코시체에서 마그다 언니의 화장대 거울에 꽂
혀 있던 엽서 말이다. 다리 사진 위로 필기체 글자가 적혀 있었다. '엘
파소'. 10년 전에 러치 글러드슈테인이 바로 여기, 이 도시에 이민 왔
다는 사실을 어떻게 까맣게 잊고 있었지? 러치는 군슈키르헨 수용소
에서 마그다 언니와 나와 함께 해방되었던 바로 그 청년이다. 그는 우
리와 함께 기차 차량의 지붕에 앉아 비엔나에서 프라하로 갔었다. 그
는 우리의 손을 따뜻하게 잡아주었고 나는 그가 언젠가 마그다 언니
와 결혼할지도 모른다고 생각했다. 그는 엘파소에 와서 고모와 고모
부가 운영하는 가구점에서 일하며 돈을 모아 의대에 진학할 것이라고
했었다. 엽서에서 봤을 때 세상의 끝 같다고 생각했던 '엘파소'에 지금
내가 살고 있다.

오드리가 그네에 태워 달라고 조르며 나를 몽상에서 끌어낸다. 내
가 오드리를 들어 올릴 때 그 헝가리 여자가 아들을 데리고 그네 쪽으
로 다가온다. 미처 멈출 새도 없이 나는 헝가리어로 그녀에게 빠르게
묻고 만다.

"헝가리 분이네요." 내가 말한다. "어쩌면 전쟁 후에 엘파소로 온 제

옛 친구를 알지도 모르겠네요."

그녀가 어른이 아이를 보는 듯 즐거운 듯한 표정으로 나를 쳐다본다. 내가 믿을 수 없을 정도로 순진하고 몹시 신이 나 있다고 생각하는 것 같다. "친구의 이름이 뭔데요?" 그녀가 묻는다. 내게 장단을 맞추고 있다.

"러치 글러드슈테인."

갑자기 눈물이 그녀의 눈에 솟구친다. "전 그분 여동생이에요!" 그녀가 외친다. 그녀는 나의 암호를 해석했다. '옛 친구'. '전쟁 후'. "오빠는 의사예요." 그녀가 말한다. "래리 글러드슈테인으로 개명했어요."

이 순간 내가 어떤 기분이 들었는지 어떻게 설명할 수 있을까? 러치 그리고 다른 난민 생존자들과 함께 기차 지붕 위에 탔을 때 이후로 10년이 지났다. 그 10년 동안, 그는 의사가 되겠다는 자신의 꿈을 이뤘다. 이 말을 듣자 어떠한 희망이나 야망도 불가능하지 않겠다고 느껴진다. 그는 미국에서 자기 자신을 재창조했다. 그러므로 나도 그렇게 할 수 있을 것이다.

하지만 이것은 오직 이야기의 절반에 불과하다. 사막의 뜨거운 햇볕이 내리쬐는 공원에 멍하니 선 채로, 나는 정말로 세상의 끝에 있는 듯한 느낌이 들었다. 오스트리아의 후텁지근한 숲속에서 시체 더미 속에 버려진 채 죽기만을 기다리던 소녀로부터 시간과 공간 모두 그 어느 때보다 가장 멀리 떨어져 있다. 하지만 한편으로 전쟁 이후로 지금보다 그 소녀에게 더 가까웠던 적이 없다. 왜냐하면 여기에서 낯선 사람에게 그 소녀의 존재를 거의 인정하고 있기 때문이다. 딸아이가 그네를 높이 더 높이 밀어달라고 조르는 동안, 나는 과거의 유령이 환한 대낮에 걸어 나오는 모습을 본다. 아마도 앞으로 나아가는 일은 다시 뒤로 돌아가는 일을 의미할지도 모른다.

나는 전화번호부에서 래리 글러드슈테인이라는 이름을 찾은 후 일주일 넘게 머뭇거리다가 마침내 전화를 건다. 미국인인 그의 부인이 전화를 받는다. 그녀는 메모를 남기면서 몇 번이나 내 이름의 철자를 확인한다. 나는 그가 나를 기억하지 못할 것이라고 자신에게 말한다. 그날 저녁, 밥과 그의 가족이 우리 집에 저녁 식사를 하러 온다. 마리안느가 내게 햄버거를 만들어달라고 요청하고 나는 엄마가 만들던 방식으로 햄버거를 만든다. 간 소고기를 달걀과 마늘과 섞은 후 빵가루를 묻혀 굴려서 미트볼처럼 만들어 익힌 후, 캐러웨이 씨를 뿌려 조리한 방울양배추와 감자를 곁들인다. 내가 식탁에 음식을 가져가자 마리안느가 눈을 말똥거린다. "엄마. 저는 '미국식' 햄버거를 말한 거예요." 마리안느가 말한다. 마리안느는 아무런 맛이 안 나는 흰색 빵 사이에 납작한 고기패티를 넣어 기름투성이 감자튀김에 밋밋한 케첩을 뿌려 내놓기를 원한다. 마리안느가 못마땅해하자 가슴이 따끔거린다. 나는 절대 하지 않겠다고 스스로 약속한 일을 저질러버렸다. 나는 마리안느가 부끄러움을 느끼게 했다. 그 순간, 전화벨이 울리고 나는 식탁에서 빠져나와 전화를 받는다.

"에디트." 한 남자가 말한다. "에거 부인. 래리 글러드슈테인 박사입니다."

그는 영어로 말하지만, 그의 목소리는 예전과 똑같다. 그의 목소리는 순식간에 주방으로 과거를 불러들인다. 기차 지붕에 앉은 채 맞던

세찬 바람이 고스란히 느껴진다. 어지럽다. 갑자기 배가 고프다. 반쯤 굶어 죽어가던 그때처럼. 부러졌던 척추뼈가 욱신거린다. "러치." 내가 말한다. 마치 다른 방에 켜진 라디오에서 나오는 것처럼, 내 목소리가 멀리서 들리는 것 같은 느낌이 든다. 우리가 공유하고 있는 과거는 온 삶에 스며들어 있지만 차마 입에 담을 수가 없다.

"다시 만났네요." 그가 말한다. 우리는 헝가리어로 말하기 시작한다. 그는 자신의 부인과 그녀의 자선사업, 그들의 세 딸에 대해 말하고, 나는 내 아이들과 공인회계사가 되고자 애쓰고 있는 벨러에 대해 말한다. 그는 내게 자신의 병원에 들르라고 초대하고 가족끼리 함께 저녁 식사를 하자고 한다. 이렇게 평생 지속할 우정이 '다시' 시작된다. 전화를 끊고 나자 하늘이 장밋빛과 황금빛으로 바뀌고 있다. 다이닝룸에서 가족들이 대화하는 목소리가 들린다. 밥의 아들인 디키가 자신의 엄마에게 나에 관해 묻고 있다. 내가 정말 미국인이 맞는지, 그렇다면 왜 영어가 그렇게 서투른지 말이다. 온몸이 뻣뻣해진다. 과거가 너무 가까이 다가올 때마다 일어나는 현상이다. 마치 자동차가 급하게 멈춰 설 때 아이들 앞에 손을 뻗는 것과 비슷하다. 아이들을 보호하기 위한 반사적 반응이다. 나는 죽음의 수용소가 절대 내 아이들에게 그림자를 드리우게 하지 않겠다고 다짐했다. 그 다짐은 단 하나의 인생 목적으로 굳어졌다. '내 아이들은 절대 알아선 안 돼.' 내 아이들은 내가 굶주림에 뼈만 앙상한 채로 연기가 가득한 하늘 아래에서 엄마가 만들어줬던 슈트루델을 꿈꾸는 모습을 절대 상상하지 않을 것이다. 아이들이 이 이미지를 마음속에 가져서는 절대 안 된다. 나는 아이들을 보호할 것이다. 나는 아이들이 고통을 겪지 않아도 되게 할 것이다. 하지만 디키의 질문들을 들으니 다음과 같은 생각이 든다. 나는 나 자신의 침묵을 선택할 수 있고 다른 사람들의 침묵을 유도할 수도 있다. 하지만 내가 자리에 없을 때 다른 사람들이 하는 말과 행동을 선택할 수는 없다. 내 딸아이들은 무슨 말을 우연히 듣게 될까? 진실을 꼭꼭 숨기려는 내 필사적인 노력에도 불구하고 다른 사람들은 아이들에게 무슨 말을 하게 될까?

다행히 디키의 엄마가 대화의 화제를 새로운 방향으로 바꾼다. 그녀는 디키와 그의 누나인 바바라에게 가을에 같은 학교에 입학하게 될 마리안느에게 좋은 선생님들에 대해 얘기해주라고 한다. 벨러가 그녀에게 침묵의 공모를 깨지 말라고 미리 이야기한 것일까? 아니면 그녀가 직감으로 안 것일까? 그녀가 나를 위해, 내 아이들을 위해 그리고 그녀의 아이들을 위해 그렇게 한 것일까? 나중에 그들 가족이 현관에 모여서 떠날 준비를 할 때 그녀가 디키에게 영어로 속삭이는 소리가 들린다. "디추, 숙모에게 '다시는' 과거에 관해 묻지 마. 우리가 이야기 나눌 수 있는 게 아니야." 내 삶은 가족 안의 금기다. 내 비밀은 안전하다.


항상 두 개의 세계가 존재한다. 내가 선택하는 세계 하나와 내가 부정하지만 내 허락도 없이 밀고 들어오는 세계 하나.

1956년, 벨러는 공인회계사 시험에 통과하고 자격증을 취득한다. 그리고 우리의 셋째 아이인, 아들 조니가 태어나기 몇 달 전에 우리는 피에스타 드라이브에 있는, 침실이 세 개 있는 평범한 주택을 사들인다. 집의 뒤에는 사막 말고는 아무것도 없다. 분홍색과 보라색 케니자

꽃, 붉은 유카 꽃, 쉭쉭거리는 방울뱀만 있을 뿐이다. 우리는 거실과 휴게실을 밝은색 가구로 꾸민다. 매주 일요일이면 벨러가 국경을 건너 후아레즈 농산물 시장에서 신선한 파파야를 사 오고 우리는 이것을 앞에 두고 신문 머리기사를 읽는다. 헝가리에서는 항쟁이 일었고 소련 탱크가 반공산주의 반란을 진압하기 위해 밀려 들어왔다. 벨러는 딸아이들과 간단한 문장으로 대화를 나눈다. 벨러는 점점 말을 덜 더듬는다. 무더운 날씨이고 나는 만삭이다. 우리는 냉풍기를 틀고 휴게실에 있는 TV 앞에 모여 앉아 멜버른 하계올림픽 방송을 시청한다.

우리가 막 채널을 돌린 순간 부다페스트 여성 체조팀 소속인 유대인 아그네스 켈레티가 마루운동 경기를 하기 전에 몸을 풀고 있다. 그녀는 서른다섯 살로 나보다 여섯 살 더 나이가 많다. 만약 그녀가 커셔에서 자랐거나 아니면 내가 부다페스트에서 자랐다면, 우리는 아마 함께 훈련했을 것이다. "집중해!" 벨러가 딸아이들에게 말한다. "그녀는 헝가리 사람이야. 우리처럼." 아그네스 켈레티가 마루에 있는 모습을 보고 있자니 마치 내 나머지 반쪽, 내 또 다른 자아를 보는 것만 같다. 아우슈비츠에 끌려가지 않았던 사람. (나중에야 알게 됐지만, 켈레티는 부다페스트에서 기독교인 여학생으로부터 신분증명서를 산 후, 부다페스트에서 멀리 떨어진 마을로 도망간 뒤 그곳에서 가정부로 일하며 전쟁이 끝날 때까지 기다렸다고 한다.) 엄마가 죽지 않은 사람. 전쟁 후에 예전 삶의 이음매를 집어 들고서 난관이나 나이가 자신의 꿈을 무너뜨리도록 내버려두지 않은 사람. 그녀가 팔을 들어 올리고 몸을 길게 뻗는다. 경기를 시작할 태세다. 벨러가 열렬히 환호한다. 오드리가 아빠를 따라 한다. 마리안느는 내가 TV를 향해 몸을 기울인 채 집중하는 모습을 자세히 살핀다. 마리안느는 아그네스 켈레티의 삶을 중단시켰던 바로 그 전쟁이 나의 삶 또한 중단시켰고, 여전히 나의 삶을 침해하고 있다는 사실을 알지 못한다. 물론 내가 한때 뛰어난 체조선수였다는 사실 또한 알지 못한다. 하지만 마리안느는 내가 숨도 쉬지 않고 켈레티의 몸을 눈뿐만 아니라 몸으로도 뒤쫓고 있다는 것을 알아차린다. 켈레티가 몸을 획 젖히며 재주넘기를 할 때마다 벨러와 마리안느와 오드리가 일제히 환호성을 지른다. 켈레티는 앉은 채 천천히 몸을 제어하면서 무릎 아래까지 몸을 완전히 숙여서 바닥을 터치하고, 그런 다음 상체를 세운 후 손을 뒤로 짚으며 아치 형태를 만들고, 그 상태로 손을 바닥에 짚은 채 물구나무를 선다. 모든 동작이 우아하고 물 흐르듯 매끄럽다. 나는 숨을 쉴 수가 없다. 그녀의 마루운동 경기가 끝난다.

바로 이어 그녀의 소련 경쟁자 선수가 마루에 등장한다. 헝가리에서 일어난 항쟁 때문에 헝가리 선수들과 소련 선수들 사이에 특별한 긴장감이 팽배한다. 벨러가 큰 소리로 야유를 보낸다. 이제 두 살인 오드리도 아빠를 따라 한다. 나는 그들 둘에게 조용히 하라고 말한다. 나는 심판들, 그리고 켈레티가 보고 있을 방식으로 라리사 라티니나를 뚫어져라 쳐다본다. 그녀의 하이킥이 켈레티의 하이킥보다 약간 더 높다. 나는 그녀가 재주넘기를 하며 공중으로 뛰어오르는 모습과 그리고 다리를 완전히 찢으며 착지하는 모습을 지켜본다. 마리안느가 감탄하며 한숨을 쉰다. 벨러가 다시 야유를 보낸다. "그녀는 정말로 잘했어요, 아빠." 마리안느가 말한다. "그녀는 압제자와 깡패의 나라 출신이야." 벨러가 말한다. "어디에서 태어날지 그녀가 선택한 게 아니잖아요." 내가 말한다. 벨러가 어깨를 으쓱한다. "'자신의' 나라가 포위 공격을 당할 때 그렇게 편을 들어보도록 해." 그가 말한다. "이 집에서는 헝가리 사람들을 응원해야 해." 결국, 켈레티와 라티니나가 공동으로 금메달을 수상한다. 시상식에서 나란히 서 있을 때, 라티니나의 어깨가 켈레티의 어깨에 닿는다. 켈레티가 얼굴을 찡그린다. "엄마, 왜 울고 있어요?" 마리안느가 내게 묻는다. "안 울어." 내가 말한다.

부정. 부정. 부정. 나는 누구를 보호하고 있는 걸까? 내 딸? 아니면 나 자신?

마리안느는 자라면서 점점 더 호기심이 많아지고 책을 게걸스럽게 읽어치운다. 엘파소 공립도서관의 어린이 책 구역에 있는 책을 모두다 읽고 나자, 마리안느는 우리 집에 있는 책장들을 뒤져가며 내 철학책과 문학책, 벨러의 역사책을 읽는다. 1957년, 마리안느는 열 살이고 벨러와 나와 함께 휴게실의 베이지색 소파에 앉아 있다. 마리안느는 어린 선생님처럼 우리 앞에 서 있다. 마리안느가 한 책장에서 다른 책들 뒤에 숨겨져 있는 책을 발견했다며 어떤 책을 펼친다. 마리안느가 벌거벗고 뼈만 남은 시체들이 무더기로 쌓여 있는 사진을 가리킨다. "이게 뭐예요?" 마리안느가 묻는다. 나는 땀이 송골송골 맺힌다. 방이 빙글빙글 도는 것 같다. 나는 이런 순간이 오리라고 예상할 수 있었다. 하지만 막상 이 순간이 닥치자, 마치 무심코 집 안으로 걸어 들어오다가 '샌저신토 플라자 공원San Jacinto Plaza'에 있는 악어 구덩이가 우리 집 거실에 설치된 것을 발견한 것처럼 놀랍고, 무섭고, 몸이 얼어붙는다. 진실과 대면하는 것, 내 딸이 진실과 대면하는 모습을 대면하는 것은, 야생동물과 대면하는 것과 마찬가지다. 나는 방에서 뛰쳐나간다. 나는 욕실 세면기에 토한다. 벨러가 우리의 딸에게 히틀러에 대해, 아우슈비츠에 관해 이야기하는 소리가 들린다. 그러고선 그가 끔찍한 말을 내뱉는 소리가 들린다. "네 엄마도 거기 있었단다." 나는 거울을 깰 뻔했다. '아니야! 아니야! 아니야!' 나는 소리 지르고 싶다. '나는 거기 있지 않았어!' 나의 뜻은 '이 말을 해서는 안 돼!'이다. "네 엄마는 매우 강한 사람이란다." 벨러가 마리안느에게 말하는 소리가 들린다. "하지만 너는 자신이 생존자의 딸이라는 사실을 알아야만 한단다. 항상, 항상 엄마를 보호해야 한단다." 이 순간은 좋은 기회가 될 수도 있었다. 마리안느를 안심시킬 수 있는. 나에 대해 걱정하거나 연민할 필요 없다고 부담을 덜어줄 수 있는. 외조부모님이 살아계셨다면 얼마나 너를 사랑했을지 말해줄 수 있는. '다 괜찮아. 우리는 이제 안전해'라고 말해줄 수 있는. 하지만 나는 욕실에서 꼼짝할 수가 없다. 나는 나 자신을 믿지 못한다. 만약 내가 과거에 관해 이야기한다면, 나는 나 자신의 분노와 상실감에 기름을 부을 것이고, 어둠 속으로 추락할 것이며 거기에 내 딸아이를 함께 데려갈 것이다.

나는 아이들에게 집중한다. 아이들이 우리의 새집에서 안전하고 인정받고 행복하다고 느끼게끔 내가 할 수 있는 일들을 한다.

매일 규칙적으로 하는 일들이 있고 주마다 계절마다 특별히 하는 일들이 있다. 즐거움을 느끼기 위해, 의지하기 위해 우리는 이 일들을 한다. 벨러는 오드리를 학교에 태워다 줄 때면 대머리인 자신의 머리를 아침마다 깔끔하게 면도한다. 그가 잘 하지 않던 일이다. 벨러는 우리 집 뒤의 광활한 사막에 세워진 슈퍼마켓 '세이프웨이Safeway'로 심부름하러 간다. 아니나 다를까 나는 쇼핑목록에 뭔가를 빼먹고 안 적어서 세이프웨이에 있는 그에게 전화를 건다. 슈퍼마켓 점원들은 내 목소리를 알고 있다. "에거 씨, 부인에게서 전화가 와 있습니다." 그들이 확성기를 통해 벨러를 부른다. 나는 우리의 정원을 가꾸고 잔디를 깎고 벨러의 사무실에서 시간제로 일을 한다. 벨러는 엘파소의 모든 성공적인 이민자들─시리아인, 멕시코인, 이탈리아인, 유럽 출신 유대인─에게 사랑받고 신뢰받는 회계사가 된다. 매주 토요일마다 벨러는 아이들을 데리고 의뢰인을 만나러 간다. 만약 벨러를 만나는 사람들마다 모두 얼마나 벨러를 좋아하는지 미리 알고 있지 않았더라면, 나는 그들이 우리 아이들을 예뻐해서 그렇게 벨러를 좋아한다고 착각했을 것이다. 일요일마다 벨러는 멕시코 후아레즈로 차를 몰고 가서 식료품상 '추이Chuy'로부터 신선한 과일을 사 온다. 우리는 집에서 성대한 가족 브런치를 먹고, 브로드웨이 뮤지컬 앨범을 듣고, 쇼의 노래들을 따라 부르고(벨러는 노래를 부를 땐 말을 더듬지 않는다), 그리고선 YMCA에 가서 가족 수영을 한다. 크리스마스가 되면 우리는 엘파소의 시내에 있는 '샌저신토 플라자' 공원에 간다. 우리는 선물을 주고받으며 크리스마스를 기념하진 않지만, 그런데도 아이들은 산타클로스에게 편지를 쓴다. 하누카(11월이나 12월에 8일간 진행되는 유대교 축제)에 우리는 양말이나 옷 같은 실용적인 선물을 주고받는다. 그리고 음식을 잔뜩 장만하고 '썬 카니발 퍼레이드Sun Carnival Parade'를 즐기며 새해를 맞이한다. 이 퍼레이드에서는 썬 카니발 여왕과 고등학교 밴드들, 오토바이를 탄 로터리클럽 회원들이 행진한다. 봄이면 뉴멕시코주의 화이트 샌드 국립공원과 산타페로 소풍을 떠난다. 가을이면 생활용품점 '아멘 워디Amen Wardy'에 가서 아이들의 새 학기를 위해 옷을 쇼핑한다. 진열대를 손으로 쓱 만져보기만 해도 나는 가장 좋은 옷감이 무엇인지 촉감으로 알 수 있다. 가장 낮은 가격에 가장 좋은 옷을 사는 데에 천부적 소질이 있다(벨러와 나 모두 이러한 촉각 의식을 치르곤 했다. 벨러의 경우 농작물을 고를 때, 나의 경우 옷을 고를 때). 가을 수확 철이 되면 우리 가족은 멕시코에 있는 농장들에 놀러 가서 농장에서 직접 만든 타메일(멕시코 요리의 일종)을 잔뜩 먹고 돌아온다. 음식은 사랑이다. 아이들이 학교에서 좋은 성적을 받아 오면 우리는 아이들을 데리고 집의 뒤에 있는 음료수 가게에 가서 바나나 스플릿(바나나를 길게 가르고 그 속에 아이스크림, 견과류 등을 채운 디저트)을 사준다.

둘째 딸 오드리는 아홉 살이 되던 해 수영팀의 테스트를 치른 후 경쟁력 있는 수영선수가 된다. 오드리는 고등학교에 입학하기 전까지 하루에 여섯 시간씩 수영 훈련을 한다. 마치 내가 체조와 발레 훈련을 했던 것처럼 말이다. 첫째 딸 마리안느가 열세 살이 되자 우리는 집을 증축해 안방과 거실을 새로 만들고 마리안느와 오드리와 조니가 각자 자기 방을 쓸 수 있게 한다. 우리는 피아노를 산다. 마리안느와 오드리 모두 피아노 수업을 듣고, 우리는 내가 어릴 적 내 부모님이 했던 것처럼 실내악 콘서트를 주최하고 브리지 파티를 연다. 벨러와 나는 몰리 샤피로가 주최하는 독서 모임에 가입한다. 엘파소에서 유명 인사인 그녀는 살롱을 열어 예술가와 지식인들이 서로 어울릴 수 있도록 불러 모은다. 나는 텍사스대학교에서 ESL 수업을 듣는다. 내 영어 실력은 마침내 많이 나아지고 1959년이 되자 나는 학부생으로 등록해도 되겠다고 느낀다. 정규교육을 다시 받는 것은 오랫동안 나의 꿈이었다. 또 다른 꿈은 좌절되었지만, 이 꿈은 이제 실현할 수 있어 보인다. 나는 첫 번째로 심리학 수업을 듣는다. 농구선수들이 앉는 줄에 같이 앉아, 헝가리어로 필기를 하고, 벨러에게 도움을 요청해 과제물을 작성한다. 나는 서른두 살이다. 우리는 겉보기에 행복하고 내면에서도 역시 행복하다.

하지만 벨러가 우리의 아들을 보는 방식에 문제가 있다. 그는 아들을 원했지만 이런 아들을 기대하지는 않았다. 조니는 출생 전 뇌염을 앓아 '불수의 운동형 뇌성마비Athetoid Cerebral Palsy'가 생겼고, 이는 조니의 운동제어 능력에 영향을 미쳤다. 조니는 마리안느와 오드리가 손쉽게 배웠던 것들을 힘겹게 배워나갔다. 혼자서 옷을 입고, 말을 하고, 포크나 스푼을 이용해 스스로 밥을 먹는 일 같은 것들이다. 조니는 누나들과 외모도 다르게 생겼다. 조니는 두 눈이 아래로 처져 있고 침을 흘린다. 벨러는 조니가 힘겨워하는 모습에 짜증을 내며 조니를 비판했다. 나는 어릴 적 한쪽 눈이 사시라고 놀림당하던 때가 기억났고 내 아들에게 마음이 아팠다. 벨러는 조니가 도전을 할 때마다 불만에 차 소리를 질러댔다(그는 체코어로 소리를 질렀다. 나는 아이들이 완벽한 미국식 영어만을 구사하기 바랐지만, 아이들은 자라면서 집에서 헝가리어를 약간 습득했다. 그래서 아이들은 벨러가 소리 지르는 체코어의 정확한 뜻은 몰랐다. 물론 그의 톤은 알았겠지만). 나는 안방 침실로 후퇴하곤 했다. 나는 숨는 데에 선수였다. 1960년, 조니가 네 살이 됐을 때, 나는 조니를 데리고 존스홉킨스 병원에 근무하는 전문가인 클라크 박사를 만나러 갔다. 그는 내게 이렇게 말했다. "당신의 아들은 무엇이든 될 수 있습니다. 조니는 다른 사람이 하는 모든 일을 할 수 있습니다. 다만 시간이 더 오래 걸릴 뿐이지요. 조니를 지나치게 밀어붙인다면 역효과가 날 겁니다. 하지만 충분히 밀어붙이지 않는다면 그 또한 문제입니다. 당신은 조니가 가진 잠재력이 온전히 발휘되는 수준까지 조니를 밀어붙여야 합니다." 나는 학교에서 중퇴했다. 조니를 언어치료 수업에 데려가고, 작업치료 수업에 데려가고, 생각해 낼 수 있는 모든 종류의 클리닉에 데려가기 위해서였다. (오드리는 현재 가장 생생하게 남아 있는 어린 시절 기억이 수영장에서 놀던 기억이 아니라 대기실에서 기다리던 기억이라고 말한다.) 나는 우리의 아들이 영원히 위태로운 상태에 있을 것이라는 사실을 받아들이지 않기로 선택했다. 나는 우리가 믿어주기만 한다면 조니가 잘 자랄 수 있다고 확신했다. 하지만 조니는 아직 어려서 손으로 음식을 먹고 입을 벌린 채 음식을 씹었다. 그게 자신이 할 수 있는 최선이었기 때문이다. 하지만 벨러는 조니를 실망과 슬픔이 가득 찬 눈으로 응시했다. 나는 내 아들을 아이 아빠로부터 보호해야 한다고 느꼈다.

평온한 우리의 삶에 두려움이 밀려 들어왔다. 오드리가 열 살이 된 해의 어느 날, 오드리가 친구를 집에 데려왔다. 내가 열려 있는 오드리의 방문을 지나가는 순간 갑자기 구급차가 크게 사이렌을 울리며 우리 집 옆을 달려갔다. 나는 손으로 머리를 감쌌다. 전쟁 때 생긴 고질적 습관으로 현재까지도 가지고 있는 습관이다. 사이렌 소리나 이에 대한 나의 반응을 의식하기도 전에, 오드리가 자신의 친구에게 고함치는 소리가 들렸다. "서둘러, 침대 아래에 숨어!" 오드리는 바닥에 엎드린 후 침대보 아래로 몸을 굴렸다. 오드리의 친구는 깔깔대며 오드리의 행동을 따라 했다. 아마 뭔가 특이한 게임이려니 생각하는 것 같았다. 하지만 나는 오드리가 장난치는 게 아니라는 사실을 알 수 있었다. 오드리는 사이렌 소리가 위험을 나타내는 신호라고 정말로 믿고 있었다. 그리고 그 위험으로부터 숨어야 한다고. 의도치 않게, 어떠한 의식적인 자각 없이, 나는 오드리에게 그렇게 가르쳤다.

우리가 안전, 가치, 사랑에 관해 아이들에게 무의식적으로 가르친 것 중에 또다른 어떤 것들이 있을까?

고등학교 졸업 파티가 열리는 밤에, 마리안느는 실크 드레스를 입고 손목에 아름다운 난초 코르사주를 맨 채 우리 집 현관 앞에 서 있다. 마리안느가 데이트 상대와 함께 현관 앞에서 걸음을 떼는 순간, 벨러가 외친다. "즐겁게 보내렴. 알겠지만, 엄마는 네 나이 때에 아우슈비츠에 있었고, 부모님이 돌아가셨단다."

나는 마리안느가 떠나자마자 벨러에게 소리를 지른다. 나는 그에게 냉혹하고 잔인하다고 말한다. 나는 그에게 특별한 밤에 마리안느가 느낄 기쁨과 즐거워하는 딸아이를 보며 내가 느낄 대리만족을 망칠 권리가 없다고 말한다. 그가 스스로 조심하지 않는다면 나도 그렇게 할 것이다. 나는 그에게 행복한 생각들로 딸아이를 축복하지 않을 거라면 차라리 죽어버리라고 말한다. "당신은 아우슈비츠에 있었지만 마리안느는 그렇지 않다는 사실 '자체가' 행복한 생각이야. 나는 마리안느가 자신의 삶에 대해 기뻐하기를 바라." 벨러가 반박한다. "그렇다면 독을 뿌리지 말아요!" 내가 소리를 지른다. 벨러의 말보다 더 끔찍한 것은 내가 이 사건 이후 이에 대해 마리안느와 한 번도 대화를 나누지 않았다는 사실이다. 나는 마리안느 또한 두 개의 삶-자신을 위해 사는 삶, 그리고 그렇게 살지 못했던 나를 위해 사는 삶-을 살고 있다는 사실을 알아차리지 못한 척한다.

1966년 가을, 오드리는 열두 살이 되고 마리안느는 휘티어대학교 2학년이 되고 조니는 열 살이 된다. 클라크 박사는 적절하게 지원해주면 조니가 신체상으로도 학업상으로도 안정되리라 예측했고, 조니는 그의 예측을 정확히 실현한다. 내게는 나의 발전에 몰두할 수 있는 시간이 다시 생긴다. 나는 학교로 돌아간다. 이제 나는 영어를 매우 훌륭하게 구사할 수 있고 벨러의 도움 없이도 과제물을 작성할 수 있다 (그가 도왔을 때 내가 받은 최고 성적은 C였다. 하지만 이제 나는 줄줄이 A를 받는다). 나는 마침내 성공했다고 느낀다. 과거가 부여한 한계를 드디어 초월한 것이다. 하지만 내가 서로 분리하기 위해 부단히 애썼던 두 개의 세계가 또다시 충돌한다. 나는 정치학 입문 수업이 시작하기를 기다리며 강의실에 앉아 있는 중이다. 바로 그때, 연한 갈색 머리를 한 남자가 나의 뒷자리에 앉는다.

"당신은 거기에 있었죠, 그렇지 않나요?" 그가 말한다.

"거기라뇨?" 공황 발작이 일 듯한 느낌이다.

"아우슈비츠. 당신은 생존자죠, 그렇지 않나요?"

나는 그의 질문에 가슴이 철렁 내려앉은 나머지 그에게 되물어야겠다는 생각조차 하지 못한다. 무엇이 그에게 내가 생존자라고 생각하게 했을까? 어떻게 알고 있는 걸까? 어떻게 추측했을까? 나는 나의 현재 삶 속 그 누구에게도 내 경험에 관해 한마디도 하지 않았다. 아이들은 물론이고 말이다. 나는 팔에 숫자가 문신으로 새겨져 있지도 않다.

"당신은 홀로코스트 생존자가 아닌가요?" 그가 다시 묻는다.

그는 젊고 스무 살 정도, 대략 내 나이의 절반밖에 되지 않아 보인다. 그의 젊음, 그의 진지한 성격, 그의 목소리에 담긴 친절함 등이 내게 에릭을 떠올리게 한다. 어떻게 우리가 통행금지 시간 후에 영화 극장에 함께 앉아 있었는지, 어떻게 그가 해변에서 다리 찢고 앉기 동작을 하는 내 모습을 사진으로 찍어줬는지, 어떻게 그가 내 허리의 가느다란 벨트에 손을 얹고서 내 입술에 처음 입맞춤을 했는지 떠오른다. 강제수용소에서 해방된 후 21년이 지났지만, 상실감에 가슴이 무너질 것만 같다. 에릭의 상실. 풋풋한 첫사랑의 상실. 미래(우리가 결혼과 가족과 행동주의에 관해 공유한 비전)의 상실. 수용소에 갇혀 있던 시간 내내, 절대 피할 수 없어 보이던 죽음으로부터 어떻게든 달아나던 시간 내내, 나는 에릭이 남긴 한마디에 매달렸다. '절대 너의 눈을 잊지 않을게, 절대 너의 손을 잊지 않을게.' 기억은 나의 생명줄이었다. 그런데 지금은? 나는 과거를 차단하고 있다. 기억하는 것은 끊임없이 공포에 굴복하는 것이다. 하지만 과거 안에는 에릭의 목소리 또한 존재한다. 과거 안에는 내가 굶주리면서도 줄곧 마음속으로 느끼고 노래 불렀던 사랑이 존재한다.

"나는 생존자입니다." 내가 몸을 떨면서 말한다.

"이걸 읽어봤나요?" 그가 내게 작은 페이퍼백을 보여준다. 빅터 프랭클이 쓴 《죽음의 수용소에서》이다. 철학책 같은 느낌이 든다. 저자의 이름은 처음 들어본 이름이다. 나는 고개를 가로젓는다. "프랭클도 아우슈비츠에 있었어요." 그 학생이 설명한다. "그는 전쟁 직후에 아우슈비츠에 관해 이 책을 썼어요. 당신이 흥미를 느끼리라 생각해요." 그가 내게 책을 건네면서 말한다.

나는 책을 받아 든다. 책은 얇다. 책이 나를 두려움으로 가득 채운다. 도대체 왜 내가 자진해서 지옥으로 돌아가겠는가? 다른 사람의 경험이라는 필터를 통해서라도 말이다. 하지만 나는 이 청년의 호의를 거절할 용기가 없어서 고맙다고 속삭인 후 작은 책을 가방 안에 넣는다. 그 책은 저녁 내내 시한폭탄처럼 거기에 있다.

나는 저녁 식사를 준비하기 시작한다. 주의가 산만하고 혼이 나가 있는 느낌이다. 나는 벨러에게 '세이프웨이'에 가서 마늘을 사 오라고 심부름 보내고, 그런 다음 피망을 사 오라고 다시 보낸다. 음식에서 아무 맛이 느껴지지 않는다. 저녁을 마치고 난 후, 나는 조니에게 철자법 퀴즈를 낸다. 나는 설거지를 한다. 나는 아이들에게 굿나잇 키스를 한다. 벨러는 라흐마니노프 음악을 듣고 〈네이션The Nation〉을 읽기 위해 휴게실로 간다. 내 가방은 책을 가진 채로 현관 옆 복도에 놓여 있다. 그 책이 있다는 이유만으로 집이 불편하게 느껴진다. 나는 그 책을 읽지 않을 것이다. 그럴 필요가 없다. 나는 거기에 있었다. 나는 나 자신에게 다시 고통을 겪게 하지 않을 것이다.

자정이 얼마 지나지 않아 호기심이 두려움을 이긴다. 나는 거실로 몰래 가서, 그곳에서 램프 빛의 웅덩이 속에서 그 책을 붙들고 오랫동안 앉아 있다. 나는 책을 읽기 시작한다. "이 책은 어떤 객관적인 사실이나 사건에 대한 보고서가 아니다. 개인적인 체험, 즉 수백만 명의 사람들이 시시때때로 겪었던 개인적인 체험에 관한 기록이다. 생존자 중

한 사람이 들려주는 강제수용소 안에서의 이야기이기도 하다." 목 뒤가 곤두선다. 그는 내게 말하고 있다. 그는 나에 대해 말하고 있다. '강제수용소에서의 일상은 평범한 수감자들의 마음에 어떤 식으로 투영됐을까?' 그는 수감자의 삶이 가진 세 단계에 관해 이야기한다. 가장 먼저, 죽음의 수용소에 도착하고 '집행 유예 망상Delusion of Reprieve'을 느낄 때 어떠한지를 이야기한다. 맞다. 나는 아빠가 기차 플랫폼에서 나오는 음악 소리를 들으며 이곳이 나쁜 곳일 리가 없다고 말하던 모습이 생생히 기억난다. 멩겔레가 삶과 죽음 사이에서 손가락을 까딱거리며 "조금만 있으면 엄마를 만날 수 있을 거야"라고 무심하게 말하던 모습이 생생히 기억난다. 그다음에는 두 번째 단계가 이어진다. 불가능한 일과 상상조차 할 수 없는 일에 적응하게 되는 단계. 카포의 매질을 견뎌내고, 얼마나 춥든 배고프든 피곤하든 아프든 상관없이 아침마다 벌떡 일어나고, 멀건 수프를 먹고 곰팡이 슨 빵을 아껴두고, 자신의 몸이 뼈만 앙상해져 가는 모습을 지켜보고, 탈출하는 유일한 방법은 죽음뿐이라는 소리를 온 사방에서 듣는다. 심지어 풀려나고 해방된 후의 세 번째 단계조차도 강제수용 생활의 끝이 아니라고 프랭클은 책에 쓰고 있다. 비통함과 환멸을 느끼면서도 삶의 의미와 행복을 찾기 위한 투쟁이 계속된다.

나는 내가 감추고자 애썼던 바로 그것을 똑바로 응시하고 있다. 책을 읽으면서 나는 차단됐거나 덫에 걸렸거나 그곳에 다시 가둬져 있다는 느낌이 들지 않는다. 놀랍게도 두려움이 느껴지지 않는다. 내가 읽는 모든 페이지마다 나는 만점을 주고 싶다. 만약 나의 이야기를 하는 것이 과거가 지닌 통제권을 강하게 하는 대신 약하게 할 수 있다면 어떨까? 만약 과거에 관해 이야기하는 것이 과거를 석회화하는 대신 과거를 치유한다면 어떨까? 만약 비극적인 상실을 맞이했을 때 침묵과 부정만이 유일한 선택지가 아니라면 어떨까?

나는 어떻게 프랭클이 얼음같이 찬 어둠을 뚫고 작업장으로 행군하는지를 읽는다. 추위는 혹독하고 보초병들은 잔인하고 수감자들은 비틀거린다. 육체적 고통과 비인간적인 부당함 가운데서, 프랭클은 아내의 얼굴을 떠올린다. 그는 그녀의 눈을 마주 본다. 한겨울임에도 그의 가슴은 활짝 사랑의 꽃이 핀다. 그는 '이 세상에 남길 것이 하나도 없는 사람이라도 사랑하는 사람을 생각하며(그것이 비록 아주 짧은 순간이라고 해도) 여전히 더할 나위 없는 행복을 느낄 수 있다'라는 사실을 알게 된다. 내 마음이 열린다. 나는 눈물을 흘린다. 엄마가 책에서 내게 이야기하고 있다. 아우슈비츠로 향하는 기차 안 숨 막히는 어둠 속에서 이야기했듯이. '이것만 기억해. 네가 마음에 새긴 것은 아무도 네게서 뺏을 수 없단다.' 어둠을 없앨 수는 없다. 하지만 빛을 밝히기로 선택할 수는 있다.

1966년 가을, 여명이 밝아올 무렵에 나는 프랭클의 가르침 중 가장 핵심인 이 부분을 읽는다. "인간에게서 모든 것을 빼앗아갈 수 있어도 단 한 가지, 마지막 남은 인간의 자유, 주어진 환경에서 자신의 태도를 결정하고 자기 자신의 길을 선택할 수 있는 자유만은 빼앗아갈 수 없다." 매 순간은 선택이다. 우리의 경험이 얼마나 불만스럽든 지루하든 제한적이든 고통스럽든 억압적이든 간에, 우리는 항상 어떻게 대응할지를 선택할 수 있다. 마침내 나는 나에게도 선택권이 있다는 사실을 깨닫는다. 그리고 이 깨달음은 나의 인생을 바꾸게 된다.

# 한 생존자가 다른 생존자에게

아무 어려움 없이 곧바로 치유할 수 있는 사람은 아무도 없다. 1969년 1월의 어느 저녁, 오드리가 아이를 돌보는 아르바이트를 하고 돌아오자, 벨러와 나는 오드리와 조니에게 거실의 덴마크풍 갈색 소파에 앉으라고 한다. 나는 벨러를 똑바로 볼 수가 없다. 나는 아이들을 똑바로 볼 수가 없다. 나는 소파의 깔끔한 현대식 디자인과 그것을 받치고 있는 가느다랗고 작은 다리들만 응시한다. 갑자기 벨러가 울음을 터뜨린다.

"누가 돌아가셨어요? 무슨 일인지 우리에게 말해주세요." 오드리가 묻는다.

조니는 안절부절못하며 소파를 발로 찬다.

"아무 문제 없어." 벨러가 말한다. "우리는 너희 둘을 정말 사랑한단다. 너희 엄마와 나는 잠시 떨어져서 살기로 했어." 벨러가 더듬거리면서 매우 느리게 말한다.

"무슨 말이에요? 무슨 일이 벌어지고 있는 거예요?" 오드리가 묻는다.

"우리는 어떻게 하면 우리 가족이 더 평화로울지 탐색해야 해. 이건 너희 잘못이 아니야." 내가 말한다.

"더는 서로 사랑하지 않는 거예요?"

"사랑한단다." 벨러가 말한다. "적어도 '나는' 말이야." 벨러가 잽을 날린다. 내게 나이프를 겨냥한다.

"갑자기 행복하지 않게 된 거예요? 저는 부모님이 행복하다고 생각했어요. 아니면 평생 우리에게 거짓말을 한 거예요?" 오드리가 아르바이트로 번 돈을 손에 꼭 쥐고서 말한다. 오드리가 열두 살이 되었을 때 벨러는 예금계좌를 열어주면서 오드리에게 직접 돈을 벌어오면 그 두 배로 예금해주겠다고 약속했다. 하지만 이제 오드리는 소파에 자신이 벌어온 돈을 던져버린다. 마치 우리가 좋거나 가치 있는 모든 것을 오염시켰다는 듯이.

\* \* \*

갑작스러운 깨달음 때문에 벨러와 이혼한 것은 아니었다. 여러 경험이 쌓이고 쌓여 나를 그렇게 만들었다. 나의 선택은 엄마-엄마가 선택한 것과 엄마가 선택하도록 허용되지 못한 것-와 관련이 있었다. 아빠와 결혼하기 전에 엄마는 부다페스트에 있는 영사관에서 일하면서 직접 돈을 벌었고 국제적이고 전문적인 사회의 일원이었다. 엄마는 그 시대의 흐름에 비해 상당히 자유로웠다. 하지만 그때 엄마의 여동생이 결혼했고, 그러고 나자 부끄럽게 되기 전에 어서 결혼하라는 사회와 가문의 압박이 엄마에게 가해졌다. 엄마에게는 사랑하는 남자가 있었다. 영사관에서 일하다가 만난 사람으로 그는 엄마에게 책《바람과 함께 사라지다》에 서명을 해서 선물로 주었다. 하지만 외할아버지는 그가 유대인이 아니라는 이유로 엄마에게 그와 결혼하지 못하게 했다. 유명한 재단사였던 아빠는 어느 날 엄마의 드레스를 만들게 됐고 치수를 재면서 엄마의 몸매를 칭찬했다. 엄마는 스스로 선택했던 삶을 떠나 자기에게 기대되는 삶을 살기로 했다. 벨러와 결혼할 때, 나는 내가 같은 일을 하고 있지 않나 두려웠다. 벨러가 내게 제공하는 안정의 대가로 내 꿈을 책임지기를 포기하는 것은 아닌지 두려웠다. 이제 애초에 내가 그에게 끌렸던 자질들, 그가 가진 부양하고 돌보는 능력은 숨이 막히게 느껴졌다. 우리의 결혼생활은 나 자신을 포기한 듯한 느낌이었다.

나는 부모님이 보낸 것과 같은, 외롭고 친밀하지 않은 결혼생활을 원하지 않았다. 또한 부모님처럼 깨진 꿈을 가지고 싶지도 않았다(아빠의 꿈은 의사가 되는 것이었고, 엄마의 꿈은 직장여성이 되는 것 그리고 사랑하는 사람과 결혼하는 것이었다). 하지만 내가 자신에게 원하는 게 무엇일까? 나는 알 수 없었다. 그래서 나는 벨러를 대항해야 할 세력으로 삼았다. 나만의 진정한 삶의 목적과 방향을 찾는 대신, 나는 그와 맞서 싸우는 일에서, 그가 나를 제한하는 방식에 맞서 싸우는 일에서 삶의 의미를 찾았다. 실제로, 벨러는 내가 학교에 다니는 것을 지지해주었고 내 수업비를 내주었다. 그는 내가 읽고 있는 철학책과 문학책에 관해 나와 대화하는 것을 즐겼다. 그리고 내 독서목록과 논문들을 참고해서 자신이 가장 좋아하는 주제인 '역사'에 흥미로운 읽을거리들을 보완했다. 아마 벨러가 때때로 내가 학교에 할애하는 시간에 대해 분노를 표출했기 때문에, 혹은 내 건강을 염려해서 그가 때때로 좀 더 느긋해지라고 주의를 환기했기 때문에, 내가 삶에서 발전을 이루고자 한다면 나 혼자 있어야 한다는 생각이 내 안에 뿌리를 내리고 점차 커진 것 같다. 나는 너무 헛헛했고 나 자신을 깎아내리는 일에 너무 지쳤다.

오드리가 열세 살이 되던 1967년에 수영대회에 참가하기 위해 오드리와 함께 샌앤젤로에 여행 간 기억이 난다. 다른 부모 매니저들은 저녁에 호텔 안에서 만나 술을 마시며 흥청거렸다. 나는 만약 벨러가 거기 있었더라면 우리가 활동의 중심에 있었으리라 생각했다. 우리가 술자리를 좋아해서가 아니라 벨러가 천성적으로 매력이 넘치는 사람이었기 때문이다. 벨러는 사람들이 모여 있는 것을 보면 그냥 지나치지 못했다. 그가 어떤 사람들과 어울리든 그곳에는 친목이 생겨났고 사람들은 그가 만드는 분위기 때문에 유쾌해졌다. 나는 그의 이런 점에 감탄하면서도 한편으로는 화가 났다. 그의 목소리가 커질 수 있도록 나는 침묵을 지켜야 했기 때문이다. 어렸을 때 내 가족 안에서 그랬던 것과 마찬가지로 스타는 오직 한 명만 필요했다. 엘파소에서 친구들과 매주 소갈비를 먹고 춤을 추는 모임을 할 때, 모두가 벨러와 나를 위해 댄스플로어에 자리를 마련해주면, 나는 벨러와 조명을 공유할 수 있었다. 친구들은 우리가 함께 있으면 너무 환상적이어서 눈을 떼기가 힘들다고 말했다. 우리는 커플로서 추앙받았다. 하지만 나만을 위한 공간은 없었다. 샌앤젤로에서의 그날 밤, 나는 다른 부모들의 소음과 취기가 불쾌하게 느껴졌고 그래서 막 객실로 후퇴하려던 참이었다. 나는 외로웠고 나 자신이 약간 안쓰럽게 느껴졌다. 바로 그때, 갑자기 빅터 프랭클의 책이 떠올랐다. 어떠한 상황에서든 우리에게는 어떻게 대응할지 선택할 자유가 있다는 그의 말이 생각났다.

나는 이전에 한 번도 하지 않은 무언가를 했다. 나는 오드리의 호텔 객실 출입문을 노크했다. 오드리는 나를 보고 깜짝 놀랐지만 내게 들어오라고 했다. 오드리와 친구들은 TV를 보며 카드놀이를 하고 있었다. "내가 너희들 나이였을 때," 내가 말했다. "나도 운동선수였단다." 오드리의 두 눈이 휘둥그레졌다. "너희들은 매우 운이 좋고 아름다워. 너희들은 강한 신체를 가진다는 것이 어떠한 것인지 잘 알고 있지." 나는 아이들에게 내 발레 선생님이 오래전에 내게 해줬던 말을 해줬다. "삶의 모든 환희는 내면에서 나오는 거란다." 나는 잘 자라고 말하고 출입문을 향해 발걸음을 옮겼다. 하지만 객실에서 나가기 전에 나는 하이킥을 선보였다. 오드리의 눈이 자부심으로 반짝였다. 오드리의 친구들은 손뼉을 치며 환호했다. 나는 이상한 억양을 쓰는 조용한 엄마가 아니었다. 나는 공연자이자 운동선수였고 딸이 존경하는 엄마였다. 마음속으로 나는 이때 느낀 자부심과 고양감을 벨러의 부재와 동격화했다. 만약 그 황홀함을 더 자주 느끼고 싶다면, 아마 그와 덜 자주 함께 있어야 할지 몰랐다.

자아를 찾고 싶은 이러한 갈망은 나의 학부 공부에도 불을 붙였다. 나는 게걸스러웠다. 항상 더 많은 지식을 찾아 헤맸고 다른 사람의 존경과 인정을 갈구했다. 이것들이 내게는 내가 가치 있는 사람이라는 신호였다. 나는 이미 괜찮은 과제물들을 밤을 새우며 다시 고쳤다. 그것들이 충분히 괜찮지 않을까 봐, 혹은 충분히 괜찮기만 할까 봐 두려워서 말이다. 한 심리학 교수가 학기 초에 우리에게 자신은 성적으로 오직 C만 준다고 발표하자, 나는 그의 연구실로 찾아가 나는 성적으로 오직 A만 받는다고 말하며 내 탁월한 학업 성취를 이어가려면 어떻게 해야 하는지 물었다. 그는 내게 조교로 일하면서 현장 경험을 하며 학습량을 늘리는 게 어떠냐고 제안했다. 대개 대학원생들에게만 주어지는 임무였다.

어느 오후, 같은 수업을 듣는 친구 중 몇몇이 수업이 끝나고 같이 맥주를 먹자고 나를 초대했다. 나는 캠퍼스 근처에 있는 컴컴한 바에서 차가운 맥주잔을 앞에 두고 그들과 함께 앉아 있으면서 그들의 젊음이 넘치는 에너지와 그들의 정치적 열정에 매료되었다. 나는 사회정의 옹호론자이자 평화주의자인 그들이 감탄스러웠다. 나는 거기에 끼게 되어서 행복했다. 동시에 슬프기도 했다. 나의 인생에서 이 단계는 갑자기 끝이 났었다. 가족으로부터의 독립과 개별화. 데이트와 로맨스. 진정한 변화를 가져오는 사회운동에의 참여. 나는 유년기를 전쟁에 빼앗기고, 청소년기를 죽음의 수용소에 빼앗기고, 초기 성인기를 절대 뒤돌아보지 말아야 한다는 강박에 빼앗겼다. 나는 엄마의 죽음을 충분히 애도하기도 전에 나 자신이 엄마가 되었다. 나는 온전해지기 위해 너무 빠르고 너무 조급하게 노력했다. 내가 '과거를 부정하기로' 선택한 것도, 내가 자기 자신, 나의 기억들, 나의 진짜 의견과 경험을 자주 숨겼던(심지어 그에게서조차) 것도 벨러의 잘못은 아니었다. 하지만 지금 나는 그에게 내 고착상태를 연장한 책임을 지우고 있었다.

이날 맥주를 마시면서 한 동료 학생이 벨러와 내가 어떻게 만났냐고 물었다. "좋은 러브스토리를 사랑해요. 첫눈에 반한 사랑이었나요?" 그녀가 말했다. 그녀에게 어떻게 답했는지 기억나지 않는다. 하지만 이 질문은 내가 하고 싶었던 사랑의 종류에 관해 내게 다시 생각하게 했다. 에릭과 함께 있을 때면 불꽃이 일었다. 그가 옆에 있으면 온몸 곳곳이 뜨거워졌다. 심지어 아우슈비츠도 내 안의 로맨틱한 소녀를 죽이지 못했다. 그 소녀는 매일 자기 자신에게 그를 다시 만날 수 있다고 말했다. 하지만 전쟁이 끝나고 그 꿈은 죽어버렸다. 벨러를 만났을 때 나는 사랑에 빠지지 않았다. 나는 그저 배가 고팠다. 그리고 그는 내게 스위스산 치즈를 가져다줬다. 그는 내게 살라미를 가져다줬다. 벨러와 함께 지낸 이 초기 시절에 나는 행복감을 상기할 수 있었다. 마리안느를 임신하고 나서 나는 매일 아침 꽃을 사기 위해 시장에 걸어가면서 배 속의 아이에게 말을 걸었고 아이에게 꽃처럼 활짝 피게 될 것이라고 말했다. 그리고 마리안느는 그렇게 됐다. 내 아이들 모두가 그렇게 됐다. 그리고 지금 나는 마흔 살이다. 엄마가 돌아가셨을 때의 나이다. 하지만 여전히 활짝 피지 못했고, 내게 예정되어 있다고 생각했던 그런 사랑을 여전히 만나지 못했다. 나는 속았다는 기분이 들었고 결혼생활에 포획된 채 인간의 본질적 통과의례를 거치지 못했다는 기분이 들었다. 결혼생활은 영양분을 주리라는 기대 없이, 배고픔을 없애주리라는 희망 없이 먹은 한 끼의 식사가 되어버렸다.

버틸 힘은 예상치 못한 곳에서 찾아왔다. 1968년 어느 날, 나는 집에 돌아온 후 우편함에서 내 이름이 적힌 편지를 발견했다. 유럽 사람이 쓴 것 같은 글씨체로 텍사스주 댈러스에 있는 서던메소디스트대학교가 보낸 사람 주소에 적혀 있었다. 보낸 사람 주소 위에는 이름은 적혀 있지 않고 'V. F.'라고 이니셜만 적혀 있었다. 편지를 열자마자 나는 거의 넘어질 뻔했다. "한 생존자가 다른 생존자에게"라고 인사말에 적혀 있었다. 그 편지는 빅터 프랭클에게서 온 것이었다.

2년 전 새벽녘에 《죽음의 수용소》를 몰입해서 읽은 후, 나는 '빅터 프랭클과 나'라는 제목의 에세이를 썼다. 나는 나 자신을 위해 그 글을 썼다. 그것은 학술적인 글이 아닌 개인적인 글이었고, 내가 과거에 관해 말한 첫 번째 시도였다. 주뼛주뼛, 개인적 성장을 조심스레 바라면서 나는 그 글을 몇몇 교수님들과 몇몇 친구들과 공유했고 그 글은 결국 교내 출판물에 실리게 되었다. 그리고 누군가가 내 에세이의 복사본을 댈러스에 있는 프랭클에게 보낸 것이다. 모르던 사실이었지만 프랭클은 1966년부터 댈러스에서 방문 교수로 재직하고 있었다. 프랭클은 나보다 나이가 스물세 살 더 많았다. 그는 아우슈비츠에 강제 수용됐을 때 서른아홉 살이었고 이미 성공한 내과의사이자 정신과 의사였다. 이제 그는 유명한 '로고테라피Logotherapy'의 창시자였다. 그는 전 세계를 돌아다니며 의사로 일하고, 강연하고, 학생들을 가르쳤다. 그리고 그는 나의 보잘것없는 에세이를 읽고 감동해서 내게 연락했다. 그는 같은 생존자로서, 동료로서 나에게 공감했다. 나는 멩겔레 앞에서 강제로 춤을 춰야만 했던 밤에 부다페스트 오페라하우스의 무대에 서 있는 내 모습을 상상했다고 에세이에 썼다. 프랭클은 자신도 아우슈비츠에서 비슷한 일을 경험했다고 편지에 적었다. 최악의 순간들마다 그는 자신이 자유로운 몸으로 수감생활의 심리학에 대해 비엔나에서 강연을 하는 모습을 상상했다고 적었다. 그는 또한 내면세계에서 안식처를 찾았다고 했다. 그 안식처는 현재의 공포와 고통으로부터 그를 보호해주었고, 그에게 희망과 목적의식을 북돋아 그가 살아남을 이유와 수단을 찾게 해주었다. 빅터 프랭클의 책과 그의 편지는 내가 우리의 공통 경험을 표현할 말을 찾을 수 있도록 도와주었다.

이렇게 해서 오랫동안 지속된 우정과 서신교환이 시작되었다. 이 시간 속에서 우리는 우리의 삶을 관통한 질문들에 대답하기 위해 함께 노력했다. '나는 왜 살아남았을까? 내 삶의 목적은 무엇일까? 내가 겪은 시련으로부터 어떤 의미를 만들어낼 수 있을까? 어떻게 하면 나 자신 그리고 다른 사람들이 삶의 가장 힘든 부분들을 견뎌내고 더 많은 열정과 기쁨을 경험하도록 도울 수 있을까?' 몇 년 동안 편지를 주고받은 끝에 우리는 그가 1970년대에 샌디에이고에서 강연할 때 처음으로 만났다. 그는 나를 무대 뒤로 초대해 자신의 부인을 소개해주었고 자신의 강연이 어땠는지 비평해달라고 요청했다. 내게는 엄청나게 중요한 순간이었다. 나의 멘토에게 동료로 대우받았다는 점에서 말이다. 첫 번째 편지에서 이미 그는 내게 소명의 씨앗을 심었다. 바로 다른 사람들이 의미를 만들도록 도움으로써 내 삶 속에서 의미를 만드는 것, 다른 사람들을 치유할 수 있도록 나 스스로 치유하는 것, 내가 나 자신을 치유할 수 있도록 다른 사람들을 치유하는 것 등이었다. 또한 나는 내게 나 자신만의 의미, 나 자신만의 삶을 선택할 힘과 기회(책임은 물론이고)가 있다는 사실을 더 깊이 이해하게 됐다. 벨러와 이혼할 때 이 이해를 잘못 적용했지만 말이다.

내가 나만의 길을 찾기 위해 처음으로 의식적인 단계를 밟았던 것은 1950년대 후반이었다. 그 당시 나는 조니에게 발달상 문제가 있다는 사실을 알아차렸고 그 문제와 마주하는 일에 도움이 필요했다. 한 친구가 스위스에서 유학한 융 학파 심리분석가를 추천했다. 나는 임상심리학 전반적 분야에 대해서도 융 심리분석학이라는 특정한 분야에 대해서도 거의 아는 바가 없었다. 하지만 그 분야를 조금 조사해보고 나니 융의 몇 가지 개념들이 내게 호감을 주었다. 우선 신화와 원형을 강조하는 것이 마음에 들었다. 소녀 시절에 좋아하던 문학작품들이 생각났다. 또한 나는 정신의 의식적인 부분과 무의식적인 부분을 통합하여 균형 잡힌 전체로 만든다는 개념에도 흥미를 느꼈다. 영화 〈분홍신〉에서 비키 페이지의 내적 경험과 외적 경험이 충돌하던 장면이 기억났다. 물론 나 역시 내면의 갈등들에 시달리며 고통받고 있었다. 내가 나 자신 속의 긴장 상태를 치유하기 위해 의식적으로 심리치료를 받은 것은 아니다. 나는 그저 내 아들을 위해 무엇을 해야 하는지 알고 싶었고, 어떻게 하면 벨러와 나 사이의 균열을 치유할 수 있는지 알고 싶었다. 하지만 나는 또한 치료적 심리분석에 대한 칼 융의 시각에 강하게 끌렸다. '이것은 자기 자신에게 '네'라고 말하는 것의 문제입니다. 자기 자신을 가장 진지한 과업이라고 여기고, 자신이 하는 모든 일을 의식하고, 모든 불확실한 면들 속에서 이러한 태도를 계속 유지해야 합니다. 정말로 우리를 극도로 힘들게 하는 과업입니다.' '자기 자신에게 네라고 말하는 것.' 나는 정말로 그렇게 하고 싶었다. 나는 꽃을 활짝 피우고 성장하고 싶었다.

심리치료사는 내게 꿈을 기록하는 숙제를 내줬고 나는 신중하게 모든 꿈을 기록했다. 거의 항상, 나는 날고 있었다. 나는 얼마나 높이 날지 얼마나 낮게 날지, 얼마나 빠르게 날지 얼마나 느리게 날지 선택할 수 있었다. 또한 나는 유럽의 대성당들, 숲으로 뒤덮인 산들, 바닷가들 등 어떠한 풍경을 배경으로 날지 선택할 수 있었다. 나는 이러한 꿈들을 꿀 수 있게 잠자는 시간을 고대했다. 꿈속에서 나는 모든 것을 통제하며 자유롭게 날 수 있어서 기쁨에 차 있었고 강했다. 이 꿈들 속에서 나는 다른 사람들이 내 아들에게 부과하곤 하는, 제한적 편견을 초월할 수 있는 나의 힘을 발견했다. 또한 나는 내게 부과된 한계들이라고 내가 인식하는 것을 초월하고 싶은 나의 욕구를 발견했다. 나는 초월할 필요가 있는 한계들이 외부가 아닌 내면에 존재한다는 사실을 아직 알지 못했다. 그래서 나중에 빅터 프랭클의 영향을 받아 내가 삶에서 원하는 것이 무엇인지 질문하기 시작했을 때, 나는 벨러에게 '아니오'라고 말하는 것이 나 자신에게 '네'라고 말하는 하나의 방법일 것이라고 쉽게 생각했다.

이혼 후 몇 달 동안 나는 더 나아졌다고 느꼈다. 몇 년 동안 나는 편두통으로 고생해왔다(엄마도 극심한 두통 때문에 힘들어했었다. 아마 유전적인 문제일 것이다). 하지만 벨러와 갈라선 직후 편두통이 사라졌다. 마치 계절이 바뀌는 것처럼 갑자기 떠나버렸다. 나는 벨러의 기분 상태-그의 고함과 냉소, 짜증과 실망-로부터 자유로운 채로 살고 있기 때문이라고 생각했다. 내 두통은 사라졌고 숨어야 할 필요, 후퇴해야 할 필요도 사라졌다. 나는 동료 학생들과 교수님들을 집에 초대해서 시끌벅적한 파티를 주최했다. 나는 내가 공동체의 중심에 있고 세상에 마음을 열었다고 느꼈다.

내가 살고 싶었던 방식대로 살고 있다고, 나는 생각했다. 하지만 얼마 지나지 않아 안개가 끼기 시작했다. 주변 사물이 회색으로 보였다. 밥을 챙겨 먹으라고 스스로 상기시켜야만 했다.

1969년 5월의 어느 토요일 아침, 나는 집에 있는 휴게실에 혼자 앉아 있다. 내 졸업식 날이다. 이제 나는 마흔두 살이다. 나는 심리학 전공으로 텍사스-엘파소대학교를 우등으로 졸업한다. 하지만 나는 졸업식에 걸어 들어갈 수가 없다. 나는 너무 부끄럽다. '오래전에 이렇게 해야 했어.' 나는 나 자신에게 말한다. 내가 정말로 의미하는 바-그렇게 많은 내 선택들과 신념들 아래에 숨은 진짜 이유-는 이것이다. '나는 살아남을 자격이 없어.' 나는 나의 가치를 증명하는 일과 세상에서 나의 자리를 찾는 일에 완전히 사로잡힌 나머지 내게 더는 히틀러가 필요하지 않다. 나는 나 자신의 간수가 되어 내게 말한다. '네가 무슨 일을 하든 간에, 너는 절대로 충분히 훌륭해지지 못할 거야.'

벨러에 대해 가장 그리운 부분은 그가 춤을 추는 방식이다. 특히 비엔나식 왈츠. 냉소적이고 화를 잘 내지만, 한편으로 그는 기쁨을 받아들이고, 그걸 몸에 입고, 그걸 표현할 줄 아는 사람이다. 박자에 몸을 맞추면서도 상대를 리드하고 상대가 흔들리지 않도록 잡아준다. 나는 가끔 그의 꿈을 꾼다. 그가 나의 환심을 사려 애쓸 때 보낸 편지들 속에서 말해주었던 이야기들, 그의 유년 시절에 관해 꿈을 꾼다. 그의 아버지가 눈사태에 휩쓸려 무너지고 새하얀 눈 속에서 숨을 거두는 모습이 보인다. 그의 어머니가 부다페스트 시장에서 공황 발작을 일으키고 자신의 정체성을 나치 친위대에게 자백하는 모습이 보인다. 나는 벨러 가족 안의 슬픈 긴장 상태가 그들의 죽음 속에서 벨러의 어머니가 한 역할에서 기인한 것이리라 생각한다. 나는 벨러의 말더듬증을 떠올린다. 그의 초기 트라우마가 그에게 흔적을 남겼다. 어느 여름날, 벨러가 조니를 차로 데리러 온다. 그는 새 차를 몰고 온다. 미국에서 우리는 항상 소박한 자동차-우리 아이들은 땅딸막한 차라고 불렀다-만 소유했다. 오늘 벨러는 가죽 시트가 있는 오즈모빌 승용차를 몰고 온다. 중고로 사들였다고 그가 방어적이면서도 자랑스럽게 말한다. 하지만 믿기지 않는다는 듯한 나의 표정은 자동차 때문이 아니다. 자동차 조수석에 타고 있는 우아한 여성 때문이다. 그는 다른 누군가를 찾았다.

나는 나 자신과 아이들을 부양하기 위해 일을 해야만 해서 오히려 감사하다. 일은 탈출구다. 또한 일은 내게 뚜렷한 목적의식을 준다. 나는 엘파소의 스페인어 사용자 거주 지역에서 중등학교 7학년과 8학년을 가르치는 사회과목 교사가 된다. 나는 도시의 부유한 지역들에 있는 더 인기 많은 학교들로부터 일자리 제안을 받았다. 하지만 나는 두 개의 언어를 사용하는 학생들을 가르치고 싶다. 이 학생들은 벨러와 내가 처음 미국에 왔을 때 마주한 것과 같은 종류의 장애물들, 즉 가난과 편견을 마주하고 있다. 나는 내 학생들에게 자신에게 선택권이 있다고 알려주고 싶다. 더 많은 선택권을 가질수록 희생자처럼 덜 느끼게 된다는 사실을 보여주고 싶다. 내 직업에서 가장 힘든 부분은 학생들의 삶 속에 있는 부정적인 목소리들(때때로 아이들 부모의 목소리들이기도 하다)에 반박하는 일이다. 이 부정적인 목소리들은 그들이 학생으로서 절대 끝까지 해내지 못할 것이라고, 그들에게 있어 교육은 성공할 수 있는 과정이 아니라고 말한다. '넌 너무 볼품없어, 넌 너무 못생겼어, 넌 절대 남편을 찾지 못할 거야.' 나는 학생들에게 사시였던 내 눈에 관해, 언니들의 유치한 장난 노래에 관해 말해준다. 문제는 언니들이 이 노래를 내게 불렀던 것이 아니었다. 문제는 내가 이 노래를 믿었다는 것이다. 하지만 나는 학생들에게 내가 얼마나 깊이 나 자신을 그 노래와 동일시했는지, 어떻게 증오가 내 유년기를 말살했는지, 자신이 중요하지 않다고 믿도록 배울 때 어둠이 자신을 잡아먹는다는 사실을 내가 어떻게 아는지에 대해 알려주지 않는다. 타트라산에서 울려 퍼지던 목소리가 기억난다. '살아갈 거라면 너에게는 의지할 무언가가 필요하다.' 내 학생들은 내게 의지할 무언가를 제공해준다. 하지만 나는 여전히 무감각하고 불안하고 고립되어 있고 매우 불안정하고 슬프다.

과거 장면의 플래시백이 계속된다. 때때로 운전하고 있을 때 일어나기도 한다. 도로의 한쪽에 교통경찰이 제복을 입고 서 있는 모습을 보면 갑자기 시야가 좁아지면서 기절할 것 같은 느낌이 든다. 나는 이 경험들에 이름을 붙이지 못했다. 나는 이 경험들이 내가 아직 해결하지 못한 슬픔이 생리학적으로 표출되는 것이라는 사실을 알지 못한다. 이 경험들은 내가 의식적인 삶으로부터 차단했던 감정들을 상기시키기 위해 내 몸이 보내는 신호다. 또한 내가 자신에게 감정을 느끼도록 허락하지 않을 때 나를 공격하는 폭풍이기도 하다.

내가 의절한 감정들은 어떤 것들일까? 이 감정들은 마치 내 집에 함께 사는 낯선 사람들 같다. 그들이 훔치는 음식들, 그들이 제자리에 놓지 않은 가구들, 그들이 복도에 남긴 진흙 자국들 말고는 눈에 보이지 않는다. 이혼은 이들의 불편한 존재로부터 나를 해방하지 못한다. 이혼은 다른 방해물들, 내가 책망하고 분노하는 습관적인 대상들을 방에서 없애고서 내게 내 감정들을 고스란히 안고 혼자 앉아 있게 강요한다.

때때로 나는 마그다 언니에게 전화를 건다. 마그다 언니 역시 냇과 이혼했다. 언니는 자기와 나이 차이가 덜 나는 테드 길버트와 재혼했다. 그는 이야기를 잘 들어주는 사람이고 아이들에게 좋은 새아버지가 되어준다. 마그다 언니와 냇은 돈독한 우정을 지속한다. 그는 언니의 집에 일주일에 두세 번씩 저녁을 먹으러 온다. "불안할 때면 조심해야 해." 마그다 언니가 내게 주의하라고 경고한다. "잘못된 생각을 시작할 수 있거든. 중요하지 않은 것들 말이야. '그는 너무 이래, 그는 너무 저래, 나는 충분히 고생했어.' 이런 식으로 말이야. 너를 미치게 만들었던 바로 그것들을 결국 그리워하게 될지도 몰라."

마치 언니가 내 마음을 읽는 것 같다. 내가 망가졌다고 생각했던 것이 이혼으로 고쳐지고 있지 않다는 의심이 든다.

어느 날, 한 여자가 내 집에 전화를 건다. 그녀는 벨러를 찾는다. 그가 어디에 있는지 아느냐고? 그의 여자친구다. 그녀는 마치 내가 전남편과 계속 접촉하고 있다는 듯이, 마치 내가 그녀에게 정보를 알려줘야 한다는 듯이, 마치 내가 그의 비서라는 듯이 내 집에 전화를 걸었다. "다시는 내게 전화하지 말아요!" 나는 소리를 지른다. 전화를 끊고 나서도 흥분이 가라앉지 않아 잠을 이룰 수가 없다. 나는 하늘을 나는 자각몽을 꾸려고 애쓰지만 날아오를 수가 없다. 나는 아래로 떨어지다 잠에서 깨다를 계속 반복한다. 끔찍한 밤이다. 한편으로 도움이 되는 밤이기도 하다. 오드리는 친구네 집에 자러 갔고 조니는 이미 잠자리에 들었다. 불편함으로부터 탈출할 수 있는 곳이 아무 곳도 없다. 나는 그저 그것을 느껴야만 한다. 나는 울고, 자신을 가엾게 여기고, 격렬히 화를 낸다. 나는 질투, 비통함, 외로움, 분노, 자기연민 등이 파도처럼 밀려들었다가 사그라지는 것을 하나하나 세세히 느낀다. 아침이되자 잠을 거의 자지 못했지만 나는 기분이 더 나아진다. 더 차분하다. 변한 것은 아무것도 없다. 말도 안 되는 얘기지만, 나는 '나 스스로' 떠나기로 선택한 남편에게 버림받았다고 느끼고 있다. 하지만 폭풍우 같은 불안정한 상태는 자기 갈 길로 간 듯하다. 불안전한 상태는 영구적인 특징이 아니다. 내 상태는 움직이고 변화한다. 나는 더 안정된 듯한 느낌이 든다.

나는 이와 같은 낮과 밤을 수없이 더 보낼 것이다. 홀로 있는 시간에 나는 내 감정들을 밀어내지 않는 연습을 하기 시작한다. 매우 고통스럽더라도 말이다. 이것이 이혼이 내게 준 선물이다. 나는 내가 나의 내면에 있는 것과 직접 마주 보아야 한다는 사실을 깨달았다. 삶을 더 낫게 만들고 싶다면 변해야 하는 것은 벨러도 우리의 관계도 아니다. 바로 나 자신이다.

변화해야 할 필요성을 자각하긴 했지만 나는 어떤 종류의 변화가 나를 더 자유롭고 즐겁게 느끼게 도와줄지 알지 못한다. 나는 내 결혼생활에 대해 새로운 시각을 구하기 위해 새 심리치료사를 만나본다.

하지만 그녀의 접근방법은 내게 도움이 되지 않는다. 그녀는 내게 손가락을 까딱거리면서 이런저런 잔소리를 한다. 벨러에게 식료품 장을 봐오게 한 것은 그를 무력화시키는 일이었고, 내가 잔디를 직접 깎으며 그에게서 남성의 책임을 뺏으면 안 됐다고 말한다. 그녀는 내 결혼생활에서 잘 돌아가고 있던 것들을 가리키며 그것들이 문제고 잘못인 듯 재구성한다. 나는 새로운 직장에 다녀본다. 이번에는 고등학교다. 이곳에서 나는 심리학 입문 과목을 가르치고 상담 교사로 일한다. 하지만 내가 일을 시작한 초기에 느꼈던 목적의식은 학교의 관료주의, 과도한 학급 규모와 업무량, 학생들과 개별적으로 효과 있게 상담할 수 없다는 점 때문에 약화되기 시작한다. 내가 세상에 제공해야 할 것은 더 많이 있다. 나는 이 사실을 알고 있다. 삶이 내게 기대하는 것이 무엇인지 아직은 알지 못하지만 말이다.

이 주제가 나의 삶을 지배하고 있다. 직업적으로나 개인적으로나, 가장 깊고 가장 중요한 일은 아직 내게 오지 않았고 아직 막연하고 흐릿하다. 내 친구들인 릴리와 알파드가 이 일에 어떠한 것들이 수반될지 내게 처음으로 구체적으로 말해준다. 하지만 나는 이 일을 떠맡기기는커녕 인정할 준비조차 아직 되지 않았다. 어느 주말, 그들은 멕시코에 놀러 오라며 나를 그들 집에 초대했다. 몇 해 동안, 벨러와 나는 그들과 함께 휴가를 보냈다. 하지만 이번에는 나 혼자 간다. 집으로 돌아오는 일요일 아침, 우리는 커피, 과일, 내가 헝가리 피망과 양파를 섞어 만든 달걀 요리 등을 아침으로 먹으며 느긋하게 시간을 보내고 있다.

"우리는 네가 걱정돼." 릴리가 조심스럽게 부드러운 목소리로 말한다.

나는 그녀와 알파드가 이혼 소식을 듣고 놀랐다는 사실을 알고 있다. 또한 그들이 내가 실수를 저질렀다고 생각하고 있다는 사실도 알고 있다. 자연스레 그녀의 염려가 나에 대한 비판으로 해석된다. 내가 그들에게 벨러의 여자친구에 관해 말한다. 작가였는지 음악가였는지 정확히 기억나지 않는다. 그녀는 내게 하나의 사람이 아니라 하나의 개념이다. '벨러는 앞으로 나아갔고 나를 뒤에 남겨두었다.' 친구들이 내 이야기를 들으며 공감을 표한다. 그러고선 그들이 눈빛을 주고받은 후 알파드가 목을 가다듬는다.

"에디, 내가 너무 사적인 얘기를 하는 거라면 용서해줘. 내 일에나 신경 쓰라고 말해도 좋아. 하지만 궁금한 게 있어. 과거와 싸워서 극복하면 네게 이롭지 않을까 고민해본 적 없니?" 그가 말한다.

'과거와 싸워서 극복하라고? 나는 과거를 살았어. 다른 어떤 일을 해야 하는데?' 나는 말하고 싶다. '나는 침묵의 모의를 깨뜨렸어. 하지만 말을 꺼냈다고 해서 두려움이나 플래시백이 사라지진 않았어.' 사실, 과거에 대해 말을 꺼내서 내 증상은 더 악화된 것처럼 보인다. 나는 공식적인 방식으로 내 아이들이나 친구들에게 침묵을 깨뜨린 것은 아니다. 하지만 더는 나는 그들이 과거에 관해 물을지도 모른다는 두려움 속에 살지 않는다. 게다가 나는 나의 이야기를 공유할 기회들을 받아들이려고 노력했다. 최근, 학부 시절 만났고 지금은 역사학 석사 과정을 밟고 있는 한 친구가 내게 홀로코스트에 대해 논문을 쓰고 있는데 인터뷰해줄 수 있느냐고 물었다. 나는 승낙했다. 나는 내 이야기를 모두 하면 고통이 경감되리라고 생각했다. 하지만 그녀의 집을 떠날 때 나는 온몸을 떨고 있었다. 집에 도착하자마자 나는 토했다. 십년 전에 마리안느가 강제수용소 수감자들의 사진이 담긴 책을 벨러와 내게 보여줬을 때와 똑같은 반응이었다. "과거는 과거일 뿐이야." 나는 릴리와 알파드에게 말한다. 나는 과거를 '극복하라'는 알파드의 조언에 주의를 기울일 준비도, 심지어 이를 이해할 준비도 되어 있지 않다. 하지만 빅터 프랭클의 편지처럼 이 조언은 나의 내면에 씨앗 한 개를 심는다. 시간이 흐르면서 이 씨앗은 싹이 나고 뿌리를 내리게 된다.

어느 토요일, 내가 주방에 있는 식탁에 앉아 학생들의 심리학 과목 시험지를 채점하고 있을 때 벨러가 전화를 건다. 그가 오드리와 조니와 시간을 보내는 날이다. 갑자기 겁이 덜컥 나 심장이 빠르게 뛴다.

"무슨 일이에요?" 내가 말한다.

"아무 일도 없어. 애들은 TV 보고 있어." 그가 아무 말도 하지 않는다. 그는 목소리가 나오기를 기다리고 있다. "저녁 먹으러 와." 그가 마침내 말한다.

"'당신'과요?"

"나와."

"바빠요." 내가 말한다. 정말이다. 나는 사회학과 교수와 데이트를 하기로 되어 있다. 나는 이미 마리안느에게 전화를 걸어서 조언을 구했다. 무엇을 입어야 하지? 무슨 말을 해야 하지? 그가 자기 집에 같이 가자고 초대하면 어떻게 해야 하지? '절대' 그와 잠자지 말아요. 마리안느는 내게 경고했다. 특히 첫 번째 데이트에는 절대.

"에디트 에바 에거. 부탁이야. 아이들은 친구들과 함께 놀라고 하고 여기 와서 나와 함께 저녁 먹어." 내 전남편이 애원한다.

"무슨 일인지 모르겠지만, 전화로 이야기해요. 아니면 아이들을 데려다줄 때 이야기해요."

"안 돼." 그가 말한다. "안 돼. 이건 전화로나 현관 앞에서 할 수 있는 대화가 아니야."

나는 아이들과 관련된 일이라고 추정하고서 우리가 가장 좋아하는 소갈비 레스토랑에서 그와 만나기로 한다. 우리의 옛 데이트 장소다.

"내가 데리러 갈게." 그가 말한다.

벨러가 약속 시간에 정확히 도착한다. 데이트를 위해 짙은 색 양복을 빼입고 실크 타이를 맸다. 그가 고개를 숙여 내 볼에 입을 맞춘다. 나는 피하고 싶지 않다. 그의 향수 냄새와 깔끔하게 면도한 턱 가까이 머물고 싶다.

레스토랑에서 우리가 늘 앉던 테이블에 앉아 그가 내 두 손을 맞잡는다. "우리가, 더 많은 것을 함께 만들어나갈 수 있지 않을까?" 그가 묻는다.

그의 질문에 머리가 빙글빙글 돈다. 마치 우리가 이미 댄스플로어에 있는 것 같다. 다시 해보자고? 재결합? "'그녀는' 어떻게 하고요?" 내가 묻는다.

"그녀는 사랑스러운 사람이야. 재미있고. 매우 좋은 친구지."

"그래서요?"

"말을 마치게 해줘." 눈물이 그의 두 눈에 차오르기 시작하더니 뺨 위로 흘러내린다. "하지만 그녀는 내 아이들의 엄마가 아니야. 그녀는 프레쇼프의 감옥에서 날 구해주지 않았어. 그녀는 타트라산맥에 대해 들어본 적도 없어. 그녀는 '치르케 파프리카시(헝가리의 닭고기 요리)'를 저녁으로 만들 수 있기는커녕 제대로 발음조차 하지 못해. 에디, 그녀는 내가 사랑하는 여자가 아니야. 그녀는 당신이 아니야."

찬사를 들으니 기분이 좋고 우리가 공유한 과거가 새롭게 느껴진다. 하지만 내가 가장 깊이 감명을 받은 부분은 위험을 기꺼이 감수하려 하는 벨러의 태도 자체다. 내가 아는 한 벨러는 항상 그랬었다. 그는 숲속에서 나치와 싸우기로 선택했었다. 그는 양심에 어긋나는 일을 하지 않기 위해 질환과 총탄에 의한 죽음도 감수했었다. 나는 위험 속으로 징집되었었다. 벨러는 다 알고도 위험을 선택했고 그리고 지금 이 테이블에서도 다시 위험을 선택하고 있다. 내가 그를 거부할지도 모른다는 가능성에 자기 자신을 취약하게 드러내면서 말이다. 나는 그가 부족한 면들을 따지는 일에 너무 익숙해진 나머지 그가 어떠한 사람인지, 그가 무엇을 주는지 중요하게 생각하지 않았다. '나는 이 결혼생활을 떠나야만 해. 안 그러면 죽고 말 거야'라고만 나는 생각했었다. 또한 그와 떨어져 지낸 몇 년의 시간이 내가 성숙하도록 도왔고, 자기 자신이 온전히 존재하기 전까지는 우리도 존재할 수 없다는 사실을 깨닫도록 도왔다. 이제 나는 스스로와 약간 더 충실하게 마주하고 있으므로, 나는 내가 우리의 결혼생활에서 느꼈던 공허함이 우리의 관계가 잘못됐다는 신호가 아니라는 사실을 알 수 있었다. 그것은 내가 나와 함께 가지고 다니는 공허함이었다. 지금도 그러하지만, 어떠한 남자도 어떠한 성취도 결코 채워줄 수 없는 공허함이다. 어떠한 것도 결코 내 부모님과 유년기의 상실을 보상할 수 없을 것이다. 또한 어떠한 누구도 나의 자유에 책임이 있지 않다. 오직 나만 책임이 있다.

우리가 이혼하고 2년이 지난 후인 1971년, 내가 마흔네 살이 되던 해에, 벨러가 내 앞에 무릎을 꿇고 내게 결혼반지를 끼워준다. 우리는 20년여 전에 했던 대로 시청에서 결혼하는 대신 유대교 결혼식을 올린다. 우리의 친구들인 글로리아 라비스와 존 라비스 부부가 우리의 결혼식 증인이 되어준다. "이 결혼식이 여러분의 '진짜' 결혼식입니다." 랍비가 말한다. 이번에는 우리가 유대교 결혼을 올렸다는 말이지만, 나는 이번에는 우리가 서로를 정말로 선택했다는 말이기도 하다고 생각한다. 우리는 현실에서 도피하고 있지도 않고 위험을 피해 도망치고 있지도 않다. 우리는 코로나도 헤이츠에 새집을 사고, 빨간색과 오렌지색 등 밝은색으로 집을 꾸미고, 태양전지판과 수영장을 들인다. 신혼여행으로 우리는 스위스 알프스산맥으로 여행을 가 온천이 있는 호텔에 머무른다. 공기는 차갑지만, 물은 따뜻하다. 나는 벨러의 무릎 위에 앉아 있다. 삐죽삐죽한 산맥이 하늘을 향해 쭉 뻗어 있고 산맥 위의 색깔이 바뀌면 물 위의 색깔도 바뀐다. 우리의 사랑은 산맥처럼 견고하고 바다처럼 관대하고 부드럽다. 적응하고 움직여서 우리가 부여하는 형태를 가득 채운다. 변한 것은 우리 결혼생활을 이루는 물질이 아니다. 변한 것은 우리 자신이다.

# 삶이 기대하는 것

"진짜로 중요한 것은 우리가 삶으로부터 무엇을 기대하느냐가 아니다. 삶이 우리에게 무엇을 기대하느냐이다." 빅터 프랭클은 《죽음의 수용소에서》에서 이렇게 말한다. 1972년, 벨러와 내가 다시 결혼한 지 일 년이 지난 후 나는 엘파소에서 '올해의 교사'로 선정되었다. 이 상을 받는 영광을 안았고 학생들을 가르치는 일에 자부심을 느꼈지만, 나는 삶이 내게 무엇을 기대하는지 내가 아직 찾지 못했다는 확신을 떨칠 수가 없었다. "커리어를 시작하자마자 최고로 인정받았잖아요. 커리어가 끝날 때가 아니라요." 내가 근무하는 학교의 교장 선생님이 말했다. "우리는 당신이 대단한 일들을 하리라 기대합니다. 다음은 무엇인가요?"

이는 내가 여전히 나 자신에게 묻고 있는 질문과 같은 질문이었다. 나는 융 학파 심리치료사에게 다시 상담받기 시작한 터였고 그는 학위가 내면의 활동, 내면의 성장을 대체해주지는 않는다고 조언했었다. 하지만 나는 대학원에 가고 싶다는 생각을 계속 가지고 있었다. 나는 사람들이 하나를 선택하고 다른 것은 선택하지 않는 이유를 이해하고 싶었다. 어떻게 우리가 매일의 시련을 이겨내고 파괴적인 경험을 견뎌내는지, 어떻게 우리가 자신의 과거 그리고 자신의 실수와 함께 살아갈 수 있는지, 어떻게 사람들이 치유하는지 알고 싶었다. 만약 엄마에게 누군가 대화할 수 있는 사람이 있었다면 어땠을까? 엄마는 아빠와 더 행복한 결혼생활을 하거나 다른 삶을 선택했을까? '할 수 있다' 대신에 '할 수 없다'라고 말하는 내 학생들 혹은 내 아들은 어떤가? 어떻게 하면 사람들이 자신을 제한하는 신념을 초월하고 삶이 자신에게 기대하는 사람이 되도록 도울 수 있을까? 나는 교장 선생님에게 심리학 박사학위 과정을 밟을까 고민하고 있다고 말했다. 하지만 미래에 대한 걱정 없이 무작정 장밋빛 꿈만 늘어놓을 수는 없었다. "모르겠어요. 학위를 마칠 때쯤이면 오십 살이 되니까요." 내가 말했다. 그가 나를 보며 빙그레 웃었다. "무얼 하든 어차피 오십 살은 되지요." 그가 말했다.

그 이후 6년 동안 나는 교장 선생님과 심리치료사가 둘 다 옳았다는 사실을 깨달았다. 나 자신의 한계를 정할 이유도, 나이가 내 선택을 제한하게 내버려 둘 이유도 없었다. 나는 삶이 내게 기대하는 것에 귀를 기울였고, 마침내 1974년에 텍사스-엘파소대학교에서 교육 심리학 석사학위를 취득하고 1978년에는 세이브루크대학교에서 임상심리학 박사학위를 취득했다.

학문의 여정 속에서 나는 마틴 셀리그만과 앨버트 엘리스의 연구를 만났고, 또한 칼 로저스와 리차드 파슨스의 이론을 전공한 열성적인 교수들과 멘토들을 만났다. 이들 모두는 나 스스로와 나의 경험들을 이해하도록 도와주었다. 나중에 심리학 분야의 새로운 분과인 '긍정 심리학Positive Psychology'을 창설하게 되는 마틴 셀리그만은 1960년대 말에 어떤 연구를 했는데, 이 연구는 1945년 5월 군슈키르헨에서 해방된 이후 줄곧 나를 떠나지 않던 질문에 답을 해주었다. '왜 그토록 많은 수감자는 강제수용소의 출입문 밖으로 벗어났다가 진흙투성이의 더러운 움막으로 다시 제 발로 돌아왔을까?' 프랭클은 아우슈비츠에서 이와 똑같은 현상에 주목했다. 심리학적으로, 해방된 수감자에게 자유를 거부하게 만든 것은 무엇일까?

셀리그만은 실험(이 실험들은 개들을 대상으로 실행되었다. 유감스럽게도, 동물 학대를 금지하는 현재의 보호법들이 생기기 이전이었다)을 통해 그가 '학습된 무기력Learned Helplessness'이라고 이름 붙인 개념을 알아냈다. 개들에게 고통스러운 충격을 가한 후, 이 개들에게 레버를 눌러서 충격을 멈출 수 있게 조건 지웠을 때, 개들은 고통을 멈추는 법을 빠르게 배웠다. 그리고 이 개들은 뒤따른 실험에서 개 사육장 안에서 고통스러운 충격이 가해지자 낮은 장벽을 뛰어넘어서 충격을 피하는 방법을 쉽게 알아냈다. 하지만 고통을 멈추는 수단이 주어지지 않은 개들은 자기들이 고통에 대해 무기력하다는 교훈을 배웠다. 그래서 개 사육장에 들여보낸 후 충격을 가하자, 이 개들은 탈출할 수 있는 방법을 무시하고 그저 바닥에 엎드려서 낑낑거렸다. 이 실험으로부터 셀리그만은 우리가 자신의 상황에 통제력을 가지고 있지 않다고 느낄 때, 혹은 우리가 고통을 완화하거나 삶을 개선할 방법이 하나도 없다고 믿을 때, 우리는 자신을 위해 적극적인 행동을 취하기를 멈춘다는 결론을 내렸다. 아무런 소용이 없다고 믿기 때문이다. 이것은 정확히 강제수용소에서 벌어졌던 상황이다. 해방된 수감자들은 강제수용소의 출입문을 통과해 밖으로 나갔다가 다시 수용소로 돌아와서 멍하니 앉아 있었다. 마침내 찾아온 자유를 가지고 무엇을 해야 할지 모르는 상태로 말이다.

고통은 필연적이고 보편적이다. 하지만 우리가 고통에 대응하는 방법은 각기 다르다. 심리학 공부를 하면서, 나는 변화를 일으키는 힘이 자기 자신에게 있다는 사실을 밝혀낸 심리학자들에게 자연스레 끌렸다. '합리적 정서·행동치료Rational Emotive Behavior Therapy'를 창안한, 인지행동치료의 선구자인 앨버트 엘리스는 우리가 어느 정도까지 자기 자신에 관한 부정적인 감정들을 자신에게 가르칠 수 있는지, 그리고 어떻게 이러한 부정적인 감정들이 부정적이고 자기 패배적 행동들을 초래하는지 알려주었다. 그는 가장 비효과적이고 가장 해로운 행동들 밑에는 비이성적인 철학적, 사상적 핵심이 있다고 주장했다. 하지만 이 핵심이 자기 자신과 세상에 대한 관점의 매우 중심에 있으므로, 우리는 그것이 오직 신념에 불과하다는 사실을 인식하지 못하거나 혹은 일상생활에서 자신이 이 신념을 얼마나 고집스레 반복하는지 인식하지 못한다. 신념은 우리의 감정들(슬픔, 분노, 불안 등)을 결정하고, 우리의 감정들은 다시 우리의 행동(말썽 피우기, 차단하기, 불편함을 완화하기 위해 약물 복용하기 등)에 영향을 미친다. 엘리스는 행동을 변화시키기 위해서는 먼저 감정을 변화시켜야만 하고, 감정을 변화시키기 위해서는 먼저 생각을 변화시켜야만 한다고 주장했다.

어느 날, 나는 엘리스 박사가 무대 위에서 심리치료 세션을 진행하는 것을 직접 봤다. 자신감 넘치고 자기표현이 분명한 한 젊은 여성이 데이트 경험 때문에 좌절감을 겪은 후 심리치료를 받고 있었다. 그녀는 장기적 관계를 유지하고 싶은 유형의 남성들에게서 자신이 관심을 끌 수 없을 것이라고 느꼈다. 그래서 바람직한 남자들과 만나고 관계를 유지하는 방법에 대해 조언을 구하고 있었다. 그녀는 자신과 잘 맞을지 모른다고 생각되는 남성을 만날 때면 수줍음과 긴장을 느끼는 경향이 있다고 말했다. 그 결과 보호적이고 방어적인 방식으로 행동하게 되고, 자신의 진짜 자아와 그를 알아가고 싶다는 진짜 관심이 가려진다고 했다. 불과 몇 분 만에, 엘리스 박사는 그녀를 데이트 만남 아래에 숨어 있는 핵심 신념으로 안내했다. 그녀는 자신도 모르는 새에 비이성적인 신념을 자기 자신에게 끊임없이 반복해서 말했고 급기야 이 신념이 진실이라고 확신하게 되었다. '나는 절대 행복해지지 못할 거야'라는 신념이었다. 엉망인 데이트를 하고 난 후 그녀는 '어머, 또 그랬네. 뻣뻣하고 차갑게 굴었어'라고 자신에게 말하는 데에 그치지 않았다. 동시에 그녀는 자신이 절대 행복해지지 못할 것이고, 그러므로 노력해봤자 아무 소용이 없다는 핵심 신념으로 되돌아갔다. 이 핵심 신념에 의해 생긴 두려움은 그녀에게 진짜 자아를 보여주는 위험을 감수하는 일에 주저하게 했고, 그 결과 그녀의 자기 패배적인 신념이 실현될 가능성은 더 커졌다.

그녀의 자아상이 바로 앞 무대 위에서 눈에 띄게 변화하는 모습을 지켜보는 일은 매우 엄청난 경험이었다. 그녀는 낡은 목욕 가운을 벗어버리듯 부정적인 신념에서 재빠르게 빠져나왔다. 갑자기 그녀의 눈은 더 초롱초롱해졌고, 그녀는 허리를 더 꼿꼿이 세우고 앉았다. 가슴과 어깨를 쫙 펴서 더 열려 있어 보였다. 마치 행복이 착륙할 수 있도록 신체 표면을 더 넓게 만드는 것 같았다. 엘리스 박사는 그녀에게 문 밖으로 나가는 순간 바로 놀라운 데이트를 할 가능성은 그리 크지 않다고 경고했다. 또한 그는 실망스러운 데이트의 불편함을 받아들이는 것이 그녀 자신에게서 부정적인 신념을 제거하는 작업의 일환일 수 있다고 말했다.

우리는 인생을 살아가면서 불편한 경험을 하고, 실수를 저지르고, 우리가 원하는 것을 항상 얻지는 못한다. 이는 인간으로 존재하는 것의 일부다. 문제-그리고 지속적인 고통의 토대-는 불편함, 실수, 실망이 자신의 가치에 관한 어떠한 신호라고 믿는 것이다. 또한 문제는 살면서 생기는 불편한 일들 모두 자신이 그것을 겪어 마땅하므로 생긴다고 믿는 것이다. 비록 내가 환자와 친밀한 관계를 맺는 방식은 엘리스 박사의 방식과 다르지만, 환자들에게 그들의 해로운 생각을 재구성하고 재형성하게 돕는 그의 기술은 내 임상 경험에 깊은 영향을 미쳤다.

내게 매우 영향을 많이 준 멘토 중 한 사람인 칼 로저스는 환자들이 자기 자신을 완전하게 받아들이도록 돕는 일에 대가다. 로저스는 자기실현의 욕구가 긍정적 수용의 욕구와 충돌할 때, 혹은 그 반대일 때, 우리가 자신의 진짜 개성과 욕망을 억압하거나 숨기거나 무시할 수 있다는 이론을 만들었다. 다른 사람들에게 사랑받는 '동시에' 진짜 자신으로 존재할 방법이 없다고 믿게 되면, 우리는 자신의 진정한 본성을 부정하는 위험에 처하게 된다.

자기수용은 치유의 과정 중 내게 가장 힘든 부분이었고 지금까지도 여전히 나는 이것과 씨름하고 있다. 완벽주의는 내 어린 시절에 인정욕구를 충족하기 위한 행동으로 나타났다. 그리고 이 완벽주의는 생존자로서의 죄책감에 대처하는 대응 기제로 내게 더 깊이 뿌리내렸다. 완벽주의는 무언가가 망가졌다는 신념이다. 바로 '자기 자신' 말이다. 그래서 학위, 성취, 포상, 논문 등으로 자신의 망가진 부분을 가리려고 하지만, 이러한 것 중 그 어느 것도 자신이 고치고 있다고 생각하는 것을 고쳐줄 수 없다. 낮은 자존감과 싸우려고 애쓰면서, 나는 오히려 나 자신이 가치 없다는 생각을 강화하고 있었다. 내담자들에게 완전한 사랑과 수용을 제공하게 되면서, 다행히 나는 나 자신에게도 이와 똑같은 것을 제공하는 일이 얼마나 중요한지 알게 됐다.

로저스는 내담자들의 감정을 유효화하고 그들이 자신의 현실을 부정하지 않고 자기개념을 재구성하도록 돕는 일에 뛰어났다. 그는 내담자들에게 조건 없고 긍정적인 수용을 제공했고, 내담자들은 완전히 받아들여진다는 안전함 속에서 가면과 억제 기제를 버리고 자신의 삶을 더 진실하게 살 수 있었다. 로저스 박사로부터 나는 모든 심리치료 상황에서 사용할 수 있는 두 개의 중요한 구절을 배웠다. 바로 '그렇군요 *I hear you say…*'와 '조금 더 말씀해주세요 *Tell me more*'이다. 또한 나는 내담자들의 신체 언어를 읽는 법과 내 신체를 이용하여 나의 조건 없는 사랑과 수용을 표현하는 법을 배웠다. 나는 팔짱을 끼거나 다리를 꼬지 않는다. 나는 나 자신을 활짝 연다. 시선을 맞추고, 앞으로 몸을 기울이고, 나와 내담자 사이에 다리를 만든다. 그들이 내가 그들과 100퍼센트인 채로 함께 있다는 사실을 알도록 말이다. 나는 완전한 수용의 표식으로서 내담자들의 상태를 거울로 비추듯 그대로 따라하기도 한다(만약 그들이 아무 말 없이 앉아 있고 싶어 하면, 나 또한 아무 말 없이 앉아 있다. 그들이 분노를 표출하거나 소리를 지르면, 나도 그들과 함께 소리를 지른다. 나는 나의 언어를 내담자들의 언어에 맞춘다). 그리고 나는 성장과 치유를 촉진하는 방식(호흡하기, 마음 열기, 움직이기, 경청하기)을 직접 선보이기도 한다.

셀리그만과 엘리스의 이론을 공부하고 로저스를 연구 대상으로 하면서, 나는 다른 사람의 말을 경청하고 의견을 종합하는 방식에 큰 도움을 받았다. 또한 절충적이면서도 직관적인 통찰력을 얻고, 인지 지향 심리치료 접근법을 도출하는 데에 큰 도움을 받았다. 내 심리치료 방식에 이름을 붙여야만 한다면 '선택 치료Choice Theraphy'라고 부르고 싶다. 자유는 '선택CHOICE'의 문제이기 때문이다. 다시 말해, 자유는 연민Compassion, 유머Humor, 낙관주의Optimism, 직관Intuition, 호기심 Curiosity, 그리고 자기표현self-Expression을 선택하는 것의 문제다. 그러므로, 자유롭다는 것은 바로 현재에 사는 것이다. 과거에 갇힌 채 "여기 대신 저기'만' 갔더라면" 혹은 "결혼을 다른 사람하고'만' 했더라면…"이라고 말한다면, 자기 스스로 만든 감옥 안에 사는 것과 다름없다. "~를 졸업하기 전까지는 절대 행복할 수 없을 거야" 혹은 "딱 맞는 사람을 발견하기 '전까지는' 절대 행복할 수 없을 거야"라고 말하면서 미래에 우리의 시간을 쏟는다 해도 감옥 안에 사는 것과 마찬가지다. 우리가 선택의 자유를 실행할 수 있는 '유일한' 곳은 바로 현재뿐이다.

다음은 나의 내담자들이 역할 기대들로부터 자신을 해방하고, 자기 자신에게 친절하고 자애로운 부모가 되어주고, 자신을 감옥에 가두는 신념들과 행동들을 대물림하기를 멈추고, 결국 사랑이 답이라는 사실을 발견하기 위해 사용한 방법들이다. 나는 내담자들에게 무엇이 그들의 자기 패배적인 행동들을 '일으키는지' 그리고 무엇이 그것을 '지속시키는지' 알아내도록 안내한다. 자기 패배적인 행동은 처음에는 유용한 행동으로 나타났다. 그들이 욕구를 충족하기 위해 하는 일들이다. 이 욕구는 대개 인정, 애정, 관심 중 하나를 받고 싶은 욕구다. 일단 내담자들이 왜 자신이 특정한 행동(남을 깎아내리기, 화가 많은 사람 옆에 붙어 있기, 너무 적게 먹기, 너무 많이 먹기 등)을 하게 되었는지 알 수 있다면, 그들은 그 행동을 계속 유지할지 말지 스스로 책임질 수 있다. 그들은 무엇(인정 요구, 쇼핑 욕구, 완벽함의 욕구 등)을 포기해야 할지 선택할 수 있다. 왜냐하면 자유는 공짜로 생기지 않기 때문이다! 그러면 그들은 자신을 더 잘 돌보고 자기를 수용할 수 있게 된다. '오직 나는 내가 할 수 있는 것을, 내가 할 수 있는 방식으로, 할 수 있다Only I can do what I can do the way I can do it.'

내게 있어, '오직 나는 내가 할 수 있는 것을, 내가 할 수 있는 방식으로, 할 수 있다'라는 사실을 알게 된 것은 내 내면에 있는 강박적으로 성취에 매달리는 사람을 타도하는 것을 의미했다. 이 사람은 자신의 가치를 확인받고 싶어 하면서 항상 더욱더 많은 지식을 뒤쫓고 있었다. 또한 이는 내 트라우마를 재구성하고, 고통스러운 과거 속에서 나의 힘, 나의 재능, 성장을 위한 기회를 발견하는 일을 의미했다. 내가 가진 약점이나 내가 입은 피해를 확인하는 대신 말이다.

1975년, 나는 학위논문을 위해 홀로코스트 생존자들과 인터뷰를 하러 이스라엘에 갔다. (벨러가 나와 동행했다. 그는 엘파소에서 각국의 의뢰인들로부터 여러 언어를 습득해서 이디시어를 비롯한 다양한 언어에 능통했기 때문에 통역사로 일하기에 안성맞춤이었다.) 나는 내 지도교수인 리처드 파슨의 '재난 성장 이론Calamity Theory of Growth'을 더 깊이 탐색하고 싶었다. 이 이론은 다음과 같이 주장한다. "인간 존재로서 우리를 실제로 성장시켜주는 것은 위기 상황일 때가 매우 많다. 역설적이게도, 이러한 사건들은 때때로 사람들을 훼손할 수 있지만, 대개 인간을 성장하게 하는 경험들이다. 이러한 재난들의 결과로, 사람들은 자기 삶의 상황을 진지하게 재평가하고, 자신의 능력, 가치, 목표에 대한 더 깊은 이해를 반영하여 상황을 변화시킨다." 나는 인간이 트라우마에서 어떻게 살아남고 심지어 성장할 수 있는지를 알아내기 위해 내 동료인 강제수용소 생존자들을 인터뷰하기로 계획했다. 어떻게 사람들은 어떠한 상처를 입었든, 어떠한 슬픔을 겪었든 즐겁고, 목적의식 있고, 열정적인 삶을 창조할 수 있을까? 그리고 어떠한 방식으로 트라우마 자체가 사람들에게 긍정적인 성장과 변화의 기회를 제공하는 것일까? 나는 내 친구 알파드가 내게 조언한 일-나 자신의 과거와 끈질기게 싸우는 일-을 아직 이행하지 않았다. 하지만 나는 고통스러운 과거를 공유하고 있는 사람들과 인터뷰를 하면서 과거에 한 발짝 더 다가서고 있었고 나 자신의 치유를 위한 초석을 깔고 있었다.

재난 사건들은 내 연구 대상자들의 일상 기능에 어떤 영향을 미쳤을까? 나는 학교로 돌아간 생존자들, 새로운 사업을 시작한 생존자들 (벨러와 내가 계획했던 것처럼), 돈독한 우정을 쌓은 생존자들, 탐구 정신을 가지고 일상생활과 마주한 생존자들을 만났다. 이스라엘은 생존자들이 살기에 수월한 곳이 아니었다. 편견에 둘러싸여 살면서 공격자가 되지 않기란 쉽지 않았다. 나는 용기와 평온함을 가지고 정치적, 문화적 갈등에 대처한 사람들을 만났다. 그들은 자신의 아이들이 아침에 폭탄 세례를 받지 않도록, 매일 서로 돌아가며 밤새 학교에서 보초를 섰다. 놀랍게도, 그들은 어떠한 상황에서든 포기하거나 굴복하지 않았고, 또 다른 전쟁터 속에서 살아가면서도 힘을 잃지 않았고, 과거의 끔찍한 경험들이 미래를 파괴하게 가만히 내버려두지 않았다. 그들이 견뎌낸 강제수용 생활, 비인간화, 고문, 굶주림, 충격적인 상실 등은 그들이 살아갈 삶의 종류를 규정하지 않았다.

물론, 내가 인터뷰한 모든 사람이 잘살고 있는 것은 아니었다. 많은 부모는 침묵을 지켰고 이들의 자녀는 부모의 침묵과 무감각에 대해 어떻게 느껴야 할지 몰라서 그저 자기 자신을 탓했다. 또한 과거 속에 그대로 남아 있는 생존자들도 많았다. "평생 절대로 용서하지 않을 거예요." 많은 생존자가 내게 말했다. 그들에게 용서란 망각이나 묵인을 의미했다. 내가 인터뷰한 사람 중 많은 이들이 복수 환상을 품고 있었다. 나는 복수에 대해 환상을 품은 적은 한 번도 없었지만, 미국에 온 후 볼티모어에서 힘겹게 처음 몇 해를 보내는 동안 가해자들과 대면하고 싶다는 환상을 품었었다. 나는 뉘른베르크 재판에서의 기소를 피해 파라과이로 도주한 멩겔레를 찾아가고 싶었다. 나는 미국인 저널리스트로 위장하고서 그의 집에 들어가도록 허가받는 모습을 상상했다. 그런 다음 나는 내 정체를 드러낼 것이다. "나는 당신을 위해 춤췄던 그 소녀야." 나는 말할 것이다. "당신은 내 부모님을 살해했어. 엄청나게 많은 아이의 부모님을 살해했어. 어떻게 그렇게 잔인할 수 있지? 당신은 의사였어. 당신은 사람들에게 해를 끼치지 않겠다는 히포크라테스 선서를 했어. 당신은 냉혹한 살인마야. 양심이란 게 있긴 있어?" 나는 마르고 쇠약해진 그의 몸을 향해 분노를 퍼부으면서 그가 수치심에 직면하게 할 것이다. 잘못된 일에 눈을 감는다면, 누군가를 너그러이 봐준다면, 책임이 있다는 사실을 무시한다면, 아무것도 얻을 수 없다. 하지만 동료 생존자들이 내게 가르쳐준 것처럼, 우리는 과거에 복수하기 위해 살 수도 있고 혹은 현재를 풍요롭게 하기 위해 살 수도 있다. 우리는 과거의 감옥에서 살 수도 있고 혹은 과거를 발판으로 삼아 자신이 현재 원하는 삶을 꾸릴 수도 있다.

내가 만난 모든 생존자는 나와 그리고 다른 생존자와 한 가지 공통점을 가지고 있었다. 우리는 우리 삶의 가장 소모적인 사실에 대해 통제권을 갖고 있지 않다. 하지만 우리는 트라우마 이후의 삶을 어떻게 살아갈지 결정할 힘을 가지고 있다. 생존자들은 억압이 끝난 지 오랜 후에도 계속 희생자일 수 있다. 혹은 잘 살아가는 법을 배울 수도 있다. 학위논문을 위해 조사하면서 나는 내 개인적 확신과 내 임상적 판단기준을 발견하고 확인했다. '우리는 자신을 감옥에 가두기로 선택할 수 있다. 또는 자유로워지기로 선택할 수 있다.'

이스라엘을 떠나기 전에, 벨러와 나는 반디 버더스와 마르타 버더스 부부를 방문한다. 벨러가 비엔나의 기차역에서 떠났던 친구들이다. 그들은 텔아비브 근처의 라마트간에 살고 있다. 이는 가슴 저미는 만남이다. 우리가 살지 못했던 삶, 우리가 거의 살 뻔한 삶과 만나는 것이기 때문이다. 반디는 여전히 매우 정치적이고 열성적인 시온주의자다. 그는 이스라엘이 시나이반도를 점유한 것을 두고 이스라엘과 이집트 사이에 평화협정을 맺어야 한다고 강하게 주장한다. 그는 예루살렘과 텔아비브의 어느 곳들을 아랍인이 폭격했는지 정확하고 자세하게 나열할 수 있다. 그와 벨러는 우리가 식사를 마친 후에도 오랫동안 식탁에 앉아 이스라엘의 군사 정책에 관해 열띠게 논쟁을 벌인다. 남자들은 전쟁에 관해 이야기한다. 마르타가 내 쪽으로 몸을 돌리더니 내 손을 잡는다. 그녀의 얼굴은 젊을 때보다 더 살이 붙었고 그녀의 빨간색 머리는 이제 윤기가 덜하고 희끗희끗해지고 있다.

"에디트케, 세월이 네겐 더 친절했나 봐." 그녀가 한숨을 쉬며 말한다.

"엄마의 좋은 유전자 덕분이야." 내가 말한다. 바로 그 순간, 생과 사를 결정하는 선별의 줄과 엄마의 매끈한 얼굴이 마음속에 갑자기 떠오른다. 이 장면은 오랜 세월 동안 나를 뒤쫓아온 유령이다.

마르타가 나의 마음이 다른 어딘가를 배회하고 있고 어둠이 나를 사로잡았다는 것을 알아차린다. "미안해. 네가 편안하게 지냈다는 뜻은 아니었어." 그녀가 말한다.

"날 칭찬해준 거잖아." 내가 그녀를 안심시킨다. "너는 내가 항상 기억해온 그대로야. 정말 다정해." 그녀의 아기가 죽은 채로 태어났을 때, 그녀는 내가 건강한 아기를 낳았다는 이유로 우리의 우정이 틀어지게 하지 않았다. 그녀는 절대 질투하지도 억울해하지도 않았다. 나는 매일 오후 마리안느를 데리고 그녀를 방문했다. 그녀가 애도의 일년을 보내는 동안 매일.

마르타는 내 마음을 읽은 것처럼 보인다. "너도 알다시피, 전쟁 후에 아기를 잃은 것보다 인생에서 더 힘든 일은 없었어. 이루 말할 수 없이 슬펐지." 그녀가 말한다. 그녀가 잠시 말을 멈춘다. 우리는 아무 말 없이 앉아 있다. 공유했지만 서로 별개인 고통을 느끼며 말이다. "내가 고맙다고 말한 적 있나 모르겠네." 그녀가 마침내 말을 꺼낸다. "아기의 장례식을 치를 때 네가 두 가지를 절대 잊지 말라고 했어. 너는 말했지. '삶은 다시 좋아질 거야'라고. 또한 말했어. '이걸 극복할 수 있다면 어떤 것도 극복할 수 있을 거야'라고. 나는 살면서 이 구절들을 나 자신에게 반복해서 말했어." 마르타가 핸드백에 손을 집어넣어 아이들 사진을 꺼낸다. 1950년대 초에 이스라엘에서 태어난 두 딸이다. "나는 너무 무서워서 바로 다시 아이를 가질 수가 없었어. 하지만 인생은 자기만의 해결 방법이 있나 봐. 나는 슬퍼하고 또 슬퍼했어. 그러다가 내가 아기에게 가졌던 커다란 사랑이 떠올랐어. 나는 그 사랑을 나의 상실에 심지 않겠다고 결심했어. 나는 그 사랑을 내 결혼생활에, 새로 태어난 아이들에게 심기로 했어."

나는 그녀의 손을 잡는다. 나는 아름다운 씨앗의 이미지를 잡는다. 내 삶과 사랑의 씨앗은 척박한 땅에 심어져야만 했지만, 그것은 뿌리를 내리고 잘 자랐다. 나는 식탁 건너편에 앉은 벨러를 쳐다보고 우리의 아이들을 떠올리고 마리안느가 최근 내게 전해준 소식에 대해 생각한다. 마리안느와 남편 롭은 아기를 가질 생각이라고 했다. 새로운 세대. 내 부모님에 대한 나의 사랑은 새로운 세대로 이어져 계속 살아남을 것이다.

"내년에는 엘파소에서." 헤어지면서 우리는 약속한다.

집에 돌아와서 나는 학위논문을 썼고 텍사스주 포트 블리스(미국 뉴멕시코주와 텍사스주에 설치된 미군기지)에 있는 '윌리엄 버몬트 육군 의료 센터'에서 마지막 임상 인턴 과정을 완수했다. 나는 운이 좋게도 윌리엄 버몬트에서 석사 수준 인턴 과정과 박사 수준 인턴 과정 모두를 이수할 수 있었다. 이곳은 경쟁이 치열하고 모두가 선망하는 일류 병원이었다. 최고 중의 최고인 연사들과 교수들이 이곳을 거쳐 갔다. 하지만 나는 이 자리가 주는 진짜 혜택은 내게 자신의 내면을 더 깊이 들여다보게 하는 것이라는 사실을 미처 알지 못했다.

어느 날, 나는 병원에 도착해서 흰 가운을 입고 'Dr. 에거. 정신의학과'라고 적힌 명찰을 단다. 윌리엄 버몬트에서 보내는 시간 동안, 나는 내 자리에 요구되는 전문적인 필요조건들 밖의 일을 기꺼이 하는 사람으로 명성을 얻었다. 밤을 새우며 자살 감시 당직을 서고, 다른 사람들이 포기한 매우 까다로운 사례들을 자진해서 떠맡았다.

오늘 나는 두 명의 새로운 환자를 할당받았다. 두 명 모두 베트남전 참전 군인이고 하반신이 마비되었다. 이들은 진단(낮은 T급 척수 손상)이 같고 예후(생식기능과 성기능 장애, 다시 걸을 가능성 희박, 양손과 몸통 통제 용이) 또한 같다. 그들을 만나러 가는 길에도 나는 이들 중 한 명이 내게 삶을 완전히 바꾸는 영향을 미칠지 아직 모르고 있다. 나는 톰을 먼저 만난다. 그는 태아 자세로 웅크린 채 침대에 누워서 신과 조국을 저주하고 있다. 그는 감옥에 갇힌 것처럼 보인다. 자신의 다친 몸 때문에, 자신의 고통 때문에, 자신의 분노 때문에.

다른 참전 군인의 병실에 가니 척이 침대 밖으로 나와 휠체어에 앉아 있다. "흥미로워요." 그가 말한다. "제게 인생에서 두 번째 기회가 생겼어요. 놀랍지 않나요?" 그는 새로운 발견과 가능성에 관한 생각으로 가득 차 있다. "이 휠체어에 앉으면 잔디밭으로 나갈 수 있어요. 밖으로 나갈 수 있는 거죠. 게다가 꽃들을 훨씬 가까이에서 볼 수 있어요. 내 아이들의 눈도 볼 수 있고요."

나는 요즘 내담자들과 상담할 때나 무대에서 청중에게 강연할 때 이 이야기를 인용하면서 모든 사람은 일부분 톰이고 일부분 척이라고 말한다. 우리는 상실에 압도된 나머지 자신이 자존감과 삶의 목적 의식을 결코 회복하지 못하리라고, 자신이 결코 치유하지 못하리라고 생각한다. 하지만 우리가 살면서 겪는 고난과 비극에도 불구하고- 그리고 사실은, 이것들 때문에- 우리 각자는 자신을 희생자에서 번영하는 사람으로 완전히 바꿔놓을 관점을 획득할 수 있다. 우리는 자신의 고난과 자신의 치유를 스스로 책임지기로 선택할 수 있다. 우리는 자유로워지기로 선택할 수 있다. 하지만 지금까지도 여전히 인정하기 힘든 사실은 내가 처음 톰을 만났을 때 그의 분노를 보고 내가 황홀감에 전율했다는 사실이다.

"빌어먹을 미국!" 그날 병실에 들어가는 순간 톰이 괴성을 지른다. "빌어먹을 신!" 나는 속으로 생각한다. '그는 분노 전부를 밖으로 쏟아내고 있구나.' 그가 분노하는 것을 보고 있자니 내 안에 있는 거대한 분노가 덩달아 꿈틀거린다. 그 분노를 표현하고 배출하고 싶은 욕구가 꿈틀거린다. '빌어먹을 히틀러! 빌어먹을 멩겔레!' 이렇게 소리지르면 속이 좀 풀릴 것 같다. 하지만 이곳에서 나는 의사다. 나는 일정한 역할을 맡고 있고, 모든 것을 통제하고 있고 해결책을 가진 듯보여야만 한다. 비록 내면에서는 주먹으로 벽을 치고, 병실 문을 걸어

차고, 비명을 지르고 엉엉 울면서 바닥에서 나뒹굴고 싶지만 말이다. 나는 내 명찰을 내려다본다. '*Dr. 에거. 정신의학과.*' 아주 잠시, 명찰이 이렇게 읽힌다. '*Dr. 에거. 사기꾼.*' 진짜 나는 누구지? 나는 내가 누구인지 알고 있나? 나는 이 감정이 너무 무섭다. 가면이 산산조각 나는 것이, 내가 얼마나 망가졌는지 아는 것이 너무 무섭다. 나를 밀어붙이는 엄청난 분노가 너무 무섭다. '*왜 나야? 어떻게 이런 일이 벌어질 수 있지?*' 나의 삶은 돌이킬 수 없게 변해버렸고 나는 몹시 화가 난다.

내가 톰을 보고 전율을 느낀 이유는 그가 내가 그동안 숨겨왔던 것을 매우 공공연하게 표현했기 때문이다. 나는 다른 사람들의 인정을 받지 못하거나 그들이 분노할까 봐 너무 두려웠다. 나의 분노 자체가 가진 파괴적인 힘 또한 너무 두려웠다. 나는 나 자신에게 분노를 느끼도록 허락하지 않았다. 만약 내가 분노를 표출하기 시작한다면 결코 멈출 수 없고 결국 괴물이 되어버릴까 두려웠기 때문이다. 어떤 면에서 톰은 나보다 더 자유로웠다. 그는 분노를 느끼고 그것을 말로 표현하도록 자신에게 허락하고 있었다. 나는 그것을 입 밖으로 꺼내기는 커녕 속으로 생각하는 것조차 스스로 허용하지 않았다. 나는 바닥에 주저앉아서 그와 함께 분노하고 싶었다.

나는 심리치료사에게 이것을 시도해보고 싶다고 소심하게 말한다. 나는 이 분노를 표현하고 싶다. 하지만 내가 분노 안에서 꼼짝하지 못한 채 갇혀 있으면 나를 거기에서 끌어내줄 전문가의 도움이 필요하다. 나는 바닥에 주저앉는다. 소리를 지르려고 애쓰지만 그럴 수가 없다. 너무 무섭다. 몸을 웅크려 점점 더 작은 공이 된다. 나는 어떤 한계,

일종의 경계가 나를 둘러싸고 있다고 느껴야만 한다. 밀어낼 무언가를 느껴야 한다. 나는 심리치료사에게 내 위에 앉으라고 부탁한다. 그는 육중해서 그의 무게에 거의 질식할 것 같다. 나는 내가 의식을 잃으리라고 생각한다. 이 우스꽝스러운 실험을 포기하고서 바닥을 치면서 그에게 나를 일어나게 해달라고 애원하기 직전이다. 바로 그 순간 내게서 비명이 터져 나온다. 매우 길고 거세고 분노에 가득 차 있는 소리여서 나는 깜짝 놀란다. 지독하게 상처 입은 어떤 존재가 이런 소리를 낼 수 있을까? 하지만 나는 비명 지르는 것을 멈추지 않는다. 기분이 좋다. 30년 이상 된 침묵의 유령들이 지금 내게서 괴성을 지르며 나오고 있다. 나의 슬픔이 크게 소리치며 쏟아져 나오고 있다. 기분이 좋다. 나는 비명을 지르고, 또 비명을 지른다. 나를 누르고 있는 무게를 힘껏 밀어젖힌다. 내 심리치료사는 호락호락하지 않고 나는 온 힘을 다 쓰느라 땀과 눈물범벅이 된다.

무슨 일이 벌어질까? 오랫동안 부정한 나의 일부가 풀려나면 무슨 일이 벌어질까?

아무 일도 벌어지지 않는다.

나는 분노의 힘을 느낀다. 그리고 그것은 나를 전혀 죽이지 못한다. 나는 괜찮다. 나는 괜찮다. 나는 살아 있다.

과거에 대해 이야기하는 일은 지금도 여전히 쉽지 않다. 과거에 관해 기억하거나 이야기할 때마다 두려움과 상실감에 다시 정면으로 부딪치는 일이 매우 고통스럽다. 하지만 이 순간 이후로 나는 감정들은, 얼마나 강력할지는 몰라도 결코 죽음을 초래하지는 않는다는 사실을 알았다. 또한 감정들은 일시적이다. 감정을 억압하는 것은 감정을 떠나보내는 것을 더 힘들게 만들 뿐이다. 표현Expression은 우울Depression의 반대말이다.

1978년, 내 아들 조니는 텍사스대학교를 최우수 학생 열 명 중 한 명으로 졸업했고 나는 임상심리학 박사학위를 취득했다. 우리 가족이 크게 성공한 해였다. 나는 캘리포니아주에서 의사 면허를 받기로 했다. 캘리포니아주가 모든 주에서 가장 힘든 곳이기 때문이었다(그렇다. 나는 분홍신을 다시 신었다!). 게다가 나의 가치를 입증하고자 하는(마치 자격증이 이것을 이루어준다는 듯이) 자아의 욕구를 넘어서서, 캘리포니아주에서 의사 면허를 받으면 미국 어디에서도 개업할 수 있다는 현실적 이점도 있었다. 나는 벨러가 공인회계사 자격증을 취득할 때 얼마나 고생했는지 기억했고 그래서 힘겨운 여정에 단단히 대비했다.

일단 의사 고시에 응시하기 위해서는 3,000시간의 임상 경험 시간이 필요했다. 하지만 나는 이 필요조건을 두 배로 충족시켰다. 나는 6,000시간을 채울 때까지 의사 고시에 지원서를 내지도 않았다. 거의 모든 임상 경험은 윌리엄 버몬트에서 이루어졌다. 나는 윌리엄 버몬트에서 평판이 매우 좋았고 한쪽 면 유리 뒤에서 상담을 진행해달라는 요청을 받기도 했다. 동료 임상의들이 내가 내담자와 친밀한 관계를 맺고, 신뢰를 형성하고, 내담자를 새로운 선택으로 안내하는 방식을 관찰할 수 있게 말이다. 그리고 나서 필기시험을 치러야 할 때가 됐다. 나는 객관식 시험에 약하다. 몇 달을 공부하고서야 겨우 운전면허 필기시험에 통과할 정도였다. 어쨌든, 끈질긴 끈기 덕분인지 순수한 운 덕분인지 모르겠지만, 나는 필기시험에 통과했다. 하지만 첫 번째 시도에 통과한 건 아니었다.

마침내, 나는 구술시험을 치기 위해 앉았다. 나는 구술시험이 전 과정에서 가장 쉬운 부분이 되리라고 생각했다. 두 남자가 면접을 진행했다. 한 남자는 청바지를 입고 긴 머리를 뒤로 넘겨 묶었고, 다른 한 남자는 정장을 입고 짧게 깎은 머리였다. 그들은 몇 시간 동안 내게 깐깐하게 캐물었다. 긴 머리의 남자는 날카롭고 간결하게 말하며 내게 통계학, 윤리학, 법률 문제들에 관해 온갖 질문을 퍼부었다. 짧은 머리의 남자는 철학적인 질문들을 했고 이 질문들은 내 정신이 더 창의적으로 움직이고 내 가슴이 더 집중하게 했다. 하지만 전반적으로 불쾌한 경험이었다. 나는 경직되고 무감각해지고 약해진 느낌이 들었다. 면접관들은 편안한 분위기를 조성하지 않았다. 그들의 무표정한 얼굴, 차가운 목소리, 감정적 거리가 소외감을 느끼게 했다. 나는 한 질문에 답하고 나면 자기비판, 말한 것을 고치고 싶은 욕구, 인정이나 격려의 끄덕임을 끌어낼 말을 하고 싶은 욕구에 휘둘려서 그다음 질문에 에너지를 쏟기가 힘들었다. 마침내 구술시험이 끝났을 때 나는 멍했고 손이 덜덜 떨렸다. 배가 고프면서도 메스꺼웠고 머리가 깨질 듯이 아팠다. 나는 내가 시험을 완전히 망쳤다고 생각했다.

내가 건물의 현관문에 막 다다랐을 때 뒤에서 발걸음 소리가 들렸다. 누군가가 내게 달려오고 있었다. 핸드백을 두고 왔나? 내가 떨어졌다고 벌써 알려주는 건가? "에거 박사님." 짧은 머리를 한 남자가 외쳤다. 나는 마치 처벌을 기다리는 것처럼 바짝 긴장했다. 그는 내게 다다른 후 잠시 숨을 골랐다. 나는 이를 악물고 어깨에 힘을 주었다.

마침내 그 남자가 손을 내밀었다. "에거 박사님, 영광이었습니다. 매우 풍부한 지식을 가지고 계시더군요. 박사님이 앞으로 만날 환자들은 정말로 매우 운이 좋은 분들입니다."

　나는 호텔로 돌아와 어린아이처럼 침대 위에서 깡충깡충 뛰었다.

# 선택

    나의 즐거운 낙관주의, 직업적 성취감, 나 자신을 완전히 구현하고 표현할 수 있게 되었다는 느낌은 내가 개인병원을 개업하고 첫 번째 환자를 만나자마자 모조리 시들어버렸다. 나는 병원에 있는 그를 방문했다. 그곳에서 그는 한 달여의 시간을 보내며 진단을 기다리고, 위암을 진단받고 치료받고 있었다. 그는 겁에 질려 있었다. 자신의 신체에 배신당했다고 느꼈고, 자신의 사망 가능성에 위협감을 느꼈고, 질병이 주는 불확실성과 외로움에 압도됐다. 게다가 나는 그가 있는 곳에서 그에게 손을 뻗을 수가 없었다. 따뜻한 신뢰의 분위기를 형성하고 환자와 나 사이에 다리를 구축하는 내 모든 기술이 갑자기 사라져버린 것 같았다. 나는 마치 의사의 흰 가운을 입고 있는 어린아이처럼 느껴졌다. 내가 가짜인 것처럼 느껴졌다. 나는 자신에 대한 기대가 너무 높고 실패에 대한 두려움이 너무 큰 나머지 자기 몰두에서 벗어날 수 없었고 나의 도움과 사랑을 요청하는 사람에게 손을 뻗을 수가 없었다. "제가 다시 건강해지기는 할까요?" 그가 이렇게 묻자 나의 마음은 회전 인출식 인덱스 파일처럼 휙휙 돌아가기 시작했다. 나는 벽을 쳐다보며 온갖 이론과 테크닉을 머릿속으로 빙빙 돌리며 내가 얼마나 초조하고 무서운지 감추려고 애썼다. 나는 그에게 도움이 되지 못했다. 그는 나를 다시 부르지 않았다. 나는 하지마비 참전 군인인 톰을 만났을 때 깨달았던 것처럼 새로운 사실을 깨달았다. 내 직업적 성공은 나의 내면에 있는 더 깊은 곳에서 나와야만 했다. 다른 사람들을 즐겁게 하고 그들의 인정을 받기 위해 애쓰는 어린 소녀에게서가 아닌 내 온전한 진짜 자아에서 나와야 했다. 그리고 이 진짜 자아는 연약하면서도 호기심이 많고, 자기 자신을 있는 그대로 받아들이고, 성장할 준비가 되어 있는 자아였다.

다시 말해, 나는 나 자신의 트라우마와 새로운 관계를 형성하기 시작했다. 트라우마는 내가 침묵시키고, 억제하고, 회피하고, 부정해야 할 무언가가 아니었다. 그것은 내가 의지할 수 있는 우물이었다. 내 환자들, 그들의 고통, 치유로 향하는 길에 관해 이해와 직관을 얻을 수 있는 깊은 원천이었다. 개업의로 보낸 첫 몇 년 동안 나는 내가 가진 상처를 필요하고 유용한 무언가로 재구성할 수 있었고, 나의 가장 항구적인 치료 원칙들을 세우고 발전시켜 나갈 수 있었다. 자유를 향한 여정에 관해 내가 발견한 사실들이 거울에 비추듯 내가 진료하는 환자들에게서 그대로 보일 때도 많았다. 또한 환자들은 자유를 향한 내 탐색이 아직 완수되지 않았다는 사실을 내게 가르쳐주었다. 그리고 그들은 내게 더 깊은 치유로 향하는 길을 알려주었다.

지정된 내담자는 에마였지만 나는 그녀의 부모를 먼저 만났다. 그들은 자신의 가족 안에 있는 비밀에 관해 낯선 사람은 물론이고 다른 아무에게도 한 번도 말한 적이 없었다. 그들의 첫째 아이인 에마는 스스로 굶어 죽어가고 있었다. 이들은 내밀하고 내성적인 성격을 가진 보수적인 독일계 미국인 가족이었다. 이들의 얼굴은 걱정으로 주름져 있었고 이들의 눈은 두려움에 가득 차 있었다.

"우리는 현실적인 해결책을 찾고 있습니다. 우리는 그 아이가 다시 먹기 시작하게 만들어야만 합니다." 처음 방문한 날 에마의 아버지가 내게 말했다.

"우리는 선생님이 생존자라고 들었어요." 에마의 어머니가 덧붙였다. "우리는 에마가 선생님에게서 뭔가를 배울 수 있다고 생각했어요. 선생님이 에마에게 영감을 줄 수 있을 거라고 생각했어요."

이들이 에마의 삶에 대해 느끼는 공포와 충격을 보고 있자니 가슴이 매우 아팠다. 삶의 어떤 것도 이들에게 섭식장애가 있는 아이에 대비하도록 준비시키지 않았다. 이들은 이러한 일이 자기 딸, 자기 가족에게 일어날 수 있다고 상상도 하지 못했다. 그리고 그들이 가진 어떠한 양육 기술도 에마의 건강에 긍정적인 영향을 미치지 못하고 있었다. 나는 그들을 안심시키고 싶었다. 나는 그들의 고통을 덜어주고 싶었다. 하지만 한편으로 나는 그들에게 에마의 질환보다 더 인정하기 고통스러울지 모르는 진실을 알게 하고 싶었다. 그들이 그 안에서 일정한 역할을 하고 있다는 사실 말이다. 아이가 거식증과 사투를 벌일 때, 지정된 환자는 아이지만 진짜 환자는 가족 전체다.

그들은 걱정이 되는 에마의 행동들에 대해 세세하게 내게 말하고 싶어 했다. 에마가 먹기를 거부한 음식, 에마가 먹은 척한 음식, 가족 식사 후에 냅킨에 싸인 채 발견된 음식, 에마의 화장대 서랍에 채워져 있던 음식, 에마가 그들에게서 벗어나 닫힌 방문 뒤로 후퇴하는 방식, 에마의 몸에 생긴 끔찍한 변화들. 하지만 나는 그들에게 그 대신 그들 자신에 대해 말해달라고 요청했다. 그들은 불편한 기색을 애써 감추지 않으며 자신에 관해 이야기했다.

에마의 아버지는 키가 작고 몸이 단단했다. 그는 축구선수였다고 했다. 내가 불안해하며 알아챈 바이지만, 그는 약간 히틀러와 닮았다. 가느다란 콧수염을 길렀고 검은 머리를 가르마를 타 단정하게 눌렀다. 또한 그는 말할 때 소리 지르듯 말했다. 마치 모든 의사소통 뒤에 절대로 무시당하지 않겠다는 주장이 숨어 있는 것 같았다. 첫 방문이 지나고 나중에 에마의 부모 각자와 개별상담을 하면서 나는 에마의 아버지에게 경찰관이 되기로 한 이유를 물었다. 그는 어렸을 때 자신이 다리를 절며 걸었고 그의 아버지가 그를 새우--절름발이라고 불렀다고 말했다. 그가 경찰관이 되기로 선택한 이유는 그 일이 위험을 감수해야 하고 신체적 힘이 필요한 일이었기 때문이었다. 그는 아버지에게 자신이 새우도 절름발이도 아니라는 사실을 증명하고 싶었다. 증명해야 할 무언가가 있을 때, 우리는 자유로워질 수가 없다. 첫 방문 시간 동안에는 그의 유년기에 대해 아직 어떠한 것도 모르는 상태였지만, 나는 에마의 아버지가 자기 스스로 만든 감옥 안에 살고 있다는 사실을 알 수 있었다. 그는 자신이 어떠한 사람이 되어야만 한다고 스스로 정해놓은 제한된 이미지 안에서 살고 있었다. 그는 조력하는 남편이나 염려하는 아버지보다는 훈련 담당 부사관에 더 가깝게 행동했다. 그는 질문을 하지 않았다. 심문했다. 그는 자신의 두려움이나 취약함을 인정하지 않았다. 자신의 자아만을 확고히 했다.

그의 부인은 앞에 단추가 줄줄이 달린 맞춤 면 원피스를 입고 가느다란 벨트를 차고 있었다. 유행을 타지 않으면서도 엄격해 보이는 옷이었다. 그녀는 남편의 목소리 톤과 말투에 지나치게 맞추고 있는 듯해 보였다. 그가 자신이 직장에서 승진 명단에 빠졌을 때 얼마나 좌절감을 느꼈는지 몇 분 동안 말하자, 그녀는 그의 분개를 인정하는 것과 그의 분노를 더 부추기는 것 사이에서 신중하게 균형점을 찾고 있었다. 그녀는 자신의 남편이 항상 자신이 옳아야만 하는 사람이라는 사실을 명백히 알고 있었다. 또한 그가 반박당하는 것이나 부정당하는 것을 견디지 못한다는 사실 또한 잘 알고 있었다. 그녀와 개별상담을 하면서 나는 그녀에게 재주가 매우 많다는 사실에 깊은 인상을 받았다. 그녀는 직접 잔디를 깎았고, 많은 집수리를 했고, 자신의 옷을 직접 만들어 입었다. 또한 그녀는 재주가 그렇게 많은데도 남편에게 모든 힘을 넘겼고 이는 그녀가 가정의 평화를 지키기 위해 지급한 대가였다. 무슨 수를 써서든지 남편과의 갈등을 피하려고 하는 그녀의 습관은 남편의 고압적 행동뿐만 아니라 그녀 딸의 건강과 그들의 가족 생활에 나쁜 영향을 미치고 있었다. 그들은 통제하는 일에 있어 환상의 파트너였다. 하지만 가족의 언어인 공감적 유대감이나 조건 없는 사랑을 나누는 일에 있어서는 그렇지 않았다.

"이건 시간 낭비입니다." 첫 방문 시간 동안 그의 직업, 그들의 가족 루틴, 그들이 기념일을 축하하는 방식에 관한 내 질문들에 대답하고 난 후, 마침내 에마의 아버지가 말했다. "그냥 어떻게 해야 하는지만 말해주세요."

"네. 그냥 어떻게 하면 식사 시간에 에마가 식탁에 오게 할 수 있는지만 알려주세요." 에마의 어머니가 애원했다. "어떻게 하면 에마가 음식을 먹게 만들 수 있는지 알려주세요."

"에마에 대해 얼마나 걱정하시는지 잘 알겠어요. 얼마나 절실하게 대답과 해결책을 구하시는지도 잘 알겠고요. 하지만 제가 말씀드릴 수 있는 건, 만약 에마가 건강해지기를 원하신다면 여러분의 첫 번째 임무는 거식증과 관련된 사실들을 이해해야 한다는 겁니다. 거식증의 문제는 에마가 무엇을 먹는지만의 문제가 아닙니다. 또한 무엇이 에마를 잡아먹고 있는지의 문제이기도 합니다." 내가 에마를 곧바로 고쳐서 건강한 자아로 돌아가게 만드는 방법은 없다고 그들에게 말했다. 나는 그들에게 나를 도와달라고 요청했다. 나의 협조 치료자가 되어 딸을 관찰해달라고 했다. 하지만 에마에게 어떤 일을 하게 만들거나 에마가 다른 어떤 존재가 되게 만들려는 목적을 가지지 말고, 그저 에마의 정서적 상태와 행동에 관심을 기울여달라고 부탁했다. 함께 노력하면 우리는 에마의 정서적 풍경을 더 명확하게 그려보고, 거식증의 심리학적 측면에 더 익숙해질 수 있을 것이다. 도움과 협조를 요청함으로써, 나는 그들이 에마가 앓는 질환에서 자신들이 하는 역할을 이해하기를 바랐다. 그들이 에마를 잡아먹고 있는 것에 어떤 원인 제공을 하고 있는지 직접 알아채고 책임질 수 있도록 살짝 힌트를 준 것이다.

이다음 주에, 나는 처음으로 에마를 만났다. 에마는 열네 살이었다. 마치 나 자신의 유령을 만나는 듯한 느낌이었다. 에마는 내가 아우슈비츠에 있었을 때와 비슷해 보였다. 뼈만 앙상하고 창백했다. 에마는 쇠약해지는 상태였다. 에마의 길고 지저분한 금발 머리가 에마의 얼굴을 훨씬 더 말라 보이게 했다. 지나치게 긴 소매를 손을 다 덮을 정도로 길게 늘어뜨린 채 내 상담실 출입구에 서 있었다. 뭔가 비밀을 가지고 있는 사람처럼 보였다.

새로운 내담자를 만나게 되면 처음 만나는 날의 가장 처음 몇 순간들부터 내담자의 심리적 경계를 민감하게 파악하는 것이 매우 중요하다. 나는 이 사람이 내가 자신의 손을 잡아주길 원하는지 아니면 물리적 거리를 유지하길 원하는지 즉시 직감해야 한다. 또한 이 사람이 내가 자신에게 명령을 내리기를 원하는지 부드럽게 제안하기를 원하는지도 간파해야 한다. 거식증(이는 통제가 전부인 질환이다. 무엇을, 언제, 먹을지 혹은 먹을지 말지에 대한, 무엇을 드러낼지 혹은 감출지에 대한 끊임없는 규칙들이 존재한다)을 앓는 내담자에게는 이 처음 몇 순간들이 매우 중요하다. 우선 첫째로, 거식증에는 피할 수 없는 심리적 측면이 있다. 신체에 투입되는 영양소가 부족한 데다, 조금밖에 없는 칼로리는 자율기능(호흡, 배설)을 유지하기 위해 소모되기 때문에, 두뇌는 혈류를 빼앗기게 되고 이는 왜곡된 사고로 이어지고 심한 경우 편집증을 일으키기도 한다. 거식증이 있는 사람과 치료적 관계를 맺기 시작하는 심리학자로서, 나는 내가 왜곡된 인지기능을 하고 있을 가능성이 큰 사람과 의사소통하고 있다는 사실을 반드시 기억해야 한다. 습관적 제스처(가령, 편안한 의자로 안내하면서 상대의 어깨에 가볍게 손을 댄다든지 하는)가 위협적이거나 침입적인 제스처로 잘못 해석되기 쉽다. 에마와 처음 인사를 나눌 때 나는 따뜻하면서도 중립적인 신체언어를 사용하려고 애썼다. 거식증을 앓는 사람은 통제하는 일에 전문가이기 때문에 자유를 제공함으로써 그 사람의 통제 욕구를 누그러뜨리는 일이 매우 중요하다. 그와 동시에, 명확한 규칙과 의례적 절차가 있는 안전하고 구조적인 환경을 조성하는 것도 매우 중요하다.

에마의 부모를 만나고서 나는 그들의 가족 언어가 비판과 책망으로 가득 차 있다는 사실을 알아차렸다. 그래서 나는 칭찬으로 상담을 시작했다. "와줘서 고마워." 내가 말했다. "마침내 널 만나게 돼서 정말 기쁘구나. 약속 시간 정각에 와줘서 고마워."

에마가 소파에서 앉을 자리를 고르는 동안 나는 에마에게 내게 하는 모든 말은 비밀에 부쳐진다고 말했다. 단 그녀의 생명이 위태로울 경우만 제외하고 말이다. 그런 다음, 나는 부드럽고 확장 가능한 요청을 했다. "너도 알겠지만, 너희 부모님은 너를 매우 걱정하고 계셔. 진짜 이야기를 알고 싶은데. 혹시 내게 말하고 싶은 게 있니?"

에마는 아무 반응을 보이지 않았다. 에마는 소매를 손 밑으로 더 길게 잡아당긴 후 카펫만 응시했다.

"아무 말 하지 않아도 괜찮아." 내가 말했다.

침묵이 우리 사이에 더 흘렀다. 나는 기다렸다. 나는 조금 더 기다렸다. "있잖아," 잠시 후 내가 말했다. "필요한 만큼 시간을 충분히 가져도 괜찮아. 나는 서류 작업해야 할 게 좀 있어. 다른 상담실로 일하러 갈 거야. 준비되면 알려주길 바라."

에마가 의심스러운 눈초리로 나를 쳐다봤다. 가혹한 규율이 있는 가정에서는, 아이들이 협박을 듣는 일에 익숙해지게 된다. 그리고 이

협박은 순식간에 증폭되거나, 혹은 반대편 극단으로 아무 의미도 없어진다. 내가 친절하게 말하고 있음에도, 에마는 나의 말과 톤이 분노에 찬 비난이나 훈계로 증폭되지는 않을지, 아니면 내가 실제로는 상담실을 떠나지 않는 것이 아닐지, 내가 만만한 사람이 아닐지 알아내기 위해 나를 쳐다봤다.

에마는 내가 그냥 일어서서 상담실을 가로질러 걸어간 다음 문을 열자 놀랐을 것이다. 바로 그때, 내가 손잡이를 잡자마자 에마가 말했다.

"준비됐어요."

"고마워." 내가 의자로 돌아오며 말했다. "그렇다니 기쁘구나. 우리에겐 40분이 남았어. 그 시간을 잘 이용해보자. 질문을 몇 개 해도 괜찮겠니?"

에마가 어깨를 으쓱했다.

"평소의 하루에 대해 말해줄 수 있니. 몇 시에 일어나니?"

에마는 눈을 굴리면서도 질문에 대답했다. 나는 이 줄기를 따라가기로 했다. 시계가 달린 라디오를 가지고 있나 아니면 자명종을 가지고 있나? 아니면 엄마나 아빠가 와서 깨워주나? 잠에서 깬 이후 이불을 덮고 잠시 침대에 누워 있는 것을 좋아하나 아니면 곧바로 침대에서 빠져나오나? 나는 에마의 일상생활에 대해 알아내기 위해 평범한 질문들을 던졌다. 하지만 내가 던진 질문 중 그 무엇도 음식과 관련된 질문은 없었다. 거식증을 앓는 사람은 음식을 제외한 채 삶의 요소들을 보기 어렵다. 나는 에마의 부모를 통해 에마의 음식에 대한 집착이 이 가족 전체를 통제하고 있다는 사실을 알아냈다. 그들의 관심은 온통 에마의 질병에만 쏠려 있었다. 나는 에마가 나 역시 자신의 질병에 관심을 두길 기대하는 듯한 느낌을 받았다. 여러 질문을 통해, 나는 에마의 관심을 삶의 다른 부분들로 옮기고 에마의 방어적 체제를 무너뜨리거나 아니면 최소한 누그러뜨리고자 애썼다.

함께 에마의 하루를 살펴보면서 나는 한 가지 질문을 던졌고 에마는 그 질문에 어떻게 대답해야 할지 알지 못했다. "무얼 하는 걸 좋아하니?" 내가 물었다.

"몰라요." 에마가 말했다.

"취미가 뭐니? 자유시간에 뭘 하는 걸 좋아하니?"

"몰라요."

나는 상담실에 놓인 화이트보드를 향해 걸어갔다. 나는 '몰라요'라고 적었다. 나는 에마에게 관심사, 열정, 욕구에 대해 질문을 더 던졌고, 에마가 "몰라요"라고 대답할 때마다 화이트보드에 체크 표시를 했다.

"인생의 꿈이 뭐니?"

"몰라요."

"모르겠으면, 그냥 짐작해 봐."

"몰라요. 생각해볼게요."

"네 나이 또래 여자아이들은 시를 많이 써. 시 쓰는 거 좋아하니?"

에마가 어깨를 으쓱했다. "가끔은요."

"5년 후에 어디에 있고 싶니? 어떤 종류의 삶과 커리어에 끌리니?"

"몰라요."

"너는 이 말을 많이 하는구나. '몰라요.' 하지만 네가 생각할 수 있는 유일한 말이 '몰라요'인 게 나는 슬프구나. 네가 자신이 가진 선택권에 대해 모르고 있다는 뜻이니까. 선택권을 가지거나 선택을 내리지 않고서는 삶을 살아갈 수 없단다. 날 위해 뭔가를 해줄 수 있니? 이 펜을 가지고 내게 그림을 그려줄 수 있니?"

"아마도요." 에마는 화이트보드를 향해 걸어가서 긴 소매에서 앙상한 손을 꺼내 펜을 잡았다.

"너 자신을 그려주렴, 지금 여기서. 너는 너 자신을 어떻게 보고 있니?"

에마는 입을 굳게 다문 채로 펜의 뚜껑을 열고 재빨리 그림을 그렸다. 그러고선 몸을 돌려 내게 그림을 보여주었다. 아무것도 없는 텅 빈 얼굴을 가진 키가 작고 뚱뚱한 여자아이였다. 충격적인 대조였다. 뼈만 앙상한 에마 옆에 텅 빈 얼굴의 뚱뚱한 그림이 있었다.

"네가 다르게 느꼈던 때를 기억할 수 있니? 가령, 행복하고 예쁘고 즐겁다고 느꼈던 때 말이야."

에마는 생각하고 또 생각했다. 하지만 에마는 "몰라요"라고 말하지 않았다. 마침내 에마가 고개를 끄덕였다. "다섯 살 때요."

"그 행복한 소녀의 그림을 그려줄 수 있니?"

에마가 화이트보드에서 물러나자 발레 치마를 입고 빙글빙글 돌며 춤을 추고 있는 소녀의 그림이 보였다. 나는 갑자기 목이 메었다. 뭔가를 알아보고 경련이 인 것이다.

"발레를 했니?"

"네."

"그것에 대해 더 들어보고 싶구나. 춤을 출 때 어떤 기분이었지?"

에마가 두 눈을 감았다. 나는 에마가 첫 번째 동작으로 양발의 뒤꿈치를 모으는 모습을 봤다. 그것은 무의식적인 움직임이었다. 에마의 몸이 기억하고 있었다.

"기억을 떠올리니까 지금 기분이 어때? 그 기분을 말로 표현할 수 있겠니?"

에마가 여전히 두 눈을 감은 채 고개를 끄덕였다. "자유로워요."

"다시 그렇게 느끼고 싶니? 자유롭게? 생기 넘치게?"

에마가 고개를 끄덕였다. 에마는 상자에 펜을 넣은 다음 다시 긴 소매를 손 아래로 끌어내렸다.

"그렇다면 굶는 것이 이 자유라는 목표에 가까이 가는 데에 도움이 될까?" 나는 최대한 따뜻하고 친절하게 말했다. 이 말은 비난이 아니었다. 에마가 자신이 얼마나 심하게 자기를 파괴하고 있는지를 깨닫게 하려는 노력이었다. 또한 자유를 향한 여정을 시작할 때 만나게 되는 가장 중요한 질문에 대답하게 도우려는 노력이었다. '나는 지금 무엇을 하고 있는가? 그것은 효과가 있는가? 그것은 나의 목표에 나를 더 가깝게 데려다주는가, 아니면 더 멀리 떨어뜨려 놓는가?' 에마가 내 질문에 말로 답하지는 않았다. 하지만 에마가 눈물을 글썽이며 침묵하는 것을 보고 나는 에마가 자신이 변화를 원하고 있고 필요로 하고 있다는 사실을 깨달았다는 것을 알 수 있었다.

에마와 에마의 부모와 처음으로 다 함께 만났을 때 나는 열정에 가득 찬 채로 그들에게 인사했다. "매우 좋은 소식이 있어요!" 내가 말했다. 나는 희망이 느껴지고 팀으로서의 그들의 능력에 대해 자신감이 느껴진다고 말했다. 그리고 에마가 섭식장애 클리닉에서 전문 의료진의 치료를 받는다고 그들이 동의한다면 나 또한 팀에 참여하겠다고 말했다. 왜냐하면 거식증은 매우 심각하고, 잠재적으로 죽음을 초래할 수 있는 질병이기 때문이다. 만약 에마가 섭식장애 클리닉의 의료

진과 상담해서 결정한, 특정한 몸무게 아래로 내려간다면 병원에 입원해야만 할 것이다. "예방할 수 있는 어떤 것 때문에 생명을 잃게 둘수는 없어." 나는 에마에게 말했다.

에마와 함께 상담을 시작한 지 1~2개월이 지난 후, 에마의 부모는가족 식사를 함께하자며 나를 집으로 초대했다. 나는 에마의 형제들을 모두 만났다. 나는 에마의 엄마가 자기 아이들 각자를 수식어구로소개하는 것을 알아차렸다. 이 애는 그레첸이에요. 수줍은 아이죠. 이애는 피터에요. 재밌는 아이죠. 이 애는 데렉이에요. 책임감이 강한 아이죠. (에마는 이미 '아픈 아이'라고 내게 소개됐다.) 아이들에게 특정한 이름을 붙이면 아이들은 게임을 하기 시작한다. 그래서 나는 내담자들에게 이렇게 묻곤 한다. "가족 안에서 당신의 입장권은 무엇입니까?" (내가 어렸을 때, 클라라 언니는 영재였고, 마그다 언니는 반항아였고, 나는 비밀을 털어놓을 수 있는 친구였다. 나는 부모님의 이야기를 들어주고, 그들의 감정을 수용하고, 눈에 띄는 행동을 하지 않을때 부모님에게 가장 가치 있었다.) 아니나 다를까, 식탁에서 그레첸은수줍어했고, 피터는 재밌었고, 데렉은 책임감이 강했다.

나는 내가 관례를 깨뜨리면 무슨 일이 벌어질지 알고 싶었다. 만약그 아이들 중 하나에게 다른 역할을 부여한다면 말이다. "어머. 너는옆모습이 매우 아름답구나." 내가 그레첸에게 말했다.

아이들의 엄마가 식탁 아래에서 나를 발로 걷어찼다. "그렇게 말씀하지 마세요." 그녀가 나지막한 소리로 나를 훈계했다. "자만에 빠질거예요."

저녁이 끝난 후 에마의 엄마가 주방을 정리하는 동안 아직 걸음마기 아기인 피터는 그녀의 치마를 잡아당기며 관심을 끌려고 애썼다. 그녀는 피터를 계속 밀어냈고, 엄마가 하던 일을 그만두고 자신을 안아주게 만들려는 피터의 시도는 점점 더 정신없어졌다. 마침내 피터는 주방에서 뒤뚱뒤뚱 걸어 나와서 도자기 장식품들이 놓인 커피 테이블로 직행했다. 피터의 엄마는 뒤쫓아 나와서 피터를 들어 올린 후 엉덩이를 때리며 말했다. "이거 만지지 말라고 했니, 안 했니?"

'매를 아끼면 아이를 망친다'라는 훈육 접근법은 아이들이 오직 부정적인 관심만 받는 것 같은 분위기를 만든다(결국 부정적인 관심이 무관심보다는 나으니까 말이다). 엄격한 환경, 아이들에게 부과된 흑백논리식의 규칙과 역할, 부모 사이의 명백한 긴장, 이 모두는 가정 안에 정서적 기근을 양산한다.

또한 나는 에마의 아빠가 에마에게 매우 부적절한 관심을 표현하는 것을 목격했다. "우와, 섹시하네." 그는 에마가 저녁 식사 후 거실에 있는 우리에게 합류할 때 이렇게 말했다. 나는 소파 안으로 몸을 움츠리며 옷으로 자신을 가리려 애쓰는 에마의 모습을 봤다. 통제, 가혹한 훈육, 정서적 근친상간. 에마가 풍요 속에서 굶주린 채 죽어가고 있는 것이 당연했다.

모든 가족처럼 에마와 에마의 가족에게도 규칙들이 필요했다. 하지만 그들이 현재 시행하고 있는 규칙들과 매우 다른 규칙들이 필요했다. 그래서 나는 에마와 에마의 부모가 서로에게 시행할 수 있는 가족 규칙을 만들도록 도왔다. 그들 가정의 분위기를 더 좋게 만들어줄 규칙 목록이었다. 가장 먼저, 그들은 효과가 없는 행동들에 관해 이야기했다. 에마는 부모에게 그들이 소리를 지르고 서로 책망하는 것을 들으면 얼마나 겁이 나는지 말했다. 또한 그들이 마지막 순간에 규칙이나 기대를 바꾸면 얼마나 화가 나는지 말했다. 몇 시까지 집에 와야하는지, TV를 보기 전에 어떤 일들을 끝마쳐야 하는지 같은 문제에 있어서 말이다. 에마의 아빠는 가족 안에서 자신이 얼마나 고립되었다고 느끼는지를 말했다. 그는 자신이 아이들을 훈육하는 유일한 사람이라고 느꼈다. 흥미롭게도, 에마의 엄마도 비슷한 말을 했다. 그녀는 자신이 혼자서 모든 아이를 양육하고 있다고 느꼈다. 상처를 주는 습관들과 행동들의 목록(그들이 그만하고 싶은 것들)으로부터, 우리는 그들이 시작하기로 동의한 일들의 짧은 목록을 만들었다.

1. 서로를 탓하는 대신에 자기 자신의 행동과 말에 책임을 진다. 어떤 말을 하거나 어떤 행동을 하기 전에 자신에게 묻는다. '친절한가? 중요한가? 도움이 되는가?'

2. 팀워크를 이용하여 공동 목표에 도달한다. 만약 집을 청소해야하면, 가족의 각 구성원은 적절한 임무를 맡는다. 만약 영화를 보러 갈 예정이면, 어떤 영화를 볼지 함께 선택하거나, 차례를 정해 돌아가면서 선택한다. 가족을 자동차라고 생각해야 한다. 가고 싶은 곳으로 가기 위해서는 모든 바퀴가 힘을 합쳐 함께 움직여야 한다. 한 개의 바퀴가 자동차 전체를 통제할 수도, 한 개의 바퀴가 모든 무게를 감당할 수도 없다.

3. 일관성을 지킨다. 통행금지 시간을 이미 정했다면 마지막 순간에 규칙을 바꿔서는 안 된다.

전반적으로 에마의 가족 규칙은 다른 사람을 통제하려는 욕구를 포기하는 일에 관한 것이었다.

나는 에마를 2년 동안 치료했다. 그동안 에마는 섭식장애 클리닉에서 외래 환자 프로그램을 이수했다. 에마는 축구를 그만두었다(에마가 중학교에 입학할 때 에마의 아빠가 하도록 강요했다). 그리고 발레 수업을 다시 들었다. 그런 다음 벨리댄스, 살사와 같은 더 많은 댄스 수업을 들었다. 창조적 표현, 음악과 리듬에 맞춰 움직이면서 느끼는 즐거움은 자신의 몸에 대한 기쁨으로 이어졌고 에마에게 더 건강한 자아상을 심어주었다. 우리가 함께한 시간이 거의 끝날 무렵인 열여섯 살 때에, 에마는 학교에서 한 남자아이를 만나 사랑에 빠졌고, 이 관계는 에마에게 건강하게 살아야겠다는 또 다른 동기를 주었다. 나와의 상담을 그만둘 때까지, 에마는 몸에 살이 오르고 머리카락은 풍성해지고 윤기가 났다. 에마는 자신이 그렸던 빙글빙글 돌며 춤을 추는 소녀 그림의 현재 버전이 되었다.

에마가 고등학교 2학년을 마친 여름, 에마의 가족은 집에서 여는 바비큐 파티에 나를 초대했다. 그들은 융숭한 음식을 대접했다. 소갈비구이, 구운 콩, 독일식 감자샐러드, 집에서 만든 롤빵. 에마는 남자친구와 나란히 서서 접시에 음식을 담으며 웃고 장난쳤다. 에마의 부모, 형제들, 친구들은 잔디에 큰 대자로 눕거나 야외용 의자에 앉아서 음식을 맘껏 먹었다. 음식은 더는 이 가족의 부정적인 언어가 아니었다. 에마의 부모는 자신들의 양육 방식이나 결혼생활 방식을 완전히 바꾸지는 못했지만, 에마가 자기 자신에게 주게 된 것을 에마에게 줄 수 있게 되었다. 바로 삶에서 좋은 것을 향해 스스로 나아가도록 맡기는 신뢰와 거리감이었다. 또한 에마에게 무슨 일이 생길지도 모른다는 두려움에 잠식된 채 삶을 살아갈 필요가 없어져서, 그들은 자유롭게 자신들의 삶을 살 수 있게 되었다. 그들은 매주 한 번씩 친구들과 카드 게임을 하는 모임을 했고, 오랫동안 그들의 가족생활을 망쳤던 걱정과 분노와 통제 욕구를 많이 버렸다.

나는 에마가 자기 자신을 되찾은 모습을 보고 안도하고 감동했다. 또한 에마의 여정은 내게 나에 대해 되돌아보도록 만들었다. 에디. 나는 내면의 춤추는 소녀와 하나인가? 나는 그 소녀의 호기심과 황홀감을 지니고 살아가고 있는가? 에마가 나와의 상담을 마칠 바로 그 무렵, 마리안느의 딸인 내 첫 손녀 린지가 걸음마기 아기 발레 수업을 듣기 시작했다. 마리안느가 내게 린지가 작은 분홍색 발레 치마를 입고, 통통한 발에는 작은 분홍색 슬리퍼를 신고 있는 사진을 보내주었다. 그 사진을 보자 눈물이 흘렀다. 물론 기쁨의 눈물이었다. 하지만 상실감과 연관된 통증 또한 가슴에 느껴졌다. 나는 이 순간부터 펼쳐질 린지의 삶을 상상해볼 수 있었다. 린지의 공연과 발표회(아니나 다를까, 린지는 발레를 계속 배워서 유년기와 청소년기 내내 겨울마다 〈호두까기 인형〉을 공연하게 된다). 하지만 린지의 앞으로의 날들을 기대하며 느끼는 행복감과 나 자신의 중단된 삶에 대해 느끼는 슬픔을 서로 분리할 수 없었다. 우리가 슬퍼할 때, 그것은 일어난 일에 대한 것이 아니다. 우리는 일어나지 않은 일에 대해 슬퍼한다. 나는 나의 내면에 두려움을 그대로 품고 있었다. 또한 텅 빈 곳, 삶의 광활한 어둠을 그대로 품고 있었다. 나는 트라우마와 결핍에 매달려 있었다. 나는 내 진실의 조각들을 떠나보낼 수도 없었고, 그것을 마음 편하게 품고 있을 수도 없었다.

아그네스는 내게 또 다른 거울이자 선생님이 되어주었다. 유타주의 한 휴양시설에서 유방암 생존자들에게 치유의 촉진을 위해 자기 돌봄이 얼마나 중요한지 강연을 하다 아그네스를 만났다. 그녀는 40대 초반으로 젊었고 검고 긴 머리를 뒤로 묶은 후 말아서 낮게 틀어 올렸다. 그녀는 목까지 단추를 채운 무채색의 긴 드레스를 입고 있었다. 만약 그녀가 강연이 끝난 후 낸 호텔 객실에서 진행된 개인 상담에 첫 번째로 신청하지 않았다면, 나는 전혀 그녀를 주목하지 않았을 것이다. 그녀는 계속 뒤에만 있었다. 심지어 내 앞에 서 있는 순간에도 그녀의 몸은 그녀의 옷에 가려 거의 눈에 띄지 않았다.

"죄송해요. 선생님과 시간을 보낼 자격이 더 충분한 사람들이 분명히 있을 텐데요." 내가 객실 문을 열고 그녀에게 들어오라고 하자 그녀가 말했다.

나는 그녀를 창문 옆에 있는 의자로 안내하고 물을 한 잔 따라주었다. 그녀는 나의 작은 배려에 어쩔 줄 몰라 하는 것처럼 보였다. 그녀는 의자의 가장자리에 걸터앉아 물잔을 자기 앞에 뻣뻣하게 들고 있었다. 마치 한 모금이라도 마시면 나의 환대에 폐를 끼칠 수 있다는 듯이 말이다. "한 시간 전부가 필요하지 않아요. 짧은 질문만 하면 돼요."

"그래요. 제가 어떻게 도울 수 있을지 말해주세요."

그녀는 내가 강연 중에 한 어떤 말에 관심이 있다고 했다. 나는 어렸을 적 배웠던 헝가리 속담을 인용했다. '분노를 가슴속까지 들이마시지 말라.' 나는 내가 살면서 집착했던, 자신을 감옥에 가두는 신념들과 감정들의 사례에 대해 말했었다. 나의 분노 그리고 다른 사람들의 인정을 받아야만 한다는 신념, 내가 한 어떤 일도 다른 사람들의 사랑을 받을 만큼 충분히 훌륭하지 않다는 신념 등에 대해서 말이다. 나는 청중들 속의 여성들에게 스스로 물어보라고 요청했다. '어떤 감정이나 신념에 집착하고 있는가? 나는 기꺼이 그것을 떠나보낼 수 있는가?' 이제, 아그네스가 내게 물었다. "선생님이 집착하고 있는 어떤 것이 있는지 없는지 어떻게 알 수 있나요?"

"아름다운 질문입니다. 우리가 자유에 관해 이야기할 때, 하나의 방식이 모든 경우에 적용되는 법은 없어요. 짐작이 가세요? 당신의 내면에 당신의 관심을 받으려고 애쓰는 무언가가 있다고 직감이 말해주나요?"

"꿈이에요." 아그네스가 말했다. 몇 년 전에 유방암 진단을 받은 이후로, 그리고 질병에 차도가 있는 지금도 계속, 그녀는 반복적인 꿈을 꾸고 있다고 했다. 꿈 안에서 그녀는 수술을 집도할 준비를 하고 있다. 파란색 수술복을 입고 마스크를 쓴다. 자신의 긴 머리를 일회용 캡 안에 집어넣는다. 개수대 앞에 서서 손을 계속 문질러 씻는다.

"환자는 누구인가요?"

"확실치가 않아요. 매번 달라져요. 어떨 때는 아들이었다가 어떨 때는 남편이나 딸이기도 해요. 혹은 과거에 알았던 어떤 사람이기도 해요."

"왜 수술을 집도하는 거지요? 환자의 진단명은 무엇인가요?"

"잘 모르겠어요. 매번 바뀌는 것 같아요."

"수술을 집도할 때 기분이 어떠세요?"

"마치 양손에 불이 붙은 것 같아요."

"잠에서 깰 때 기분은 어떠세요? 활력이 느껴지나요, 아니면 피곤한가요?"

"그때그때 달라요. 어떨 때는 다시 잠들어서 하던 일을 계속하고 싶어요. 수술이 아직 안 끝났거든요. 어떨 때는 슬프고 피곤해요. 마치 헛된 일처럼 느껴지죠."

"이 꿈이 무엇을 말해주고 있다고 생각하세요?"

"저는 의대에 진학하고 싶어 했어요. 대학을 졸업한 후 지원해봐야 겠다고 생각했죠. 하지만 남편의 경영학 학위를 위해 돈을 대야 했어요. 그런 다음 아이들이 생겼고, 그런 다음 암에 걸렸어요. 결코 적당한 시기가 없었죠. 그래서 선생님에게 물어보고 싶어요. 제가 이 꿈을 꾸는 게 제가 지금, 삶의 이 늦은 때에 의대에 진학해야 하기 때문일까요? 아니면 의사가 되겠다는 환상을 마침내 완전히 버려야 하기 때문일까요? 어떻게 생각하세요?"

"의학에 끌린 이유가 무엇인가요?"

그녀는 대답하기 전에 잠시 생각했다. "사람들을 도울 수 있어서요. 하지만 또한 진짜로 무슨 일이 일어나고 있는지 알아낼 수 있어서요. 진실을 찾아낼 수 있어서요. 표면 아래에서 일어나는 일을 발견하고 문제를 해결할 수 있어서요."

"인생에도 의학에도 절대적인 것이란 없어요. 아시겠지만, 질병은 치료하기 어렵죠. 통증, 수술, 치료, 신체 변화, 감정 기복. 게다가 완전히 회복한다는 보장도 없어요. 무엇이 당신이 암과 함께 살아가는 데 도움이 되나요? 어떠한 진실이나 신념이 당신이 당신의 질환을 헤쳐 나갈 수 있도록 도와주나요?"

"짐이 되지 않겠다는 생각이요. 저는 제 고통이 다른 누구에게도 아픔이 되지 않기를 바라요."

"당신은 어떻게 기억되고 싶나요?"

그녀의 옅은 회색 눈동자에 눈물이 차올랐다. "좋은 사람으로요."

"'좋은'이라는 말이 당신에게 어떤 의미인가요?"

"베푸는. 관대한. 친절한. 이타적인. 옳은 일을 하는 것이요."

"'좋은' 사람이 불평하는 경우가 있나요? 아니면 화를 내는 일은요?"

"그러한 것들은 제가 중시하는 가치가 아니에요."

그녀를 보니 예전의 나 자신이 떠오른다. 하반신 마비인 참전 군인이 내게 나 자신의 분노와 직면하게 했던 때 이전의 나 자신 말이다. "분노는 가치가 아닙니다." 나는 아그네스에게 말했다. "분노는 감정입니다. 분노는 당신이 나쁘다는 것을 의미하지 않아요. 분노는 당신이 살아 있다는 것을 의미할 뿐입니다."

그녀가 회의적인 표정을 지었다.

"당신이 어떤 것을 시도해보면 좋겠어요. 하나의 연습이죠. 자신을 뒤집어서 안에 있는 것을 밖으로 꺼내 보세요. 대개 내면으로 억누르는 것들을 밖으로 꺼내 보는 거예요. 그리고 마음속에서 제거하는 것들을 내면에 집어넣는 거예요." 나는 책상에서 호텔 문구류 중 메모지 묶음을 집어 그녀에게 펜과 함께 건넸다. "당신의 직계가족 한 명당 한 문장씩을 써보세요. 그 사람에게 한 번도 말하지 않은 무언가를 적어보세요. 바람일 수도, 비밀일 수도, 후회일 수도 있어요. 아주 사소한 것일 수도 있어요. 가령, '신었던 양말은 세탁 바구니에 넣으면 좋겠어' 같이요. 유일한 규칙은 당신이 절대 큰소리로 말하지 않은 것이어야 한다는 겁니다."

그녀는 초조해하며 희미하게 웃었다. "정말로 제게 이것들을 말하게 하시려는 거예요?"

"그것을 가지고 어떻게 할지는 당신에게 달려 있어요. 당신은 그것을 색종이 조각처럼 잘게 찢어서 변기 물에 내려보낼 수도 있어요. 아니면 불에 태울 수도 있고요. 중요한 것은 종이에 적는 방식을 이용해 그 말들을 당신의 몸에서 꺼내는 거예요."

그녀는 아무 말도 하지 않은 채 몇 분 동안 앉아 있다가 마침내 뭔가를 쓰기 시작했다.

"느낌이 어떤가요?"

"약간 어지러워요."

"뒤죽박죽인 느낌인가요?"

"네."

"그렇다면 이제 당신을 다시 채워야 할 시간이에요. 하지만 보통 당신이 다른 사람들에게 주던 것들로 말이지요. 당신은 그 모든 사랑과 보호와 돌봄을 당신의 내면 안으로 집어넣을 거예요." 나는 그녀에게 자기 자신을 매우 작은 모습이 되게 상상해보라고 요청했다. 그녀의 귀 안으로 기어들어 갈 수 있을 만큼 아주 작게 말이다. 나는 그녀에게 귀의 관을 기어 내려가서 목구멍과 식도가 나올 때까지 내려간 다음 위까지 죽 내려가라고 말했다. 나는 그녀에게 몸속을 여행하면서 사랑이 담긴 작은 손으로 그녀가 지나가는 모든 신체 부위들을 만지라고 했다. 그녀의 폐, 그녀의 심장, 그녀의 척추, 팔과 다리의 안을 따라. 나는 그녀에게 자애로운 손길로 각각의 장기, 근육, 뼈, 혈관을 어루만지라고 코칭했다. "모든 곳에 사랑을 뿌리세요. 당신 자신만의 고유하고 특별한 양육자가 되어주세요." 내가 말했다.

그녀가 자신의 관심을 외부 경험으로부터 옮기고 내면에 적응하는 데는 시간이 조금 걸렸다. 그녀는 이마에 흘러내린 머리카락들을 쓸어올리며 의자에서 계속 몸을 움직였고 목소리를 가다듬었다. 하지만 그러고 나서 호흡이 깊어지고 느려졌고 그녀의 몸이 진정되었다. 그녀는 자신의 몸속을 탐험하면서 깊이 이완되었고 표정도 편안해 보였다. 그녀에게 귀의 관을 통해 밖으로 나오라고 하기 전에 나는 그녀에게 몸속에서 느낀 것이나 발견한 것에 대해 말하고 싶은 것이 있는지를 물었다.

"여기 안이 매우 캄캄할 거라고 생각했어요. 하지만 매우 많은 빛이 있어요." 그녀가 말했다.

몇 달 후, 그녀가 충격적인 소식을 가지고 전화했다. 그녀의 유방암이 더는 차도를 보이지 않는다고 했다. 유방암이 다시 발병했고 빠른 속도로 전이되고 있었다. 그녀가 말했다. "얼마나 더 살 수 있을지 모르겠어요." 그녀는 내게 '인사이드 아웃 연습'을 매일 실행하기로 했다고 말했다. 자신에게서 분노와 두려움을 제거하고 사랑과 빛으로 자신을 다시 채울 수 있도록 말이다. 그리고 그녀는 말했다. 역설적이게도, 자신이 가족에게 가지고 있는 부정적인 감정들을 들여다볼수록 자신이 더 감사함을 느끼게 되었다고 말이다. 그녀는 남편에게 그의 경력을 최우선 순위로 삼았기 때문에 자신이 얼마나 화가 났는지 말했다. 그에게 솔직하게 말하고 나니 분노에 집착하는 것이 아무에게도 도움이 되지 않는다는 사실을 알 수 있었다. 또한 남편이 결혼 생활 내내 그녀를 어떻게 도왔는지 생생하게 알 수 있었다. 그녀는 자신이 남편을 용서할 수 있다는 사실을 발견했다. 십 대 아들에게는 그녀가 죽음이 두렵다는 사실을 감추지 않았다. 의심의 여지가 없다는 듯 아들을 안심시키지 않았다. 그녀는 자신이 느끼는 불확실성에 대해 아들에게 솔직하게 말했다. 그녀는 아들에게 때때로 그저 알 수 없는 일들이 있기 마련이라고 말했다. 중학교에 다니는 딸에게는 그녀가 함께하지 못할 순간들에 대해 얼마나 화가 나는지 표현했다. 딸아이의 첫 데이트에 대해 듣는 것, 딸아이가 대학교 합격증 여는 걸 보는 것, 딸아이가 웨딩드레스 입는 것을 돕는 것. 그녀는 자신의 분노를 받아들일 수 없는 감정으로 억압하지 않았다. 그 분노 아래에 숨어 있는 것-그녀가 가진 사랑의 깊이와 절박함-으로 향하는 길을 찾았다.

그녀의 남편은 내게 전화를 걸어 아그네스가 죽었다고 말하며 자신이 슬픔을 결코 극복하지는 못하겠지만 그녀의 죽음이 평화로웠다고 말했다. 그들 가족관계 속의 사랑의 질은 그녀 인생의 마지막 몇 달 동안 더욱 깊어졌다. 그녀는 가족들에게 서로 관계를 맺는 더 진실한 방법을 가르쳐주었다. 나는 전화를 끊고 난 후 흐느껴 울었다. 그 누구의 잘못도 아니지만, 아름다운 사람이 너무 빨리 세상을 떠났다. 부당한 일이다. 잔인한 일이다. 그리고 이 일은 내게 나 자신의 유한함에 대해 생각해보게 했다. 만약 내가 내일 죽는다면 나는 평화롭게 죽을 수 있을까? 아그네스가 발견한 것을 나 스스로 정말 알고 있을까? 나 자신의 어둠 속에서 나는 빛을 발견했을까?

에마가 내게 과거와 관계를 맺는 법에 관해 의문을 품도록 도와주었다면, 아그네스는 내게 현재와 관계를 맺는 법을 직시하도록 도와주었다. 그리고 1980년 어느 더운 오후에 처음으로 내 상담실을 찾았던 '긴장증을 앓고 있는Catatonic' 육군 대위, 제이슨 풀러는 나의 미래를 결정지을 결정과 똑바로 대면하는 법을 내게 가르쳐주었다. 그는 흰색 소파에 오랫동안 아무 말 없이 꿈쩍도 하지 않고 앉아 있다가, 내가 마침내 내 강아지를 데리고 공원에 함께 산책하러 가자고 명령을 내리자 이에 복종했다. 이날 그로부터 배운 것들은 그 후 나의 여생 동안 내 삶의 질에 영향을 미쳤고, 또한 내가 자녀들, 손자들, 증손자들에게 전하기로 선택한 유산의 질에도 영향을 미쳤다.

공원을 걸어 다니자 제이슨의 걸음걸이가 가벼워졌다. 그의 얼굴도 마찬가지였다. 걸음을 뗄 때마다 얼굴에 화색이 돌고 표정이 더 부드러워졌다. 갑자기 그는 더 젊어 보였고 덜 멍해 보였다. 그런데도 여전히 아무 말도 하지 않았다. 하지만 나는 우리가 상담실로 돌아가고 나서 무슨 일이 일어날지에 대해 미리 계획하지 않았다. 그와 함께 그냥 계속 걸으며 호흡했다. 제이슨과 함께 있을수록 그가 안전하다고 느끼기만 한다면 그에게 닿을 수 있겠다는 생각이 들었다.

천천히 공원을 한 바퀴 돈 다음, 나는 그와 함께 상담실로 돌아왔다. 나는 우리를 위해 물을 따랐다. 무엇이 앞에 놓여 있든 서두를 필요가 없었다. 나는 절대적인 신뢰의 공간을 제공해야만 했다. 제이슨이 자신이 안전하다고 느끼는 곳에서, 자신이 평가받지 않는다고 느끼는 곳에서 어떠한 것, 어떠한 감정도 내게 말할 수 있게 말이다. 그는 다시 소파에 앉아서 나를 쳐다봤고 나는 앞으로 몸을 기울였다. 어떻게 하면 그가 여기에 나와 함께 있도록 할 수 있을까? 단지 물리적으로 내 상담실 안에 있는 것 이상으로, 어떻게 하면 그가 마음을 열고 새로운 발견을 할 준비가 되게 할 수 있을까? 서로 힘을 합쳐, 우리는 통찰과 치유로 향하는 방법을 찾아야 한다. 제이슨이 자신을 긴장증에 빠지게 압도한 감정과 상황을 자연스레 떠올릴 방법을 찾아야 한다.

그가 마음이 편해지게 안내하고자 한다면 그에게 억지로 말을 강요해서는 안 된다. 나는 그의 현재 마음 상태, 그의 현재 선택과 상황의 흐름에 나를 내맡기고서 드러냄과 변화의 기회에 마음을 열어야 한다.

"당신이 저를 도울 수 있을지 모르겠네요." 내가 마침내 말했다. 이것은 주저하는 내담자, 힘든 내담자에게 가끔 내가 사용하는 접근법이다. 나는 내담자의 문제로부터 관심을 돌린다. 그리고 내가 문제를 가진 사람이 된다. 나는 내담자의 연민에 호소한다. 나는 제이슨이 자신은 힘과 해결책을 가지고 있는 사람이고 나는 그저 궁금하고, 다소 절박하고, 도움을 요청하는 한 사람이라고 느끼기를 바란다. "여기에서 당신이 나와 함께 어떻게 시간을 보내고 싶은지 정말로 알고 싶어요. 당신은 젊은 군인이죠. 나는 그냥 평범한 할머니예요. 나를 도와줄 수 있겠어요?"

그는 말을 꺼내려 했지만 이내 강렬한 감정 때문에 목이 메어서 고개를 가로저었다. 그가 도망치거나 차단하지 않고서 외면의 혼란이나 내면의 혼란에 머무를 수 있도록 내가 어떻게 도와야 할까?

"내가 어떻게 도움이 될 수 있을지 조금 더 잘 이해하도록 당신이 도와줄 수 있을까요?"

마치 밝은 빛에 반응하는 것처럼 그가 눈을 가늘게 떴다. 혹은 눈물을 꾹 참는 것처럼. "제 아내." 그가 마침내 말했다. 이 말을 하며 그의 목이 다시 메었다.

나는 어떤 식으로 그의 부인이 그와 문제가 있는지 묻지 않았다. 나는 사실관계를 묻지 않았다. 나는 그의 말 아래에 숨어 있는 감정에 바로 접근했다. 나는 그가 나를 그의 마음속에 있는 진실로 곧바로, 깊이 데려가기를 원했다. 내가 그가 되리라고 믿는 그런 사람-얼어붙은 상태에서 녹고, 감정을 느낄 수 있는 사람이 되기를 원했다. 느낄 수 없는 것을 치유할 수는 없다. 나는 수십 년 동안 얼어붙어 있고 무감 각하게 지낸 끝에 이 사실을 힘들게 배웠다. 제이슨처럼 나도 내 감정 을 억눌렀고 얼굴에 가면을 썼었다.

제이슨의 가면 아래에는 무엇이 있을까? 얼어붙음? 상실? 두려움?

"무언가에 대해 슬퍼하는 것처럼 보이네요." 내가 말했다. 나는 추 측하고 제안했다. 내가 맞든지 아니면 그가 내 말을 고쳐주든지 둘 중 하나가 될 것이다.

"저는 슬프지 않습니다." 그가 중얼거렸다. "저는 몹시 화가 납니다. 미칠 듯이 화가 납니다. 저는 그녀를 '죽일' 수도 있어요!"

"당신의 부인 말이지요."

"그 나쁜 년은 바람을 피웠어요!" 거기. 진실이 나타났다. 이제 시작 이었다.

"좀 더 말해주세요." 내가 말했다.

그의 부인이 바람을 피웠다고 그는 내게 말했다. 그의 가장 친한 친 구가 그에게 알려줬다고 했다. 그는 자신이 어떻게 낌새를 알아차리 지 못했는지 믿을 수가 없었다.

"오 맙소사," 그가 말했다. "오 맙소사, 오 맙소사."

그가 벌떡 일어섰다. 그가 왔다 갔다 했다. 그가 소파를 발로 걷어 찼다. 그는 자신의 단단한 껍질을 깨뜨렸고 이제 몹시 흥분하고 공격 적으로 변했다. 그는 아파서 움찔하고 놀랄 때까지 벽을 주먹으로 쳐 댔다. 마치 스위치가 켜진 것 같았다. 강력한 조명등이 켜진 것처럼 그의 감정이 전력을 다해 밀려 들어왔다. 그는 더는 봉쇄되지도 억제되지도 않았다. 그는 폭발하고 있었다. 화산이 폭발하듯이. 그는 온몸에 상처를 입고 아무 보호도 받지 못한 채로 미친 듯이 몸부림치고 있었다. 내가 해야 할 역할이 바뀌었다. 나는 그가 자신의 감정 안으로 들어가도록 안내했다. 이제 나는 그가 감정에 너무 깊이 빠지지 않으면서, 강렬한 감정 안에서 자기 자신을 완전히 잃어버리지 않으면서 그 감정들을 경험하도록 도와야만 했다. 내가 미처 말을 꺼내기 전에 그가 상담실 한복판에서 경직되더니 소리를 질렀다. "나는 참을 수 없어요! 나는 그녀를 죽일 거예요. 나는 그들 둘 다 죽일 거예요."

"그녀를 죽이고 싶을 정도로 너무 화가 나는군요."

"네! 저는 그 나쁜 년을 죽일 거예요. 지금 당장 그렇게 할 거예요. 제가 뭘 가졌는지 보세요." 그는 과장해서 말하고 있는 게 아니었다. 정말 말 그대로 그런 뜻이었다. 그가 벨트 아래에서 권총을 꺼냈다.

"지금 당장 그녀를 죽일 거예요."

나는 경찰에 신고할 수도 있었다. 제이슨이 처음 상담실 안으로 걸어들어올 때 직감적으로 느꼈던 경고의 사이렌은 결코 잘못 울린 게 아니었다. 게다가 이제는 너무 늦었을지도 몰랐다. 나는 제이슨과 그의 부인에게 아이들이 있는지 없는지 몰랐지만, 그가 총을 휘두르는 모습을 보자 아이들이 엄마의 장례식장에서 울고 있고, 제이슨은 감옥에 갇혀 있는 장면이 상상됐다. 복수를 위한 한순간의 충동이 낳은 열기에 부모 모두를 잃은 아이들의 모습이 떠올랐다.

하지만 나는 경찰에 신고하지 않았다. 나는 내게 도움이 필요할지도 모른다고 조수에게 알리는 호출을 하지도 않았다. 그럴 때가 아니었다.

나는 그를 차단하지 않을 터였다. 나는 그의 의도의 파도에 올라타고 그것의 결과까지 함께 갈 터였다. "만약 당신이 바로 지금 그녀를 죽인다면 어떻게 될까요?" 내가 말했다.

"그렇게 할 겁니다!"

"무슨 일이 벌어질까요?"

"그녀는 죽어도 쌉니다. 그녀가 자초한 일이에요. 그녀는 내게 말했던 모든 거짓말을 후회하게 될 겁니다."

"만약 당신의 부인을 죽인다면 당신에게 어떤 일이 벌어질까요?"

"상관없어요!" 그가 총으로 나를 겨눴다. 양손으로 권총을 움켜잡고서 손가락은 방아쇠 옆에 얼어붙은 채 내 가슴팍을 똑바로 겨눴다.

내가 표적이 된 건가? 그가 자신의 분노를 내게 퍼붓는 건가? 실수로 방아쇠를 잡아당겨서 총알이 날아오면 어떡하지? 두려움에 떨고 있을 시간이 없었다.

"당신의 아이들이 소중한가요?" 나는 본능에 따라 행동했다.

"제 아이들을 언급하지 마세요." 제이슨이 소리를 질렀다. 그가 총구를 약간 낮췄다. 이제 그가 방아쇠를 잡아당기면 내 가슴이 아니라 내 팔이나 내 의자에 총알이 박힐 것이다.

"당신은 아이들을 사랑하나요?" 내가 물었다. 엄청나게 강렬하긴 하지만 분노는 가장 중요한 감정이 절대 아니다. 분노는 가장 바깥에 있는 감정이며, 훨씬 더 깊은 감정을 덮고 있는, 밖으로 노출된 얇은 표층에 불과하다. 그리고 분노라는 가면에 의해 가려져 있는 진짜 감정은 대개 두려움이다. 그리고 인간은 사랑과 두려움을 동시에 느낄 수 없다. 내가 제이슨의 마음에 호소할 수 있다면, 내가 단 1초 만이라도 그에게 사랑을 느끼게 할 수 있다면, 막 폭력으로 변하기 직전인 두려움의 신호를 중단시킬 수 있을 것이다. 이미 그의 분노는 잠시 멈춰 있다. "당신은 아이들을 사랑하나요?" 내가 다시 물었다.

제이슨은 대답하지 않았다. 감정들이 서로 싸우고 있는 십자로에 갇혀 옴짝달싹 못하는 것 같았다.

"제게는 아이가 셋 있어요. 딸 둘, 아들 하나. 당신은 어때요?" 내가 말했다.

"둘 다 있습니다." 그가 말했다.

"딸 하나, 아들 하나요?"

그가 고개를 끄덕였다.

"당신의 아들에 대해 내게 말해주세요." 내가 말했다.

제이슨의 안에서 무언가가 느슨해졌다. 새로운 감정이다. 나는 그것이 그의 얼굴에 스치는 것을 봤다.

"아들은 저와 많이 닮았어요." 제이슨이 말했다.

"부전자전이군요."

그의 두 눈은 더는 나 혹은 총에 초점을 두고 있지 않았다. 그는 다른 어딘가를 상상하고 있었다. 나는 이 새로운 감정이 무엇인지 아직 알 수 없었지만, 무언가가 움직였다는 사실은 확실히 알 수 있었다. 나는 맥락을 이어갔다.

"당신은 아들이 당신처럼 되기를 바라나요?" 내가 물었다.

"아니요!" 그가 말했다. "맙소사, 아니요."

"왜 아니죠?"

그가 고개를 가로저었다. 그는 내가 그를 이끄는 곳으로 가려 하지 않았다.

"당신이 '정말로' 원하는 게 뭔가요?" 내가 나지막하게 말했다. 이것은 대답하기 무서울 수 있는 질문이자, 한 사람의 삶을 바꿀 수 있는 질문이다.

"저는 이 상황을 참을 수가 없어요! 저는 이렇게 느끼고 싶지 않아요!"

"당신은 고통으로부터 자유로워지길 원하는군요."

"저는 그 나쁜 년이 대가를 치르길 원해요! 나는 그 여자가 날 갖고 놀게 내버려두지 않을 거예요." 그가 총구를 다시 올렸다.

"당신은 자신의 삶을 다시 통제할 수 있을 거예요."

"제기랄, 그렇게 할 거예요."

나는 이제 땀을 흘리고 있다. 그가 총을 내려놓도록 돕는 일은 나의 몫이다. 하지만 따라야 할 대본이 없었다. "그녀는 당신에게 잘못된 짓을 했어요."

"더는 아니에요! 이제 끝날 겁니다."

"당신은 당신 자신을 보호할 거예요."

"맞아요."

"당신은 아들에게 일들을 처리하는 법을 보여줄 거예요. 남자가 되는 방법을요."

"나는 아들에게 다른 사람들이 해치도록 내버려두지 않는 법을 알려줄 거예요."

"아이의 엄마를 죽여서 말이지요."

제이슨이 얼어붙었다.

"만약 당신이 아이의 엄마를 죽인다면, 당신은 당신의 아들을 해치는 게 아닌가요?"

제이슨은 손에 쥐고 있는 총을 응시했다. 이 사건 이후 내게 상담을 받으러 오면서, 제이슨은 이 순간 자신의 마음을 가득 채웠던 것에 대해 이야기했다. 제이슨은 자신의 아버지에 관해 내게 이야기했다. 그의 아버지는 폭력적인 남자였고 때로는 말로 때로는 주먹으로 제이슨을 흠씬 두들겨 팼다. 그리고 '이런 것들'이 남자가 하는 일이라고 말했다. '남자는 끄떡없다. 남자는 울지 않는다. 남자는 모든 것을 통제한다. 남자는 모든 것을 지배한다.' 제이슨은 항상 자신의 아버지보다 더 나은 아버지가 되고 싶었다고 내게 말했다. 하지만 제이슨은 위협하지 않고 아이들을 가르치고 안내하는 법을 알지 못했다. 내가 그에게 복수하고자 하는 그의 선택이 아들에게 어떠한 영향을 미칠지 생각해보라고 하자, 그는 그때까지 생각해보지 못했던 가능성을 갑자기 떠올릴 수 있었다. 폭력과 불안을 영구화하지 않는 삶의 방식, 그와 그의 아들을 복수가 유혹하는 감옥이 아닌 약속과 가능성의 넓은 하늘로 이끌어줄 삶의 방식을 떠올릴 수 있었다.

나는 이날 오후에 대해, 그리고 내 삶 전체에 대해 무언가를 배웠다. 때때로 우리 삶의 가장 끔찍한 순간들, 즉 추악한 욕망으로 우리를 빙빙 돌게 만드는 순간들, 참기 힘든 고통으로 우리를 미치게 만드는 순간들이 사실은 우리에게 자신의 가치를 알게 해주는 순간들이라는 점이다. 이는 우리 자신이 과거 전부와 미래 전부 사이를 연결하는 다리라는 사실을 인식하는 것과 같다. 우리는 우리가 받은 모든 것과 우리가 영구화하기로 선택할 수 있는-혹은 선택하지 않을 수 있는- 모든 것을 인식하게 된다. 이는 현기증과 비슷하게 아찔하고 두려운 느낌을 준다. 과거와 미래가 광활하지만 횡단할 수 있는 협곡처럼 우리를 둘러싸고 있다. 우주와 시간의 거대한 계획 안에서 우리는 미약하고, 우리 각자는 바퀴 전체가 계속 돌아가도록 유지하는 작은 장치에 불과하다. 그렇다면 우리는 자기 삶의 바퀴를 가지고 무엇에 동력을 공급할 것인가? 똑같은 상실이나 후회의 피스톤을 계속 밀 것인가? 아니면 과거로부터의 상처에 다시 개입하고 다시 행동할 것인가? 스스로 뭔가를 포기한 결과로 우리가 사랑하는 사람들을 포기할 것인가? 우리 아이들이 우리의 상실에 대해 계산을 치르게 할 것인가? 아니면 자신이 알고 있는 최고의 것을 가져와서 우리 삶의 들판에서 새로운 작물이 잘 자랄 수 있게 만들 것인가?

　권총을 들고 복수를 갈망하다가 아들의 얼굴을 떠올리고서 제이슨은 갑자기 자신에게 선택권이 있다는 사실을 깨닫게 되었다. 그는 죽이기로 선택할 수도, 사랑하기로 선택할 수도 있었다. 정복하거나 포기하거나. 슬픔과 맞서거나 고통을 대물림하거나. 그는 총을 떨어뜨렸다. 그는 이제 울고 있었다. 커다란 흐느낌이, 슬픔의 파도가 그의 몸을 덮쳤다. 그는 그 거대한 감정을 버틸 수가 없었다. 무릎을 꿇으며 바닥에 주저앉았고 머리를 숙였다. 다양한 감정들이 파도가 되어 그를 덮치고 산산이 부서지는 모습이 눈에 보이는 것만 같았다. 아픔과 수치심과 무너진 자존심, 훼손된 신뢰, 외로움, 그가 될 수 없고 절대 되지 않을 어떤 남자의 이미지 등이었다. 그는 절대 지는 법이 없는 남자가 될 수 없다. 항상 그는 어렸을 적 아버지에게 맞고 조롱당하던 남자일 것이고, 아내가 바람을 피운 남자일 것이다. 항상 내가 엄마와 아빠가 가스실에서 죽고 불태워지고 한 줌의 연기로 사라진 여자일 수밖에 없는 것처럼 말이다. 제이슨과 나는 모든 사람이 그러하듯 늘 고통을 견뎌야 할 것이다. 우리는 고통을 지울 수 없다. 하지만 우리는 우리가 어떠한 사람인지 그리고 어떠한 일이 우리에게 행해졌는지 받아들인 후 앞으로 나아갈 수 있다. 제이슨은 무릎을 꿇은 채 울고 있었다. 나는 그와 함께 바닥에 무릎을 꿇었다. 우리가 사랑했고 의지했던 사람들은 사라지거나 우리를 낙담시켰다. 그를 안아줄 필요가 있었다. 나는 그를 안아주었다. 나는 그를 내 가슴팍으로 끌어당겼고 그는 내 무릎 위로 무너져내렸다. 나는 그를 안았고 우리는 우리의 눈물이 내 실크 블라우스를 완전히 흠뻑 적실 때까지 함께 울었다.

제이슨이 상담실을 떠나기 전에 나는 그에게 총을 달라고 요구했다. (나는 이 총을 오랫동안 가지고 있었다. 너무 오래된 나머지 내 벽장 속에 있다는 사실조차 잊어버리고 있었다. 나는 샌디에이고로 사무실을 이전하기 위해 짐을 꾸리다가 이 총이 여전히 장전된 채로 서류 캐비닛 서랍 속에 있는 것을 발견했다. 이 총을 보자 우리가 숨기려 애쓰는 불안과 고통, 우리가 의식적으로 대면하고 분해할 때까지 집요하게 계속되는 손상의 가능성 등이 떠올랐다.) "지금 떠나도 안전하겠어요?" 내가 물었다. "집에 가도 안전하겠어요?"

"잘 모르겠습니다."

"총을 가지고 있지 않으면 불안감이 느껴질 거예요. 만약 분노가 다시 돌아오면 갈 수 있는 어떤 곳이 있나요? 누군가를 해치거나 죽여야만 한다는 마음이 들 때 말이에요."

그는 가장 친한 친구의 집에 가겠다고 말했다. 그에게 아내의 불륜에 대해 말해주고 내게 상담을 받으러 가보라고 권유한 친구였다.

"우리는 당신이 부인에게 어떻게 말할지 연습해야 해요." 우리는 대본을 만들었다. 그가 대본을 썼다. 그는 그녀에게 이렇게 말할 것이다. "나는 너무 슬프고 너무 화가 나. 나는 오늘 밤 이 문제에 관해 대화를 나눠볼 수 있으면 좋겠어." 그는 부인과 단둘이 있기 전까지는 이 이상을 말하면 안 됐다. 또한 폭력 대신 말로 의사소통할 수 있을 때에야만 가능하다. 그는 집으로 갈 수 없다고 느껴지면 즉시 내게 전화를 걸기로 약속했다. 만약 살인 충동이 다시 들면 안전한 곳을 찾아 앉아 있거나 산책을 하기로 약속했다. "방문을 닫으세요. 아니면 밖으로 나가세요. 혼자 있으세요. 심호흡을 하고, 또 심호흡을 하고, 또 심호흡을 하세요. 감정들은 지나갈 겁니다. 통제가 안 된다는 느낌이 들기 시작하면 내게 전화하겠다고 약속해요. 일단 그 상황에서 빠져나오세요. 그런 다음 안전을 확보하고 나서 내게 전화를 거세요."

그가 다시 울기 시작했다. "지금껏 아무도 선생님처럼 제게 관심을 가지지 않았어요."

"우리는 함께 좋은 팀을 이룰 겁니다. 당신이 나를 실망시키지 않으리라는 걸 잘 알아요." 나는 그에게 말했다.

제이슨은 이틀 후 내 상담실에 다시 왔고 그 후 5년 동안 내게 심리 치료를 받았다. 하지만 그의 이야기가 어떻게 펼쳐질지 미처 알기 전에, 내게는 스스로 정면으로 부딪쳐야 할 전환점이 생겼다.

제이슨이 상담실을 떠나고 난 후 나는 총을 서랍에 집어넣고 의자에 앉아 깊고 천천히 호흡하며 침착함을 되찾았다. 그러고선 제이슨이 상담실에 방문하기 직전에 조수가 내게 건네준 우편물을 분류했다. 그리고 거기에서 나는 내 삶의 방향을 바꾸게 되는 또 다른 편지를 발견했다. 예전에 윌리엄 버몬트에서 동료로 일했던 미 육군 군목 데이비드 뵈어에게서 온 편지였다. 그는 이제 뮌헨에 있는 종교자원센터의 센터장으로 일하며 유럽에서 복무하고 있는 미 육군 군목들과 그들의 조수들에게 임상 훈련을 집행하는 일을 책임지고 있었다. 편지는 데이비드가 한 달 후에 주최할 워크숍에서 600명의 군목들에게 강연해달라는 요청이었다. 다른 어떤 상황이었더라면 나는 기꺼이 제안을 받아들였을 것이고 누군가에게 도움이 될 수 있다는 사실에 영광이라고 생각했을 것이다. 윌리엄 버몬트에서의 임상경험 그리고 현역병과 참전 군인을 성공적으로 치료한 경험 덕분에, 나는 많은 군인 청중 앞에서 강연해달라는 요청을 많이 받아왔다. 그리고 나는 그렇게 하는 것이 단지 개인적 영광만이 아니라 내 도덕적 의무이기도 하다고 항상 느꼈다. 전쟁포로였던 사람으로서, 미국 군인들에 의해 해방된 사람으로서 말이다. 하지만 데이비드의 워크숍은 독일에서 열리기로 예정되어 있었다. 게다가 독일의 그냥 아무 곳이 아니었다. 베르히테스가덴이었다. 바이에른의 산맥 속 히틀러의 옛 별장이 있는 바로 그곳.

# 그러면 히틀러가 이긴다

나를 오싹하게 만드는 것은 사무실의 냉각 통풍구에서 흘러나오는 차가운 바람이 아니다. 곧 나는 53세가 된다. 나는 더는 전쟁에 짓밟힌 유럽을 탈출한, 고아인 어린 엄마가 아니다. 나는 더는 과거로부터 숨으려 애쓰는 이민자가 아니다. 나는 이제 에디트 에바 에거 박사다. 나는 살아남았다. 나는 치유하기 위해 열심히 노력했다. 나는 내 고통스러운 과거로부터 배운 것들을 활용해 다른 사람들을 치유하도록 돕는다. 사회복지단체와 의학단체, 군사단체에서 자문을 요청받아 외상후 스트레스 장애에 고통받는 환자들을 치료한다. 나는 미국으로 탈출한 이후 먼 길을 걸어왔다. 하지만 전쟁 이후로 한 번도 독일에 돌아간 적이 없다.

그날 저녁, 제이슨이 아내와의 갈등을 어떻게 처리하고 있는지에 대한 걱정에서 벗어나기 위해, 그리고 결정을 내리지 못하고 같은 자리에서 빙빙 맴도는 상태를 완화하기 위해, 샌디에이고에 사는 마리안느에게 전화를 걸어 내가 베르히테스가덴에 가는 일에 대해 어떻게 해야 할지 물어본다. 마리안느는 이제 아이 엄마가 되었고 심리학자가 되었다. 우리는 가장 힘든 내담자들에 대해 서로 자문하곤 한다. 긴 시간 동안 총을 들고 있던 제이슨과 마찬가지로, 지금 내가 내려야 하는 결정은 내 아이들과 많은 관계가 있다. 내가 세상을 떠난 후에 내 아이들은 어떤 종류의 상처를 안고 살아가야 할까. 치유된 상처일까, 치유되지 못한 상처일까.

"잘 모르겠어요, 엄마." 마리안느가 말한다. "엄마한테 독일에 가라고 말하고 싶어요. 엄마는 살아남았고, 이제 돌아가서 엄마의 이야기를 들려줄 수 있어요. 훌륭한 업적이니까요. 하지만… 혹시 제가 대학에 다닐 때 하숙하던 가족의 친구분들이었던 덴마크 부부 기억나세요? 그분들은 평온해지리라 기대하면서 아우슈비츠에 다시 방문했어요. 하지만 모든 트라우마가 되살아나고 말았죠. 그 경험은 극심한 스트레스를 일으켰어요. 그리고 집으로 돌아왔을 때 두 분 모두 심장마비를 겪었어요. 결국 두 분 모두 돌아가셨어요, 엄마."

베르히테스가덴은 아우슈비츠가 아니라고 나는 마리안느에게 상기시킨다. 그곳은 과거에 내가 있었던 지역이 아니라 히틀러가 있었던 지역이다. 그렇지만, 엘파소에서의 사소한 일상생활조차 내게 아직 플래시백을 촉발한다. 나는 사이렌 소리를 들으면 온몸이 차가워진다. 공사 현장 주변에 철조망이 둘러 있는 것을 보면 갑자기 과거로 돌아간다. 푸르딩딩한 시체들이 철조망에 걸려 있는 모습이 보이고 나는 공포에 사로잡혀 옴짝달싹하지 못한 채 살아남기 위해 발버둥을

친다. 이러한 일상적인 계기들조차 트라우마를 되살리는데, 만약 독일어를 말하는 사람들에 둘러싸여 있다면 어떤 일이 벌어질까? 예전에 히틀러유겐트(독일 나치당이 만든 청소년 조직)였을지 모르는 사람들 사이를 걸어 다니고, 히틀러와 그의 참모들이 한때 살았던 바로 그 공간에 머무르면 어떤 느낌이 들까?

"만약 얻을 수 있는 게 있다고 생각하시면 가세요. 엄마, 저는 엄마를 응원해요." 마리안느가 말한다. "하지만 반드시 엄마를 위한 일이어야만 해요. 다른 누군가에게 어떤 것을 증명하실 필요는 없어요. 꼭 가셔야 하는 건 아니에요."

마리안느의 말을 듣고 나자 곧바로 안도감이 든다. "고마워, 마추커." 내가 말한다. 나는 이제 안전하다. 행복하다. 나는 내 임무를 다했다. 나는 성장했다. 이제 나는 과거를 떠나보낼 수 있다. 끝낼 수 있다. 나는 초청해줘서 영광이지만 너무 고통스러워서 초청을 받아들이지 못하겠다고 말할 수 있다. 데이비드는 이해할 것이다.

하지만 내가 벨러에게 초청을 거절하기로 했다고 말하자 그가 내 어깨를 움켜잡는다. "만약 당신이 독일에 가지 않는다면, 그러면 히틀러가 전쟁에서 이기는 거야." 그가 말한다.

이것은 내가 듣고 싶은 말이 아니다. 갑자기 명치를 한 대 얻어맞은 듯한 느낌이다. 하지만 나는 그가 한 가지에 관해서는 옳다는 사실을 인정해야만 한다. 자신이 스스로 책임지고 희생자 의식을 없애는 일보다 자신의 고통에 대해 다른 사람이나 다른 어떤 것에 책임을 지우는 일이 더 쉽다. 우리의 결혼생활이 내게 이 사실을 가르쳐주었다. 벨러에 대한 분노와 좌절감 때문에 나의 일과 성장에 주의를 집중하지 못할 때마다, 나의 불행에 대해 그를 책망하는 일이 나 스스로 책임을 지는 일보다 더 쉬웠다.

대부분 사람은 독재자(자비롭다고 하더라도)를 원한다. 책임을 전가하고 이렇게 말할 수 있도록 말이다. "당신이 내가 그렇게 하도록 만들었어. 내 잘못이 아니야." 하지만 우리는 다른 사람의 우산 아래에 서 있으면서 자신의 몸이 젖고 있다고 불평하며 일생을 보내서는 안 된다. 희생자가 된다는 것은 자기 자신의 외부에 초점을 맞추고 내다보며, 현재 상황에 대해 책망할, 혹은 자신의 목적, 운명, 가치를 대신 결정할 누군가를 찾는 일이다.

그리고 이것이 벨러가 내게 베르히테스가덴에 가지 않으면 히틀러가 이기는 것이라고 말한 이유이다. 내가 나의 과거와 시소를 타고 있다는 뜻이다. 내가 반대편 자리에 히틀러나 멩겔레, 혹은 심연과도 같은 상실감을 놓는다면, 나는 어떻게든 정당화할 수 있고 항상 핑곗거리를 가질 수 있다. '그래서' 내가 불안한 거야. '그래서' 내가 슬픈 거야. '그래서' 내가 독일에 갈 수 없는 거야. 내가 불안하거나 슬프거나 두렵다고 느끼는 것이 잘못되었다는 얘기가 아니다. 내 삶의 정중앙에 트라우마가 없다는 얘기가 아니다. 또한 히틀러와 멩겔레, 폭력적이고 잔인한 모든 가해자가 그들이 초래한 피해에 대한 책임을 지지 말아야 한다는 얘기도 아니다. 하지만 만약 내가 이 시소에 계속 앉아 있는다면, 나는 내가 현재 선택하는 일들에 대해 반복해서 과거에 책임을 지우게 될 수밖에 없다.

오래전에, 멩겔레의 손가락은 나를 가리키며 내 운명을 결정지었다. 그는 내 엄마를 죽게 하고 마그다 언니와 나는 살게 했다. 선별하는 줄에 설 때마다 우리는 삶과 죽음의 갈림길에 서야 했고 선택은 결코 나의 몫이 아니었다. 하지만 그때조차도, 나의 감옥에서조차도, 지옥에서조차도, 나는 내가 어떻게 대응할지를 선택할 수 있었다. 나는 어떻게 말하고 어떻게 행동할지 선택할 수 있었고, 마음속에 무엇을 품을지 선택할 수 있었다. 나는 전기가 흐르는 철조망으로 걸어 들어가거나 침대에서 일어나기를 거부하기로 선택할 수도 있었다. 혹은 공포와 상실의 한복판에서도 에릭의 목소리와 엄마의 슈트루델을 생각하고, 내 옆의 마그다 언니를 생각하고, 내가 살아야만 하는 모든 이유를 떠올리며 싸우고 살아남기로 선택할 수도 있었다. 내가 지옥을 떠난 이후 35년이 흘렀다. 공황발작은 낮이든 밤이든 아무 때에나 찾아온다. 공황발작은 내가 우리 집의 거실에 있어도 마치 히틀러의 옛 벙커에 있을 때만큼이나 손쉽게 나를 장악할 수 있다. 나의 공포는 단순히 외부적인 촉발 계기의 결과가 아니기 때문이다. 나의 내면에 살아 있는 기억과 공포의 표출이기 때문이다. 만약 내가 지구의 특정한 지역으로부터 계속 나를 추방한다면, 두려워하고 있는 나의 내면을 추방하고 싶다고 말하는 것과 마찬가지일 것이다. 아마 그 지역에 가까이 감으로써 배울 수 있는 무언가가 있을 것이다.

게다가 내가 남길 유산은 어떠한가? 불과 한 시간 전에, 제이슨은 자기 삶의 전환점과 대면했다. 그 순간 그는 손에 총을 쥐고 있었지만, 방아쇠를 당기지 않았고, 그 순간 그는 자신이 아이들에게 남길 유산에 대해 생각했다. 그리고 폭력이 아닌 다른 어떤 것을 선택했다. 나는 어떤 유산을 남기고 싶은가? 내가 사라지고 난 세상에 무엇을 남길 것인가? 나는 이미 비밀과 부정과 수치심을 포기하기로 선택했다. 하지만 나는 진정으로 과거와 화해했는가? 내가 고통을 영구화하지 않기 위해 해결해야 할 무언가가 더 있지는 않은가?

나는 주무시다가 갑자기 돌아가신 외할머니를 떠올린다. 유년기의 갑작스러운 상실이 남긴 트라우마는 매우 어린 시절부터 엄마에게 배고픔과 두려움의 흔적을 남겼고, 엄마는 희미한 상실감을 자신의 아이들에게 남겼다. 엄마의 부드러운 피부, 탐스러운 머리카락, 깊은 눈 이외에 나는 무엇을 남길 것인가? 엄마를 너무 어린 나이에 잃었다는 슬픔과 분노 이외에 나는 무엇을 남길 것인가? 만약 내가 트라우마의 장소에 돌아가서 대물림을 끊고, 다른 유산을 창조할 수 있다면 어떻게 될까?

나는 베르히테스가덴으로 오라는 초청을 받아들인다.

# 괴벨스의 침대

  전화 너머로 미 육군 군목 데이비드 뵈어 박사가 내 방문에 대해 브리핑을 해줬다. 나는 바이에른의 산맥 높은 곳에 자리 잡은 제너럴 워커 호텔에 있는 미 육군 휴양소에서 임상 목회 수련회를 위해 모인 600명의 미 육군 군목들에게 강연할 것이다. 제너럴 워커 호텔은 히틀러의 나치 친위대 장교들을 위해 숙소와 회의장으로 사용됐던 곳이다. 뵈러와 나는 이곳 근처에 있는 춤 튀르켄 호텔에 묵을 것이다. 춤 튀르켄 호텔은 히틀러의 내각 관료와 외교상 방문자들을 위해 사용됐던 곳이다. 또한 춤 튀르켄 호텔은 영국의 총리인 네빌 체임벌린이 1938년에 묵었던 곳이기도 하다. 그는 히틀러와 만난 후 고국으로 잘못된 승리의 뉴스, 즉 자신이 '우리 시대의 평화'를 지켰다는 뉴스를 가지고 돌아갔다. 또한 이곳은 아돌프 아이히만이 직접 히틀러에게 유대인 말살 계획인 '최종 해결Final Solution'에 대해 브리핑했을 가능성이 큰 곳이기도 하다. 히틀러의 옛 거주지인 '베르크호프Berghof' 혹은 '독수리의 둥지Eagle's Nest'는 여기에서 조금만 걸어가면 있다.

내 청중들은 치유 기술 전문가들로 구성될 것이다. 미 육군 군목들은 영적 카운셀러 역할 이외에도 행동 치료 제공자로서의 역할도 수행한다. 또한 데이비드가 말하기를, 처음 시행되는 제도이지만 군목들은 신학 공부를 보충하기 위해 임상 목회 교육을 일 년간 받아야 한다고 했다. 군목들에게는 종교적 교리뿐만 아니라 심리학 훈련이 필요했고, 데이비드는 유럽에 배치된 군목들을 데리고 임상심리학에 관해 일주일 동안 수련회를 진행하는 책임자였다. 나는 그 수련회에서 기조연설을 할 것이다.

데이비드는 군목들과 그들이 담당하는 군인들에 대해 더 자세히 말해주었다. 이들은 내가 젊을 무렵의 군인들도 아니고, 내가 윌리엄 버몬트 군사 병원에서 치료하곤 했던 군인들도 아니었다. 이들은 평시의 군인들이고, 냉전의 군인들이고, 무대 뒤 전쟁의 군인들이다. 이들은 매일 폭력을 경험하며 살고 있진 않지만, 그런데도 항상 높은 긴장 상태를 유지하고 있고, 평화를 유지하되 전쟁에 늘 대비하고 있다. 대부분의 냉전 군인들은 미사일들이 사전배치된 지역에 배치된다. 이 미사일들은 이동 발사대에 장착된 채로 이미 전략적 지역들에 숨겨져 있다. 이 군인들에게는 끊임없이 계속되는 전쟁의 위협과 함께 살아가는 것이, 경보훈련이거나 아니면 실제 공격의 신호일 수 있는 한밤중의 사이렌 소리와 함께 살아가는 것이 일상생활이었다. (마치 아우슈비츠에서의 샤워처럼 말이다. 물일까 가스일까? 절대 알 수가 없다.) 내가 강연해야 할 군목들은 군인들의 영적인 필요와 심리적인 필요를 지지하는 일을 책임지는 사람들이다. 그리고 이 군인들은 전면

전을 막기 위해 최선을 다하고, 만에 하나 벌어질 수 있는 일에 대비하기 위해 최선을 다한다.

"그들에게 무슨 말을 들려줘야 할까요? 내가 무엇에 관해 이야기하는 게 그들에게 도움이 될까요?" 내가 물었다.

"희망입니다." 데이비드가 말했다. "그리고 용서입니다. 만약 군목들이 이것에 관해 말할 수 없다면, 만약 우리가 이것에 관해 이해할 수 없다면, 우리는 우리의 임무를 다할 수 없을 것입니다."

"왜 저인가요?"

"희망과 용서에 관해 종교인이나 신학자에게 강연을 들을 수도 있겠지요." 데이비드가 설명했다. "하지만 당신은 모든 것을 빼앗겼을 때, 굶주린 채 죽음을 맞이하도록 방치되었을 때조차도 희망을 버리지 않았던 일에 대해 말할 수 있는 몇 안 되는 사람입니다. 저는 그러한 종류의 신뢰성을 가진 사람은 당신밖에 알지 못합니다."


한 달 후, 벨러와 나는 베를린에서 출발해 베르히테스가덴에 도착하는 기차에 타고 있다. 나는 나 자신이 가장 신뢰할 수 없는 사람처럼 느껴진다. 희망과 용서에 관해 이야기할 자격이 있는 지구의 마지막 사람처럼 느껴진다. 두 눈을 감자 악몽에서 늘 듣던 소리가 들린다. 기차 바퀴가 선로와 맞닿아 계속 회전하는 소리. 나의 부모님이 보인다. 아빠는 면도하기를 거부하고 엄마는 자신의 내면에 몰두해 있다. 그 순간, 벨러가 내 손을 잡는다. 마리안느가 태어난 날 그가 내게 줬던 금팔찌를 그가 손가락으로 만진다. 우리가 프레쇼프로 도주했을 때 내가 마리안느의 기저귀 안에 집어넣었던 바로 그 팔찌이자 내가 지금도 매일 차고 다니는 팔찌다. 이 팔찌는 승리의 징표다. 우리는 해냈다. 우리는 살아남았다. 우리는 삶을 지켜냈다. 하지만 벨러가 안심시켜도, 부드러운 금속이 내 피부를 간지럽혀도, 내 본능 속에 쌓이고 있는 두려움은 조금도 사그라들려 하지 않는다.

벨러와 나는 우리와 비슷한 나이의 독일인 커플과 같은 기차 객실 칸에 머무른다. 그들은 유쾌한 사람들이다. 그들은 우리에게 자신들이 가져온 페이스트리를 권하고 여자는 나의 옷차림을 칭찬한다. 만약 내가 열일곱 살이었을 때 가느다란 줄무늬 원피스를 입고 독일 기차의 지붕에 앉아 폭탄 세례 속에서 인간 방패가 되어 목숨을 걸고 나치의 탄약을 강제로 지켜야만 했다는 사실을 알면 그들은 뭐라고 말할까? 그리고 내가 기차의 지붕에서 벌벌 떨고 있었을 때 그들은 어디에 있었을까? 그들은 전쟁 중에 어디에 있었을까? 그들은 우리가 독일인 마을을 행군해 통과할 때 마그다 언니와 나를 향해 침을 뱉던 그 아이들이었을까? 그들은 히틀러 청소년단이었을까? 그들은 현재 과거에 대해 생각하고 있을까? 아니면 내가 오랫동안 그래왔듯이 과거를 부정하고 있을까?

내 안의 두려움은 다른 무언가로 바뀐다. 맹렬하고 걷잡을 수 없는 감정, 즉 분노다. 나는 마그다 언니의 분노를 기억한다. '전쟁이 끝나고 나면, 나는 독일인 아이 엄마를 죽일 거야.' 마그다 언니는 우리의 상실감을 지울 수 없었다. 하지만 언니는 입장을 완전히 뒤집어 생각할 수 있었고 보복할 수 있었다. 때때로 나는 정면으로 맞서고 싶어 하는 언니의 욕구에 공감했다. 하지만 복수를 하고 싶어 하는 욕구는 아니었다. 나의 황폐함은 살해하고 싶은 충동이 아니라 자살하고 싶은 충동으로 나타났다. 하지만 이제 분노가 내 안에 쌓이고 있다. 맹렬한 기세의 분노가. 그리고 그 분노는 점점 힘과 속도가 높아지고 있다. 나는 나의 옛 가해자였을지도 모르는 사람들에게서 몇 인치밖에 떨어지지 않은 채 앉아 있다. 나는 내가 무슨 짓을 저지를지 몰라서 두렵다.

"벨러." 내가 속삭인다. "나는 충분히 멀리 온 것 같아요. 이제 집에 가고 싶어요."

"이전에도 계속 두려워했잖아." 벨러가 말한다. "그 감정을 환영하도록 해." 벨러가 내게 나 또한 믿고 있는 사실을 상기해준다. 이는 치유의 과정이다. 우리는 고통스러운 것, 두려운 것을 부정한다. 무슨 수를 써서라도 그것을 회피한다. 그런 다음, 가장 두려워하는 것을 환영하고 수용하는 방법을 찾게 된다. 그러고서 우리는 마침내 그것을 떠나보낼 수 있다.

우리는 베르히테스가덴에 도착해 셔틀 밴을 타고 춤 튀르켄 호텔로 향한다. 춤 튀르켄 호텔은 현재 호텔이자 박물관이기도 하다. 나는 이 장소의 불길한 역사를 무시하려 애쓰며 얼굴을 들어 주변에 솟아 있는 산봉우리들을 보며 물리적 장대함에 감탄한다. 눈이 쌓인 바위로 된 산맥이 내게 타트라산맥을 생각나게 한다. 그곳에서 벨러와 나는 처음 만났고 그는 마지못해 나를 결핵병원까지 보호자로서 동반했다.

호텔 안에서 벨러와 나는 안내원이 우리를 에거 박사와 에거 부인이라고 부르자 크게 웃는다.

"에거 박사와 에거 씨입니다." 벨러가 말한다.

이 호텔에 있으니 타임머신을 타고 과거로 돌아간 듯한 느낌이다.

객실들은 1930년대와 1940년대의 모습 그대로 남아 있다. 두꺼운 페르시아 양탄자가 바닥에 깔려 있고 객실용 전화기가 따로 없다. 벨러와 나는 히틀러의 선전 장관인 요제프 괴벨스가 묵었던 객실에 배정받는다. 한때 그가 사용했던 바로 그 침대, 바로 그 거울과 화장대와 침대용 스탠드가 있다. 객실의 출입문에 들어선 순간 내면의 평화가 산산이 조각나는 것이 느껴진다. 내가 지금 여기에 서 있는 것은 무엇을 의미할까? 벨러는 화장대 위와 침대 위를 손으로 쓱 훑더니 창가로 간다. 역사가 두개골을 움켜잡는 듯 느껴지는데 그도 역시 그렇게 느끼는 것일까? 나는 주저앉지 않기 위해 침대 기둥을 붙잡는다. 벨러가 뒤를 돌아 나를 쳐다본다. 그가 내게 윙크하고서 노래를 부르기 시작한다.

'히틀러와 독일을 위한 봄날이라네!' 그가 노래한다. 멜 브룩스의 뮤지컬 코미디 영화 〈프로듀서The Producers〉에 나오는 노래의 가사다. '독일은 행복하고 기운차다네!'

벨러는 창문 앞에서 손에 지팡이를 쥔 시늉을 한 채 탭댄스를 춘다. 우리는 〈프로듀서〉가 1968년에 개봉했을 때 함께 관람했다. 우리가 이혼한 해의 전년도였다. 나는 수백 명의 사람이 깔깔대며 웃는 극장 안에 앉아 있었고 벨러는 누구보다 가장 크게 웃었다. 하지만 나는 미소조차 지을 수 없었다. 이성적으로는 풍자의 목적을 잘 알고 있었다. 웃음은 우리를 고양하고 우리가 힘든 시간을 극복하고 헤쳐나갈 수 있게 도와준다. 웃음은 치유의 수단이다. 하지만 이 노래를 지금 이곳에서 듣다니, 정도가 지나쳤다. 나는 벨러에게 불같이 화를 낸다. 그가 눈치가 없다는 사실이 화가 난다기보다는, 그가 그렇게 빠르게 성공적으로 괴로움에서 벗어날 수 있다는 사실이 화가 난다. 밖으로 나가야 한다.

나는 혼자서 산책을 나선다. 호텔 로비 밖에는 바로 히틀러의 옛 거주지인 베르크호프, 즉 독수리의 둥지로 향하는 산책길이 있다. 나는 그 길을 선택하지 않을 것이다. 나는 히틀러에게 자신의 집, 자신의 존재를 인정받는 만족감을 선사하지 않을 것이다. 나는 과거에 발이 묶여 있지 않다. 나는 다른 길을 선택해 다른 봉우리로 가서 탁 트인 하늘을 볼 것이다.

그 순간 나는 걸음을 멈춘다. 지금 나는 죽은 자에게 나의 발견을 막을 수 있는 권한을 영원히 부여하고 있다. 내가 독일에 온 이유는 이것이 아닌가? 불편함에 더 가까이 다가가기 위해서? 과거가 아직 내게 가르치려 하는 것이 무엇인지 알아내기 위해서?

나는 자갈길을 미끄러지듯 걸어 한때 히틀러의 웅장한 사유지였던, 절벽 끝에 있는 미지의 유적지로 향한다. 현재 그곳에 남아 있는 것이라고는 이끼에 뒤덮인 오래된 축대벽과 자갈 조각들, 땅에서 튀어나온 파이프들밖에 없다. 나는 히틀러가 했었을 것처럼 골짜기를 내려다본다. 히틀러의 집은 사라지고 없다. 미군들이 전쟁의 마지막 며칠 동안 그것을 깡그리 불태워버렸다. 하지만 불태우기 전에 그들은 히틀러의 와인과 코냑 창고를 습격했다. 그리고 그들은 연기와 화염에 뒤덮인 히틀러의 집을 뒤로 한 채 테라스에 앉아서 건배했다. 그의 집은 사라졌다. 하지만 히틀러는 어떠한가? 나는 여전히 여기에서 그의 존재를 느낄 수 있는가? 토할 것 같은 느낌과 등골이 오싹한 기분을 내가 극복할 수 있는지 시험해본다. 나는 그의 목소리를 들으려 귀를 기울인다. 증오에 가득 찬 그의 목소리, 악마의 끈질긴 외침을 들으려 귀를 기울인다. 하지만 오늘 이곳은 조용하다. 나는 산맥을 올려다본다. 주위를 둘러싼 봉우리들에서 흐르는 눈 녹은 물을 마시고 피어난 야생화들이 보인다. 나는 한때 히틀러가 걸었던 그 계단 위를 걷는다. 하지만 그는 이제 여기에 없다. 하지만 나는 여기에 있다. 이곳은 '지금' 봄철이지만 히틀러에게는 아니다. 나에게는 봄이다. 고요한 눈의 맨 위 딱딱한 부분은 이제 다 녹았다. 조용한 죽음의 겨울은 새로이 돋아난 이파리들과 세차게 흐르는 물에 무릎을 꿇었다. 내가 내면에 항상 지닌 겹겹의 끔찍한 슬픔 안에서 또 다른 감정이 뚫고 나온다. 그것은 오래 얼어 있던 눈이 봄을 맞아 처음으로 녹아 흘러내리는 물이다. 산비탈 밑에서 고동치면서 물이 말한다. 내 심장의 심실들이 말한다. '나는 살아 있어.' 졸졸 흐르는 물줄기가 말한다. '나는 해냈어.' 승리의 노래가 나를 가득 채우고, 심장 밖으로 밀고 나와, 입을 통해 위의 하늘과 아래의 골짜기를 향해 퍼져나간다.

"너를 놓아줄게!" 나는 그 오래된 슬픔에 소리친다. "너를 놓아줄게!"


"템포라 무탄투르, 에트 노스 무타무르 인 일리스*Tempora mutantur, et nos mutamur in illis*." 다음 날 아침 나는 군목들에게 기조연설을 하면서 말한다. "이 말은 제가 어릴 적에 배운 라틴어 구문입니다. 시간은 항상 변화하고 있고 우리도 그에 따라 변화하고 있습니다. 우리는 항상 무언가가 되어가는 과정 안에 있습니다." 나는 그들에게 나와 함께 40년 전으로 돌아가 보자고 요청한다. 우리가 지금 앉아 있는 이 산촌 지역, 아마 바로 이 공간에서, 매우 교육을 많이 받은 열다섯 명의 사람들은 하나의 화장장에서 한 번에 몇 명이나 되는 사람들을 소각할 수 있는지 심사숙고했을 것이다. "인류의 역사에는 항상 전쟁이 있었습니다." 내가 말한다. "항상 잔인함과 폭력과 증오가 있었습니다. 하지만 인류의 역사 그 어느 때에도 이만큼 과학적이고 체계적인 몰살은 존재하지 않았습니다. 저는 히틀러의 끔찍한, 죽음의 수용소에서 살아남았습니다. 어젯밤 저는 요제프 괴벨스의 침대에서 잠을 잤습니다. 사람들은 제게 묻습니다. 어떻게 과거를 극복하게 됐죠? 극복? 극복이라고요? 저는 어떠한 것도 극복하지 않았습니다. 구타, 폭격, 선별의 줄, 죽음, 하늘로 치솟는 연기 기둥, 끝장이라고 생각한 공포의 순간들. 이모든 것은 제 안에 계속 살아 있습니다. 제 기억과 제 악몽 속에 말이지요. 과거는 사라지지 않습니다. 과거는 초월할 수도, 도려낼 수도 없습니다. 과거는 제 안에 계속 살아 있습니다. 하지만 과거가 제게 준 관점도 마찬가지로 제 안에 살아 있습니다. 제가 살아남아서 해방을 맞을 수 있었던 이유는 제가 가슴 안에 희망의 불씨를 살려뒀기 때문입니다. 제가 자유로워질 수 있었던 이유는 제가 용서하는 법을 배웠기 때문입니다."

용서는 쉽지 않다고 나는 그들에게 말한다. 원한을 품고 복수를 꿈꾸기가 더 쉽다. 나는 이스라엘에서 만났던 동료 생존자들인 용감한 남성들과 여성들에 대해 이야기한다. 그들은 내가 용서를 언급하자 고통스러운 표정을 지었다. 용서하는 것은 죄를 묵인하거나 잊는 것이라고 했다. 왜 용서해야 하는가? 그렇게 한다면 히틀러가 자신이 저지른 짓에 대해 처벌을 면하게 하는 것 아닌가?

나는 소중한 친구 러치 글러드슈테인에 관해 이야기한다. 그는 전쟁 이후 나에게 과거에 관해 분명하게 말한 적이 단 한 번 있었다. 내가 이혼한 이후였고 그는 내가 돈 때문에 고생하고 있다는 사실을 알게 됐다. 그는 내게 전화를 걸어 생존자들을 대리하여 배상금 소송을 진행하는 변호사를 알고 있다고 말했다. 그는 내게 생존자로 나서서 나의 몫을 찾으라고 권유했다. 이것은 많은 사람에게 올바른 선택이었지만 나에게는 아니었다. 마치 피 묻은 돈처럼 느껴졌다. 마치 누군가가 내 부모님의 목숨에 가격을 매긴 것처럼 느껴졌다. 그렇게 하면 우리를 파괴하려 했던 사람들과 영원히 묶여 있게 될 것처럼 느껴졌다.

우리는 고통으로부터, 과거로부터 감옥을 만들어내기 쉽다. 하지만 기껏해야 복수는 아무 소용없을 뿐이다. 복수는 우리에게 행해진 일을 바꿀 수 없고 우리가 겪은 고통을 지울 수 없다. 죽은 이들을 되살릴 수도 없다. 최악의 경우, 복수는 증오의 사이클을 영구화한다. 복수는 증오가 계속해서 순환하게 만든다. 복수를 노릴 때, 그것이 비폭력적인 복수라고 하더라도, 우리는 앞으로 나아가지 못하고 계속 같은 자리에서 맴돌게 된다.

나는 어제 이곳에 도착했을 때만 하더라도 내가 여기에 온 것이 건강한 종류의 복수라고 생각했다. 마땅한 벌을 내리고 보복을 하는 것으로 생각했다. 하지만 그 후 베르크호프의 절벽에 서서 아래를 내려다보면서, 복수는 나를 자유롭게 만들지 못한다는 생각이 들었다. 그래서 나는 히틀러의 옛집이 있던 자리에 서서 그를 용서했다. 이것은 히틀러와는 아무 상관이 없었다. 내가 나를 위해 한 일이었다. 나는 평생 정신적, 영적 에너지를 있는 힘껏 쏟아 히틀러를 내게 묶어놓게 만든 나의 내면을 떠나보내고 놓아주었다. 내가 그 분노에 계속 매달리는 한 나는 고통스러운 과거에 갇힌 채, 나의 슬픔 안에 갇힌 채 히틀러와 영원히 묶여 있을 수밖에 없었다. 용서하는 것은 슬퍼하는 것이다. 일어난 일에 대해, 일어나지 않은 일에 대해. 그런 다음 다른 과거를 바라는 마음을 버리는 것이다. 삶을 과거에 있었던 그대로, 현재에 있는 그대로 받아들이는 것이다. 물론 히틀러가 600만 명의 사람들을 살해한 것이 용인될 수 있다는 뜻이 아니다. 단지 그 일이 일어났기 때문에, 내가 지키고자 하는 삶, 내가 모든 역경을 극복하고 쟁취하고자 하는 삶을 파괴하고 싶지는 않다는 뜻이다.

군목들이 일제히 벌떡 일어선다. 그들이 내게 따뜻한 박수갈채를 보낸다. 나는 무대에 조명을 받고 서 있으며 내가 앞으로 이토록 고무되고 이토록 자유롭다고 느끼지는 못하리라고 생각한다. 나는 히틀러를 용서하는 일이 내가 할 일 중 가장 힘든 일이 아닐 것이라는 사실을 아직 알지 못한다. 용서하기 가장 힘든 사람은 내가 아직 대면하지 않은 누군가다. 바로 나 자신이다.


베르히테스가덴에서의 마지막 밤, 나는 잠을 이루지 못한다. 나는 잠이 깬 채 괴벨스의 침대에 누워 있다. 객실 출입문 밑으로 불빛이 새어 들어와 오래된 벽지에 그려진 덩굴식물의 패턴이 보인다. 어떤 모습으로 서로 얽혀 있고 위로 올라가고 있는지 보인다. '템포라 무탄투르, 에트 노스 무타무르 인 일리스*Tempora mutantur, et nos mutamur in illis*.' 만약 내가 변화하는 중이라면, 나는 무엇으로 되어가는 과정에 있는 것일까?

나는 잠을 이루지 못하게 만드는 불확실성 속에 누워 있다. 나는 마음을 열고 나의 직관이 말하게 하려 애쓴다. 어떤 까닭인지, 매우 재능이 뛰어난 유대인 소년 화가에 대해 들은 이야기가 떠오른다. 그는 비엔나에 가서 미술학교에 들어가라고 권유받았지만 거기까지 갈 돈이 없었다. 그래서 그는 체코슬로바키아에서 비엔나까지 걸어갔다. 하지만 유대인이라는 이유로 입학시험도 치르지 못하게 거부당했다. 그는 애원했다. 그는 이렇게까지 멀리 왔고, 내내 걸어왔다. 최소한 시험이라도 치를 수 있어야 하는 것 아닌가? 그 정도도 허용될 수 없는가? 그들은 그에게 시험을 치르게 해주었고 그는 시험에 합격했다. 그는 매우 재능이 뛰어나서 혈통에도 불구하고 미술학교에 자리를 제안받았다. 그의 옆에는 아돌프 히틀러라는 이름의 소년이 앉아 있었다. 그는 미술학교에 들어가지 못했다. 하지만 유대인 소년은 들어갔다. 그리고 이 소년은 어른이 되어 유럽을 떠나 평생 로스앤젤레스에 살면서도 죄책감을 느꼈다. 만약 히틀러가 이 상실을 겪지 않았다면, 만약 히틀러가 유대인에게 지지 않았다면, 그는 유대인들을 희생양으로 삼아야겠다는 욕구를 느끼지 않았을지도 모른다. 홀로코스트는 일어나지 않았을지도 모른다. 학대받는 아이들이 그러하듯이, 부모가 이혼한 아이들이 그러하듯이, 우리는 항상 우리 자신을 탓할 방법을 찾는다.

자기 비난은 자기 자신뿐만 아니라 다른 사람들에게도 상처를 입힌다. 예전의 내담자가 떠오른다. 내가 대략 일 년쯤 전에 치료한 한 남자와 그의 가족이다. 그들은 마치 서로 다른 퍼즐에서 떨어져 나온 버려진 조각들처럼 내 앞에 앉아 있었다. 위압적인 대령은 훈장을 단 제복을 입고 있었다. 금발의 조용한 부인은 새하얀 블라우스 위로 빗장뼈가 도드라져 보였다. 그들의 십 대 딸은 염색한 검은 머리를 부풀려 스프레이로 고정했다. 여덟 살인 말 없는 아들은 무릎에 만화책을 놓고 열심히 보고 있었다.

대령이 딸을 가리켰다. "저 애 좀 보세요. 저 애는 문란합니다. 마약 중독자입니다. 우리의 규칙을 존중하지 않습니다. 자기 엄마에게 함부로 말합니다. 오라는 시간에 집에 오지 않습니다. 저 애와 함께 사는 것은 불가능합니다."

"우리는 당신의 생각을 들었습니다. 이제 레아에게 들어볼까요." 내가 말했다.

마치 자기 아빠의 주장을 죄다 확인시키는 대본을 읽어서 그를 조롱하려 하는 것처럼, 레아는 자신의 주말에 관해 이야기하기 시작했다. 레아는 파티에서 남자친구와 섹스를 했다. 그곳에서는 미성년 음주 행위가 있었고 레아는 또한 환각제를 복용했다. 레아는 밤새 집 밖에서 머물렀다. 레아는 자세하게 이야기를 늘어놓는 데에 쾌감을 느끼는 것처럼 보였다.

레아의 엄마는 눈을 깜박이며 매니큐어 바른 손톱을 자꾸 잡아당겼다. 레아의 아빠는 얼굴이 시뻘게졌다. 그는 자리에서 벌떡 일어선 후 레아의 자리로 갔다. 그는 레아를 내려다보며 주먹을 흔들었다. "제가 무엇을 참아야 하는지 아시겠지요?" 그가 으르렁거렸다. 그의 딸은 그의 분노를 봤지만, 나는 심장마비가 오기 직전의 한 남자를 봤다.

"'제가' 무엇을 참아야 하는지 아시겠지요?" 레아가 눈을 굴리며 말했다. "아빠는 저를 이해하려는 노력조차 하지 않아요. 절대 제 말에 귀를 기울이지 않아요. 그저 무엇을 하라고만 말할 뿐이에요."

레아의 남동생은 만화책에 더욱 열중했다. 마치 의지력을 발휘하면 전쟁터가 되어버린 가정생활에서 벗어나 만화책에 있는 환상의 세계로 들어갈 수 있다는 듯이 말이다. 그곳에는 선과 악의 구분이 분명하고 좋은 남자들이 결국 승리한다. 이 아이는 가족 중에서 가장 적게 말했지만, 나는 이 아이가 해야 할 가장 중요한 말을 가지고 있으리라는 예감을 얻었다.

나는 이 부모들에게 상담의 남은 시간을 그들과 함께 보내고 아이들은 다른 상담실에 있게 하겠다고 말했다. 그러고선 레아와 남동생을 옆의 상담실로 데려간 후 도화지와 매직펜을 주었다. 나는 아이들이 부모와 함께 긴장된 시간을 보낸 후 안에 쌓인 증기를 내뿜을 수 있도록 숙제를 내주었다. 나는 그들에게 그들 가족의 모습을 그리되 사람을 사용하지 말고 그리라고 요청했다.

나는 부모들에게 돌아갔다. 대령은 자신의 부인에게 소리를 지르고 있었다. 그녀는 쇠약해지다 못해 거의 소멸하고 있는 것처럼 보였다. 나는 그녀가 섭식장애의 초기 단계에 있는 것은 아닌지 걱정됐다. 만약 내가 그녀에게 어떤 질문을 직접적으로 하면, 그녀는 그 질문을 남편에게 미루었다. 가족 안의 각 구성원은 자신만의 방책을 가지고 있다. 나는 그들이 서로를 고발하고 자기 자신은 숨는 것을 보면서 그들 내면의 고통을 느낄 수가 있었다. 하지만 그들이 느끼는 고통의 근원으로 그들을 데려가려 애쓸수록, 그들에게 화를 더 부추기거나 심지어 더 멀리 후퇴하게 만드는 것만 같았다.

"아이들에 대한 여러분의 생각에 관해 이야기를 나눴는데요." 내가 대령을 저지하며 말했다. "여러분은 어떤가요?"

레아의 엄마는 나를 보며 눈을 깜박였다. 레아의 아빠는 차가운 시선으로 나를 응시했다.

"여러분은 부모로서 무엇을 성취하고 싶나요?"

"어떻게 하면 세상에서 강해질 수 있는지 가르치고 싶습니다." 대령이 말했다.

"잘 되어가고 있나요?"

"내 딸은 난잡하고 내 아들은 계집애 같습니다. 어떻게 생각하십니까?"

"딸의 행동이 당신을 겁먹게 만드는 것 같군요. 아들은 어떤가요? 어떤 점이 실망스러운가요?"

"그 아이는 약해 빠졌습니다. 항상 포기합니다."

"예를 하나 들어주시겠어요?"

"우리가 함께 농구를 할 때, 그 녀석은 패배를 인정할 줄 모릅니다. 심지어 이기려고 노력조차 하지 않습니다. 그저 꽁무니를 뺍니다."

"아직 어린데요. 그 아이는 당신보다 훨씬 더 키가 작습니다. 당신이 이기게 해준다면 어떨까요?"

"거기서 뭘 배우겠습니까? 나약하게 굴면 세상이 몸을 숙여줄 것이라고요?"

"아이들이 더 멀리 나아가도록 가르치는 데는 여러 가지 방법이 있어요. 가볍게 밀어서 능력을 키워줄 수도 있지요. 엉덩이를 걷어차는 게 아니라요." 내가 말했다.

대령이 투덜거렸다.

"아이들이 당신을 어떻게 보기를 원하나요?"

"제가 책임자인 것처럼 보기를 원합니다."

"영웅이나 리더 말씀입니까?"

그가 고개를 끄덕였다.

"아이들이 실제로는 당신을 어떻게 보고 있다고 생각하나요?"

"아이들은 내가 빌어먹게 나약하다고 생각합니다."

상담 후 나는 가족을 다시 불러 모으고서 아이들에게 가족 그림을 보여달라고 요청했다. 레아는 오직 한 가지 물체만 그렸다. 거대한 폭탄이 도화지 한복판에서 폭발하고 있었다. 레아의 남동생은 흉포한 사자 한 마리와 웅크리고 있는 쥐 세 마리를 그렸다.

대령의 얼굴이 다시 시뻘게졌다. 그의 부인은 무릎만 내려다보고 있었다. 대령이 말을 더듬더니 천장을 뚫어지라 쳐다봤다.

"지금 어떤 생각이 드는지 말씀해주세요."

"나는 이 가족을 개판으로 만들었습니다. 그렇지 않습니까?"

나는 이 대령이나 그의 가족을 다시 보지 못하리라고 반쯤 예상했다. 하지만 그는 그다음 주에 전화를 걸어 개인 상담 시간을 예약했다. 나는 그에게 아이들이 그림을 우리에게 보여줬을 때 어떤 기분이 들었는지 더 자세히 말해달라고 요청했다.

"만약 아이들이 저를 두려워한다면, 세상에 나가서 어떻게 스스로 헤쳐나갈 수 있겠습니까?"

"아이들이 자신을 보호할 수 없다고 믿는 이유가 무엇이죠?"

"레아는 남자애들이나 마약을 거절하지 못합니다. 로비는 괴롭히는 아이들을 거부하지 못합니다."

"당신은 어떤가요? 당신은 자신을 보호할 수 있나요?"

그는 훈장들이 햇빛에 반짝이도록 가슴을 앞으로 내밀었다. "증거가 보이지 않습니까."

"전쟁터를 말하는 게 아니에요. 가정 안에서 말입니다."

"당신은 내가 어떤 압박 아래에 있는지 이해하지 못할 겁니다."

"당신이 안전하다고 느끼게 하는 것은 무엇입니까?"

"안전은 문제가 아닙니다. 만약 내가 통제하지 못한다면 사람들이 죽습니다."

"당신이 안전하다고 느끼는 것이 바로 그것입니까? 당신의 지휘로 사람들이 다칠지도 모른다는 공포에서 자유로워지는 것 말입니까?"

"단순히 공포가 아닙니다."

"당신이 있는 곳으로 저를 데려가 주세요. 당신은 무엇을 생각하고 있습니까?"

"당신이 듣고 싶어 하지 않을 것으로 생각합니다."

"저에 대해 걱정하실 필요는 없습니다."

"당신은 이해하지 못할 겁니다."

"당신 말이 맞습니다. 아무도 다른 누군가를 완전하게 이해할 수는 없습니다. 하지만 제가 한때 전쟁포로였다는 사실을 말하고 싶네요. 당신이 제게 하고 싶은 말이 무엇이든 저는 아마 들어보거나 최악의 경우 직접 목격했을 겁니다."

"군대에서는 죽이느냐 죽임을 당하느냐의 문제입니다. 그래서 명령을 받았을 때 이의를 제기할 수 없었습니다."

"이 명령을 받을 때 당신은 어디에 있나요?"

"베트남."

"실내에 있나요? 실외에 있나요?"

"공군기지에 있는 제 집무실 안에 있습니다."

나는 그가 나를 과거로 데려갈 때 그의 신체언어를 유심히 살폈다. 나는 그의 에너지와 그의 동요 수준을 살폈다. 그의 고통에 주파수를 맞추어 우리가 너무 빨리 너무 멀리 가고 있지는 않은지 확인하기 위해서였다. 그는 두 눈을 감았다. 그는 최면 상태로 빠져드는 것으로 보였다.

"당신은 앉아 있나요, 서 있나요?"

"저는 앉아 있다가 전화를 받습니다. 하지만 즉시 일어섭니다."

"누가 전화를 걸었나요?"

"제 지휘관입니다."

"그가 뭐라고 하나요?"

"구조임무를 하게 제 부하들을 숲속으로 보낼 거라고 합니다."

"왜 명령을 듣고서 일어서나요?"

"온몸이 뜨겁습니다. 가슴이 조여옵니다."

"무슨 생각을 하고 있나요?"

"안전하지 않다는 생각입니다. 우리가 공격을 받을 것이라는 생각입니다. 숲의 그 부분으로 갈 것이라면 공중 지원이 더 필요하다는 생각입니다. 그리고 그들이 우리에게 그렇게 해주지 않을 것이라는 생각입니다."

"그것에 대해 화가 나나요?"

그가 두 눈을 번쩍 떴다. "물론 화가 납니다. 그들은 우리를 거기로 보냈습니다. 우리에게 미군이 세계에서 가장 강한 군대라고 옛 같은 소리를 해댔습니다. 외국 군대는 가능성이 없다고 했습니다."

"전쟁이 당신이 예상했던 대로가 아니었군요."

"그들은 우리에게 거짓말을 했습니다."

"당신은 배신감이 느껴지겠네요."

"제기랄, 맞습니다. 저는 배신감을 느낍니다."

"당신이 명령을 받아서 당신의 부대를 구조임무 차 보낸 그날 어떤 일이 벌어졌나요?"

"밤이었습니다."

"그날 밤 무슨 일이 벌어졌나요?"

"무슨 일이 벌어졌는지 말하겠습니다. 매복 작전이었습니다."

"부하들이 다쳤나요?"

"제가 꼭 상세히 설명해야 하나요? 그들은 죽었습니다. 그들 모두 그날 밤 죽었습니다. 그리고 저는 그들을 거기에 보낸 장본인입니다. 그들은 저를 믿었고 저는 그들을 거기에 보내 죽게 했습니다."

"전쟁에서는 사람들이 죽을 수밖에 없지요."

"제가 무슨 생각을 하는지 압니까? 죽기는 오히려 쉽습니다. 하지만 저는 제 아들들을 직접 묻은 그 모든 부모를 생각하며 매일 살아야만 합니다."

"당신은 명령을 따랐을 뿐이에요."

"하지만 저는 그게 잘못된 판단이라는 걸 알고 있었습니다. 저는 이 소년들에게 공중 지원이 더 필요하다는 걸 알고 있었습니다. 그리고 저는 그걸 요구할 용기가 없었습니다."

"대령이 되기 위해 무엇을 포기했나요?"

"무슨 뜻입니까?"

"당신은 군인이 되고 군 지휘관이 되겠다는 선택을 했습니다. 그렇게 하려고 무엇을 포기해야만 했나요?"

"저는 가족에게서 많이 떨어져 있어야만 했습니다."

"다른 건요?"

"6,000명의 사람들이 당신에게 목숨을 맡기고 있다면 두려움에 빠져 있을 사치 따위는 없습니다."

"당신은 자신의 감정들을 포기했군요. 다른 사람들이 그것들을 보게 두는 것을 포기했군요."

그가 고개를 끄덕였다.

"아까 죽음이 쉽다고 말했어요. 죽기를 바란 적이 있나요?"

"매 순간 그렇습니다."

"무엇이 당신을 멈추게 했나요?"

"제 아이들입니다." 그의 얼굴이 고통에 일그러졌다. "하지만 아이들은 제가 괴물이라고 생각합니다. 아이들은 제가 없으면 더 잘 지낼 겁니다."

"제가 어떻게 생각하는지 알고 싶나요? 저는 아이들이 당신이 있으면 훨씬 더 잘 지내리라 생각합니다. '당신'과 함께 있으면요. 제가 알게 되고 존경하게 된 분 말입니다. 그는 자신의 공포에 대해 이야기하는 위험을 감수했습니다. 그는 자신을 용서하고 받아들일 용기가 있습니다."

그가 조용해졌다. 아마 이 순간이 그가 과거에 대해 느꼈던 죄책감으로부터 자신을 해방할 가능성과 만난 첫 순간일 것이다.

"저는 당신이 과거로 돌아가서 부대원들을 구하도록 도울 수 없습니다. 나는 당신 아이들의 안전을 보장할 수 없습니다. 하지만 나는 당신이 한 사람을 보호하도록 도울 수 있습니다. 바로 당신 자신입니다."

그가 나를 응시했다.

"하지만 당신 자신을 구하기 위해서는 일단 당신이 어떻게 되어야 한다고 생각하는 그 이미지를 포기해야 합니다."

"이 방법이 효과가 있기를 바랍니다." 그가 말했다.

얼마 후, 이 대령은 새로 발령을 받았고 그의 가족은 엘파소를 떠났다. 나는 그들이 그 후 어떻게 되었는지 알지 못한다. 나는 그들을 깊이 염려했기 때문에 그들이 좋은 결말을 맞았기를 희망한다. 하지만 왜 지금 그들 생각이 나는 것일까? 그들의 이야기가 나와 무슨 상관이 있을까? 대령의 죄책감에 관한 무언가가, 그가 만든 자기 비난의 감옥에 관한 무언가가 나의 관심을 불러일으키고 있다. 나의 기억은 내가이미 한 작업을 가리키고 있는가, 내가 앞으로 해야만 하는 작업을 가리키고 있는가? 문자 그대로의 감옥생활이 끝난 이후로, 1945년에 미군이 나를 구출한 이후로 나는 이렇게나 멀리 걸어왔다. 나는 나의 가면을 벗었다. 나는 두려움과 슬픔을 억누르는 것을 그만두고 감정을 느끼고 표출하는 법을 배웠다. 나는 나의 분노를 표현하고 분출하기위해 열심히 노력했다. 그리고 나는 여기로 다시 돌아왔다. 내 압제자의 옛집에 말이다. 나는 심지어 히틀러를 용서했고 그를 우주로 놓아주었다. 오늘 하루만이라고 하더라도 말이다. 하지만 나의 마음 가득히 어둠이 있다. 풀리지 않는 매듭이 있다. 척추의 긴장감이 풀리지 않는다. 이것은 끊임없는 죄책감이다. 나는 희생되었지, 희생시킨 사람이 아니었다. 내가 잘못했다고 생각하는 사람은 누구일까?

또 다른 내담자가 머릿속에 갑자기 떠오른다. 그녀는 71세였고 자신의 가족에 대한 만성적인 염려에 시달리고 있었다. 그녀는 임상 우울증의 모든 증상을 보였다. 그녀는 잠을 너무 많이 잤고 음식을 너무 많이 먹었고 자녀들과 손자들로부터 자신을 고립시켰다. 또한 가족과 소통할 때마다 그녀는 매우 분노에 가득 차 있어서 그녀의 손자들은 그녀를 무서워했다. 그녀의 아들은 내가 그들이 사는 도시에서 강연을 마치고 난 후 내게 다가왔다. 그러고는 한 시간만 할애해 자신의 어머니를 만나줄 수 있느냐고 부탁했다. 나는 한 번의 짧은 만남으로 그녀에게 도움이 될 수 있을지 확신이 들지 않았다. 하지만 그는 자신의 어머니도 나처럼 열여섯 살밖에 되지 않았을 때 어머니를 잃었다고 말했다. 나는 그의 어머니, 이 낯선 사람에게 연민이 치솟는 것을 느꼈다. 나도 그녀처럼 될 수 있었겠다고, 아니, 거의 그녀처럼 되었었다는 생각이 들었다. 상실감에 너무 깊이 빠진 나머지 나는 나를 가장 사랑하는 사람들로부터 숨었었다.

이 여성, 마가렛은 그날 오후 나의 호텔 객실로 찾아왔다. 그녀는 꼼꼼하게 옷을 입고 있었지만, 그녀로부터 적대감이 마치 가시처럼 뿜어져 나왔다. 그녀는 자신의 건강, 자신의 가족들, 자신의 가정부, 자신의 우체부, 자신의 이웃, 근처 여학교의 교장에 관해 온갖 불만을 쏟아냈다. 그녀는 자기 삶의 모든 곳에서 부당함과 불편함을 발견하는 것처럼 보였다. 시간이 점점 가는데도 그녀가 사소한 문제들에 너무 사로잡혀 있어서 우리는 그녀의 더 큰 슬픔에 관한 얘기조차 꺼내지 못하고 있었다.

"당신의 어머니는 어디에 묻혀 있나요?" 내가 갑자기 물었다.

마가렛은 내가 마치 자신의 얼굴에 불을 내뿜는 용이라도 되는 것처럼 뒤로 멀리 물러났다. "공동묘지에요." 그녀가 마음을 가라앉히고서 마침내 말했다.

"공동묘지가 어디에 있나요? 근처에 있나요?"

"바로 이 동네에 있어요." 그녀가 말했다.

"당신의 어머니는 바로 지금 당신을 필요로 하고 있어요."

나는 그녀에게 거절할 기회를 주지 않았다. 우리는 밖으로 나가 택시를 잡아탔다. 우리는 나란히 앉아서 창문 밖으로 비에 젖은 혼잡한 거리를 쳐다봤다. 그녀는 다른 운전자들, 교통신호의 속도, 우리가 지나치는 상점과 가게들의 상태, 심지어 어떤 사람이 쓴 우산의 색깔에 대해서 계속 비판했다. 택시는 공동묘지의 철문을 통해 안으로 들어갔다. 나무들은 키가 크고 잎이 풍성했다. 출입구에서 망자들의 안식처까지 좁은 자갈길이 나 있었다. 비가 후드득 떨어졌다.

"저기예요." 마가렛이 묘비들로 가득 차 있는 언덕을 가리키며 마침내 말했다. "이제 도대체 우리가 여기서 뭐 하고 있는 건지 말해주세요."

"그거 아세요?" 내가 말했다. "어머니들은 자신들이 뒤에 남기고 온 사람들이 삶을 완전히 받아들이고 있다고 생각되지 않으면 안식을 취하지 못한다는 사실을요." 나는 그녀에게 신발을 벗으라고 말한다. 스타킹도 벗으세요. 어머니의 무덤 앞에 맨발로 서세요. 어머니가 마침내 안식을 취할 수 있도록 직접적인 접촉을 하세요.

마가렛은 택시에서 내렸다. 그녀는 빗물로 반질반질한 풀밭 위에 섰다. 나는 그녀가 혼자 있을 수 있게 했다. 나는 오직 한 번 뒤돌아봤다. 그때 마가렛은 땅에 쭈그리고 앉아서 어머니의 묘비를 손으로 잡고 있었다. 나는 그녀가 어머니에게 무슨 말을 했는지 알지 못한다. 나는 그녀가 어머니의 무덤 앞에 맨발로 서 있었다는 사실만 안다. 그녀는 맨살로 이 상실과 슬픔의 땅과 직접 닿았다. 그녀가 택시로 돌아왔을 때 그녀는 여전히 맨발이었다. 그녀는 조금 울더니 이내 조용해졌다.

나중에 나는 마가렛의 아들로부터 아름다운 편지를 받았다.

"선생님이 제 어머니에게 무슨 말씀을 하셨는지 모르겠습니다. 하지만 어머니는 완전히 다른 사람이 되었습니다. 더 평화로워지셨고 더 기쁨이 넘치십니다." 그가 이렇게 적었다.

이것은 즉흥적이고 운이 좋은 실험이었다. 내 목표는 그녀가 자신의 경험을 재구성하도록 돕는 것이었다. 그녀가 자신의 문제를 기회로 재설정하고, 자신을 엄마를 돕는 자리에 놓을 수 있게 하는 것이었다. 그리고 자신의 엄마가 자유로워지도록 돕는 과정에서 자기 자신을 돕도록 하는 것이었다. 독일에 돌아온 지금, 똑같은 원리가 내게도 효과가 있지 않을까 하는 생각이 든다. 내 상실의 장소와 직접 만나는 것이다. 접촉하고 놓아주는 것이다. 헝가리식 엑소시즘이다.

잠이 깬 채 괴벨스의 침대에 누워 있으면서, 나는 마가렛이 했던 것과 똑같은 것을 내가 해야 한다는 사실을 깨닫는다. 내가 평생 피해온 애도의 의식을 치르는 것이다.

나는 아우슈비츠로 돌아가기로 한다.

# 한 개의 돌멩이를 놓다

마그다 언니 없이 지옥으로 돌아가는 것은 상상할 수조차 없다. "오늘 밤 비행기를 타고 크라쿠프로 와." 다음 날 아침, 나는 춤 튀르켄 호텔 로비에서 마그다 언니에게 전화를 걸어 애원한다. "제발 나와 아우슈비츠에 함께 가줘."

나는 마그다 언니가 아니었다면 살아남지 못했을 것이다. 언니가 옆에서 나의 손을 잡아주지 않는다면 나는 우리의 감옥으로 돌아가서 살아남을 자신이 없다. 물론 과거를 다시 체험하는 것도, 과거의 내가 되는 것도, 한 번만이라도 엄마를 다시 안아 보는 것도 불가능하다는 사실을 잘 안다. 아무것도 과거를 바꿀 수 없고, 나를 현재와 다른 모습으로 바꿀 수 없고, 부모님과 나에게 가해진 일들을 바꿀 수 없다. 과거로 되돌아가는 일은 불가능하다. 나는 이 사실을 잘 알고 있다. 하지만 나는 나의 오래된 감옥 안에서 무언가가, 회복해야 할 무언가가 나를 기다리고 있다는 느낌을 지울 수가 없다. 혹은 발견해야 할 무언가가. 오랫동안 잃어버린 나의 어떤 일부가 말이다.

"내가 미친 마조히스트라고 생각하니?" 마그다 언니가 말한다. "도대체 왜 거기에 돌아가려고 해? 도대체 왜?"

타당한 질문이다. 나는 그저 나 자신을 벌주고 있는 것일까? 아문 상처를 다시 벌리고 있는 것일까? 아마 나는 후회할지도 모른다. 하지만 돌아가지 않는다면 더 후회하리라 생각한다. 온갖 수단을 동원해 설득해보려 애쓰지만, 마그다 언니는 거절한다. 마그다 언니는 절대 돌아가지 않기로 선택한다. 그리고 나는 언니의 선택을 존중한다. 하지만 나는 다른 선택을 내릴 것이다.


벨러와 나는 유럽에 머무는 동안 코펜하겐에 있는 마리안느의 옛 하숙집 가족을 방문하기로 약속이 되어 있었고, 우리는 계획대로 베르히테스가덴에서 그곳으로 가기로 한다.

일단 우리는 잘츠부르크로 가서 로마 교회가 있던 유적지에 지어진 대성당을 관광한다. 이 대성당은 세 번 다시 지어졌다고 한다. 가장 최근에는 제2차 세계대전 도중 폭격에 중앙 돔이 부서진 후에 새로 지어졌다고 한다. 지금은 파괴의 흔적이 하나도 보이지 않는다. "우리와 같군." 벨러가 내 손을 잡으며 말한다.

우리는 잘츠부르크에서 비엔나로 향한다. 우리는 마그다 언니와 내가 해방되기 전에 행군해서 건넜던 똑같은 땅을 기차로 가로질러 여행한다. 기찻길 옆으로 도랑이 나 있는 것이 보인다. 예전에 봤던 것처럼 도랑이 시체들로 넘쳐나는 모습이 저절로 상상된다. 하지만 한편으로 여름의 푸른 풀로 뒤덮여 있는 지금의 모습도 볼 수 있다. 과거는 현재를 더럽히지 않는다. 현재는 과거를 축소하지 않는다. 시간은 매체이다. 시간은 궤도이다. 우리는 그것을 여행한다. 기차가 린츠를 통과한다. 벨스를 통과한다. 나는 척추뼈가 골절된 채로 대문자 $G$ 쓰는 법을 다시 배우는, 춤추는 법을 다시 배우는 어린 소녀이다.

우리는 비엔나에서 하룻밤을 묵는다. 우리가 미국 비자가 나오기를 기다리며 지냈던 로스차일드 병원에서 그리 멀지 않은 호텔이다. 나중에야 알게 됐지만, 나의 멘토 빅터 프랭클 박사는 전쟁이 일어나기 전에 로스차일드 병원에서 신경과 과장으로 일했다고 한다. 다시 아침이 되고, 우리는 북쪽으로 향하는 또 다른 기차에 올라탄다.

벨러는 아우슈비츠로 돌아가고자 하는 나의 갈망이 시들해질지도 모른다고 생각하는 것 같다. 하지만 코펜하겐에서의 둘째 날 아침, 나는 친구들에게 폴란드 대사관으로 향하는 길을 묻는다. 마리안느가 이미 했던 것처럼 나에게 그들이 경고한다. 그들의 생존자 친구들이 강제수용소에 다시 방문했다가 집으로 돌아와 심장마비로 사망했다고 말이다. "자신을 다시 트라우마에 빠뜨리지 말아요." 그들이 애원한다. 벨러 역시 걱정이 가득한 표정이다. "히틀러는 이기지 못했어요." 내가 벨러에게 상기시킨다.

나는 돌아가기로 선택하는 것 자체가 가장 큰 난관이리라고 생각했다. 하지만 폴란드 대사관에 도착하자, 폴란드 전역에 노동쟁의가 일었고 소련이 개입해서 시위대를 진압할지 모르기 때문에, 폴란드 정부의 권고에 따라 서구인들에게 여행비자를 발행할 수 없다고 한다. 벨러는 나를 위로하려 했지만 나는 그를 옆으로 밀쳐낸다. 의지력이 치솟는 것이 느껴진다. 내게 프레쇼프에서 다이아몬드 반지를 손에 끼고 교도소장을 만나러 가게 했던, 비엔나의 신체검사 진료소에서 형부를 남편으로 위장하게 했던 바로 그 의지력이다. 나는 나의 삶과 치유과정 속에서 이만큼 멀리 걸어왔다. 이제 어떠한 장애물에도 굴복할 수 없다.

"나는 생존자입니다." 내가 대사관 직원에게 말한다. "나는 아우슈비츠의 수감자였습니다. 나의 부모님과 외조부모님은 거기에서 돌아가셨습니다. 나는 살아남기 위해 목숨을 걸고 싸웠습니다. 부디 그곳에 돌아가기 위해 더 기다리게 만들지 말아주십시오." 나는 이 순간으로부터 채 일 년도 되지 않아 폴란드와 미국의 관계가 악화되어, 앞으로 십 년 가까이 냉각된 관계가 지속되고, 이번이 벨러와 내가 함께 아우슈비츠에 갈 수 있는 사실상 마지막 기회라는 사실을 아직 알지 못한다. 그냥 이대로 되돌아갈 수는 없다는 생각뿐이다.

대사관 직원이 무표정한 얼굴로 나를 쳐다본다. 그가 접수대를 잠시 비웠다가 다시 돌아온다. "여권 주세요." 그가 말한다. 우리의 파란색 미국 여권 안으로 그가 일주일 동안 유효한 여행비자를 끼워준다. "폴란드에서 즐겁게 지내십시오." 그가 말한다.

이 순간부터 갑자기 두려움이 느껴지기 시작한다. 크라쿠프로 향하는 기차 안에서 나는 마치 불구덩이 속에 들어앉은 듯한 느낌이 든다. 조금만 있으면 끓는점에 도달해 온몸이 산산이 조각나거나 불타버릴 것만 같다. 공포만으로도 새하얗게 잿더미가 되어버릴 것만 같다. '난 여기에 있어, 난 현재에 있어.' 나는 1마일씩 여행할 때마다 피부가 한 꺼풀씩 벗겨지는 것처럼 느끼고 있는, 나의 내면을 설득하려고 애쓴다. 폴란드에 도착할 때쯤이면 나는 예전처럼 다시 뼈만 앙상히 남을 것이다. 나는 뼈만 남고 싶지 않다.

"다음 역에서 내려요." 내가 벨러에게 말한다. "꼭 아우슈비츠까지 갈 필요는 없는 것 같아요. 그냥 집으로 가요."

"에디." 그가 말한다. "당신은 괜찮을 거야. 하나의 장소일 뿐이야. 당신을 해치지 못해."

나는 기차가 다음 역인 베를린을 거쳐 그다음 역인 폴란드의 포즈난을 지날 때까지 기차에서 내리지 않는다. 헝가리 출신 동료인 한스 셸리에 박사의 이론이 생각난다. 그는 스트레스는 변화의 요구에 대한 신체의 반응이라고 말했다. 변화에 대한 인간의 자동 반응은 '싸우거나 도망치거나To fight or To flee'이다. 하지만 아우슈비츠에서 우리는 스트레스 이상의 것을 견뎌야 했다. 우리는 삶과 죽음의 갈림길에 서서, 다음에 무슨 일이 벌어질지 전혀 알지 못한 채 '고통Distress' 속에서 살았다. 우리에게는 싸우거나 도망치거나 사이의 선택권이 존재하지 않았다. 만약 맞서 싸웠다면 총살을 당했을 것이고, 만약 도망치려 시도했다면 전기가 흐르는 철조망에 감전됐을 것이다. 그래서 나는 흐름에 나 자신을 맡기고 그냥 그 상황 속에 머물렀다. 그리고 내가 남겨둔 단 하나의 것을 키워나갔다. 나치가 절대 살해할 수 없는 나의 내면을 들여다보았다. 나의 가장 진실한 자아를 찾고 그것에 매달렸다. 아마 나는 피부가 벗겨지고 있는 것이 아닌지도 모른다. 아마 나는 오직 몸을 쭉 뻗고 있는 것일지도 모른다. 현재의 나, 과거의 나, 미래의 나를 모두 아우르기 위해서 말이다.

치유의 과정을 겪을 때 우리는 자신의 진짜 자아와 가능한 자아를 모두 받아들여야 한다. 나의 한 내담자는 비만이었고 그녀는 거울을 볼 때나 체중계 위에 올라갈 때마다 자신에게 잔인하게 굴었다. 그녀는 자신을 암소라고 부르며 역겹다고 말했다. 그녀는 자신의 남편이 자신이 실망스럽다고 생각할 것이고 자신의 아이들은 자신이 부끄럽다고 생각할 것이라고 믿었다. 그리고 그녀를 사랑하는 사람들이 더 나은 대접을 받아야 할 자격이 있다고 믿었다. 하지만 그녀가 자신이 원하는 사람이 되려면 우선 그녀는 자기 자신을 현재의 모습 그대로 사랑해야만 했다. 상담실에 앉아서 나는 그녀에게 신체의 부위들을 들어보라고 요청했다. 발끝, 손가락, 배, 목, 턱. 그리고 사랑이 넘치는 방식으로 신체 부위에 관해 말해보라고 했다. '그것은 이렇게 생겼구나. 그것은 이런 느낌이 드는구나. 그것이 아름다운 이유는⋯.' 처음에는 어색하고 심지어 고통스럽기까지 했다. 그녀에게는 자신의 몸을 주의 깊게 느끼며 시간을 보내는 것보다 자기 자신을 맹비난하기가 더 쉬웠다. 우리는 천천히 진행했고 부드럽게 진행했다. 작은 변화들이 일어나기 시작했다. 어느 날 그녀는 아름다운 밝은색 새 스카프를 매고 상담을 받으러 왔다. 다른 날에는 발에 페디큐어를 받고 왔다. 또 다른 날에는 거리가 멀어졌던 여동생에게 자신이 먼저 전화를 걸었다고 내게 말했다. 또 다른 날에는 자기가 딸이 축구하는 공원 근처의 산책길을 걷는 것을 좋아한다는 사실을 발견했다. 자기 자신의 모든 부분을 사랑하는 연습을 하면서, 그녀는 자신의 삶에서 기쁨과 편안함을 더 많이 발견하게 됐다. 또한 그녀는 살이 빠지기 시작했다. 해방은 수용에서부터 시작한다.

치유하기 위해, 우리는 어둠을 받아들인다. 빛으로 향하기 위해서는 어두운 계곡의 그늘을 걸어서 지나가야만 한다. 나는 한 베트남전쟁 참전군인을 상담한 적이 있다. 그는 전쟁 이전의 삶을 다시 시작할 수 있기를 간절히 바라는 채로 고향에 돌아왔다. 하지만 그는 신체적 부상과 심리적 부상을 입은 채 돌아왔다. 그는 발기불능 판정을 받았고 일자리를 구하지 못했다. 그리고 그녀의 아내는 그를 떠났다. 그가 나의 도움을 구하러 왔을 때, 그는 이혼 그리고 성 기능과 정체성이 죽은 듯 느껴지는 상황이 뒤섞인 혼란 상태에서 헤매고 있었다. 나는 그에게 연민을 표현했지만, 그는 상실의 구렁텅이에 빠진 채 분노에 가득 차서 갇혀 있었다. 나는 그를 꺼내줄 수가 없어서 무력감을 느꼈다. 그가 절망의 구렁텅이에서 나오게 도우려 애쓸수록, 그는 더 깊이 가라앉았다.

마지막 수단으로, 나는 최면요법을 시도하기로 했다. 나는 그를 전쟁 시기로 퇴행시켰다. 전쟁 때 그는 폭격기 조종사였고 모든 것을 통제할 수 있었다. 집에 돌아와서 모든 것을 잃기 전까지는 말이다. 최면에 걸린 상태에서 그는 내게 말했다. "베트남에서 저는 원하는 만큼 술을 많이 마실 수 있었어요. 또한 원하는 만큼 섹스를 많이 할 수 있었어요." 그가 갑자기 얼굴이 시뻘게지며 소리를 질렀다. "게다가 원하는 만큼 사람을 많이 죽일 수도 있었죠!" 전쟁 속에서 그는 사람들을 죽인 것이 아니었다. 그는 '북베트남인'을 죽인 것이었다. 인간 이하의 존재를 죽인 것이었다. 나치가 죽음의 수용소에서 사람들을 죽인 게 아닌 듯이 말이다. 나치는 암 덩어리를 제거하고 있었다. 전쟁은 그에게 상처를 입혔고 그의 삶을 바꾸어놓았다. 하지만 그런데도 그는 전쟁을 그리워하고 있었다. 그는 적과 싸우면서 얻었던, 자기 자신이 다른 민족과 다른 인종을 넘어서는 불사신 계층에 속해 있다고 느끼면서 얻었던 권능 감각을 그리워하고 있었다.

내가 그에게 자신이 슬퍼하고 있는 내면, 강력하면서도 어두운 내면, 더는 표현할 수 없는 내면을 밖으로 표출하도록 허용할 때까지, 조건 없는 사랑을 담은 상담은 아무 효과가 없었다. 나는 온전해지기 위해서 그가 다시 사람을 죽여야 한다고 말하는 것이 아니다. 피해자 의식에서 벗어나기 위해서 그는 자신의 발기불능과 자신의 힘, 자신이 상처를 입은 방식과 자신이 사람들을 해친 방식, 자신의 자부심과 자신의 수치심 '모두'를 그대로 받아들이는 법을 배워야 한다. 망가짐에 대한 유일한 해독제는 온전한 자아다.

치유가 흉터를 지우지 못할지도 모른다. 혹은 오히려 흉터를 만들 수도 있다. 치유는 상처를 소중히 여기는 것이다.


오후의 중간에 우리는 크라쿠프에 도착한다. 우리는 오늘 밤 여기에서 잘 것이다. 아니 자려고 노력할 것이다. 내일 우리는 택시를 타고 아우슈비츠에 갈 것이다. 벨러는 구시가지를 관광하고 싶어 하고 나는 중세 건축물에 관심을 기울이려 애쓰지만 기대감 때문에 마음이 너무 무겁다. 희망과 두려움이 뒤섞인 이상한 기대감이다. 우리는 세인트 메리 교회 앞에서 잠시 멈추어 서서 트럼펫 연주자가 매 시각의 정시를 알리는 소리를 내는 걸 듣는다. 한 무리의 십 대 소년들이 폴란드어로 시끄럽게 농담을 나누며 우리를 밀치고 지나간다. 하지만 나는 그 아이들의 유쾌함을 느낄 수가 없다. 나는 불안함을 느낀다. 내 손자들보다 약간 더 나이가 많은 이 청소년들은 내게 얼마나 빨리 다음 세대가 성년이 될지 상기시킨다. 우리 세대는 또 다른 홀로코스트가 벌어지는 것을 막도록 젊은 세대를 충분히 잘 가르쳤을까? 아니면 우리가 힘들게 쟁취한 자유는 새로운 증오의 바다에서 또다시 뒤집히고 말까?

내게는 그동안 젊은 사람들에게 영향을 미칠 기회가 많이 있었다. 나의 아이들과 손자들, 나의 예전 학생들, 전 세계 각지의 강연 청중들, 개별적 내담자들. 아우슈비츠로 돌아가기 전날 밤, 그들에 대한 책임감이 특별히 강하게 느껴진다. 나는 단지 나 자신만을 위해 돌아가는 것이 아니다. 나로부터 생긴 모든 잔물결을 위한 일이기도 하다.

나는 차이를 만들어내기 위해 요구되는 것을 가지고 있는가? 나는 나의 상실 대신에 나의 힘을 남길 수 있는가? 나의 증오 대신 나의 사랑을 남길 수 있는가?

나는 이전에 시험에 든 적이 있다. 차량 절도 범죄에 가담한 열네 살의 소년이 판사에 의해 내게 보내졌었다. 소년은 갈색 부츠를 신고 갈색 셔츠를 입고 있었다. 소년은 팔꿈치를 내 책상에 기댔다. "미국이 다시 새하얘져야 할 시간이에요. 나는 유대인, 흑인, 멕시코인, 중국인을 모조리 죽일 거예요."

나는 토할 것 같다고 생각했다. 상담실에서 뛰쳐나가지 않기 위해 온 힘을 다해 노력했다. '이것의 의미가 뭐지?' 소리치고 싶었다. 나는 그 소년의 몸을 흔들며 말하고 싶었다. '네가 누구랑 대화하고 있는지 알아? 나는 내 엄마가 가스실로 가는 걸 직접 봤어.' 이렇게 했다 해도 나는 정당화될 수 있었을 것이다. 그 아이의 생각을 바로잡아 주는 것이 나의 임무일지도 몰랐다. 그게 신이 그 아이를 내게 보낸 이유일지도 몰랐다. 그 아이의 증오를 미리 방지하라고. 나는 정의감이 치솟는 걸 느꼈다. 화가 나는 것은 기분이 좋았다. 적어도 두려워하는 것보다 화가 나는 게 더 나았다.

하지만 그때 나의 내면에서 어떤 목소리가 들려왔다. 그 목소리가 말했다. '네 안의 광신자를 발견하라.'

나는 그 목소리를 잠재우려 애썼다. 나는 내가 광신자일 수 있다는 그 생각에 많은 반박들을 늘어놓았다. 나는 한 푼도 없이 미국에 왔다. 나는 공장에서 동료 흑인 노동자들과 함께 '유색인 전용' 화장실을 사용했다. 나는 인종차별정책을 종식하기 위해 마틴 루터 킹 박사와 함께 행진했다. 하지만 그 목소리는 계속됐다. '네 안의 광신자를 발견하라.' 너의 내면에서 다른 사람을 판정하고, 딱지를 붙이고, 다른 사람의 인간성을 폄하하고, 다른 사람을 과소평가하는 부분을 찾아라.

그 소년은 미국의 순수성을 망치는 것들에 관해 큰소리로 계속 불평했다. 나의 존재는 불안에 떨고 있었고, 나는 손가락을 까딱거리고 주먹을 흔들고 그 소년을 자신의 증오에 책임지게 만들고 싶은 욕구와 싸워야 했다. 나 자신의 증오에 책임을 지지 않은 채 말이다. 이 소년은 내 부모를 죽이지 않았다. 나의 사랑을 거둬들인다고 해서 이 소년의 편견이 정복되지는 않을 것이다.

나는 사랑으로 이 소년을 만날 수 있게 해달라고 기도했다. 나는 조건 없는 사랑에 관해 내가 알고 있는 모든 이미지를 불러 모았다. 나는 '열방의 의인(홀로코스트 때 유대 민족에 속하지 않으면서 나치로부터 유대인을 구해내기 위해 자신의 위험을 무릅쓴 사람들을 칭하는 명예 칭호)' 중 한 명인 코리 텐 붐에 대해 떠올렸다. 그녀와 그녀의 가족은 히틀러에게 저항해 수백 명의 유대인을 자신들의 집에 숨겼고, 결국 그녀 자신 또한 강제수용소에 끌려갔다. 그녀의 언니는 그곳에서 죽었다. 그녀는 코리의 품에 안겨 죽었다. 그녀는 라벤스브뤼크 강제수용소에서 모든 수감자가 살해되기 하루 전에 사무직원의 실수 때문에 운 좋게 풀려났다. 전쟁이 끝나고 몇 년 후 그녀는 자신이 있던 강제수용소에서 가장 잔인했던 보초병을 우연히 만났다. 그 남자는 그녀 언니의 죽음에 책임이 있는 사람 중 하나였다. 그녀는 그에게 침을 뱉고, 그의 죽음을 빌고, 그의 이름을 저주할 수 있었다. 하지만 그녀는 그를 용서할 힘을 달라고 기도했고, 그녀는 자신의 손으로 그의 손을 잡았다. 그녀는 바로 그 순간, 예전의 수감자가 예전 보초병의 손을 잡은 그 순간, 세상에서 가장 순수하고 가장 심오한 사랑을 느꼈다고 말했다. 나는 내 가슴속에서 그러한 포용력과 연민을 찾으려 애썼다. 나의 눈을 그러한 친절함으로 채우려고 애썼다. 나는 내가 조건 없는 사랑에 대해 배울 수 있도록 이 인종차별주의자 소년이 내게 보내진 것은 아닌지 궁금했다. 이 순간에 나에게 어떤 기회가 있었을까? 나는 바로 그 순간 나를 사랑의 방향으로 인도할 수 있는 어떠한 선택을 내릴 수 있었을까?

내게는 이 소년을 사랑할 기회가 있었다. 오직 이 소년을 위해, 그의 개별적 존재와 우리가 공유하는 인간성을 위해. 판정받는다는 두려움 없이 어떠한 감정이라도 느끼면서 무엇이든 말해보라고 이 소년을 환영할 기회가 있었다. 나는 포트 블리스에 잠깐 배치되었던 독일인 가족이 기억났다. 그 소녀가 어떻게 내 무릎 위로 기어 올라와서 나를 할머니라고 불렀는지 기억났다. 아이의 이 작은 축복은 내가 마그다 언니와 수감자들과 함께 독일인 마을을 통과하면서 품었던 환상에 대한 대답인 것처럼 느껴졌다. 아이들이 우리에게 침을 뱉을 때, 나는 언젠가 독일 아이들이 그들이 나를 증오할 필요가 없다는 사실을 알게 되는 날이 오기를 꿈꾸었다. 그리고 내 생애에서 그러한 날이 정말로 왔다. 나는 한 통계가 생각났다. 미국 안의 백인 우월주의자 집단의 구성원 중 대부분은 부모 중 한 명을 자신이 열 살이 되기 전에 잃었다는 통계였다. 이들은 자신이 중요한 존재라고 느끼기 위해 정체성을 찾고 있는, 힘을 느낄 방법을 찾고 있는, 길 잃은 아이들이다.

그래서 나는 마음을 추스르고 최대한 다정하게 이 소년을 쳐다봤다. 나는 몇 마디만 말했다. "내게 더 말해줄 수 있겠니?"

나는 소년의 첫 번째 방문 시간 동안 이 이상을 말할 수 없었다. 나는 경청했다. 나는 공감했다. 이 소년은 전쟁 직후의 나와 매우 비슷했다. 우리는 둘 다 우리의 부모를 잃었다. 소년은 방치와 버림에 부모를 잃었고, 나는 죽음에 부모를 잃었다. 우리 둘 다 자신을 파손품이라고 생각했다. 나는 소년을 판정하고 싶은 마음을 버리고 소년이 다른 사람이 되거나 다르게 믿었으면 하는 욕구를 버렸다. 그리고 소년의 취약함과 소속되고 사랑받고자 하는 열망을 바라봤다. 소년을 수용하고 사랑하기 위해서 나의 두려움과 분노 또한 버렸다. 이렇게 함으로써, 나는 갈색 셔츠와 갈색 부츠가 주지 못한 어떤 것을 소년에게 줄 수 있었다. 바로 자신의 가치에 대한 진짜 이미지였다. 그날 상담실을 떠날 때 소년은 나의 역사에 관해 알지 못했다. 하지만 소년은 증오와 편견의 대안을 발견했고, 더는 살인에 관해 이야기하지 않았고, 내게 부드러운 미소를 보여주었다. 나 또한 내가 져야 할 책임을 졌다. 나는 적의와 책망을 영구화하지 않았고, 증오에 굴복하며 '나는 너를 감당할 수 없어'라고 말하지 않았다.

감옥으로 돌아가기 전날 밤인 지금, 나는 모든 사람은 자기 안에 아돌프 히틀러와 코리 텐 붐을 가지고 있다는 사실을 되새긴다. 우리는 증오할 능력과 사랑할 능력 모두를 가지고 있다. 어느 쪽으로-자기 내면의 히틀러에게 아니면 자기 내면의 텐 붐에게- 손을 뻗을지는 우리 각자에게 달려 있다.

아침이 되고 우리는 아우슈비츠로 데려다줄 택시를 부른다. 벨러는 운전사와 그의 가족, 그의 자녀들에 관해 수다를 떤다. 나는 창문 밖으로 경치를 감상한다. 열여섯 살 때 가축 운반 차량에 실려 가면서 어둠 속에서 틈새로 볼 때는 보지 못했던 풍경들이다. 농장이 있고 마을이 있고 사방이 온통 푸르다. 삶은 계속된다. 우리가 거기에 갇혀 있었을 때 우리를 둘러싼 모든 것이 그러했던 것처럼.

운전사가 우리를 내려주고 벨러와 나는 단둘이 나의 옛 감옥 앞에 선다. 연철로 된 표지판이 어렴풋이 보인다. 'Arbeit macht frei(아르바이트 마흐트 프라이)'. 노동이 너희를 자유롭게 하리라. 이 표지판을 보자 다리가 후들거린다. 이 말이 어떻게 아빠에게 희망을 줬는지 떠올라서다. 우리는 전쟁이 끝날 때까지 일할 것이라고 아빠는 생각했다. 수용소에서의 시간은 잠시 지속될 뿐이고 그러고 나선 우리가 자유로워지리라 생각했다. 'Arbeit macht frei' 이 말은 사랑하는 사람들을 가둔 가스실 문이 잠기기 전까지, 극심한 공포가 아무 의미 없어지기 전까지, 우리를 차분히 있게 했다. 그러고 나서 이 말은 매일, 매 순간 아이러니가 되었다. 왜냐하면 여기에선 아무것도 우리를 자유롭게 하지 못했기 때문이다. 죽음만이 유일한 탈출구였다. 그래서 자유라는 개

넘조차 또 다른 형태의 절망을 의미하게 돼버렸다.

새파란 풀이 사방에 우거져 있다. 나무들은 나뭇잎으로 무성하다. 하지만 하늘의 구름은 뼈의 색깔이고, 그 아래에는 인간이 만든 구조물들이 풍경을 지배하고 있다. 비록 폐허만 남아 있지만 말이다. 끝없는 철조망이 수 마일 이어져 있다. 허물어지고 있는 거대한 벽돌 막사와 한때 건물이 서 있었던 사각형의 나치 건물터가 보인다. 막사들, 철조망, 감시탑으로 이루어진 황량한 지평선은 규칙적이고 질서정연하다. 하지만 이 기하학적 구조 안에는 생명체가 하나도 없다. 이것은 체계적인 고문과 살인을 집행하기 위한 기하학적 구조이다. 수학적인 말살이다. 그 순간 나는 다시 알아차린다. 이곳이 나의 집이었던 지옥 같은 몇 달 동안 뇌리에서 떠나지 않던 사실을. 나는 단 한 마리의 새도 보거나 들을 수 없었다. 어떠한 새도 여기에 살지 않는다. 심지어 지금조차도 말이다. 하늘에는 그들의 날갯짓이 없고, 침묵은 그들의 노래가 없어서 더 깊어진다.

관광객들이 모인다. 우리의 관광이 시작된다. 우리는 8~10명으로 된 작은 그룹이다. 압도감이 밀려든다. 우리는 미동도 하지 않고 거의 숨조차 쉬지 않고 있다. 이곳에서 얼마나 엄청난 참상이 벌어졌는지는 인간의 머리로 헤아리기가 불가능하다. 나는 불길이 타오르는 동안, 여기에 있었다. 나는 시체가 타는 악취를 맡으며 잠에서 깼고 일했고 다시 잠이 들었다. 하지만 이런 나조차도 참상의 규모를 헤아릴 수가 없다. 머리로는 숫자들을 받아들이려고 애써본다. 수용소 곳곳에서 모은 후 방문객을 위해 전시해놓은 온갖 물건들의 축적물을 받아들이려 애쓴다. 곧 죽을 사람에게서 뺏은 여행 가방, 그릇과 접시와

403

컵, 수천수만 개의 안경 등이 비현실적인 거대한 잡초 더미처럼 서로 뒤엉켜 축적되어 있다. 코바늘로 정성스레 뜬 아기 옷들도 있다. 이 아기 옷들의 주인은 어린아이나 여자나 남자가 되지 못했다. 67피트(약 20미터)의 긴 유리 상자는 오직 인간의 머리카락으로만 완전히 가득 차 있다. 우리는 계산을 해본다. 한 번 불길이 타오를 때마다 4,700구의 시체가 화장되었다. 7만 5,000명의 폴란드인, 2만 1,000명의 집시, 1만 5,000명의 소련인이 죽었다. 숫자들은 점점 누적된다. 우리는 등식을 만들 수 있다. 계산해보면 아우슈비츠에서 100만 명 이상의 사람이 죽었다는 결론이 나온다. 우리는 이 숫자를 유럽 전역에 있던 수천 개의 다른 수용소에서 죽은 사람들의 명단에 더할 수 있다. 또한 죽음의 수용소에 강제로 보내지기 전에 도랑이나 강에 버려진 시체들의 수를 여기에 더할 수 있다. 하지만 이러한 완전한 상실이 끼친 영향을 적절하게 요약할 수 있는 등식은 세상에 존재하지 않는다. 인간이 만든 이 죽음 공장의 체계적 비인간성을 설명할 수 있는 언어는 세상에 존재하지 않는다. 내가 지금 서 있는 바로 여기에서 100만 명 이상의 사람들이 살해당했다. 이곳은 세상에서 가장 큰 묘지다. 그리고 수십의, 수백의, 수천의, 수백만의 사망자들, 이들이 꾸렸다가 강제로 버려야만 했던 소유품들, 수 마일의 철조망과 벽돌 담장. 이 모든 것 속에서 또 다른 숫자가 어렴풋이 나타난다. 숫자 '0'이다. 세상에서 가장 큰 묘지인 여기에는 단 하나의 무덤도 없다. 해방 전에 나치가 서둘러서 파괴한 화장터와 가스실이 서 있던, 빈 공간만이 있을 뿐이다. 내 부모님이 돌아가신 곳에는 나치 건물터만 남아 있다.

우리는 남자 수용소를 다 둘러보았다. 나는 이제 여자 수용소가 있는 비르케나우로 가야 한다. 이것이 내가 여기에 온 이유다. 벨러가 내게 함께 가주겠다고 하지만 나는 고개를 가로젓는다. 여정의 이 마지막 부분을 나는 혼자 여행해야 한다.

벨러와 출입구에서 헤어지자 나는 다시 과거로 돌아간다. 스피커를 통해 음악이 울려 퍼진다. 황량한 배경과 상반되는 축제 분위기의 음악이다. '그래.' 아빠가 말한다. '끔찍한 곳일 리가 없어. 일만 조금 하면 될 거야. 전쟁이 끝날 때까지.' 이것은 일시적인 상황이다. 우리는 이것을 견뎌낼 수 있을 것이다. 아빠가 줄에 합류한 후 내게 손을 흔든다. 내가 아빠에게 손을 흔들고 있나? 오, 기억이여, 제발 내게 아빠가 돌아가시기 전에 내가 아빠에게 손을 흔들었다고 말해줘.

엄마가 내 팔에 팔짱을 낀다. 우리는 나란히 걷는다. "코트의 단추를 잠그렴." 엄마가 말한다. "어깨와 허리를 펴고 당당하게 서 있어." 나는 평생 나의 내면의 시선을 점령해온 이미지 안으로 돌아왔다. 모직 코트를 입은 세 명의 굶주린 여자가 서로 팔짱을 낀 채로 황량한 운동장에 서 있다. 엄마. 마그다 언니. 나.

나는 집을 떠나던 4월의 그날 새벽에 입었던 코트를 입고 있다. 나는 호리호리하고 가슴이 납작하고 스카프로 머리를 싸매고 있다. 엄마는 허리를 펴고 서라고 내게 다시 꾸짖는다. "너는 여자야. 아이가 아니고." 엄마가 말한다. 엄마의 잔소리에는 목적이 있다. 엄마는 내가 열여섯 살보다 더 나이가 많아 보이기를 바란다. 나의 생존은 그것에 달려 있다.

그렇다 하더라도, 나는 내가 살기 위해 엄마의 손을 놓지는 않을 것이다. 보초병들이 손가락으로 가리키고 몸을 밀친다. 우리 줄은 조금씩 앞으로 나아간다. 멩겔레의 위압적인 눈이 앞에 보인다. 그가 씩 웃자 벌어진 앞니가 보인다. 그는 지휘하고 있다. 그는 주최자 노릇을 열심히 하고 있다. "아픈 사람은 없습니까?" 그가 염려스러운 목소리로 묻는다. "40세 이상입니까? 14세 이하입니까? 왼쪽으로 가세요, 왼쪽으로 가세요."

이것은 우리의 마지막 기회이다. 말을 나눌 수 있는, 침묵을 나눌 수 있는, 껴안을 수 있는. 이번에는 이것이 끝이라는 사실을 나는 알고 있다. 그런데도 뜻대로 몸이 움직이지 않는다. 나는 엄마가 나를 보기 바란다. 나를 안심시켜주기를 바란다. 나를 보고서 절대 눈을 돌리지 않기를 바란다. 내가 엄마에게 되풀이해서 바라는 이것은 무엇이지? 내가 원하는 이 불가능한 일은 무엇이지?

이제 우리 차례다. 멩겔레 박사가 손가락을 들어 올린다. "그녀는 네 엄마니 아니면 네 언니니?" 그가 묻는다.

나는 엄마의 손에 매달리고 마그다 언니는 엄마의 다른 쪽을 껴안는다. 우리 중 아무도 왼쪽으로 보내지는 것의 의미와 오른쪽으로 보내지는 것의 의미를 알지 못하지만, 엄마는 내가 내 나이 또래로 혹은 더 나이가 많아 보여야 한다는 사실을, 첫 번째 선별 줄을 살아서 통과하기 위해서는 내가 충분히 나이 들어 보여야 한다는 사실을 직감적으로 알았다. 엄마의 머리카락은 희끗희끗하지만, 엄마의 얼굴은 내 얼굴만큼이나 매끈하다. 엄마는 나의 언니로 통할 수 있었다. 하지만 나는 '엄마'와 '언니' 중 어떤 단어가 엄마를 보호할지 생각하지 못한다. 생각이란 것을 전혀 할 수가 없다. 나는 그저 엄마를 사랑하는, 엄마를 필요로 하는, 내 안의 세포 하나하나만 느낀다. 그녀는 나의 어머니, 나의 엄마, 나의 유일한 엄마이다. 그래서 나는 나의 의식에서 지우려고 애쓰며 평생을 보내게 되는 바로 그 말을 내뱉는다. 심지어 오늘까지도, 내가 나에게 기억하도록 허용하지 않는 바로 그 말을 말이다.

"엄마예요." 내가 말한다.

그 말이 입 밖으로 나오자마자 나는 목구멍 안으로 그 말을 다시 집어넣고 싶다. 나는 그 질문의 중요성을 너무 늦게 깨달았다. '그녀는 네 엄마니 아니면 네 언니니?' '언니예요! 언니예요! 언니예요!' 나는 소리치고 싶다. 멩겔레가 엄마에게 왼쪽으로 가라고 손가락으로 가리킨다. 엄마가 어린아이들, 노인들, 임신한 엄마들, 팔에 아기를 안고 있는 엄마들의 뒤를 따른다. 나는 엄마를 따라갈 것이다. 나는 엄마가 시야에서 사라지게 두지 않을 것이다. 나는 엄마를 향해 달려가려 하지만 멩겔레가 내 어깨를 움켜잡는다. "곧 있으면 엄마를 보게 될 거야." 그가 말한다. 그가 나를 오른쪽으로 떠민다. 마그다 언니를 향해. 다른 쪽을 향해. 생존을 향해.

"엄마!" 내가 소리친다. 우리는 다시 헤어진다. 현실에서 그랬던 것처럼 기억에서도. 하지만 나는 기억이 또 다른 막다른 길이 되게 내버려 두지 않을 것이다. "엄마!" 내가 외친다. 나는 엄마의 뒷모습만으로 만족하지 않을 것이다. 나는 환한 태양 같은 엄마의 얼굴을 봐야만 한다.

엄마가 몸을 돌려 나를 쳐다본다. 엄마는 다른 수감자들의 행렬 속에서 고요한 점처럼 가만히 서 있다. 나는 엄마의 빛을 느낀다. 엄마가 슬픔과 불만의 기색 아래 늘 숨겨두었던, 아름다움 이상의 아름다움이다. 엄마가 자신을 쳐다보는 나를 바라본다. 엄마가 미소를 짓는다.

희미한 미소다. 슬픈 미소다.

"'언니예요'라고 말했어야 했어요! 왜 제가 '언니'라고 하지 않았을까요?" 내가 수십 년 건너에서 엄마에게 외치며 엄마의 용서를 구한다. 이것을 받기 위해 내가 아우슈비츠로 되돌아왔다고 나는 생각한다. 엄마가 나에게 내가 아는 선에서 최선을 다했다고 말해주는 것을 듣기 위해서. 내가 올바른 선택을 했다고 말해주는 것을 듣기 위해서.

하지만 엄마는 그렇게 말할 수 없다. 아니 엄마가 그렇게 말한다고 하더라도 나는 믿지 않았을 것이다. 나는 나치를 용서할 수 있다. 하지만 어떻게 내가 나를 용서할 수 있을까? 내가 이 순간을 다시 살 수만 있다면, 다른 선택을 내릴 수 있었던 바로 전 순간과 이 순간을 다시 살 수만 있다면, 나는 처음부터 다시 모든 순간을 기꺼이 살아낼 것이다. 모든 선별 줄, 모든 샤워, 얼어 죽을 것처럼 추운 밤과 점호 시간, 모든 식사, 연기로 시커멓게 된 공기의 냄새, 거의 죽을 뻔하거나 죽고 싶었던 모든 순간을 말이다. 멩겔레의 질문에 다른 대답을 할 수 있었던 바로 그때로 돌아갈 수만 있다면. 단 하루만이라도 엄마의 목숨을 구할 수 있었던 바로 그때로 돌아갈 수만 있다면.

엄마가 몸을 돌린다. 엄마의 회색 코트와 동그란 어깨, 틀어 올린 채 밝게 빛나는 머리카락이 내게서 멀어져 간다. 엄마가 다른 여자들과 아이들과 함께 탈의실을 향해 걸어간다. 그곳에서 그들은 옷을 벗을 것이고 엄마는 클라라 언니의 대망막이 들어 있는 코트를 벗을 것이다. 그리고 그들은 자신들이 옷을 보관한 곳의 번호를 기억하라고 들을 것이다. 마치 그들이 그 원피스, 그 코트, 그 신발로 돌아올 수 있다는 듯이 말이다. 엄마는 다른 엄마들(할머니들, 아기를 품에 안은 젊은 엄마들)과 함께, 그리고 마그다 언니와 내가 선 줄에 보내진 엄마들의 아이들과 함께 벌거벗은 채 서 있을 것이다. 엄마는 계단을 줄지어 내려가서 벽에 샤워기가 달린 샤워실로 들어갈 것이다. 그리고 점점 더 많은 사람이 안으로 밀려 들어와서 샤워실은 땀과 눈물로 축축해지고 겁에 질린 여자들과 아이들의 비명이 사방에서 울릴 것이다. 이내 그곳은 빽빽이 가득 차서 숨 쉴 수 있는 공기도 충분치 않을 것이다. 엄마는 천장에 있는 작은 사각 유리창이 있다는 것을 알아차릴까? 그곳을 통해 보초병들은 독가스를 살포할 것이다. 얼마 동안이나 엄마는 자신이 죽고 있다는 사실을 알까? 나와 마그다 언니와 클라라 언니를 떠올릴 만큼 충분히 긴 시간일까? 아빠를 떠올릴 만큼? 외할머니에게 기도할 만큼 충분히 길까? 순식간에 엄마를 죽음으로 몰아넣은 말을 내뱉은 나에게 분노를 느낄 만큼 충분히 길까?

만약 엄마가 그날 돌아가실 것을 알았다면 나는 다른 대답을 했을 것이다. 혹은 아무 말도 하지 않았을 것이다. 나는 엄마를 뒤따라 샤워실로 들어가 엄마와 함께 죽을 수도 있었다. 나는 다른 어떤 일을 할 수 있었다. 나는 더 잘할 수 있었다. 나는 이것을 믿는다.

그런데도. (이 '그런데도'는 마치 문처럼 활짝 열린다.) 삶은 죄책감과 후회의 장광설이 되기 얼마나 쉬운가. 똑같은 코러스가 계속 울려 퍼지는 노래가 되기 얼마나 쉬운가. 우리가 우리 자신을 용서하지 못해서 말이다. 우리가 살지 못한 삶은 우리가 선망하는 유일한 삶이 되기 얼마나 쉬운가. 우리는 자신이 모든 것을 통제할 수 있다는, 모든 것을 통제할 수 있었다는 환상에 빠지기 얼마나 쉬운가. 우리가 할 수 있었던 혹은 해야만 했던 행동이나 말이, 만약 우리가 그렇게만 했다면 고통을 치유하고, 고난을 지우고, 상실을 없앨 수 있었으리라 착각하기가 얼마나 쉬운가.

내가 엄마를 구할 수 있었을까? 그럴지도. 그렇다면 나는 남은 평생을 그 가능성에 매달려 살아야 할 것이다. 그렇다면 나는 잘못된 선택을 내린 것에 대해 자신을 책망할 수 있을 것이다. 그것은 나의 특권이다. 혹은 나는 더 중요한 선택은 내가 굶주리고 겁에 질렸을 때, 우리가 사냥개들과 총들과 불확실성에 둘러싸여 있었을 때, 내가 열여섯 살이었을 때 내린 선택이 '아니라는' 사실을 받아들일 수도 있다. 더 중요한 선택은 내가 현재에 내리는 선택이다. 나를 있는 그대로, 불완전한 인간으로 받아들이는 선택이다. 또한 나 자신의 행복에 스스로 책임을 지는 선택이다. 나의 결함을 용서하고 나의 결백을 되찾는 선택이다. 왜 내가 살아남았는지 묻기를 멈추는 선택이다. 최대한 열심히 살고, 헌신적으로 다른 사람들에게 봉사하고, 할 수 있는 모든 일을 다 해 부모님을 기리고, 부모님이 헛되이 돌아가시지 않았다는 사실을 증명하는 선택이다. 나의 제한된 능력 안에서 최선을 다해 미래 세대들은 내가 겪은 일을 겪지 않도록 하는 선택이다. 도움이 되는 사람이 되고, 있는 힘껏 다른 사람들을 돕고, 살아남고 번영해서 모든 순간을 이용해 세상을 더 나은 곳으로 만드는 선택이다. 그리고 마침내, 마침내 과거로부터 도망치는 것을 그만두는 선택이다. 과거를 만회하기 위해 할 수 있는 모든 일을 다한 다음 과거를 떠나보내는 선택이다. 나는 우리가 모두 내릴 수 있는 선택을 내릴 수 있다. 나는 결코 과거를 바꿀 수 없다. 하지만 내가 구원할 수 있는 삶은 있다. 바로 나의 삶이다. 내가 바로 지금 사는 이 삶, 이 귀중한 순간이다.

나는 떠날 준비가 되어 있다. 나는 땅에서 돌멩이를 하나 집는다. 작고 울퉁불퉁한 평범한 회색 돌멩이이다. 나는 그 돌멩이를 손으로 꽉 쥔다. 유대교 전통에서 우리는 죽은 이에 대한 존경의 표시로 무덤에 작은 돌멩이들을 놓고 신의 가호를 빈다. 돌멩이들은 죽은 이가 우리의 마음과 우리의 기억에 영원히 살아 있다는 사실을 상징한다. 내가 손에 쥔 돌멩이는 부모님에 대한 영원한 사랑의 상징이다. 또한 내가 대면하기 위해 여기에 온, 죄책감과 슬픔의 상징이기도 하다. 이 죄책감과 슬픔은 거대하고 무섭지만, 한편으로 내가 손에 쥘 수 있기도 하다. 이 돌멩이는 내 부모님의 죽음이다. 한때 존재했던 삶의 죽음이다. 현재 존재하는 삶의 탄생이다. 내가 여기에서 배운 인내심과 연민의 탄생이다. 자신을 판정하기를 그만두는 능력, 반사적으로 반응하는 대신에 의식적으로 대응하는 능력의 탄생이다. 이 돌멩이는 내가 여기에 와서 발견한 진실과 평화이다. 그리고 내가 마침내 잠재우고 떠나보낼 모든 것이다.

나는 돌멩이를 내 막사가 있었던 땅 위에 놓는다. 내가 다섯 명의 다른 소녀들과 나무 침대에서 함께 잤던 곳, 〈아름답고 푸른 도나우 강〉이 연주되는 가운데 내가 두 눈을 감고 목숨을 걸고 춤을 췄던 곳이다. '그리워요.' 나는 부모님에게 말한다. '사랑해요. 영원히 사랑할게요.'

그리고 나의 부모님과 그토록 많은 사람을 집어삼킨 광활한 죽음의 캠퍼스에, 어떻게 살아야 할지(나는 희생되었지만 나는 희생자가 아니라는 것, 나는 다쳤지만 망가지지는 않았다는 것, 영혼은 절대 죽지 않는다는 것, 삶의 의미와 목적은 우리를 가장 아프게 하는 마음속 깊은 곳으로부터 생길 수 있다는 것)에 대해 내게 가르쳐줄 신성한 교훈을 아직도 가지고 있는 공포의 교실에, 나는 마지막 말을 내뱉는다. '안녕.' 나는 말한다. '고마워.' 삶을 살 수 있게 해줘서 고마워. 마침내 삶을 있는 그대로 받아들일 수 있게 해줘서 고마워.

나는 내 옛 감옥의 철문을 향해, 풀밭에서 나를 기다리고 있는 벨러를 향해 걸어간다. 곁눈질로 보니 제복을 입고 표지판 아래에서 앞뒤로 왔다 갔다 행진하는 한 남자가 보인다. 그는 군인이 아니라 박물관 경비요원이다. 하지만 그가 제복을 입고 행진하는 모습을 보니 온몸이 얼어붙고 숨을 제대로 못 쉬겠고 총소리가 울리고 어디선가 총알이 날아올 것만 같다. 짧은 순간 나는 다시 겁에 질린 소녀, 위험에 처한 소녀가 된다. 나는 감옥에 갇힌 나다. 하지만 나는 심호흡을 하면서 그 순간이 지나가기를 기다린다. 나는 코트 주머니에 있는 푸른색 미국 여권을 만져본다. 경비요원은 연철 표지판까지 행진했다가 뒤로 돈 후 다시 감옥 안으로 행진해 들어간다. 그는 여기에 머물러야만 한다. 여기에 머무르는 것은 그의 의무다. 하지만 나는 떠날 수 있다. 나는 자유다!

나는 아우슈비츠를 떠난다. 나는 깡충깡충 뛴다. 나는 'Arbeit macht frei'라고 적힌 표지판 아래를 지나간다. 우리가 할 수 있는 어떠한 것도 우리를 자유롭게 해주지 않으리라는 사실을 깨달았을 때 이 말이 얼마나 잔인하고 비웃는 듯이 느껴졌던가. 하지만 막사들과 폐허가 된 화장장들과 감시초소들과 방문객들과 박물관 경비요원을 뒤에 남기고 떠나면서, 그리고 흑철로 쓰인 글자들 아래를 깡충깡충 뛰어 남편에게 가면서, 나는 그 말이 진실의 불꽃으로 번쩍거리는 것을 본다. 노동은 '정말로' 나를 자유롭게 했다. 나는 살아남았고 그래서 나는 나의 일을 할 수 있었다. 물론 나치가 의미한 노동은 아니다. 희생과 굶주림의 중노동, 탈진과 노예 상태의 중노동을 의미하는 것이 아니다. 나의 일은 내면의 일이었다. 살아남고 번영하는 법을 배우는 일, 자기 자신을 용서하는 법을 배우는 일, 다른 사람들이 같은 일을 할 수 있도록 돕는 일이었다. 그리고 이 일을 할 때, 나는 더는 포로도 수감자도 아니다. 나는 자유다.

4부

—

치유

# 자유의 춤

내가 빅터 프랭클을 마지막으로 본 때는 1983년 독일 레겐스부르크에서 열린 '제3차 로고테라피 세계 콘퍼런스'에서였다. 그는 거의 80세였고 나는 56세였다. 나는 엘파소의 강의실에서 공황 상태에 빠진 채 작은 페이퍼백 책을 가방 안으로 집어넣던 그 사람과 크게 달라지지 않았다. 나는 여전히 강한 억양으로 영어를 구사했다. 나는 여전히 고통스러운 장면들을 기억했고 과거의 상실에 슬퍼했다. 하지만 나는 더는 내가 어떤 일의 희생자라고 느끼지 않았다. 나는 나의 두 명의 구원자에게 대단히 큰 사랑과 감사를 느꼈다. 그리고 앞으로도 항상 느낄 것이다. 그중 한 명은 군슈키르헨의 시체 더미에서 나를 끌어내 내 생명을 구해준 바로 그 미군이다. 그리고 다른 한 명은 빅터 프랭클이다. 그는 내게 더는 숨지 않아도 된다고 허용해주었고, 내가 나의 경험을 표현할 언어를 발견하도록 도와주었고, 내가 나의 고통과 맞서 싸우도록 도와주었다. 그의 조언과 우정 덕분에, 나는 내가 겪은 고통 안에서 의미를 발견할 수 있었다. 그리고 이 의미를 통해 나는 과거와 화해하게 되었을 뿐만 아니라 내 경험들로부터 다른 사람들과 공유할 만한 가치가 있는 무언가를 도출할 수 있었다. 바로 '자유로 향하는 길a path to freedom'이다. 콘퍼런스의 마지막 밤 우리는 함께 춤을 추었다. 거기에 우리가 있었다. 나이 들어가는 두 댄서가. 성스러운 현재를 즐기고 있는 두 사람이. 자유로워지고 번영하는 법을 배운 두 생존자가.

빅터 프랭클과 수십 년 동안 나눈 우정, 그리고 앞에서 소개한 사람들을 포함해 나의 내담자들과 맺은 치유적 관계는 내게 아우슈비츠에서 처음 배우기 시작한 교훈과 똑같은 중요한 교훈을 내게 가르쳐주었다. '우리의 고통스러운 경험들은 부채가 아니다. 그것들은 선물이다.' 그것들은 우리에게 삶의 관점과 의미, 자신의 고유한 목적과 고유한 힘을 발견할 기회를 선사한다.

치유로 향하는 길에는 모든 사람에게 똑같이 적용되는 절대적인 방법이 존재하지는 않는다. 하지만 배우고 연습할 수 있는 단계들은 존재한다. 각자의 사람들은 자신만의 고유한 방식으로 이 단계들을 혼합하여 사용할 수 있다. 일명, 자유의 춤을 추기 위한 단계들이다.

내가 생각하는 자유의 춤의 첫 단계는 자신의 감정에 책임을 지는 것이다. 감정을 억압하고, 회피하고, 다른 사람들의 탓으로 돌리는 것을 그만두고 자기 자신의 감정으로 수용하는 것이다. 이 단계는 제이슨 풀러 대령의 치유에서 가장 중요한 단계였다. 나와 마찬가지로, 그 또한 자신의 감정을 차단하는 습관이 있었다. 그는 항상 감정으로부터 도망쳤고, 결국 감정이 지나치게 커진 나머지 자신이 감정을 통제하는 것이 아니라 감정이 자신을 통제하게 만들었다. 나는 그에게 감정을 회피하는 방법으로 고통을 회피할 수는 없다고 말했다. 그는 감정을 안전하게 경험하고 표출한 후 그 감정을 놓아주는 일에 책임을 져야 했다.

치료의 첫 몇 주 동안, 나는 그에게 자신의 감정을 조절하는 데에 도움이 되는 만트라를 가르쳤다. '알아차리기, 수용하기, 확인하기, 머무르기.' 어떤 감정이 자신을 압도하기 시작한다면, 그 감정을 조절하기 위해 취해야 할 첫 번째 행동은 자신이 그 감정을 느끼고 있다는 사실을 알아차리는(그리고 인정하는) 것이다. 그는 자기 자신에게 이렇게 말할 수 있었다. '아하! 또 시작이군. 이것은 분노야. 이것은 질투야. 이것은 슬픔이야.' (내 융 학파 심리치료사는 상당히 위로되는 무언가를 내게 가르쳐줬다. 팔레트 같은 인간 감정들은 한계가 없어 보이지만, 사실 모든 감정은 모든 색깔이 그러하듯이 몇 개의 기본 감정들(슬픔, 분노, 기쁨, 공포)로부터 비롯된다는 것이다. 이제 막 감정 어휘를 배우기 시작한 사람들에게, 오직 4가지의 감정을 구분하는 방법만 배우면 된다는 사실은 크게 위안이 될 것이다. 내가 그랬던 것처럼.

일단 자신의 감정에 이름을 붙일 수 있게 되자, 제이슨은 그 감정이 자기 자신의 감정이라는 사실을 수용해야만 했다. 감정은 다른 사람의 행동이나 말에 의해 촉발될 수 있었다. 하지만 그것은 그의 감정이었다. 다른 사람을 비난한다고 해서 그 감정이 사라지지는 않았다.

감정을 수용하고 난 후 그는 자신의 신체 반응을 확인해야 했다. '몸이 뜨거운가? 차가운가? 심장이 빨리 뛰고 있는가? 호흡은 어떠한가? 나는 괜찮은가?'

감정 자체에 관심을 기울이고 그 감정이 자신의 몸속에서 어떻게 움직이는지 확인하자 감정이 사라지거나 변화할 때까지 그 감정과 함께 머무르는 일이 한결 수월해졌다. 그는 감정을 덮거나, 약을 투여하거나, 감정으로부터 도망갈 필요가 없었다. 그는 감정을 있는 그대로 느끼기로 선택할 수 있었다. 그것은 오직 감정일뿐이었다. 그는 그것을 수용하고, 견디고, 그것과 함께 머무를 수 있었다. 왜냐하면 감정은 일시적이기 때문이다.

제이슨이 자신의 감정에 관심을 기울이는 일에 더 능숙해지자, 우리는 감정에 어떻게 대응할지Respond 연습했다. 반사적으로 반응하는 React 대신 말이다. 제이슨은 압력솥 안에 있는 것처럼 사는 방법을 배웠다. 그는 자신이 폭발하기 전까지 자기 자신을 엄격한 통제 아래에 두었다. 그런 다음 나는 그가 증기를 계속 배출하는 찻주전자처럼 지내는 법을 배우도록 도왔다. 때때로 그가 상담을 받으러 와서 내가 그에게 기분이 어떻냐고 물으면 그는 이렇게 대답했다. "소리를 지르고 싶어요." 그러면 나는 말했다. "좋아요! 소리를 지릅시다. 그것이 당신을 아프게 만들지 않도록 그것을 모조리 밖으로 배출합시다."

자신의 감정을 수용하고 그것과 대면하는 법을 배우면서, 제이슨은 자신이 유년기에 겪은 공포, 억압, 폭력을 자신의 현재 가족 안에서 재현하고 있다는 사실을 깨닫기 시작했다. 학대적인 아버지 때문에 배웠던, 자신의 감정을 통제하고자 하는 욕구는 아내와 아이들을 통제하고자 하는 욕구로 전환되었다.

때때로 우리의 치유는 우리에게 파트너와 관계를 회복하도록 도와준다. 때때로 우리의 치유는 다른 사람이 자신의 성장을 이룰 수 있도록 도와주기도 한다. 몇 달 동안 제이슨과 함께 커플 상담을 받은 후, 제이슨의 아내는 제이슨에게 자신이 갈라설 준비가 되었다고 말했다. 제이슨은 충격을 받았고 격분했다. 나는 실패한 결혼생활에 대한 슬픔 때문에 그가 아이들을 대하는 방식에 문제가 생기지는 않을지 걱정했다. 처음에 제이슨은 앙심을 품었고 양육권을 전부 가져오기 위해 싸우려고 했다. 하지만 그는 자신의 '모 아니면 도' 사고방식을 바꾸었고 그와 그의 아내는 공동양육을 하기로 합의했다. 제이슨은 자신에게 총을 내려놓게 만든 사람들—자신의 아이들—과의 관계를 개선하고 돌볼 수 있었다. 그는 폭력의 대물림을 자기 손으로 끊어냈다.

일단 자신의 감정을 인정하고 그 감정에 책임을 지고 나면, 우리는 인간관계를 결정짓는 역학 관계 속에서 자신이 하는 역할을 인정하고 그 역할에 책임을 지는 법을 배울 수 있다. 내가 결혼생활에서 그리고 아이들과의 관계에서 알게 된 것처럼, 자유의 실험대 중 하나는 우리가 사랑하는 사람들과 어떻게 관계를 맺는지이다. 이는 내가 상담을 하는 동안 자주 등장하는 주제이기도 하다.

내가 그를 처음 만난 아침에, 준은 잘 다림질한 정장 바지와 목까지 단추를 채운 셔츠를 입고 있었다. 링은 완벽한 맞춤 치마와 블레이저를 입고 출입문을 통해 걸어 들어왔다. 또한 전문가가 한 듯한 메이크업을 하고 있었고 머리카락은 매우 세심하게 정돈되어 있었다. 소파의 한쪽 끝에 앉자마자 준은 내 상담실 벽에 걸린 졸업증서 액자들과 사진 액자들을 훑어보았다. 그러고선 상담실 곳곳을 살피면서도 절대 링을 쳐다보지는 않았다. 링은 소파의 가장자리에 꼿꼿이 걸터앉은 채 나를 똑바로 바라봤다. "문제는 이거예요." 그녀가 서론 없이 본론부터 말했다. "제 남편은 술을 너무 많이 마셔요."

준의 얼굴이 시뻘게졌다. 그는 금방 말을 꺼내려는 것처럼 보였지만 이내 계속 조용히 있었다.

"그것은 멈춰야만 해요." 링이 말했다.

나는 '그것'이 무엇이냐고 물었다. 그녀가 그렇게 불쾌하게 생각하는 행동들은 무엇이었을까?

링의 말에 따르면, 지난 1~2년 동안 준의 음주는 이따금 저녁이나 주말에 하는 활동에서 매일의 관례로 바뀌었다고 했다. 그는 집에 오기 전에 자신이 교수로 일하는 대학 캠퍼스 근처에 있는 바에서 스카치위스키를 한잔 마시는 걸로 음주를 시작했다. 그리고 그 음주는 집에 오면 또 다른 음주, 그리고 또 다른 음주로 이어졌다. 그들이 두 아이와 함께 저녁 식사를 하기 위해 식탁 앞에 앉을 때쯤이 되면, 그의 눈은 약간 흐리멍덩했고, 그의 목소리는 약간 지나치게 커졌고, 그의 농담은 약간 지나치게 상스러워졌다. 링은 혼자서 아이들을 씻기고 재우는 일과를 책임져야만 해서 외로움과 부담감을 느꼈다. 잠자리에 들 준비가 될 때쯤이 되면, 그녀는 불만감에 속이 부글부글 끓었다. 내가 그들의 성생활에 관해 묻자, 링은 얼굴을 붉히면서 그들이 잠자리에 들 때 준이 섹스를 시도하곤 했지만, 그녀가 너무 화가 나서 화답하지 않을 때가 많았다고 말했다. 요즘 그는 대개 소파에서 잠이 들었다.

"이게 다가 아니에요." 그녀가 말했다. 그녀가 모든 증거를 낱낱이 읊었다. "그는 술에 취해서 실수로 접시를 깨요. 그는 집에 늦게 와요. 그는 내가 한 말들을 잊어버려요. 그는 술에 취한 채 운전해요. 그는 아마 사고를 당할 거예요. 제가 어떻게 그를 믿고 아이들을 태워다주라고 할 수 있겠어요?"

링이 말을 하는 동안 준은 증발한 것처럼 보였다. 그는 무릎에 시선을 떨구고 있었다. 그는 상처 입고, 속을 숨기고, 수치스러운 것처럼 보였다. 또한 화가 난 것처럼 보였다. 하지만 그의 적대감은 자신의 내면으로 향하고 있었다. 나는 준에게 그들의 일상생활에 대해 어떻게 생각하는지 물었다.

"저는 항상 아이들에게 책임감을 느낍니다." 그가 말했다. "제가 아이들을 위험에 빠뜨린다고 고발할 권리가 그녀에겐 없습니다."

"부인과의 관계는 어떤가요? 결혼생활이 어떻게 흘러가고 있다고 생각하나요?"

그가 어깨를 으쓱했다. "여기에 왔지 않습니까." 그가 말했다.

"소파에서 여러분이 멀리 떨어져 있는 게 보이네요. 여러분 사이에 커다란 거리감이 있다는 사실을 정확히 보여주는 것 같은데, 맞나요?"

링이 핸드백을 움켜잡았다.

"정확합니다." 준이 말했다.

"그가 술을 마시기 때문이에요!" 링이 끼어들었다. "그게 이 거리감을 만드는 거예요."

"많은 분노가 여러분을 떨어뜨려 놓고 있다는 이야기처럼 들리네요."

링은 힐끗 남편을 쳐다본 다음 고개를 끄덕였다.

나는 이와 똑같은 춤에 갇혀 있는 커플들을 많이 본다. 그녀는 잔소리를 하고 그는 술을 마신다. 그는 술을 마시고 그녀는 잔소리를 한다. 이것은 그들이 선택한 안무이다. 하지만 만약 둘 중 한 명이 춤의 스텝을 바꾼다면? "궁금하네요." 내가 말을 꺼냈다. "만약 준이 술을 끊는다면 여러분의 결혼생활이 잘 유지될지 궁금하네요."

준이 어금니를 악물었다. 링은 핸드백을 움켜잡았던 손을 약간 풀었다. "그럼요." 그녀가 말했다. "그렇게만 하면 돼요."

"만약 준이 술을 끊는다면 정말로 어떤 일이 일어날까요?" 내가 물었다.

나는 그들에게 내가 아는 다른 커플에 대해 말해주었다. 그 남편 역시 술고래였다. 어느 날, 그는 더는 안 되겠다는 생각이 들었다. 그는 더는 술을 마시고 싶지 않았다. 그는 도움을 받고 싶었다. 그는 알코올 중독 치료가 최고의 선택이라고 생각했고 술을 한 방울도 입에 대지 않기 위해 열심히 노력했다. 이것은 그의 아내가 그에게 일어나기를 간절히 바랐던 바로 그 일이었다. 두 사람 모두 그가 술을 끊으면 그들이 가진 모든 문제가 해결되리라고 기대했다. 하지만 그가 점점 더 회복될수록 그들의 결혼생활은 점점 더 악화했다. 그의 아내는 알코올 중독치료병원에 면회를 올 때마다 분노와 비통함이 치솟는 것을 느꼈다. 그녀는 과거에 관해 되풀이해 말하는 것을 멈출 수가 없었다. "5년 전에 당신이 집에 와서 내가 제일 아끼는 양탄자에 온통 토한 거 기억해? 당신이 우리의 결혼기념일 파티를 망쳤던 그날은 또 어떻고?" 그녀는 그가 한 모든 실수, 그가 그녀를 상처 주고 실망하게 했던 모든 경우를 장황하게 죽 말하는 것을 멈출 수가 없었다. 그녀의 남편이 더 나아질수록 그녀는 더 나빠졌다. 그는 자신이 더 강해지고 덜 중독되었고 덜 수치스럽다고 느끼게 되었다. 자신의 내면과 더 많이 접촉했고 자신의 인생과 인간관계에 더 관심을 기울였다. 그리고 그녀는 점점 더 격분하게 됐다. 그는 술을 떠나보냈지만, 그녀는 비난과 책망을 떠나보내지 못했다.

나는 이를 시소 놀이라고 부른다. 한 사람이 올라가면 한 사람은 내려간다. 많은 결혼생활과 인간관계가 이런 방식으로 만들어져 있다. 두 사람은 무언의 계약에 합의한다. 그들 중 한 사람이 좋은 사람을 맡고 다른 한 사람이 나쁜 사람을 맡을 것이다. 전체 시스템은 한 사람의 부족함에 의존한다. '나쁜' 파트너는 모든 한계를 시험할 수 있는 무료입장권을 얻게 된다. '좋은' 파트너는 이렇게 말하게 된다. "내가 얼마나 이타적인지 봐! 내가 얼마나 인내심이 강한지 봐! 내가 참고 있는 모든 것을 보라고!"

하지만 관계 속의 '나쁜' 사람이 자신의 역할에 질리게 되면 어떤 일이 발생할까? 만약 그가 상대의 역할을 위한 오디션에 나타나면 어떻게 될까? 그렇게 되면, 관계 속에서 '좋은' 사람의 위치는 더는 안전하지 않게 된다. 그녀는 자신의 위치를 지킬 수 있도록 그가 얼마나 나쁜지에 대해 그에게 상기시켜야만 한다. 혹은 그녀는 나쁘게(적대적이게, 폭발하기 쉽게) 될지도 모른다. 그들이 서로 자리를 바꾸었지만, 여전히 시소의 균형을 유지할 수 있도록 말이다. 어떤 쪽을 선택하든, 책망은 두 자리를 결합해주는 중심점이다.

많은 사례에서, 다른 누군가의 행동은 우리의 불편과 불행에 크게 이바지한다. 상처를 주는 행동이나 파괴적인 행동을 우리가 용납해야 한다는 이야기가 아니다. 하지만 우리 자신의 행복에 대해 다른 사람에게 책임을 지우는 한, 우리는 계속 희생자로 남아있을 수밖에 없다. 만약 링이 "준이 술을 끊어야만 나는 오직 행복해지고 평온해질 수 있어요"라고 말한다면, 그녀는 자기 자신을 슬픔과 불안의 삶에 취약하도록 방치하는 것이 된다. 그녀의 행복은 항상 불행과 떼려야 뗄 수 없는 상태가 되고 만다. 마찬가지로, 만약 준이 "내가 술을 마시는 유일한 이유는 링이 잔소리와 비난을 너무 많이 하기 때문입니다"라고 말한다면, 그는 자신이 가진 선택의 자유를 모두 포기하는 것이 된다. 그는 자기 자신의 대리인이 아니다. 그는 링의 꼭두각시 인형이다. 그녀의 냉담함에서 자신을 보호하려고 술에 취해 잠시 위안을 얻을지 모르지만, 그는 진정으로 자유로워질 수 없을 것이다.

우리가 불행한 이유는 우리가 너무 많은 책임을 지고 있거나 우리가 너무 적은 책임을 지고 있어서일 때가 많다. 단호하게 행동하고 자신을 위해 명확하게 선택하는 대신, 우리는 공격적(다른 사람들을 대신해 선택한다)으로 되거나, 수동적(다른 사람들이 우리를 대신해 선택하게 내버려 둔다)이 되거나, 혹은 수동-공격적(다른 사람들이 스스로 선택한 것을 성취하지 못하도록 막는 방법으로, 다른 사람들을 대신해 선택한다)으로 된다. 인정하기 싫지만 나는 남편 벨러에게 수동-공격적으로 굴곤 했다. 벨러는 매우 정확한 사람이고 그에게는 제시간에 도착하는 일이 중요하다. 그래서 나는 그에게 짜증이 날 때마다 집에서 출발할 시간이 되었는데도 가만히 있었다. 단지 그를 괴롭히기 위해 우리가 속도가 늦어지고 그래서 약속 시간에 늦게 되는 방법을 의도적으로 찾은 것이다. 그는 제시간에 도착하는 것을 선택했지만 나는 그가 자신이 원하는 것을 얻지 못하도록 막았다.

나는 링과 준에게 그들이 자신들의 불행에 대해 서로를 탓하는 방법으로 자신의 기쁨을 스스로 만들어야 하는 책임을 회피하고 있다고 말했다. 겉에서 보기에는 그들 둘 다 매우 단호하게 행동하는 것처럼 보였다. 링은 항상 준에게 잔소리를 했고 준은 링이 그에게 부탁한 일을 하는 대신 자신이 하고 싶은 일만 했다. 이들은 '나는 ~하기를 원합니다.' 혹은 '나는 ~한 상태입니다'라고 솔직하게 표현하는 것을 피하는 데에 전문가였다. 링이 '나는 ~하고 싶어요'라는 '말'을 사용하기는 했다. 그녀는 "나는 남편이 술을 끊기를 원합니다"라고 말했다. 하지만 다른 사람에게 어떤 것을 원하는 방법으로, 그녀는 자신이 스스로 원하는 게 무엇인지 알아내야 하는 책임에서 벗어났다. 그리고 준은 자신이 술을 마시는 것은 링의 탓이며 그녀의 억압적인 기대와 비난에 대항하는 방법이라고 말함으로써 자신의 음주를 합리화할 수 있었다. 하지만 자신의 선택을 내릴 수 있는 권한을 포기한다면 자신이 희생자, 그리고 수감자가 되겠다고 동의하는 것과 마찬가지다.

하가다는 유대인의 텍스트로서 이집트에서의 노예 상태에서 해방된 이야기와 유월절의 특별한 연회인 '세데르Seder'의 진행 순서와 이때 하는 기도들이 실려 있다. 그 진행 순서 안에는 전통적으로 가족의 가장 어린 구성원이 물어야 하는 네 개의 질문이 있다. 내가 어린 시절 세데르를 치를 때 이 네 개의 질문을 던지는 것은 나의 특권이었다. 또한 강제수용소로 끌려가기 전날 밤에 부모님과 함께 집에서 세데르를 치르면서 이 질문들을 던지기도 했다. 심리치료 임상을 진행하면서 나는 내 버전의 네 개의 질문을 새로이 만들었다. 몇 년 전에 동료들과 새로운 내담자와 세션을 시작할 때 사용할 전략들을 의논하다가 그들의 도움을 받아 만든 질문들이다. 다음 질문들은 내가 링과 준에게 그 자리에서 바로 글로 써서 답하라고 요청한 질문들이다. 그들이 희생자 의식에서 벗어나 자신들을 해방할 수 있도록 말이다.

1. 당신은 무엇을 원합니까? 이것은 믿을 수 없을 만큼 단순한 질문이다. 하지만 우리가 자기 자신을 알고 경청하도록 자신에게 허용해야 하고, 그런 다음 자기 자신을 자신의 욕구에 맞추어야 한다는 사실을 깨닫고 나면 훨씬 더 어려운 질문이 될 것이다. 이 질문에 답할 때 우리는 얼마나 자주 다른 사람에게 우리가 원하는 바를 말하는가? 나는 링과 준에게 그들이 자기 자신을 위해 이 질문에 대답해야 한다고 상기시켰다. '나는 준이 술을 끊기를 원합니다' 혹은 '나는 링이 잔소리를 그만하기를 원합니다'라고 답하는 것은 질문을 회피하는 일이다.

2. 누가 그것을 원합니까? 이것은 우리의 일이고 우리의 싸움이다. 자기 자신에 대한 자신의 기대를 아는 것 VS 우리에 대한 다른 사람들의 기대에 맞춰서 사는 것. 내 아빠는 할아버지가 아빠에게 의사가 되도록 허용하지 않았기 때문에 재단사가 되었다. 아빠는 자신의 분야에서 뛰어났고 인정도 받고 상도 받았다. 하지만 아빠는 그것을 원했던 사람이 아니었다. 그리고 항상 자신의 못다 이룬 꿈을 후회했다. 우리의 참된 자아를 위해 행동하는 것은 우리의 책임이다. 때때로 이는 다른 사람들을 기쁘게 하고 싶은 욕구, 다른 사람들의 인정을 받고 싶은 욕구를 포기하는 것을 의미한다.

3. 당신은 그것에 관해 무엇을 할 것입니까? 나는 긍정적 사고의 힘을 믿는다. 하지만 변화와 자유를 위해서는 긍정적 행동 또한 필요하다. 우리는 어떤 것을 연습하든 그것을 더 잘하게 된다. 만약 우리가 분노를 연습한다면, 우리는 더 많은 분노를 느끼게 될 것이다. 만약 우

리가 공포를 연습한다면, 우리는 더 많은 공포를 느끼게 될 것이다. 많은 경우 우리는 매우 열심히 노력하는데도 아무 진전을 보지 못한다. 변화하기 위해서는 더는 효과가 없는 것이 무엇인지 알아차린 후 우리를 감옥에 가두는 익숙한 패턴에서 벗어나야 한다.

4. 언제 할 것입니까? 엄마가 가장 좋아하는 책《바람과 함께 사라지다》에서 스칼렛 오하라는 난관과 맞닥뜨릴 때마다 이렇게 말한다. "내일 생각해 볼래…. 결국 내일은 내일의 태양이 뜰 테니까." 제자리에서 맴도는 대신 앞으로 나아가고자 한다면, 지금 당장 실행에 옮겨야 한다.

링과 준은 각자 질문지에 대답을 쓴 후 종이를 접어 내게 건넸다. 우리는 그다음 주에 다시 만나기로 했다. 상담실을 떠나기 위해 일어선 후 준은 내게 악수를 청했다. 그러고 나서, 그들이 출입문 밖으로 나가는 뒷모습을 보니 그들은 결혼생활에 지장을 주고 있는 거리감을 좁히고, 책망의 시소에서 내려오려고 기꺼이 노력할 준비가 된 듯 보였다. 링은 준을 돌아보며 머뭇거리다가 미소를 지었다. 준은 내게 등을 지고 있었기 때문에 그가 링에게 화답해서 미소를 지었는지는 알 수 없었다. 하지만 그는 부드럽게 그녀의 어깨를 토닥였다.

그다음 주에 만났을 때, 링과 준은 예상하지 못한 무언가를 발견했다고 했다. "당신은 무엇을 원합니까?"라는 질문에 그들은 똑같은 대답을 적었다. '행복한 결혼생활.' 이 욕구를 밖으로 말한 것만으로도 그들은 이미 자신들이 원하는 것을 이루기 위한 여정에 올라 있었다. 그들에게 필요한 것은 몇 가지 새로운 방식들뿐이었다.

나는 링에게 매일 준이 집에 돌아온 직후에 그녀가 하는 행동에 변화를 주라고 말했다. 이 순간은 링이 대개 가장 화나고 가장 자신이 취약하다고 느끼고 가장 겁에 질리는 때였다. 그가 취했을까? 얼마나 취했을까? 앞으로 얼마나 더 취할까? 그와의 사이에 친밀함을 느낄 여지가 있을까, 아니면 또다시 거리감과 적대감이 느껴지는 저녁이 될까? 링은 준에게 통제를 가하려 애쓰는 방법으로 자신의 공포를 제어하게 됐었다. 그녀는 준의 입김 냄새를 맡고, 준을 비난하고, 뒤로 물러서곤 했다. 나는 링에게 준이 맨정신이든 취했든 상관없이 똑같은 방식으로 인사를 하라고 했다. 다정한 눈빛으로 짧게 말하는 것이다. "반가워. 당신이 돌아와서 기뻐." 만약 그가 술에 취해 있고 그래서 그녀가 상처를 받고 실망한다면 그녀는 그러한 감정들에 관해 이야기할 수 있다. 그녀는 이렇게 말할 수 있을 것이다. "술을 마셨나 보네. 나는 슬퍼. 왜냐하면 당신이 술에 취할 때면 당신에게 친밀함을 느끼기가 힘드니까." 혹은 이렇게 말할 수도 있다. "나는 당신의 안전에 대해 걱정이 돼." 그리고 그녀는 그가 술을 마시기로 한 선택에 대응해 자기 자신을 위한 선택을 내릴 수 있다. 그녀는 이렇게 말할 수 있다. "오늘 밤 당신과 이야기를 나누고 싶었어. 하지만 술을 마셨나 보네. 그 대신 다른 일을 해야겠어."

나는 준에게 중독 현상의 생리적 구성요소들에 관해 알려주고, 그가 알코올로 어떤 고통을 누그러뜨리고 있는지는 모르겠지만 그가 치유하도록 도와주겠다고 말했다. 그리고 만약 그가 술을 끊겠다고 선택한다면, 그의 중독을 치료하기 위해 추가적인 지원책이 필요할 것이라고 말했다. 나는 준에게 '익명의 알코올중독자 모임AA. Alcoholics

Anonymous' 세 곳을 방문한 다음 거기에서 들은 이야기 중 자신에게 해당하는 이야기가 없는지 살펴보라고 했다. 그는 할당된 모임들에 일단 나갔지만 내가 아는 한 그 후로 다시 나가지는 않았다. 내가 그와 상담을 진행한 시기 동안, 그는 술을 끊지 않았다.

링과 준이 심리치료를 마쳤을 때, 그들의 어떤 점들은 더 나아졌고 어떤 점들은 그렇지 않았다. 그들은 자신의 의견만을 고집하려는 욕구 없이 서로의 말에 더 잘 귀 기울일 수 있게 됐다. 또한 그들은 분노의 다른 면을 들여다보는 데에 더 많은 시간을 함께 보냈다. 그리고 그 과정에서 그들은 자신들의 슬픔과 두려움을 인정할 수 있었다. 그들 사이에는 온기가 더 커졌다. 하지만 외로움은 그대로 남아 있었다. 또한 준의 음주 습관이 통제 불능의 상태가 될지도 모른다는 두려움도 그대로 남아 있었다.

그들의 이야기는 정말로 끝날 때까지는 끝난 것이 아니라는 사실을 잘 보여주는 사례다. 우리가 삶을 살아가는 한, 더 많은 고통을 겪을지도 모른다는 위험은 항상 존재한다. 고통을 줄이고 행복을 선택하는 방법을 찾을 기회 또한 존재한다. 그렇게 하기 위해서는 혼자 힘으로 책임을 지는 일이 꼭 필요하다.

다른 사람의 모든 욕구를 처리하는 돌봄 전담자가 되려 애쓰는 일은 자기 자신에 대한 책임을 회피하는 것만큼이나 문제가 많다. 이것은 나에게도 문제가 됐던 부분이다. 많은 심리치료사에게 그러하듯이 말이다. 나는 이 문제를 직접 겪은 적이 있다. 나는 다섯 아이를 둔 싱글맘을 치료한 적이 있다. 그녀는 실직 상태인 데다 신체 질환이 있었고 우울증을 앓고 있었다. 그녀는 집을 떠나기를 힘들어했다. 나는 나서서 도와 그녀의 복지수당을 대신 받아오고 아이들을 약속장소와 과외활동에 데려다줬다. 그녀의 심리치료사로서, 나는 할 수 있는 최대한 그녀를 돕는 것이 나의 책임이라고 느꼈다. 하지만 어느 날 나 자신이 자비롭고 관대하고 가치 있다고 느끼면서 사회복지사무소에서 줄을 서 있는데, 갑자기 나의 내면에서 어떤 목소리가 이렇게 말했다. '에디, 누구의 욕구가 충족되고 있는 거지?' 그리고 나는 이 질문에 대한 대답이 '나의 소중한 내담자의 욕구'가 아니라는 사실을 깨달았다. 대답은 '나의 욕구'였다. 그녀를 위해 여러 가지 일들을 해주면서, 나는 자신에 대해 매우 크게 만족감을 느끼고 있었다. 하지만 어떠한 대가를 치르고서? 나는 그녀의 의존성과 그녀의 박탈감에 연료를 공급하고 있었다. 그녀는 이미 오랫동안 자신이 오직 내면에서만 찾을 수 있는 어떤 것을 자기 자신에게서 박탈해왔다. 또한 나는 내가 그녀의 건강과 행복을 지탱하고 있다고 생각했지만, 사실 나는 그녀의 박탈감을 지탱하고 있었다. 사람들을 돕는 일은 괜찮다. 그리고 도움이 필요한 것도 괜찮다. 하지만 자신의 도움이 다른 사람들이 자신을 스스로 돕지 못하도록 만든다면, 그것은 자신이 돕고 싶은 사람들을 제대로 기능하지 못하게 만드는 것과 마찬가지이다.

나는 내담자들에게 "어떻게 도와드릴까요?"라고 묻곤 했다. 하지만 이러한 종류의 질문은 그들을 담벼락에서 떨어져 깨져버린 달걀로 만든다. 그들은 길에서 기다리면서 다시 원래대로 돌아갈 수 있기만을 바라게 된다. 또한 이 질문은 나를 왕의 말과 왕의 신하로 만든다. 궁극적으로 다른 사람을 치료할 힘이 없게 만든다. 나는 질문을 바꿨다. 이제 나는 이렇게 말한다. "어떻게 하면 제가 당신에게 도움이 될 수 있을까요?" 어떻게 하면 당신이 혼자 힘으로 책임을 질 때 제가 당신을 도울 수 있을까요?

* * *

나는 감옥에 갇힌 상태로 살겠다고 의식적으로 선택하는 사람을 본 적은 한 번도 없다. 하지만 나는 우리가 얼마나 기꺼이 우리의 영적 자유와 정신적 자유를 다른 사람이나 단체에 넘기는지, 자신의 삶을 이끄는 책임과 자신을 위해 선택을 내리는 책임을 넘기는지 반복해서 목격한다. 한 젊은 커플을 통해 나는 이 책임을 포기하고 그것을 다른 사람에게 넘기는 것이 어떠한 결과를 낳는지 잘 알 수 있었다. 이들이 내게 특별한 인상을 남긴 이유는 매우 젊었고 대부분이 인생에서 자유를 갈망하는 시기에 있었기 때문이다. 아이러니하게도 이 인생 시기에 우리는 자신이 자유를 위한 준비가 되어 있는지, 자신이 자유의 무게를 감당할 만큼 강한지에 대해 유난히 불안할 수도 있다.

엘리스가 내게 도움을 구하러 왔을 때 그녀는 자살 충동을 느끼는 절망 상태에 도달해 있었다. 엘리스는 스물한 살이었고 구불구불한 금발 머리는 뒤로 넘겨 하나로 묶여 있었다. 그녀의 눈은 울어서 빨개져 있었다. 그녀는 거의 무릎까지 오는 남성용의 큰 운동 셔츠를 입고 있었다. 밝은 10월의 햇살 속에서 엘리스가 자신의 괴로움의 뿌리를 설명하려 애썼다. 그 뿌리는 토드였다.

카리스마 있고, 야심만만하고, 잘생긴 농구선수인 토드는 캠퍼스에서 거의 유명 인사였다. 엘리스는 토드를 2년 전에 처음 만났다. 그때 엘리스는 대학 신입생이었고 토드는 대학 2학년이었다. 토드를 모르는 사람은 없었다. 엘리스에게 토드가 '그녀를' 만나고 싶어 한다는 소식이 들렸다. 토드는 엘리스에게 육체적으로 끌렸고 엘리스가 자신에게 깊은 인상을 주기 위해 지나치게 열심히 노력하지 않는다는 점이 맘에 들었다. 그녀는 얄팍하지 않았다. 그들의 성격은 서로 보완되는 것처럼 보였다. 그녀는 조용하고 수줍음이 많았고 그는 말이 많고 활달했다. 그녀는 관찰하는 사람이었고 그는 실행하는 사람이었다. 데이트를 시작한 지 얼마 되지 않아 토드는 엘리스에게 자기 집에 들어와 함께 살자고 했다.

엘리스는 그들이 만난 첫 몇 달에 관해 이야기하면서 얼굴이 밝아졌다. 그녀는 토드의 애정을 집중적으로 받으면서 생애 처음으로 자신이 그럭저럭 괜찮은 사람인 것을 넘어서서 특별한 사람이라고 느꼈다고 말했다. 엘리스가 어렸을 때나 이전의 관계들에서 무시당한다고 느꼈거나 불우하다고 느꼈거나 사랑받지 못한다고 느꼈던 것은 아니다. 하지만 토드의 관심은 엘리스에게 새로운 방식으로 삶의 활기를 느끼게 했다. 그녀는 그 느낌을 사랑했다.

안타깝게도 그 느낌은 나타났다 사라졌다 했다. 때때로 그녀는 그들의 관계에서 불안을 느꼈다. 특히 농구 시합장과 파티장에서 다른 여자들이 토드에게 추파를 던질 때 그녀는 질투나 열등감에 휩싸였다. 때때로 엘리스는 토드가 다른 여자의 추파에 맞장구치는 것처럼 보이면 파티가 끝난 후 토드를 야단쳤다. 토드는 때로는 그녀를 안심시켰지만 때로는 그녀의 불안에 대해 짜증을 냈다. 그녀는 잔소리가 심한 여자친구가 되지 않기 위해 애썼다. 그녀는 자신이 그에게 없어서는 안 될 존재가 되는 방법을 모색하려 애썼다. 엘리스는 토드의 학업을 지원하기 시작했다. 토드는 체육 특기자 장학금을 받는 데 필요한 성적을 유지하는 일에 어려움을 겪었다. 처음에 엘리스는 토드가 시험공부를 하는 것을 도왔다. 그런 다음 토드가 숙제하는 것을 돕기 시작했다. 곧 엘리스는 토드를 대신해 리포트를 써줬고 자신의 숙제 이외에 그의 숙제까지 하느라 밤늦도록 잠을 자지 못했다.

의식적이든 그렇지 않든, 엘리스는 토드가 그녀에게 의존할 방법을 찾았다. 그 관계는 지속돼야만 했다. 토드가 체육 특기자 장학금과 그것에 따르는 모든 특혜를 계속 누리기 위해서는 그녀가 필요했기 때문이다. 없어서는 안 될 존재가 되었다는 느낌에 엘리스는 매우 도취하고 마음이 편해져서 그녀의 삶은 하나의 공식을 중심으로 하여 재편되었다. 내가 그를 위해 더 많은 일을 하면 그는 나를 더 많이 사랑할 것이다. 의식하지 못한 채, 그녀는 자신의 자기 가치감Sense of Self-worth을 그의 사랑을 받는 것과 동일시하기 시작했다.

최근, 토드는 엘리스에게 그녀가 가장 두려워하던 일을 저질렀다고 고백했다. 그는 다른 여자와 섹스를 했다. 엘리스는 분노했고 상처받았다. 토드는 눈물을 흘리면서 용서를 구했다. 하지만 그는 그 다른 여자와의 관계를 끊을 수가 없었다. 그는 그녀를 사랑했다. 토드는 미안해하면서 엘리스에게 계속 친구로 남을 수 있으면 좋겠다고 말했다.

엘리스는 그 첫 주에 집에서 거의 나올 수가 없었다. 그녀는 입맛이 없었다. 외출 준비를 할 수도 없었다. 그녀는 홀로 된다는 것이 두려웠고 또한 수치심을 느꼈다. 그녀는 관계가 자신의 삶을 좌지우지하도록 자신이 얼마나 완전히 내버려두었는지 깨달았다. 그리고 무엇을 대가로 그렇게 했는지도 깨달았다. 그때 토드가 전화를 걸었다. 토드는 엘리스에게 너무 바쁘지 않다면 부탁을 들어줄 수 있느냐고 물었다. 토드에게는 월요일까지 제출해야 할 리포트가 있었다. 그걸 써줄 수 있을까?

엘리스는 토드를 위해 그 리포트를 써줬다. 그다음 리포트도. 그리고 그다음 리포트도.

"저는 그에게 모든 것을 줬어요." 엘리스가 말했다. 엘리스는 울고 있었다.

"그건 당신의 첫 실수일 뿐이에요. 당신은 자신을 그를 위한 순교자로 만들었어요. 거기에 당신을 위한 것은 무엇이 있었나요?"

"저는 그가 성공하기를 바랐어요. 그리고 제가 그를 도울 때 그는 매우 행복해했어요."

"지금은 어떻게 됐나요?"

그녀는 어제 친구로부터 토드와 그 새로운 여자가 함께 살기 시작했다는 소식을 들었다고 말했다. 그에게는 엘리스가 써주기로 한, 오늘까지 제출 예정인 리포트가 있었다.

"그가 제게 돌아오지 않을 거란 걸 잘 알아요. 그의 숙제를 대신해주는 걸 그만둬야 한다는 것도 잘 알아요. 하지만 그만둘 수가 없어요."

"왜 그만둘 수 없죠?"

"저는 그를 사랑해요. 만약 제가 그의 숙제를 대신해 준다면 여전히 그를 행복하게 만들 수 있어요."

"당신은 어떤가요? 자신이 될 수 있는 최고의 사람이 되어가고 있나요? 자기 자신을 행복하게 만들고 있나요?"

"제가 잘못된 일을 하고 있다고 느끼게 만드시네요."

"당신이 자신에게 가장 좋은 일을 하기를 그만두고 다른 누군가가 필요로 하는 일을 하기 시작한다면, 당신은 자신에게 영향을 미칠 선택을 내리고 있는 것입니다. 그 선택은 토드에게도 영향을 미치지요. 그를 돕는 일에 헌신하는 당신의 선택은 토드가 문제를 해결하는 자신의 능력에 관해 어떻게 느끼게 할까요?"

"저는 그를 도울 수 있어요. 제가 그를 위해 거기에 있어요."

"당신은 그 역시 신뢰하지 못하는군요."

"저는 그가 저를 사랑하길 원해요."

"그의 성장을 대가로 치르고서요? 당신의 삶을 대가로 치르고서요?"

나는 엘리스가 상담실을 떠나는 모습을 보고 매우 걱정됐다. 그녀는 깊은 절망을 느끼고 있었다. 하지만 나는 그녀가 자살하리라고는 생각하지 않았다. 그녀는 변화를 원하고 있었고 그래서 내게 도움을 구하러 온 것이니 말이다. 그렇지만 나는 그녀에게 내 집 전화번호와 자살 상담센터 전화번호를 주고서 다음 예약일까지 매일 내게 전화를 하라고 말했다.

그다음 주에 엘리스가 상담실에 왔을 때 나는 그녀가 한 청년을 데려온 것을 보고 깜짝 놀랐다. 토드였다. 엘리스는 함박웃음을 짓고 있었다. 엘리스는 자신의 우울증이 끝났다고 말했다. 토드는 다른 그 여자와 헤어졌고 엘리스와 토드는 화해했다. 엘리스는 모든 것이 새로워졌다고 느꼈다. 엘리스는 자신의 강박과 불안이 그를 밀어냈다는 사실을 알았다고 말했다. 그녀는 그들의 관계를 신뢰하기 위해 더 열심히 노력하고 그에게 자신이 얼마나 헌신적인지 보여주겠다고 했다.

상담 시간 동안 토드는 지루하고 짜증이 나 보였다. 그는 연신 시계를 힐긋대며 마치 다리가 저리는 것처럼 의자에서 이리저리 움직였다.

"새로운 시작 없이는 재결합도 있을 수 없습니다. 여러분이 원하는 새로운 관계는 무엇입니까? 그것을 이루기 위해 무엇을 기꺼이 포기하겠습니까?" 내가 물었다.

그들은 나를 빤히 쳐다봤다.

"여러분의 공통점이 무엇인지부터 시작해봅시다. 무엇을 함께하는 것을 좋아합니까?"

토드는 다시 시계를 쳐다봤다. 엘리스는 토드 쪽으로 몸을 기울였다.

"숙제를 내드리겠습니다." 내가 말했다. "여러분 각자 혼자 하기를 좋아하는 일을 하나 새롭게 찾아보세요. 그리고 함께하기를 좋아하는 일을 하나 새롭게 찾아보세요. 농구나 숙제나 섹스는 안 됩니다. 재밌는 뭔가를 하고 익숙한 것에서 벗어나 보세요."

엘리스와 토드는 그 후 6개월 동안 상담실에 가끔 들렀다. 때때로 엘리스는 혼자 왔다. 그녀의 주요 관심사는 그들의 관계를 지키는 것이었지만 어떤 일을 해도 그녀는 불안과 의심을 지울 수가 없었다. 엘리스는 더 기분이 나아지길 원했지만, 아직 기꺼이 변화할 준비가 되어 있지 않았다. 토드 역시 상담실에 왔을 때 무언가에 갇힌 것처럼 보였다. 그는 자신이 원한다고 생각했던 모든 것을 얻었다. 사람들의 흠모, 성공, 사랑(좋은 성적은 말할 것도 없이). 하지만 토드는 슬퍼 보였다. 그는 슬럼프에 빠져 있었고 쇠퇴하고 있었다. 엘리스에 대한 의존 때문에 그의 자존감과 자신감이 위축된 것처럼 보였다.

결국, 엘리스와 토드의 방문은 점차 뜸해졌고, 나는 그 후 몇 년 동안 그들 중 누구로부터도 아무 소식을 받지 못했다. 그러던 어느 날, 나는 두 장의 졸업 발표문을 받았다. 한 장은 엘리스가 보낸 것이었다. 엘리스는 학사 과정을 마치고 비교문학 전공으로 석사 과정을 시작했다고 했다. 엘리스는 우리가 함께 보낸 시간에 대해 감사를 표했다. 엘리스는 어느 날 아침잠에서 깼다가 자신이 할 만큼 했다는 생각이 들었다고 했다. 그녀는 토드의 숙제를 하는 것을 그만두었다. 그들의 관계는 끝났고 이별 후 매우 힘들었지만 이제 그녀는 자신이 선택했던 것들에 안주하지 않았다는 사실에 감사하고 있었다.

다른 졸업 발표문은 토드로부터 온 것이었다. 그는 대학을 졸업했다. 일 년 늦었지만 어쨌든 졸업했다. 그리고 그 역시 내게 감사하다고 말했다. 그는 엘리스가 자신 대신 숙제하기를 그만뒀을 때 거의 대학에서 중퇴할 뻔했다고 말했다. 그는 분개하고 분노했다. 하지만 그러고서 그는 자신의 삶에 대한 책임을 지고, 개인교습을 받고, 자기 자신을 위해 스스로 노력해야 한다는 사실을 받아들였다. "저는 쓰레기였어요." 그는 이렇게 적었다. 그는 처음에는 자기도 잘 몰랐지만, 엘리스가 숙제를 해주는 데 의존하는 내내 자신이 굉장히 우울했다고 말했다. 그는 자기 자신을 좋아하지 않았다. 이제 그는 거울을 들여다보며 경멸감 대신 존중감을 느낄 수 있게 됐다.

빅터 프랭클은 이렇게 말한다. "의미를 찾기 위한 인간의 노력은 인간의 삶에서 가장 기본적인 동기이다. (…) 이 의미는 각각의 인간에게 고유하고 구체적이다. 그러므로 인간은 자신만의 의미를 추구해야 하고, 또한 자신만의 의미를 추구할 수 있다. 오로지 그때에야 그 의미는 중요성을 획득하고, 의미를 찾고자 하는 '욕구'를 충족시켜줄 수 있다." 스스로 책임지는 것을 포기하는 건 의미를 창조하고 발견하는 능력을 포기하는 것과 마찬가지이다. 다시 말해, 삶을 포기하는 것이다.

# 손이 없는 소녀

　'자유의 춤'의 두 번째 단계는 진정한 자기실현Self-realization을 위해 필수적인, 위험을 감수하는 법을 배우는 것이다. 이 여정에서 내가 감수했던 가장 큰 위험은 아우슈비츠로 돌아가는 일이었다. 외부의 사람들-마리안느의 호스트 가족, 폴란드 대사관의 직원-은 내게 아우슈비츠에 가지 말라고 했다. 또한 나의 내면의 문지기는 자유로워지기를 원하기보다는 안전하기를 원했다. 하지만 괴벨스의 침대에서 잠이 들지 못한 채 누워 있던 밤, 나는 내가 그곳에 돌아가기 전까지는 완전한 인간이 될 수 없다는 사실을 직관했다. 또한 나 자신의 건강을 위해 내가 그곳에 다시 돌아가야만 한다는 사실도 직관했다. 위험을 감수하는 것은 자기 자신을 맹목적으로 위험 속에 던지는 것을 의미하지 않는다. 우리의 두려움들에 의해 감옥에 갇히지 않도록 우리의 두려움들을 수용하는 것을 의미한다.

　카를로스는 고등학교 2학년일 때 나와 상담을 시작했다. 그는 사회 불안장애와 자기수용의 문제 때문에 힘들어하고 있었다. 또래 친구들에게 거부당하는 것을 극도로 두려워하는 나머지 우정이나 인간관계를 시작하는 위험을 감수하지 못하고 있었다. 어느 날 나는 카를로스에게 그의 학교에서 가장 인기가 많은 여학생 10명에 관해 말해달라고 했다. 그런 다음 나는 숙제를 내줬다. 이 여학생들 각자에게 데이트 신청을 해야 하는 숙제였다. 카를로스는 내게 불가능한 일이라고 말하면서 자신이 사회적 자살을 하는 꼴이 될 것이고, 그녀들이 절대 자신과 데이트하지 않을 것이고, 그렇게 한심한 행동을 한 것에 대해 남은 고등학교 생활 내내 비웃음을 당할 것이라고 했다. 나는 카를로스에게 그럴 거라고 했다. 카를로스는 자신이 원하는 것을 얻지못할지도 모른다. 하지만 만약 그렇다 하더라도 이전보다는 더 나아질 것이다. 자신이 어디에 서 있는지 알게 되고, 더 많은 정보를 가지게 되고, 자신의 두려움이 양산한 현실이 아닌 진짜 현실이 무엇인지알게 될 것이기 때문이다. 마침내 카를로스는 숙제를 하겠다고 동의했다. 그리고 놀랍게도, 가장 인기가 많은 여학생 중 4명이 데이트 신청을 받아들였다! 카를로스는 자신의 가치에 대해 이미 판단을 내렸었고, 머릿속으로 500번쯤 자기 자신을 거부했었고, 그 두려움이 그의 신체언어를 통해 드러났었다. 그의 눈은 반짝거리고 상대와 시선을 맞추는 대신 반쯤 감은 듯했고 상대의 시선을 피했었다. 그는 자기자신이 즐거움을 느끼지 못하도록 만들었었다. 일단 자신의 두려움과선택을 수용한 후 위험을 감수하고 나자, 카를로스는 자신이 미처 알지 못했던 가능성을 발견하게 되었다.

몇 년 후 2007년 어느 가을날에, 카를로스가 대학교 기숙사 방에서 내게 전화를 걸었다. 그의 목소리에 불안이 스며들어 있었다. "도움이 필요해요." 그가 말했다. 카를로스는 미국 중서부에 있는 명문대학교 의 2학년생이었다. 갑자기 그에게서 소식을 듣는 순간, 나는 아마 그 의 사회불안 장애가 다시 그를 짓누르게 됐나 보다고 생각했다.

"무슨 일인지 말해봐요."

문제는 캠퍼스의 '서약 주간Pledge Week'이라고 카를로스가 말했다. 나는 그가 고등학교 때부터 대학의 남학생 사교클럽에 가입하는 것이 꿈이었다는 사실을 이미 알고 있었다. 카를로스는 대학에 입학하고 나자 그 꿈이 훨씬 더 자신에게 중요해졌다고 말했다. 사교클럽 활동 은 그가 다니는 대학교의 사회 구조 중 중요한 부분이었고 그의 친구 들 모두 사교클럽에 가입하려 하고 있었다. 그래서 남학생 사교클럽 에 가입하는 일은 그의 사회적 생존을 위해 필수적인 것처럼 보였다. 다른 사교클럽들에 부적절한 신고식 의례가 있다는 소문을 들었지만, 그는 자신의 사교클럽을 신중하게 선택했다. 그는 그 사교클럽이 다 양한 인종으로 구성되어 있고 사회봉사를 강조하는 점이 마음에 들었 다. 그의 많은 친구는 신고식 과정에 대해 초조해했지만, 카를로스는 그다지 걱정하지 않았다. 신고식에 목적이 있다고 생각했고 청년들을 더 빨리 친해지게 하는 데에 도움이 된다고 생각했다. 다만 정도가 지 나치지만 않는다면 말이다.

하지만 서약 주간은 카를로스가 상상했던 대로 펼쳐지지 않았다.

"어떻게 달랐죠?" 내가 물었다.

"제가 가입한 사교클럽의 신입 담당 부장은 권력을 과시하는 형이 에요." 그는 신입 담당 부장이 믿을 수 없을 정도로 공격적이고 모든 신입 회원의 취약점을 찾아서 그것을 가지고 괴롭힌다고 했다. 그 부장은 어떤 남학생의 음악 취향이 "게이 같다"라고 말했다. 회의하는 동안 그는 카를로스를 쳐다보며 말했다. "너는 우리 집 잔디나 깎는 게 더 나을 것 같네."

"그가 그렇게 말할 때 기분이 어땠나요?"

"너무 화가 났어요. 그의 얼굴을 주먹으로 치고 싶었어요."

"어떻게 했나요?"

"아무것도요. 그는 제가 열을 내게 만들고 있었어요. 반응하지 않았어요."

"그다음에 무슨 일이 벌어졌나요?"

그날 아침, 신입 담당 부장은 카를로스와 다른 신입 회원들에게 사교클럽 공간을 청소하라고 하면서 각자에게 서로 다른 임무를 맡겼다고 했다. 그는 카를로스에게 변기용 청소 솔과 세제 한 병을 건넸다. 그런 다음 카를로스에게 커다란 솜브레로(챙이 넓은 멕시코 모자)를 주었다. "이 모자를 쓰고서 화장실을 청소해. 청소를 다하고 수업에 들어갈 때도 이 모자를 쓰고 가. 온종일 네가 할 수 있는 유일한 말은 "'씨, 세뇨르Si, senor(예예)' 뿐이야." 이는 공개적으로 수치심을 주는 일이었다. 또한 끔찍한 인종차별주의 행위이기도 했다. 하지만 카를로스가 사교클럽에 가입하고 싶다면 억지로 이를 참을 수밖에 없을 터였다.

"싫다고 말할 수 없다고 느꼈어요." 카를로스가 내게 말했다. 목소리가 흔들리고 있었다. "정말 끔찍했어요. 하지만 시키는 대로 했어요. 신입 담당 부장이 나쁜 놈이라는 이유만으로 저의 자리를 잃고 싶지 않았어요. 그놈이 이기게 하고 싶지 않았어요."

"얼마나 화가 났는지 느껴지는군요."

"몹시 화가 나요. 그리고 부끄러워요. 그리고 혼란스러워요. 화를 내지 않고 이 일을 받아들일 수 있어야 하지 않나 하는 생각이 들어요."

"더 말해주세요."

"전혀 같은 상황이 아니란 건 잘 알아요. 하지만 솜브레로를 쓰고 변기를 청소하는 동안, 선생님이 죽음의 수용소에 관해서 해주신 이야기가 생각났어요. 선생님이 강제로 춤을 추실 수밖에 없었던 순간에 관한 이야기요. 선생님은 수용소에 갇혀 있고 무서웠지만, 한편 자유롭다고 느꼈다고 말씀하셨어요. 보초병들이 선생님보다 더 감옥에 갇혀 있는 것 같았다고 말씀하셨어요. 신입 담당 부장이 바보라는 걸 알아요. 왜 저는 그가 원하는 일을 그냥 하고 내면으로는 자유롭다고 느낄 수 없는 걸까요? 선생님은 항상 말씀하셨죠. 중요한 것은 외부에서 일어나는 일이 아니라 내면에서 일어나는 일이라고요. 왜 이 나쁜 놈이 제게 중요해야 하는 거죠? 왜 저는 이 일에 그냥 초연할 수 없는 거죠?"

아름다운 질문이었다. 우리의 힘은 어디에 존재하고 있는가? 우리의 내면의 힘과 내면의 진실을 발견하는 것만으로도 충분한가? 아니면 진정한 권한을 느끼기 위해서는 바깥으로도 행동에 옮겨야 하는가? 나는 내면에서 일어나는 일이 가장 중요하다고 믿는다. 또한 나는 우리가 중시하는 가치와 이상, 즉 우리의 도덕적 자아와 일치되게 살아가야 한다고 믿는다. 나는 옳은 일을 옹호하고, 부당하고 비인간적인 것을 거부하는 일이 중요하다고 믿는다. 그리고 나는 선택의 힘을 믿는다. 자유는 우리가 내릴 수 있는 선택지들을 살펴보고 그 선택지들이 가져올 결과들을 살펴보는 일에 달려 있다. "더 많은 선택을 내릴수록, 자신이 희생자 같다는 느낌이 줄어들 거예요. 당신이 내릴 수 있는 선택에 관해 이야기해보죠." 나는 말했다.

우리는 목록을 만들었다. 한 가지 선택은 카를로스가 남은 하루 내내 솜브레로를 쓰고 캠퍼스를 돌아다니면서 오직 "씨, 세뇨르"라고 말하는 것이다. 신입 담당 부장이 어떤 굴욕적인 일을 생각해내더라도 거기에 굴복하겠다고 동의하는 것이다.

또 다른 선택은 거부하는 것이다. 카를로스는 신입 담당 부장에게 거부하겠다고 말할 수 있다.

또는 카를로스는 사교클럽 신청을 철회할 수 있다. 솜브레로와 청소 솔을 내려놓고 떠나는 것이다.

카를로스는 이러한 선택들이 가져올 결과들을 탐탁지 않아 했다. 그는 괴롭힘에 굴복함으로써 느껴지는 수치심과 무력감을 싫어했다. 특히 인종차별주의자가 주는 굴욕감은 더 수치스러웠다. 그는 인종차별주의자에게 계속 장단을 맞춰주면 자신의 자존감이 낮아질 수밖에 없다고 느꼈다. 만약 괴롭히는 자에게 계속 굴복하면 괴롭히는 자는 점점 더 강해질 것이고 그 자신은 점점 더 약해질 것이다. 하지만 신입 담당 부장에게 노골적으로 반항하는 것은 신체적으로 위험할 수 있고 사회적으로 고립되게 만들 수 있었다. 카를로스는 공격을 받을까 봐, 그리고 자신이 똑같은 방식으로 대응해야 할까 봐 두려웠다. 그는 폭력적인 충동에 잡아먹히고 싶지 않았다. 자신을 곤란한 사건에 빠지게 하려는 신입 담당 부장의 덫에 걸려들고 싶지 않았다. 또 공개적인 대결을 하고 싶지 않았다. 카를로스는 또한 사교클럽의 다른 신입 회원들에게 따돌림을 받을까 봐 두려웠다. 카를로스는 이 공동체에 소속되기를 간절히 바랐었다. 세 번째 선택지인, 떠나는 방법 또한 나을 바가 없었다. 카를로스는 자신의 꿈, 소속되고자 하는 욕구를 포기해야만 할 터인데, 그는 그렇게 하고 싶지 않았다.

여러 선택지를 가늠해보는 사이에 카를로스는 네 번째 선택지를 발견했다. 신입 담당 부장과 직접적으로 맞서면 폭력적인 싸움으로 번질까 봐 두렵다. 그 대신 카를로스는 더 권한이 많은 누군가에게 민원을 넣을 수 있었다. 카를로스는 접근하기에 가장 적합한 사람은 사교클럽 회장이라고 결론을 내렸다. 그는 이 문제를 사다리의 더 높은 곳으로, 필요하다면 대학 총장에게까지도 가져갈 수 있다. 하지만 카를로스는 우선 더 가까운 범위 안에서 대화하고 싶어 했다. 우리는 카를로스가 뭐라고 말할지, 어떻게 말할지를 함께 연습했다. 리허설을 하는 동안 카를로스는 차분함을 유지하기가 힘들었다. 하지만 그는 나와 몇 년 동안 상담한 경험을 통해, 성질을 부리면 그 순간에는 자신이 강하다고 느껴질지 몰라도 실제로는 상대에게 힘을 넘겨주는 셈이라는 사실을 잘 알고 있었다. 힘은 반사적으로 반응하는 것이 아니다. 힘은 침착하게 대응하는 것이다. 자신의 감정들을 제대로 느끼고, 그것들에 대해 깊이 생각해보고, 자신의 목표를 성취할 수 있는 효과적인 방법을 계획하는 것이다.

카를로스와 나는 또한 그의 대화가 가져올 결과들에 관해서도 이야기를 나눴다. 사교클럽 회장은 카를로스에게 신입 담당 부장의 행동이 용인되는 수준이고 참든지 떠나든지 둘 중 하나를 택하라고 말할 수 있다.

"만약 클럽 회장이 그렇게 생각한다면, 모르는 것보단 아는 게 낫겠지요." 카를로스가 말했다.

카를로스는 사교클럽 회장과 만난 후 내게 전화를 걸었다.

"해냈어요!" 그의 목소리는 승리감에 들떠 있었다. "나는 그에게 어떤 일이 일어났는지 말했고 그는 역겹다고 하며 그 일을 용납하지 않을 거라고 했어요. 그는 신입 담당 부장에게 인종차별주의 신고식을 그만두게 할 거예요."

물론 나는 카를로스가 인정받고 지지받게 되고 자신의 꿈을 포기할 필요가 없어져서 기뻤다. 하지만 나는 사교클럽 회장이 어떻게 대답했든 그 만남이 승리적인 만남이었을 것이라고 믿는다. 카를로스는 배제되고 비난받을 수 있는 위험을 감수하고 나서서 자신의 진실을 말했다. 그는 희생자가 되지 않기로 선택했다. 또한 카를로스는 도덕적인 태도를 보였다. 그는 더 높은 목적에 일치되게 행동했다. 인종차별주의와 싸우고 인간의 존엄성을 보호하는 것 말이다. 자기 자신의 인간다움Humanity을 방어함으로써 그는 모든 사람의 인간다움을 보호했다. 그는 모든 사람이 자신의 도덕적 진실과 이상을 지키면서 살 수 있도록 초석을 놓았다. 옳은 일을 하는 것은 안전한 일을 하는 것과 일치하지 않을 때가 많다.

나는 치유 과정에는 어느 정도의 위험이 항상 뒤따를 수밖에 없다고 생각한다. 이는 베아트리체에게도 마찬가지였다. 베아트리체는 처음 만났을 때 슬픔에 빠져 있었고 얼굴은 창백했고 갈색 눈은 바깥세상을 차단하는 듯 동떨어져 보였다. 그녀는 늘어지고 헐렁헐렁한 옷을 입고 있었고, 온몸에 힘이 하나도 없고 자세는 구부정했다. 나는 베아트리체가 자신이 얼마나 아름다운지 전혀 모르고 있다는 사실을 단박에 알아차렸다.

그녀는 나와 눈이 마주치지 않으려 애쓰면서 정면을 응시했다. 하지만 그녀는 나를 빠르게 흘낏흘낏 보며 내게서 비밀을 찾으려는 듯했다. 그녀는 최근 내가 용서에 관해 한 강연을 들었다고 했다. 20년 넘게 그녀는 자신의 빼앗긴 어린 시절에 대해 용서할 방법은 없다고 믿어왔다. 하지만 용서의 여정에 관한 나의 강연을 듣고 그녀는 의문이 일었다. '내가 용서해야 할까? 내가 용서할 수 있을까?' 이제 그녀는 주의 깊게 나를 뜯어보고 있다. 마치 내가 실체가 있는지 아니면 그냥 허상에 불과한지 알아내려 애쓰는 것 같다. 누군가가 무대에 올라 치유에 관해 이야기하는 것을 들으면, 너무 타당해서 오히려 믿기 힘들 때가 있다. 그리고 어느 정도까지는 실제로 그러하다. 치유라는 힘든 과정에서, 45분 안에 모든 일이 종료되는 카타르시스란 존재하지 않는다. 마술 지팡이는 존재하지 않는다. 변화는 천천히 일어나고, 때로는 실망스러울 정도로 천천히 일어난다. '자유에 대한 선생님의 이야기는 진짜인가요?' 그녀의 날카로운 눈빛이 내게 묻는 것 같다. '제게도 희망이 있을까요?'

베아트리체는 또 다른 심리학자-나의 절친한 친구이자 베아트리체에게 내 강연을 들어보라고 권유한 사람-에게서 나를 추천받았기 때문에, 나는 이미 베아트리체의 역사 일부분을 알고 있었다. "당신의 유년기는 언제 끝났나요?" 나는 내담자들에게 자주 이렇게 묻곤 한다. 베아트리체의 유년기는 시작하자마자 거의 동시에 끝이 났다. 베아트리체의 부모는 베아트리체와 그녀의 형제들을 극도로 방치했고 씻기지도 않고 밥도 먹이지 않은 채 학교에 보냈다. 베아트리체가 다닌 학교의 수녀 교사들은 베아트리체를 신랄하게 비판했고 단정하지 못한 외양을 꾸짖었다. 그리고 학교에 오기 전에 씻고 아침을 먹고 오라고 야단쳤다. 베아트리체는 자기 부모의 방치가 모두 그녀 자신의 잘못이라는 메시지를 내면화했다.

그러던 중 베아트리체가 여덟 살이었을 때 부모의 친구 중 한 사람이 베아트리체를 성추행하기 시작했다. 베아트리체가 저항하려 애썼지만, 성추행은 계속되었다. 또한 베아트리체는 부모에게 무슨 일이 벌어지고 있는지 알리려고 애썼지만, 그들은 베아트리체 때문에 그렇게 된 것이라고 비난했다. 열 번째 생일에, 베아트리체의 부모는 베아트리체를 2년 동안 부적절하게 성추행해온 친구에게 베아트리체를 데리고 극장에 '데이트'를 하러 가게 했다. 영화가 끝난 후 그는 베아트리체를 자신의 집으로 데려가 샤워실에서 강간했다. 베아트리체가 서른다섯 살에 나와 치료를 시작할 때도, 팝콘 냄새는 그녀에게 여전히 플래시백을 촉발했다.

열여덟 살 때 베아트리체는 회복 중인 중독자와 결혼했는데 그는 그녀에게 정서적으로도 신체적으로도 잔인하게 굴었다. 베아트리체는 자신의 가족 드라마에서 탈출했지만, 다시 그 드라마를 재연할 수밖에 없었고, 그 결과 '사랑받는 것은 상처받는 것을 의미한다'라는 내면의 신념을 강화하게 되었다.

베아트리체는 결국 남편과 이혼할 수 있었고 새로운 일과 새로운 인간관계를 시작하며 삶에서 앞으로 나아갈 방법을 모색하고 있었다. 그러던 중 그녀는 멕시코로 여행을 갔다가 강간을 당했다. 그녀는 황폐해진 채 집으로 돌아왔다.

여자친구의 강한 권유로 그녀는 나의 동료와 심리치료를 시작했다. 베아트리체는 불안증과 공포증에 억눌려서 거의 침대 밖으로 나올 수가 없었다. 그녀는 항상 무겁고 강압적인 두려움을 느꼈고, 항상 극도로 긴장한 상태로 살았고, 또다시 공격을 받을지 모른다는 공포 때문에 집을 떠나기 무서워했다. 또한 심신을 쇠약하게 만드는 플래시백을 촉발하는 냄새와 연상작용을 무서워했다.

내 동료와의 첫 번째 상담 시간에, 베아트리체는 매일 아침 일어나고, 샤워하고, 침대를 정돈하고, 그런 다음 거실에 있는 운동용 자전거에 앉아 15분 동안 TV를 보며 마음을 편안히 하기로 약속했다. 베아트리체는 내가 한때 그랬던 것처럼, 자신의 트라우마를 부정하지는 않았다. 그녀는 과거에 관해 이야기할 수 있었고 머릿속으로 트라우마를 처리할 수 있었다. 하지만 자신의 중단된 삶에 대해 아직 충분히 애도하지 못했다. 시간이 지나면서 그녀는 마음을 비운 채 운동용 자전거에 앉아 있는 법을 배우게 됐다. 그리고 슬픔은 질병이 아니라는 (그렇게 느껴질 수는 있지만) 사실을 믿게 됐고, 음식이나 술이나 다른 강박적인 행동들로 감정들을 마비시킬 때 우리가 그저 자신의 고통을 연장할 뿐이라는 사실을 알게 됐다. 처음에 매일 운동용 자전거에 앉아 있는 15분 동안, 베아트리체는 페달을 밟지 않았다. 그냥 앉아 있었다. 자전거에 앉은 후 1~2분이 지나면 울기 시작했다. 그녀는 타이머가 시간이 다 됐다고 알려줄 때까지 울었다. 그렇게 몇 주가 지났고 베아트리체는 점점 조금씩 더 길게 자전거에 앉아 있었다. 20분, 그런 다음 25분. 자전거에 한 번에 30분을 앉아 있게 되자 베아트리체는 페달을 밟기 시작했다. 그리고 매일매일 조금씩 조금씩, 그녀는 페달을 굴리며 자기 몸속에 있는 고통의 은닉처로 향했다.

나와 만나기 전에 베아트리체는 이미 자신의 치유를 위해 어마어마하게 큰 노력을 한 상태였다. 그녀의 애도 작업은 그녀의 우울증과 불안증을 완화했다. 그녀는 이전보다 훨씬 더 나아졌다고 느꼈다. 하지만 커뮤니티 센터에서 내 강연을 듣고 난 후, 베아트리체는 자신을 트라우마의 고통으로부터 해방하기 위해 자신이 할 수 있는 일이 더 있지는 않은지 궁금했다. 용서의 가능성이 뿌리를 내린 것이다.

"용서란 성추행자가 당신에게 한 짓에 대해 그를 용서하는 일이 아닙니다."

내가 그녀에게 말했다. "당신이 희생자가 된 자신의 내면을 용서하고 모든 책망을 떠나보내는 것을 의미합니다. 당신이 원한다면, 제가 당신이 자유로 향하도록 안내할 수 있습니다. 다리를 건너는 것과 비슷합니다. 아래를 내려다보면 겁이 나지요. 하지만 제가 바로 여기 당신 옆에 있습니다. 어떻게 생각하세요? 계속하고 싶나요?"

그녀의 갈색 눈동자에 작은 빛이 반짝였다. 그녀는 고개를 끄덕였다.

나와 함께 심리치료를 시작한 지 몇 달이 지난 후, 베아트리체는 정신적으로 나를 그녀 아버지의 서재로 데리고 들어갈 준비가 되었다. 성추행이 일어난 바로 그 장소였다. 이 단계는 심리치료 과정에서 극도로 취약한 단계이고, 심리학 분야와 신경과학 분야에서는 내담자가 트라우마 상황을 정신적으로 다시 체험하거나, 트라우마의 장소에 물리적으로 되돌아가는 일이 얼마나 유용한지 혹은 얼마나 위험한지에 대해 지속적인 논쟁이 지금도 계속되고 있다. 내가 훈련을 받을 당시에, 나는 최면을 이용하여 생존자들이 트라우마 사건을 재경험하고 그 사건에 계속 인질로 잡혀 있기를 그만두도록 도왔다. 더 최근에는 여러 연구 결과, 누군가를 트라우마 경험으로 정신적으로 되돌아가게 하는 일이 위험할 수 있다는 사실이 밝혀졌다. 고통스러운 사건을 심리적으로 다시 체험하는 일은 실제로 생존자를 다시 트라우마에 빠뜨릴 수 있기 때문이다. 예를 들어 세계무역센터에서 9.11 테러가 일어난 후, TV를 통해 건물이 무너지는 장면을 더 자주 본 사람들일수록 나중에 더 많은 트라우마에 시달린다는 사실이 연구 결과 밝혀졌다. 과거와의 반복적인 만남은 끔찍하고 고통스러운 감정들을 해소하는 대신 오히려 강화할 수 있다. 내 임상경험과 나 자신의 실제 경험을 통해, 나는 트라우마 에피소드를 정신적으로 다시 체험하는 일의 효과를 목격했다. 하지만 이 작업은 절대적인 안정성을 담보로 하여 행해져야 한다. 또한 얼마나 길게 그리고 얼마나 깊게 과거에 머무를 것인지에 대해 내담자가 통제하게 도울 수 있는 잘 훈련된 전문가가 반드시 함께 있어야 한다. 그렇다고 하더라도, 이 치료요법이 모든 내담자나 모든 심리치료사에게 최고의 심리치료용법인 것은 아니다.

베아트리체에게 이 치료요법은 그녀의 치유를 위해 필수적이었다. 트라우마로부터 자신을 해방하기 위해, 베아트리체는 성추행이 일어났을 때 혹은 그 이후 30년 동안 내내, 자신이 느껴도 좋다고 허용되지 않았던 감정들을 느껴야만 했다. 이 감정들을 경험할 수 있을 때까지, 이 감정들은 그녀의 관심을 끌기 위해 계속 소리를 지를 것이다.

또한 그녀가 이 감정들을 억압하려 더 많이 노력할수록, 이 감정들은 자기들을 인정해달라고 더 격렬하게 애원할 것이고 점점 더 무시무시하게 변해서 나중에는 맞서기가 더 힘들어질 것이다. 많은 시간에 걸쳐, 나는 베아트리체가 이 감정들에 가깝게 다가가도록 천천히 부드럽게 안내했다. 그 감정들에 잡아먹히지 않도록 말이다. 그것들이 그저 감정일 뿐이라는 사실을 알 수 있도록 말이다.

베아트리체는 애도 작업을 하면서 마침내 자신의 거대한 슬픔을 느끼게 됐고 그녀를 침대에 갇혀 있게 했던 우울, 스트레스, 공포로부터 어느 정도 벗어나게 됐다. 하지만 그녀는 아직 과거에 대한 분노를 느끼도록 자신에게 허용하지 않았다. 분노 없이는 용서도 없다.

베아트리체가 그 작은 방, 그녀 아버지의 친구가 문을 닫을 때 끽소리가 났던 방식, 그가 그녀에게 치게 했던 검은색 격자무늬 커튼에 대해 묘사할 때, 나는 그녀의 신체언어를 관찰하며 그녀가 극심한 고통에 빠지면 당장 기억의 기슭으로 그녀를 데려올 만반의 태세를 하고 있었다.

베아트리체는 정신적으로 그녀 아버지의 서재에서 커튼을 치는 순간 온몸이 뻣뻣해졌다. 그녀가 가해자와 함께 방 안에 자기 자신을 봉인하는 순간이었다.

"거기서 멈추세요." 내가 말했다.

베아트리체는 한숨을 쉬었다. 여전히 두 눈을 감은 채였다.

"방 안에 의자가 있나요?"

그녀가 고개를 끄덕였다.

"어떻게 생겼나요?"

"안락의자예요. 녹빛을 띠고 있어요."

"당신이 아버지를 그 의자에 앉혔으면 해요."

그녀가 얼굴을 찡그렸다.

"그가 거기에 앉아 있는 게 보이나요?"

"네."

"어떻게 보이나요?"

"그는 안경을 끼고 있어요. 신문을 읽고 있어요."

"그는 무엇을 입고 있나요?"

"파란 스웨터. 회색 바지."

"나는 당신에게 커다란 강력접착테이프를 줄 거예요. 당신이 그것을 그의 입에 붙였으면 해요."

"뭐라고요?"

"이 테이프로 그의 입을 붙여요. 그렇게 했나요?"

그녀가 고개를 끄덕였다. 그녀가 희미하게 미소를 지었다.

"이제 여기에 밧줄이 있어요. 그가 일어설 수 없도록 그 의자에 묶으세요."

"좋아요."

"단단하게 묶었나요?"

"네."

"이제 당신이 그에게 소리를 질렀으면 해요."

"뭐라고 소리 지르죠?"

"당신이 얼마나 화가 났는지 그에게 말했으면 해요."

"뭐라고 말해야 할지 모르겠어요."

"이렇게 말해요. '아빠. 당신이 날 보호해주지 않아서 너무 화가 나요!' 하지만 그냥 말로 해서는 안 돼요. '소리를 질러요!'" 내가 설명했다.

"아빠, 나는 아빠에게 너무 화가 나요." 그녀가 말했다.

"더 크게."

"아빠, 나는 아빠에게 너무 화가 나요!"

"이제 당신이 그를 주먹으로 쳤으면 해요."

"어디를요?"

"얼굴 정면을요."

베아트리체가 주먹을 들어 올리더니 허공에 휘둘렀다.

"그를 다시 때리세요."

그녀는 그렇게 했다.

"이제 발로 차세요."

베아트리체가 위쪽으로 발길질을 했다.

"여기 베개가 있어요. 당신은 이것을 주먹으로 칠 수 있어요. 정말로 세게 치세요." 나는 그녀에게 쿠션을 건넸다.

그녀는 두 눈을 뜨더니 베개를 응시했다. 그녀의 펀치는 처음에는 소심했지만 내가 격려할수록 점점 더 강해졌다. 나는 그녀에게 원한다면 일어서서 베개를 발로 차라고 했다. 방 건너편으로 그것을 던지라고 했다. 목이 터져라 소리를 지르라고 했다. 이내 그녀는 바닥에 주저앉아서 주먹으로 베개를 내려치기 시작했다. 몸이 기진맥진해지자 그녀는 주먹질을 그만두고 가쁜 숨을 쉬며 바닥에 드러누웠다.

"어떤 느낌이 드나요?" 내가 그녀에게 물었다.

"영원히 그만두고 싶지 않은 것처럼요."

그다음 주에 나는 권투 연습용 샌드백을 가져왔다. 육중한 검은 세움대에 매달린 빨간색 샌드백이었다. 우리는 새로운 규칙을 세웠다. 우리는 분노를 표출하는 일을 먼저 한 후 상담을 진행했다. 그녀는 정신적으로 누군가를 의자에 묶었다. 대개 그녀의 부모 중 한 사람이었다. 그런 다음 격렬하게 때리면서 소리를 질렀다. "어떻게 그런 일이 내게 벌어지도록 내버려 둘 수 있었죠? 저는 그저 어린 소녀였어요!"

"다 끝났나요?" 내가 물었다.

"아니요."

그리고 그녀는 성에 찰 때까지 주먹으로 샌드백을 때렸다.

그해 추수감사절에 친구들과 저녁 식사를 하고 집에 돌아온 후, 베아트리체는 강아지를 쓰다듬으며 소파에 앉아 있었다. 그때 갑자기 그녀의 몸 전체가 욱신거리기 시작했다. 목구멍이 바싹 마르고 심장이 심하게 고동치기 시작했다. 그녀는 심호흡하면서 몸을 이완시키려 애썼지만, 증상은 점점 더 심각해졌다. 그녀는 자신이 죽어가고 있다고 생각했다. 그녀는 병원에 데려가달라고 여자친구에게 부탁했다. 응급실에서 그녀를 검사한 의사는 의학적으로 아무 문제가 없다고 말했다. 그녀는 공황발작을 겪은 것이었다. 이 사건을 겪은 후 나를 처음 만났을 때, 베아트리체는 좌절감과 두려움과 낙담에 빠져 기분이 몹시 안 좋은 상태였다. 또한 다시 공황발작을 겪을까 봐 걱정하고 있었다.

나는 온갖 수단을 동원해 그녀의 발전에 박수를 보내고 그녀의 성장을 인정했다. 나는 그녀에게 내 경험으로 볼 때 분노를 배출하고 나면 기분이 나아지기 시작하기 전에 기분이 훨씬 더 나빠지는 경우가 많다고 말했다.

그녀가 고개를 흔들었다. "제 생각에 할 수 있는 만큼 멀리 온 것 같아요."

"자기 자신을 칭찬해주세요. 당신은 끔찍한 밤을 보냈어요. 그리고 자기 자신을 해치지 않고 무사히 그 밤을 돌파했어요. 도망치지도 않았고요. 저라면 당신만큼 잘 대처하지 못했을 거예요."

"왜 제가 강한 사람이라고 계속 저를 설득하려 애쓰시는 거죠? 아마 저는 강한 사람이 아닐 거예요. 아마 저는 지금 아프고 앞으로도 항상 아플 거예요. 아마 이제 저 자신에게 절대 될 수 없는 그런 사람으로 제가 될 수 있다고 말하는 것을 그만둬야 할 것 같아요."

"당신은 당신의 잘못이 아닌 일에 대해 스스로 책임을 지고 있어요."

"만약 그게 제 잘못이라면요? 만약 제가 다르게 행동할 수 있었던 무언가가 있다면요? 그랬다면 그가 저를 가만히 두고 떠났을 거라면요?"

"만약 자신을 책망하는 일이 세상이 자신의 통제 하에 있다는 환상을 유지하기 위한 수단일 뿐이라면요?"

베아트리체가 소파에 털썩 주저앉았다. 얼굴에 눈물이 흘러내렸다.

"당신은 그때 선택권이 없었어요. 이제 당신에겐 선택권이 있어요. 당신은 여기로 돌아오지 않겠다고 선택할 수 있어요. 그것은 항상 당신의 선택권이에요. 하지만 저는 당신이 자신이 얼마나 대단한 생존자인지 알게 될 수 있기를 바랍니다."

"저는 제 삶을 지켜내지 않아요. 그게 제게는 별로 대단해 보이지 않는데요."

"어렸을 때 당신이 갔던 장소가 있었나요? 안전하다고 느꼈던 장소가 있었나요?"

"저는 제 방에 혼자 있을 때만 유일하게 안전하다고 느꼈어요."

"침대에 앉아 있었나요? 아니면 창가에 서 있었나요?"

"침대에요."

"장난감이나 동물 인형을 가지고 놀았나요?"

"여자 인형이 있었어요."

"그녀에게 말을 했나요?"

그녀가 고개를 끄덕였다.

"두 눈을 감고 그 안전한 침대에 지금 앉아 볼래요? 당신의 인형을 안고요. 그때 그녀에게 말했던 것처럼 지금 그녀에게 말을 해봐요. 뭐라고 말하고 싶은가요?"

"내가 이 가족 안에서 어떻게 사랑받을 수 있을까? 나는 착한 아이가 되어야 해. 하지만 나는 나쁜 아이야."

"당신이 아이일 때 슬픔과 고립감을 느끼면서 혼자 보낸 시간 내내, 당신이 힘과 회복력의 거대한 저장고를 구축했다는 사실을 알고 있나요? 이제 그 어린 소녀에게 박수를 보낼 수 있나요? 그 어린 소녀를 품에 안아줄 수 있나요? 그 소녀에게 말하세요. '너는 상처받았어, 그리고 나는 너를 사랑해. 너는 상처 받았어, 그리고 너는 이제 안전해. 너는 괜찮은 척 연기하고 숨어야만 했어. 나는 이제 네가 보여. 나는 이제 너를 사랑해.'"

베아트리체는 자기 자신을 꽉 껴안고서 흐느끼며 몸을 흔들었다. "저는 이제 그 소녀를 보호할 수 있기를 바라요. 그때는 그럴 수가 없었어요. 하지만 제가 현재 저 자신을 보호할 수 없다면 제가 결코 안전하다고 느낄 것 같지 않아요."

이렇게 해서 베아트리체는 자신의 다음 위험을 감수하기로 했다. 자신이 안전하다고 느끼고 싶다는 것과 자신이 자기 자신을 보호하고 싶다는 것을 인정했다. 베아트리체는 근처에 있는 커뮤니티 센터에서 곧 시작하는 '여성의 자기방어' 수업이 있다고 알고 있었다. 하지만 그녀는 등록을 미뤘다. 그녀는 자신이 공격이나 신체적 대치에 맞서 싸워 물리쳐야 하는 문제에 자신 있게 대면하지 못할까 봐 두려웠다. 자기방어 수업의 안전한 환경 속에서조차 말이다. 또한 이 수업이 공황발작을 촉발할까 봐 두려웠다. 베아트리체는 자신이 원하는 것을 추구할 수 없는 온갖 이유를 생각해냈다. 자신의 두려움을 다스리려는 노력에서 말이다. 수업비가 너무 비쌀 거야. 이미 정원이 다 찼을지도 몰라. 참여자가 부족해서 폐강됐을지도 몰라. 나와 함께 그녀는 자신이 원하는 걸 추구하는 것에 대한 저항심 아래에 숨어 있는 두려움을 분석하기 시작했다. 나는 그녀에게 두 가지 질문을 던졌다. "일어날 수 있는 최악의 상황은 무엇인가?" 그리고 "당신은 그것을 이겨낼 수 있는가?" 그녀가 상상할 수 있는 최악의 시나리오는 낯선 사람으로 가득 차 있는 교실 안에서 수업 중에 공황발작을 겪는 것이었다. 우리는 그녀가 수업에 등록할 때 작성하도록 요청받을 의료 기록 확인서를 통해 공황발작이 생기면 그녀를 도와야 한다는 정보를 직원에게 미리 전달할 수 있다는 사실을 확인했다. 또한 우리는 예전에 그녀가 공황발작을 경험한 사실에 관해 이야기를 나눴다. 만약 공황발작이 다시 발생한다면, 그녀는 그것을 멈추거나 통제할 수 없을지 모른다. 하지만 적어도 그녀는 어떤 일이 벌어진다는 사실을 알고 있다. 그녀는 이미 경험으로부터 알고 있다. 공황발작은 무섭고 불쾌한 경험이긴 하지만 목숨을 앗아가지는 않는다는 사실을 말이다. 그녀는 그것을 이겨낼 수 있었다. 그래서 베아트리체는 그 수업에 등록했다.

하지만 운동복을 입고 운동화를 신고서 일단 교실에 들어서서 다른 여자들에게 둘러싸이자 베아트리체는 겁이 났다. 그녀는 너무 남의 시선을 의식하느라 제대로 수업에 참여할 수가 없었다. 베아트리체는 실수를 할까 봐 두려웠고 자신에게 관심이 쏠릴까 봐 두려웠다. 하지만 자신의 목표에 그렇게 가깝게 갔는데 아무 소득 없이 떠날 수 없었다. 그녀는 벽에 기댄 채로 수업을 지켜봤다. 그 후에 그녀는 수업 시간마다 운동복을 입고 교실에 들어왔지만, 여전히 너무 겁이 났다. 어느 날, 강사가 그녀가 옆쪽에서 지켜보고 있는 모습을 알아차리고 그녀에게 수업 시간 후에 일대일 지도를 해주겠다고 제안했다. 나중에 그녀는 나를 만나러 왔다. 그녀의 얼굴은 의기양양한 표정이 만면했다. "저는 오늘 그를 벽 쪽으로 던질 수 있었어요!" 그녀가 말했다. "제가 그를 붙잡았어요. 그를 들어 올렸죠. 그런 다음 벽 쪽으로 집어던졌어요!" 그녀의 뺨에는 홍조가 올라 있었다. 그녀의 눈은 자부심으로 반짝였다.

베아트리체는 일단 자신을 보호할 수 있다는 자신감을 얻고 나자 성인 발레 수업, 밸리댄스 등 다른 위험들을 감수하기 시작했다. 그녀의 몸은 변화하기 시작했다. 그녀의 몸은 더는 그녀의 공포를 담고 있는 그릇이 아니었다. 즐거움의 도구였다. 베아트리체는 작가, 발레 교사, 요가 강사가 되었다. 그녀는 어렸을 때 읽었던 그림 형제의 동화를 기반으로 하여 춤을 구성하기로 했다. 〈손 없는 소녀The Girl Without

Hands〉라는 동화였다. 이 이야기 속에서, 한 소녀의 부모는 악마에게 속아 넘어가 자신들의 딸을 악마에게 넘기게 된다. 소녀는 결백하고 순수해서 악마는 소녀를 소유할 수가 없다. 좌절감과 복수심에 차서 악마는 소녀의 두 손을 잘라버린다. 소녀는 손이 있었던 자리에 팔만 남은 채로 세상을 떠돈다. 어느 날 그녀는 왕의 정원에 걸어 들어가고 그때 왕은 그녀가 꽃들 사이에 서 있는 모습을 보고 그녀와 사랑에 빠진다. 그들은 결혼하고 왕은 그녀에게 은으로 된 손 한 쌍을 만들어준다. 그들은 아들을 낳는다. 어느 날 그녀는 어린 아들이 물에 빠져 죽을 뻔한 것을 구한다. 그 순간 은으로 된 손이 사라지고 진짜 손으로 바뀐다.

베아트리체는 내게 이 이야기를 들려주면서 자신의 두 손을 내밀었다. "제 손은 다시 진짜가 되었어요." 그녀가 말했다. "제가 구한 것은 다른 어떤 사람이 아니에요. 제가 구한 것은 바로 저 자신이에요."

# 어떻게든 물은 갈라진다

시간은 우리를 치유하지 않는다. 우리가 시간을 가지고 무엇을 하는지가 우리를 치유한다. 우리가 스스로 책임지기로 선택할 때, 우리가 위험을 감수하기로 선택할 때, 그리고 마침내 우리가 상처를 드러내고 과거나 슬픔을 떠나보내기로 선택할 때, 치유는 가능하다.

르네의 아들인 제러미는 자신의 열여섯 번째 생일 이틀 전에 자기 집의 휴게실에 들어갔다. 거기에서 르네와 그녀의 남편은 밤 10시 뉴스를 보고 있었다. TV의 깜박거리는 불빛 속에서, 제러미의 검은 얼굴이 불안해 보였다. 르네는 막 아들에게 팔을 뻗어 품에 꼭 껴안을 참이었다. 제러미는 아직도 가끔 그렇게 하게 허락해줬다. 그 순간 전화벨이 울렸다. 시카고에 사는 르네의 여동생이었다. 그녀는 힘든 이혼 과정을 겪고 있었고 밤늦게 전화할 때가 많았다. "전화를 받아야 해." 르네가 말했다. 르네는 아들의 뺨을 가볍게 토닥인 다음 괴로워하는 여동생에게로 관심을 돌렸다. 제러미는 안녕히 주무시라고 중얼거린 후 위층으로 올라갔다. "좋은 꿈 꿔, 아들." 르네는 멀어져가는 아들의 등에 대고 큰 소리로 말했다.

다음 날 아침, 제러미는 르네가 식탁에 아침을 다 차릴 때까지 나타나지 않았다. 르네는 마지막 토스트 조각에 버터를 바른 후 위층으로 올라가 제러미의 침실 문을 노크했다. 여전히 제러미는 아무 대답도 하지 않았다. 몹시 화가 난 채로 르네는 제러미의 침실 문을 열었다. 블라인드가 아직 쳐진 상태라 침실은 어두컴컴했다. 르네는 침대가 이미 정돈된 것을 보고 어리둥절해진 채 제러미를 다시 큰 소리로 불렀다. 르네는 직감적으로 벽장 문을 향해 달려갔다. 르네가 벽장 문을 열었다. 등골이 서늘해졌다. 목에 벨트를 감은 제러미의 몸이 나무 대에 매달려 있었다.

제러미의 책상에서 르네는 유서를 발견했다. "부모님 잘못이 아니에요. 제 잘못이에요. 실망하게 해드려 죄송해요. -J"

르네와 그녀의 남편 그레그가 나를 처음 만나러 왔을 때는 제러미가 세상을 떠난 지 아직 몇 주밖에 되지 않은 때였다. 제러미를 잃은 지 얼마 되지 않았기 때문에 그들은 아직 충분히 애도하지 못한 상태였다. 그들은 충격에 빠져 있었다. 그들이 묻은 사람은 그들에게서 아직 사라지지 않았다. 그들은 자신들이 마치 아들을 산 채로 땅에 묻은 것처럼 느꼈다.

상담 초기 동안, 르네는 앉아서 흐느껴 울었다. "시계를 되돌릴 수 있으면 좋겠어요!" 그레그도 울었다. 하지만 소리 없이 울었다. 그레그는 르네가 흐느껴 울 동안 창문 밖을 쳐다볼 때가 많았다. 나는 그들에게 남자와 여자는 서로 다른 방식으로 애도하는 경우가 많다고 말

했고 아이의 죽음은 그들의 결혼생활에 균열을 일으킬 수도, 기회를
줄 수도 있다고 말했다. 나는 그들에게 자기 자신을 잘 돌보라고 강력
히 권고했다. 자기 자신이 분노하고 흐느껴 울도록 허용하고, 발로 차
고 큰 소리로 울고 비명을 지르고 감정들을 밖으로 쏟아내라고 했다.
제러미의 여동생인 재스민이 그들의 슬픔에 대해 셈을 치르게 만들지
않도록 말이다. 나는 그들에게 제러미의 사진들을 가져오라고 한 후
그들과 함께 제러미의 16년간의 삶을 기렸다. 제러미의 영혼이 그들
과 함께 머물렀던 16년이었다. 나는 그들에게 자살 유가족들을 위한
지원 그룹에 관해 정보를 제공했다. 그리고 '만약 ~했더라면What-if'
이라는 질문들이 그들에게 걷잡을 수 없이 밀려 들어올 때, 그들과 함
께 상담했다. '만약 내가 더 관심을 보였더라면? 만약 내가 그날 밤에
전화를 받지 않았더라면? 만약 내가 제러미를 꼭 껴안아줬더라면? 만
약 내가 일을 덜 하고 집에 더 많이 있었더라면? 만약 내가 백인 아이
들만이 자살한다는 미신을 믿지 않았더라면? 만약 내가 자살 징후들
을 미리 알아챘더라면? 만약 내가 학교 공부를 잘하라는 압박을 덜 줬
더라면? 만약 내가 잠자리에 들기 전에 아이를 들여다봤더라면?' 모든
질문이 울려 퍼지면 대답할 수 없는 메아리가 되돌아온다. '왜?'

우리는 진실을 이해하기를 간절히 원한다. 우리는 자신의 실수에
책임을 지고 자신의 삶에 대해 진실하기를 원한다. 우리는 이유와 설
명을 원한다. 우리는 자신의 삶이 타당하기를 원한다. 하지만 '왜'라고
묻는 것은 과거에 머무르는 것이고, 자신의 죄책감과 후회와 계속 깊
은 관계를 유지하며 함께 살아가는 것이다. 우리는 다른 사람들을 통
제할 수 없고 우리는 과거를 통제할 수 없다.

제러미를 잃은 첫해의 어느 시기가 되자, 르네와 그레그는 점점 뜸하게 나를 찾아왔고 얼마 후 그들의 방문은 완전히 끊겼다. 나는 몇 년 동안 그들에게서 소식을 듣지 못했다. 제러미가 살아 있었으면 고등학교를 졸업했을 해의 봄에, 나는 그레그로부터 전화를 받고 반갑기도 하고 놀라기도 했다. 그는 내게 르네에 대해 걱정이 된다면서 그들이 방문해도 되겠느냐고 물었다.

나는 그들 외양의 변화를 보고 깜짝 놀랐다. 두 사람 모두 더 나이가 들었지만 서로 다른 방식으로였다. 그레그는 살이 붙었다. 그의 검은 머리에는 흰 머리가 희끗희끗했다. 그레그의 염려에 따른 나의 예상과는 달리, 르네는 위축되어 보이지 않았다. 그녀는 얼굴이 매끈했고 잘 다린 블라우스를 입고 있었고 머리카락은 갓 손질한 듯 쫙 펴져 있었다. 그녀는 미소를 지으며 사교적인 인사를 했다. 그녀는 건강 상태가 좋다고 말했다. 하지만 그녀의 갈색 눈동자에는 빛이 조금도 없었다.

상담 시간에 늘 말이 없던 그레그가 이번에는 다급하게 말을 꺼냈다. "드릴 말씀이 있어요." 그가 말했다. 그는 지난주에 그들 친구 아들의 고등학교 졸업 파티에 르네와 함께 참석했다고 말했다. 그들에게는 걱정스러운 행사였다. 다른 부부들은 가졌지만, 그들은 가지지 못한 것. 제러미의 부재. 애도의 영원성. 그들이 아들과 결코 경험하지 못할 새로운 일상들을 고통스럽게 상기시키는 지뢰들이 곳곳에 있을 터였다. 하지만 그들은 억지로 힘을 내 좋은 옷을 입고 파티에 갔다. 그레그는 그날 저녁의 어느 순간, 즐겁게 시간을 보내고 있는 자신을 발견했다고 말했다. DJ가 트는 음악은 제러미를 떠올리게 했다. 그리고 그의 아들이 흥미를 느꼈던 옛 R&B 앨범들을 떠올리게 했다. 제러미는 숙제하거나 친구들과 어울릴 때 자기 방에 있는 오디오로 그 앨범들을 틀곤 했다. 그레그는 고개를 돌려 우아한 푸른색 드레스를 입은 르네를 보고서 충격을 받았다. 그는 그녀 뺨의 곡선과 입매에서 제러미를 똑똑히 볼 수 있었다. 그는 사랑이 밀려드는 것을 느꼈다. 르네에 대한 사랑, 그들의 아들에 대한 사랑, 따뜻한 저녁에 새하얀 텐트 아래에서 맛있는 음식을 먹는 단순한 즐거움에 대한 사랑. 그레그는 르네에게 춤을 추자고 청했다. 하지만 르네는 거절한 후 일어서더니 그를 테이블에 홀로 내버려 두고 파티장을 떠나버렸다.

그레그는 이 이야기를 하면서 눈물을 흘렸다. "나는 당신도 잃고 있어." 그레그가 자신의 아내에게 말했다.

르네의 얼굴이 어두워졌고 그녀의 눈은 정전된 것처럼 보였다. 우리는 그녀가 말을 꺼내기를 기다렸다.

"어떻게 감히." 마침내 그녀가 말했다. "제러미는 춤을 출 수가 없어요. 왜 당신이 춤을 춰야 하죠? 나는 제러미에게 그렇게 쉽게 등을 돌릴 수 없어요."

그녀의 목소리 톤은 적대적이었다. 원한에 차 있었다. 나는 그레그가 움찔하고 놀라리라 예상했다. 하지만 그 대신 그는 어깨를 으쓱했다. 나는 르네가 그레그가 행복해하는 것을 그들 아들의 기억에 대한 모독으로 인식한 게 이번이 처음이 아니라는 사실을 깨달았다. 나는 내 엄마를 떠올렸다. 아빠는 항상 엄마에게 코를 비비고 입맞춤을 하려 했지만, 엄마는 아빠의 애정 표현을 퇴짜놓았다. 엄마는 어렸을 적 외할머니를 잃은 상실감에 깊이 빠진 채 우울의 장막 안에 자기 자신을 가뒀다. 엄마의 눈은 클라라 언니가 바이올린을 연주하는 소리를 들을 때 가끔 반짝였다. 하지만 엄마는 결코 배꼽을 잡고 웃고, 장난을 치고, 농담하고, 크게 기뻐하는 법이 없었다. 엄마는 그렇게 하도록 자신에게 허용하지 않았다.

"르네." 내가 말했다. "누가 죽었나요? 제러미인가요? 아니면 당신인가요?"

르네는 대답하지 않았다.

"당신 역시 죽는다고 해도 제러미에게 아무 도움이 되지 않아요." 나는 르네에게 말했다. "당신에게도 아무 도움이 되지 않아요."

르네는 내가 한때 그랬던 것처럼, 자신의 고통으로부터 숨고 있는 것이 아니었다. 르네는 고통을 자신의 남편으로 삼았다. 상실과 결혼함으로써 르네는 자신의 삶으로부터 숨고 있었다.

나는 르네에게 일상생활에서 얼마나 많은 시간을 애도에 할애하고 있는지 물었다.

"그레그가 직장에 가면 저는 공동묘지에 가요." 르네가 말했다.

"얼마나 자주 가나요?"

그녀는 내 질문에 모욕감을 느낀 듯했다.

"매일 갑니다." 그레그가 말했다.

"그게 '나쁜' 일인가요?" 르네가 톡 쏘았다. "내 아들에게 헌신하는 것이요?"

"슬퍼하는 것은 중요합니다." 내가 말했다. "하지만 그것이 계속해서 반복되면 오히려 진정한 애도를 회피하는 수단이 될 수 있습니다."

슬퍼하는 의례와 의식은 애도 작업에서 극도로 중요한 요소일 수 있다. 그러므로 종교적인 관습과 문화적인 관습에는 공개적으로 크게 슬퍼하는 의식이 포함되어 있는 것이다. 보장된 공간과 체계가 있고 남은 이들은 그 안에서 상실감을 경험하기 시작한다. 하지만 슬퍼하는 기간에는 확실한 끝 또한 존재한다. 그 시점부터 상실은 삶과 분리되어 있지 않게 된다. 상실은 삶으로 통합된다. 만약 우리가 영원히 슬퍼하는 상태에 머무른다면, 우리는 희생자의 사고방식을 선택하게 되고 '나는 결코 이것을 극복하지 못할 거야'라고 믿게 된다. 만약 우리가 슬픔 속에 영원히 갇힌다면, 우리의 삶 또한 끝난 것이나 마찬가지다. 르네의 슬픔은 매우 고통스러웠지만, 한편으로 일종의 방어막이 되었다. 그녀를 그녀의 현재 삶으로부터 막아주는 어떤 것이 되었다. 매일 상실의 의식을 치르면서, 그녀는 자기 자신을 상실을 수용해야만 하는 현실로부터 보호할 수 있었다. "죽은 아들에게 더 많은 시간과 정서적 에너지를 쏟고 있나요, 아니면 살아 있는 딸에게 쏟고 있나요?"

르네는 혼란스러워 보였다. "저는 좋은 엄마예요." 그녀가 말했다. "하지만 저는 고통스럽지 않은 척을 하고 싶진 않아요."

"어떤 척도 할 필요 없습니다. 하지만 당신은 당신의 남편과 딸이 당신 또한 잃게 되는 것을 막을 수 있는 유일한 사람입니다." 나는 엄마가 피아노 위에 걸린 외할머니 초상화에 울면서 말을 하던 모습이 기억난다. "오 하느님, 오 하느님, 제게 힘을 주세요." 엄마의 울부짖음은 나를 겁먹게 했다. 상실에 대한 엄마의 집착은 마치 작은 문 같았다. 엄마는 그 문을 들어 올리고 그것을 통해 빠져나가 탈출했다. 나는 마치 알코올중독자의 아이인 것처럼 느꼈다. 엄마가 사라지지 않도록 지키는 보초병 같았다. 엄마를 거대한 어둠으로부터 구조할 수 없지만 어쨌든 그것이 나의 임무라고 느끼고 있는.

"저는 만약 제가 슬픔을 받아들이면 제가 슬픔에 빠져 죽으리라고 생각했어요." 내가 르네에게 말했다. "하지만 이건 모세와 홍해와 비슷해요. 어쨌든 물은 갈라집니다. 당신은 그 사이를 걸어가야만 해요."

나는 르네에게 그녀의 슬픔을 애도로 전환할 수 있는 새로운 방법을 시도해보라고 했다. "거실에 제러미의 사진을 놓으세요. 그의 상실을 애도하기 위해 공동묘지에 가지 마세요. 당신의 집 바로 거기에서 제러미와 연결할 수 있는 방법을 찾으세요. 매일 15~20분을 할애해 제러미와 함께 앉아 있으세요. 당신은 제러미의 얼굴을 만질 수 있고 당신이 요즘 무엇을 하고 있는지 말할 수 있어요. 그런 다음 제러미에게 입맞춤한 후 당신의 하루를 보내세요."

"그 아이를 다시 버리는 것이 너무 두려워요."

"제러미는 당신 때문에 자살하지 않았어요."

"장담하실 순 없죠."

"당신이 살아오면서 다르게 행동할 수 있었던 수많은 것들이 있어요. 그 선택들은 이미 내려졌고 과거는 이미 지나갔어요. 어떤 것도 그 사실을 바꿀 수 없어요. 우리가 결코 알지 못할 여러 가지 이유로, 제러미는 자신의 삶을 끝내기로 선택했어요. 당신은 제러미를 대신해 선택을 내릴 수 없어요."

"그 사실을 안고 어떻게 살아야 할지 모르겠어요."

"수용은 하룻밤 사이에 일어나지 않아요. 또한 당신은 제러미가 죽은 사실을 절대 고마워하지는 않을 거예요. 하지만 당신은 앞으로 나아가는 방법을 선택해야만 해요. 당신이 완전한 삶을 사는 것이 제러미를 기리는 가장 좋은 방법이라는 사실을 알아야만 해요."

작년에 나는 르네와 그레그로부터 크리스마스카드를 받았다. 카드에는 그들이 빨간 드레스를 입은 아름다운 소녀인, 그들의 딸과 함께 크리스마스트리 옆에 서 있는 사진이 들어 있었다. 그레그는 한쪽 팔로는 딸을 안고 다른 쪽 팔로는 아내를 안고 있었다. 르네의 어깨 너머로 제러미의 사진이 벽난로 선반 위에 놓여 있는 모습이 보였다. 제러미의 마지막 학교 사진이었다. 제러미는 푸른색 셔츠를 입고 환하게 웃고 있었다. 제러미는 더는 가족의 거대한 어둠이 아니다. 제러미는 더는 성지가 아니다. 제러미는 현재에 존재하고 있고 항상 그들과 함께 있다.

외할머니의 초상화는 현재 볼티모어에 사는 마그다 언니의 집, 피아노 위에 있다. 언니는 여전히 피아노 교습을 하고 이성과 감성을 모두 이용해 학생들을 가르친다. 최근 수술을 받았을 때 마그다 언니는 자신의 딸인 일로나에게 우리 엄마의 사진을 병원에 가져다 달라고 부탁했다. 엄마가 우리에게 가르쳐준 것을 할 수 있도록 말이다. 돌아가신 분에게 힘을 달라고 요청하는 것, 돌아가신 분이 우리의 가슴속에 영원히 살게 하는 것, 우리의 고난과 두려움이 우리를 사랑으로 이끌게 하는 것.

"아직도 악몽을 꿔?" 나는 일전에 마그다 언니에게 물었다.

"그럼. 항상. 너는?"

"응." 나는 언니에게 말했다. "나도 항상 꿔."

나는 아우슈비츠로 돌아가서 과거를 놓아주고 나 자신을 용서했다. 나는 집으로 돌아와서 생각했다. "이제 다 끝났어!" 하지만 종료는 일시적이다. 끝날 때까지는 끝난 것이 아니다.

우리의 과거에도 불구하고-아니 우리의 과거 때문에- 마그다 언니와 나는 해방 후 70년이 넘는 시간 동안 다양한 방식으로 삶의 의미와 목적을 찾아왔다. 나는 치유 기술을 발견했다. 마그다 언니는 여전히 헌신적인 피아니스트이자 피아노 선생님이다. 또한 마그다 언니는 브리지 카드 게임과 가스펠 음악에서 새로운 열정을 발견했다. 가스펠 음악은 마치 흐느끼는 소리처럼 들리기 때문에 감정을 배출하게 하는 힘이 있다. 그리고 브리지 게임의 경우 전략과 통제가 존재한다. 이기기 위한 방식이다. 마그다 언니는 현역 브리지 챔피언이다. 언니는 자기 집에 있는 외할머니의 초상화 건너편 벽에 상장을 액자에 넣어 걸어뒀다.

내 두 언니는 나를 보호하고 고무했고 내게 살아남는 법을 가르쳐 줬다. 클라라 언니는 시드니 심포니 오케스트라에서 바이올리니스트가 되었다. 죽는 날까지-80대 초반에 알츠하이머병으로- 클라라 언니는 나를 "아가"라고 불렀다. 마그다 언니나 나보다 훨씬 더 클라라 언니는 헝가리계 유대인 문화에 몰두했었다. 벨러와 나는 클라라 언니와 치치를 방문해 헝가리 음식과 헝가리어, 우리 젊은 날의 문화를 즐기는 것을 좋아했다. 생존자인 우리는 모두 매우 자주 만나지는 못했지만 중대한 행사가 있을 때마다 최선을 다해 함께 모였다. 우리의 부모님이 참석해서 보시지 못하는 행사들이었다. 1980년대 초에 우리는 클라라 언니 딸의 결혼식을 위해 시드니에 모였다. 우리 세 자매는 기대에 부풀어 이 재회를 기다렸고 마침내 다시 만나게 되자 서로 껴안고서 미친 듯이 기뻐했다. 우리가 전쟁 후에 살아남은 채로 코시체에서 처음 서로 만났을 때만큼이나 기뻤다.

이제 중년의 여성이 되었지만, 우리의 삶에서 이렇게 멀리 걸어왔지만, 일단 서로 함께 있으면 얼마나 빨리 우리가 어린 시절의 오래된 패턴으로 돌아가는지 보는 게 재밌었다. 클라라 언니는 스포트라이트를 받으며 우리에게 이래라저래라 관심을 집중하며 우리를 숨이 막히게 한다. 마그다 언니는 경쟁심이 강하고 반항적이다. 나는 중재자이다. 언니들 사이에서 법석을 떨며 갈등을 가라앉히고 내 생각은 숨긴다. 얼마나 쉽게 우리는 가족의 따뜻함과 안전함마저 일종의 감옥으로 만들 수 있는가. 우리는 우리의 오래된 방어기제에 의존한다. 우리는 다른 사람들을 기쁘게 하려면 어떻게 되어야 한다고 본인이 생각하는 사람이 되고 만다. 우리가 자신을 안전하게 해줄 것이라고 오해했던 구속적 역할로 다시 돌아가지 않기 위해서는 의지력과 적극적 선택이 필요하다.

결혼식 전날 밤에, 마그다 언니와 나는 클라라 언니가 자기 딸이 어린 시절 쓰던 침실에 혼자 있는 것을 목격했다. 클라라 언니는 딸아이의 오래된 인형들을 가지고 놀고 있다. 우리가 목격한 것은 장성한 자녀에 대한 어머니의 향수 이상의 것이었다. 클라라 언니는 상상 놀이에 푹 빠져 있었다. 클라라 언니는 마치 어린아이가 노는 것처럼 놀고 있었다. 그 순간 나는 클라라 언니에게 유년기가 한 번도 없었다는 사실을 깨달았다. 언니는 항상 바이올린 영재였다. 언니는 결코 작은 소녀로 존재해서는 안 됐다. 클라라 언니는 무대에서 공연하지 않을 때면 나와 마그다 언니를 위해 일했다. 우리의 보호자이자 우리의 어린

472

엄마가 되어주었다. 이제 중년의 여성이 된 클라라 언니는 자신이 한 번도 허용받지 못한 유년기를 자신에게 선사하려 애쓰고 있었다. 인형을 가지고 노는 모습을 들킨 것이 부끄러운 클라라 언니가 우리에게 비난을 던졌다. "내가 아우슈비츠에 못 간 게 정말 유감이야." 언니가 말했다. "내가 거기에 갔다면 엄마가 돌아가시지 않았을 텐데."

클라라 언니가 그렇게 말하다니 정말 끔찍했다. 나는 옛 생존자의 죄책감이 다시 밀려드는 것을 느꼈다. 내가 아우슈비츠의 첫날 내뱉었던 말에 대한 공포, 그것을 기억하는 일에 대한 공포, 내가 엄마를 죽음에 몰아넣었다는(잘못된 생각이지만) 오래 깊이 묻어둔 믿음과 맞서야 한다는 공포가 순식간에 밀려들었다.

하지만 나는 더는 감옥에 갇혀 있지 않았다. 나는 클라라 언니의 감옥이 작동하는 것을 볼 수 있었고, 언니의 죄책감과 슬픔이 언니가 나와 마그다 언니에게 던진 비난에 배어 있는 것을 느낄 수 있었다. 또한 나는 나의 자유를 선택할 수 있었다. 나는 나 자신의 감정들에 이름을 붙일 수 있었다. 분노, 쓸모없다는 느낌, 슬픔, 후회. 나는 그 감정들이 소용돌이치면서 치솟았다가 떨어지고 흘러나가게 둘 수 있었다. 또한 나는 살아남은 것에 대해 나 자신을 벌주고 싶은 욕구를 떠나보내는 위험을 감수할 수 있었다. 나는 죄책감을 놓아주고 나의 온전한 자아를 되찾을 수 있었다.

상처는 항상 존재한다. 또한 상처로부터 나오는 것도 존재한다. 나는 죽음의 느낌을 찾아 아우슈비츠로 갔고 마침내 그것을 몰아낼 수 있었다. 내가 찾은 것은 나의 내면의 진실, 내가 되찾고 싶었던 자아, 그리고 나의 힘과 나의 결백이었다.

# 해방의 날

　　2010년 여름, 나는 콜로라도주에 있는 포트 카슨 기지에 초청받아 아프가니스탄에서 전투를 마치고 돌아온 한 육군 부대의 부대원들에게 강연하게 됐다. 그 육군 부대는 높은 자살률을 보이고 있었다. 나는 나의 트라우마에 관해 이야기하기 위해 거기에 갔다. 어떻게 내가 트라우마에서 살아남았는지, 어떻게 내가 일상생활로의 귀환을 견뎌냈는지, 어떻게 내가 자유로워지기로 선택했는지에 관해 이야기를 들려줘서 군인들이 전쟁 후의 삶에 더 편안하게 적응할 수 있도록 돕기 위해서였다. 연단으로 올라가면서 나는 잠깐 마음속에서 불편한 기분을 느꼈다. 나 자신에게 엄격하게 구는 오래된 습관이었다. 어린 헝가리인 발레 학생 출신인 내가 전쟁을 겪은 남자들과 여자들에게 줄 수 있는 것이 무엇이 있을까에 대해 의문이 들었다. 하지만 나는 자신에게 내가 아는 가장 중요한 진실을 공유하기 위해 여기에 왔다는 사실, 가장 큰 감옥은 자기 자신의 마음속에 있다는 사실, 그리고 우리는 자신의 주머니 안에 이미 열쇠를 가지고 있다는 사실을 상기시켰다. 이 열쇠는 기꺼이 자신의 삶에 절대적인 책임을 지는 것, 기꺼이 위험을 감수하는 것, 기꺼이 판정으로부터 자신을 해방하고 자신의 결백을 되찾는 것, 자기 자신을 있는 그대로-불완전한, 그러면서도 온전한 인간 존재로- 받아들이고 사랑하는 것이다.

나는 힘을 달라고 부모님에게 요청했다. 그리고 내 아이들과 손자들, 증손자들에게도 요청했다. 그들은 내게 모든 것을 가르쳐주었고, 그들은 내게 모든 것을 발견하도록 힘을 주었다. "저희 어머니는 제게 결코 잊지 못할 어떤 말씀을 해주셨습니다." 내가 말을 시작했다. "어머니는 말씀하셨죠. '우리는 어디로 가고 있는지 몰라. 우리는 무슨 일이 벌어질지 몰라. 하지만 이것만 기억해. 네가 마음에 새긴 것은 아무도 네게서 뺏을 수 없단다'라고요."

나는 강연에서 이 말을 수없이 많이 인용해 말했다. 미 해군 특수부대원들에게, 위기 대처 요원들에게, 전쟁포로들과 보훈처에 있는 그들의 옹호자들에게, 암 연구자들과 암 환자들에게, '열방의 의인'들에게, 부모들과 자녀들에게, 기독교인과 이슬람교도와 불교도와 유대교인에게, 법대생들과 위기에 처한 청소년들에게, 사랑하는 사람의 상실을 슬퍼하는 사람들에게, 죽음을 준비하는 사람들에게 말이다. 그리고 때때로 이 말을 할 때 나는 감사와 슬픔에 머리가 약간 어지럽다. 이번에 이 말을 하면서 나는 거의 연단에서 쓰러질 뻔했다. 나는 내면 깊은 곳에 묻어뒀던 감각들에 의해, 감각기억들에 압도당했다. 진흙투성이 풀밭의 냄새, M&M 초콜릿의 강렬한 단맛이 갑자기 나를 덮쳤다. 무엇이 이 플래시백을 촉발했는지 이해하기까지는 어

느 정도 시간이 걸렸다. 하지만 그러고선 나는 깨달았다. 강당의 측면
은 깃발들과 휘장들로 장식되어 있었다. 그리고 내가 보는 모든 곳마
다 내가 매우, 매우 오랫동안 의식적으로 생각하지 않았던 엠블렘이
보였다. 하지만 내 이름의 철자만큼이나 내게는 특별한 의미가 있는
엠블렘이다. 그 휘장은 1945년 5월 4일, 나를 해방시켜준 미군이 소
매에 달고 있던 것이었다. 빨간 원 중앙에 푸른색으로 71이 쓰여 있었
다. 나는 포트 카슨 기지의 71 보병대에 강연해달라고 초청을 받은 것
이었다. 그리고 이 보병대는 65년 전에 나를 해방해준 바로 그 부대였
다. 나는 예전에 내게 자유를 가져다준 전쟁 생존자들에게 자유에 관
한 나의 이야기를 하고 있었다.

나는 자신에게 묻곤 했다. '왜 나지?' '왜 내가 살아남았지?' 나는 다
른 질문을 던지는 법을 배웠다. '왜 나면 안 되지?' 자유를 수호하기
위해 싸우는 다음 세대에게 둘러싸인 채 무대에 서 있노라니, 찾기 힘
들고 눈에 보이지 않을 때가 많은 어떤 사실을 의식적으로 인식할 수
있었다. 바로 과거로부터 도망치는 것이나 자신의 현재 고통에 맞서
싸우는 것은 자기 자신을 감옥에 가두는 일이라는 사실이다. 자유는
상황을 있는 그대로 받아들이고 자기 자신을 용서하는 데에서 나온
다. 우리의 마음을 열고 현재 존재하는 기적들을 발견하는 데에서 나
온다.

나는 무대 위에서 웃다가 울다가 했다. 나는 즐거운 아드레날린으
로 가득 차서 연신 이 말을 반복했다. "감사합니다." 나는 군인들에게
말했다. "여러분의 희생, 여러분의 고난은 의미가 있습니다. 그리고 여
러분이 그 안에 있는 진실을 발견할 수 있을 때 여러분은 자유로워질

것입니다." 나는 늘 하던 대로 하이킥을 하며 강연을 마쳤다. 나는 몸이 허락하는 한 늘 이렇게 할 것이다. '나는 여기에 있습니다!' 나의 하이킥은 말한다. '나는 해냈습니다!'

그리고 여기 당신이 있다. 여기 당신이 있다! 성스러운 현재에 말이다. 나는 당신을-혹은 그 누구도- 치유할 수 없다. 하지만 나는 자기 마음 안에 있는 감옥을 조금씩 조금씩 무너뜨리기로 한 당신의 선택을 축하할 수 있다. 당신은 이미 일어난 일을 바꿀 수 없다. 당신은 당신이 한 일과 당신에게 행해진 일을 바꿀 수 없다. 하지만 당신은 현재 어떻게 살지 선택할 수 있다.

당신은 마음 감옥에서 자유로워지기로 선택할 수 있다.

감사의 글

# 내게 보내진 사람들에게

나는 사람들이 나에게 온다고 믿지 않는다. 사람들이 나에게 보내진다고 믿는다. 나는 내게 보내진 많은 놀라운 사람들에게 영원한 감사의 인사를 드리고 싶다. 그들이 없었다면 나의 삶은 지금의 모습이 되지 못했을 것이고, 그들이 없었다면 이 책 또한 존재하지 못했을 것이다.

우선 가장 먼저 내 소중한 첫째 언니 마그다 길버트에게 감사하다고 말하고 싶다. 마그다 언니는 현재 아흔다섯 살이고 여전히 삶의 전성기를 누리고 있다. 마그다 언니는 아우슈비츠에서 내가 살아남을 수 있게 지켜주었다. 그리고 마그다 언니의 헌신적인 딸 일로나 실면에게도 감사하다. 일로나는 세상 그 어떤 사람보다도 가족을 위해 치열하게 싸운다.

다음으로 내 둘째 언니 클라라 코르다에게 감사하다. 클라라 언니는 영웅적이었고 진정으로 내게 두 번째 엄마가 돼주었다. 클라라 언니는 벨러와 내가 시드니에 방문할 때마다 마치 신혼여행을 온 것처

478

럼 느끼게 해주었다. 클라라 언니는 우리 어머니가 그랬듯이 금요일 밤의 정찬을 만들어주었고 손재주를 이용해 만들 수 있는 모든 것을 예술작품처럼 만들었다. 그리고 클라라 언니의 뒤를 잇는 딸들인 지니와 샬럿에게도 감사하다.

고유하고 특별한 사람들인 나의 내담자들에게도 감사의 인사를 전하고 싶다. 그들은 내게 치유가 회복Recovery의 문제가 아닌, 발견 Discovery의 문제라는 사실을 가르쳐주었다. 그들은 내게 절망의 상황에서 희망을 발견하고, 대답이 하나도 없는 것처럼 보이는 상황에서 대답을 발견하고, 중요한 것은 무슨 일이 일어났는지가 아니라 그것에 어떻게 대응하는지라는 사실을 발견하도록 가르쳐주었다.

나의 훌륭한 선생님들과 멘토들에게도 감사드리고 싶다. 휘트워스 교수, 나를 실존주의자들과 현상학자들에게 소개해준 존 해독스, 에드 레오나드, 칼 로저스, 리처드 파슨에게 감사드린다. 특히 빅터 프랭클에게 감사의 인사를 전하고 싶다. 빅터 프랭클의 책은 내가 나의 비밀을 다른 사람들과 공유할 수 있도록 내게 언어능력을 선사해주었다. 또한 그의 편지는 내게 더는 과거로부터 도망칠 필요가 없다는 사실을 알려주었다. 그리고 그의 안내 덕분에 나는 내가 살아남았을 뿐만 아니라 다른 사람들이 살아남도록 도울 수 있다는 사실을 발견할 수 있었다.

의술 분야의 놀라운 동료들과 친구들에게도 감사드린다. 해럴드 콜머 박사, 시드 지숙 박사, 사울 레빈 박사, 스티븐 스미스, 마이클 커드, 데이비드 뵈어, 찰리 호그, 패티 헤페르난, 내 '양아들Adopted Son' 밥 카우프만에게 감사드린다. 특히 내 '남동생Baby Brother' 필립 짐바르

479

도 박사에게 감사의 인사를 표하고 싶다. 그는 온 힘을 다해 이 책의 출판사를 찾는 것을 도와주었다.

내 이야기를 청중들에게 들려줄 수 있도록 나를 초청해준 많은 사람에게도 감사드리고 싶다. 'YPO'의 하워드 페켓과 헨리에트 페켓, 짐 헨리 박사, '더 미라클 서클The Miracle Circle'의 션 다네시만드 박사와 그의 부인 마르얀 다네시만드, '윙멘 미니스트리즈Wingmen Ministries'의 마이크 호지 그리고 로고테라피 국제협회에 감사드린다.

나의 친구들과 치유자들에게도 감사의 인사를 드리고 싶다. 내 소중한 동료 삼총사의 일원인 실비아 베히터와 에디 슈뢰더, 리사 켈티, 웬디 워커, 플로라 설리반, 아홉 아이의 엄마이자 나를 엄마라고 부르고 내가 항상 의지할 수 있는 카트린 길크레스트, 도리 비트리, 셜리 고드윈에게 감사드린다. 또한 제레미 포브스와 이네트 포브스에게 감사드린다. 이들과 함께 나는 삶의 단계와 나이에 관해 그리고 나이를 먹으면서 현재 가지고 있는 것을 최대한 활용할 수 있는 법에 대해 매우 진솔하게 이야기 나눌 수 있었다. 나의 주치의 사비나 왈락과 스콧 맥콜, 나의 침술사 밤비 메리웨더에게 감사드린다. 또한 나의 동지이자 친구인 마르첼라 그렐에게 감사드린다. 그녀는 지난 16년 동안 나와 나의 가정을 특별히 돌봐주었고 항상 내게 자신이 생각하는 것을 솔직하게 말해주었다.

벨러. 내 삶의 동반자이자 소울메이트. 내 아이들의 아버지. 모든 위험을 감수하고 미국에서 나와 함께 새로운 삶을 구축한 헌신적이고 사랑이 넘치는 파트너. 내가 미군 자문관으로 일한 후 우리가 함께 유럽을 여행할 때 당신은 이렇게 말하곤 했죠. "에디는 일하고 나는 맘껏 먹고." 벨러, 진정한 연회는 당신과 함께한 우리의 풍요로운 삶이었어요. 사랑해요.

나의 아이들에게도 사랑과 감사의 인사를 전하고 싶다. 나의 아들 조니 에거는 내게 희생자가 되지 않는 법을 가르쳐주었고, 장애를 가지고 살아가는 사람들을 위해 투쟁하기를 절대 포기하지 않았다. 나의 두 딸 마리안느 엥글과 오드리 톰슨은 이 책을 쓰는 오랜 시간 동안 내게 끊임없이 사기를 북돋웠고 애틋한 위로를 해주었다. 이 아이들은 아우슈비츠에서 살아남는 일보다 과거를 다시 체험하는 일이 더 힘들 거라는 사실을 아마 나보다 더 먼저 알았을 것이다. 아우슈비츠에서 나는 오직 나의 생존 욕구밖에 생각할 수 없었다. 하지만 이 책을 쓰기 위해서 나는 그 모든 감정을 다시 느껴야만 했다. 너희의 힘과 사랑이 없었다면 나는 그 위험을 감수하지 못했을 거야.

그리고 내 아이들과 내 손주들의 삶의 파트너인 아름다운 배우자들에게도 감사하고 싶다. 이들은 가계도에 계속 가지를 추가하고 있다. 롭 엥글, 데일 톰슨, 루르드, 저스틴 리치랜드, 존 윌리엄슨, 일린저 엥글에게 감사하다.

나의 조카 리차드 에거와 그의 부인 번 에거. 진정한 가족이 되어주고 나와 내 건강을 염려해주고 명절을 함께 보내줘서 고맙구나.

우리의 첫 손주가 태어났을 때 벨러는 이렇게 말했다. "3대에 걸친 가족이라니. 이건 히틀러에게 할 수 있는 최고의 복수야." 이제 우리는 4대가 되었다! 다음 세대인 실라, 그레이엄, 헤일에게 고마움을 표하고 싶다. 너희들이 나를 디추 증조할머니라고 부를 때마다 내 가슴은 콩닥콩닥 뛴단다.

나의 댄스 파트너이자 소울메이트인, 신사 중의 신사 유진 쿡에게도 감사드린다. 사랑은 우리가 무엇을 느끼는지가 아니라 우리가 무엇을 하는지라는 사실을 상기해줘서 고마워요. 당신은 항상 나를 위해 거기 있었어요. 하나하나의 스텝, 하나하나의 말 모두 말이죠. 몸이 움직일 수 있는 한 계속 부기우기를 춥시다.

마지막으로, 이 책이 세상에 나오도록 한 글자 한 글자, 한 페이지 한 페이지 도와준 사람들에게 진심으로 감사하다고 말씀드리고 싶다. 처음부터 이 공동작업은 운명처럼 느껴졌다.

'스크라이브너Scribner' 출판사의 재능 많은 낸 그레이엄과 로즈 리펠 그리고 그들의 유능한 스태프에게 감사드린다. 훌륭한 정신만큼이나 훌륭한 마음을 가진 가장 우수한 편집자들에게 내가 보내져서 얼마나 행운인지 모른다. 여러분의 편집과 관련된 지혜, 끈기 그리고 인간적 연민 덕분에 이 책이 내가 항상 꿈꿔왔던 모습의 책, 즉 '치유의 도구'로 나올 수 있었어요.

나의 공동집필자인 에스메 슈발 바이간드에게도 진심으로 감사드린다. 당신은 단순히 적절한 언어만 찾은 게 아니에요. 당신은 내가 되었어요. 나의 안과의사가 되어주어서 고마워요. 당신은 나의 치유 여정을 매우 많은 다양한 시각에서 바라봐주었어요.

세계 최상급의 에이전트이자 진정으로 좋은 사람인 '더그 에이브럼스Doug Abrams'에게도 감사드린다. 근성과 인격과 영혼을 갖추고서 세상을 더 나은 곳으로 만들기 위해 헌신하는 것에 고마워요. 당신이 지구상에 존재하는 것은 절대적인 선물이에요.

모든 분에게 진심으로 감사드린다. 90년을 살아오면서 지금만큼 축복받고 감사하다고 느낀 적이 없었다. 그리고 매우 젊다고도! 모두 모두 감사합니다.

**마음 감옥에서 탈출했습니다**

**초판 1쇄 발행** 2021년 4월 29일 **초판 2쇄 발행** 2021년 6월 22일

**지은이** 에디트 에바 에거
**옮긴이** 안진희
**펴낸이** 이승현

**W&G 팀장** 류혜정
**책임편집** 선세영
**디자인** 윤정아
**표지 일러스트** 이규태

**펴낸곳** ㈜위즈덤하우스 **출판등록** 2000년 5월 23일 제13-1071호
**주소** 서울특별시 마포구 양화로 19, KB손해보험 합정빌딩 17층
**전화** 02) 2179-5600 **홈페이지** www.wisdomhouse.co.kr

ISBN 979-11-91583-56-4 03180